高校网络教育话语体系建设研究

曾振华 ◎ 著

中国商务出版社

·北京·

图书在版编目（CIP）数据

高校网络教育话语体系建设研究 / 曾振华著 .

北京 : 中国商务出版社 , 2024. 8. — ISBN 978-7-5103-

5339-0

I. G64

中国国家版本馆 CIP 数据核字第 2024AQ5694 号

高校网络教育话语体系建设研究

曾振华　著

出版发行 : 中国商务出版社有限公司

地　　址 : 北京市东城区安定门外大街东后巷 28 号　邮编 : 100710

网　　址 : http://www.cctpress.com

联系电话 : 010—64515150（发行部）　　010—64212247（总编室）

　　　　　010—64515164（事业部）　　010—64248236（印制部）

责任编辑 : 云　天

排　　版 : 河南济航文化有限公司

印　　刷 : 宝蕾元仁浩（天津）印刷有限公司

开　　本 : 787 毫米 × 1092 毫米　1/16

印　　张 : 16.5　　　　　　　　　字　　数 : 300 千字

版　　次 : 2024 年 8 月第 1 版　　　印　　次 : 2024 年 8 月第 1 次印刷

书　　号 : ISBN 978-7-5103-5339-0

定　　价 : 79.00 元

前　言

高校网络教育作为教育信息化的重要实践形态，正在成为推动教育变革与创新的重要力量。在互联网、人工智能、大数据等新技术的赋能下，高校网络教育呈现出规模持续扩大、形式日益多样、模式加速创新的发展态势。然而，机遇与挑战并存，高校网络教育也面临着话语权争夺、话语秩序重构等现实困境。高校亟须树立话语自觉，推进网络教育话语体系建设，抢占意识形态话语制高点，引领网络教育高质量发展。

本书立足于高校网络教育的实践需求，综合运用文献研究、案例分析、行动研究等方法，从理论阐释、要素解析、图景描摹、优化路径等角度系统审视高校网络教育话语体系建设议题。在理论上，本书深入剖析了高校网络教育话语体系的内涵特征、功能定位，探讨了多学科视域下高校网络教育话语体系的理论溯源和学理支撑，丰富了高校网络教育的学科理论体系。在实践上，本书立足教学一线、聚焦师生需求，通过典型案例分析，深入刻画了不同层面主体的话语实践图景，总结了高校网络教育话语体系建设的有益经验，为优化实践提供了方法论指引。

希望本书能为高校网络教育改革发展提供参考，为同行学者提供话语研究的理论与实践范式，推动高校在引领网络教育创新发展中的话语地位与话语权的提升，为加快教育现代化、建设教育强国尽绵薄之力。诚挚欢迎理论界、实践界同仁批评指正，使本书成果更加完善，惠及育人实践。

作　者

2024.2

目　录

第一章 绪 论

第一节 选题背景

一、高校网络教育的迅猛发展

随着信息技术的快速演进和互联网的广泛普及，高等教育正经历着前所未有的深刻变革。在线教育作为高等教育数字化转型的关键抓手和网络化发展的必由之路，近年来呈现出爆发式增长态势。本书拟围绕互联网时代高等教育的变革趋势、在线教育规模扩大的政策推力，对高校网络教育发展态势进行剖析，以期为我国高等教育变革发展提供参考。

（一）互联网时代高等教育变革的大趋势

互联网、人工智能、大数据、区块链等现代信息技术的迅猛发展，加速了高等教育的变革进程。在线教育、智慧教育、混合式教学等新教育形态和学习方式不断涌现，高等教育正由传统的封闭式、线下为主的应试型"象牙塔"，加速向开放式、线上线下融合的网络化"无边界大学"转变。

从国际视角来看，世界高等教育已步入从精英教育向大众化、普及化教育快速过渡的新时期，终身学习成为全球共识，建设学习型社会成为各国的战略选择。美国、英国、澳大利亚等高等教育强国纷纷制订在线教育发展规划，积极推动高校数字化转型和在线教育资源建设[1]。从国内视角来看，党的十八大以来，以习近平同志为核心的党中央高度重视教育现代化，并将教育信息化作为推进教育现代化的强大动力和教育体系深入变革的关键支点，教育信息化 2.0 行动计划、一流本科课程建设"双万计划"等重磅举措不断出台，在线教育迎来快速发展的黄金期。SPOCs、微课、慕课（MOOC）等在线课程资源的持续丰富，打破了高校教育资源的垄断，推动了知识获取方式的革命性转变。智慧树、超星尔雅、中

---

[1] 刘亚西，计国君.从世界到国家：用战略思维创造高等教育国际公共价值 [J]. 江苏高教，2024（2）：28-37.

国大学 MOOC 等一大批在线教育平台如雨后春笋般涌现，与高校构建命运共同体，形成教育资源的聚合效应，有力支撑了高校网络教育的创新发展。可以预见，在互联网时代高等教育的大变革浪潮中，在线教育方兴未艾，其高歌猛进的发展态势还将持续。

互联网不仅极大地拓宽了教育资源获取渠道，也深刻地重塑了教学组织管理模式。"互联网 + 教学"催生了更加开放灵活的教学形态，翻转课堂、混合式教学、智慧课堂等新型教学模式不断涌现，打破常规的在线学习已成为大学生活的"新常态"。与此同时，基于大数据、人工智能的个性化、自适应学习正蓬勃兴起，教育过程智能化、学习体验个性化的变革引擎正快速发动，推动形成了以学习者为中心的新型教育生态[1]。

纵观互联网时代高等教育发展的新趋势，在线教育不仅是高校提质增效、普及终身学习的有力抓手，更是推动高等教育变革创新的关键引擎。如何在新技术、新业态的浪潮中牢牢把握核心竞争力，推进在线教育高质量发展，已成为每一所高校面临的时代命题。毋庸置疑，率先啃下在线教育这块"硬骨头"的高校，必将在未来的竞争中占据优势地位。

（二）国家政策助力在线教育规模持续扩大

国家政策的引领与保障是高校在线教育规模化、集约化发展的重要推手。近年来，国家高度重视在线教育的发展，相继出台了一系列法律法规、规划纲要和实施意见，从制度供给、资源供给、财政投入、质量监管等方面为高校网络教育的快速发展和规模扩大提供了强有力的政策保障。

党的十八大以来，国家对在线教育的政策供给力度之大、发展环境优化之快，是前所未有的。在中央和地方各级政府及主管部门的政策"组合拳"助推下，在线教育的战略地位持续提升，在高校人才培养体系中的比重显著提高，保障机制不断健全，为高校在线教育的跨越式发展创造了良好的外部环境。在国家政策利好的叠加作用下，高校在线教育无论是院校数量、招生规模、课程教学资源，还是教学改革、资源共享机制，都实现了跨越式的发展，成为高校办学的"主航道"和人才培养的重要平台。在政策的引导下，高校纷纷成立在线教育学院，将在线教育纳入学校整体发展战略，开展大规模在线教学改革，系统建设融合课程，探索适合自身的在线教育模式。一大批高校还成立了在线教育联盟，实现了优质课程资源互认共享，并组织跨校修读学分，扩大优质教育资源辐射面，促进教育公平。

在"互联网 + 教学"的催化下，面向未来，体现时代要求、满足学习者需求的高校在线教育生态系统正在加速构建，高校网络教育发展驶入了"快车道"。但我们也应该看到，高校网络教育发展仍存在"重资源开发,轻应用创新""重视在线教学,轻视教学过程管理""重

---

[1] 祝智庭，朱晓悦，胡姣，等．数智技术赋能开放教育再开放 [J]．开放教育研究，2024，30（1）：16-23，32.

视技术应用，轻视教学模式改革"等问题[1]，亟须进一步完善政策支持，建立多元评价机制，加强应用导向研究等，从而为推进高质量在线教育夯实保障基石。

二、高校网络教育面临诸多机遇与挑战

在"互联网+"时代，高等教育正经历着前所未有的变革。高校网络教育借助信息技术实现了跨越时空的学习，极大地拓宽了优质教育资源的覆盖面，为实现教育公平、提高教育质量带来了新的可能性。然而，随着在线教育的高速发展和市场规模的快速扩大，新技术、新业态层出不穷，多元利益主体广泛参与其中，教育生态日趋复杂，高校网络教育在喜迎众多发展机遇的同时，也面临着诸多发展难题和挑战，亟须从全局和战略高度进行统筹规划，搭建理论分析框架，制定应对策略。

（一）新技术、新业态不断涌现，亟待全面认识、系统把握

近年来，以人工智能、大数据、区块链、5G等为代表的新一轮科技革命和产业变革蓬勃兴起，互联网智能化发展驶入"快车道"，推动着教育形态和学习方式的不断演进升级。在线教育作为高等教育现代化的重要着力点，新技术、新业态的广泛渗透给其带来跨越式发展的新机遇，同时也对传统教学理念、组织形态、质量评价等方面提出了新挑战。

首先，人工智能技术为个性化、自适应学习奠定了技术基础。智能导学系统可精准诊断学情，根据学生认知水平和学习行为动态生成专属学习路径；智能助教可快速解答学生疑问，提供 7×24 小时个性化答疑辅导服务；基于自然语言处理、知识图谱等技术的试题自动生成和作业批改系统，可显著减轻教师的备课及批改压力，促进形成常态化评价。这势必会改变传统的师生角色定位和教学组织流程，因此亟须高校网络教育从理念、方式、管理等方面进行系统重构。

其次，区块链技术有望重塑信任机制，为高校网络教育治理的现代化探寻新路径。区块链技术的分布式账本、智能合约等特性，可在学分互认、经历存证、版权保护等方面发挥独特优势。它不仅能够为个人学习数据提供不可篡改、可溯源的信任背书，还可以为学习者各阶段的成果获得与学习投入构建可信映射[2]。但区块链技术仍处于发展初期，大规模应用还面临着性能、安全等诸多方面的挑战，高校网络教育布局区块链需把准脉搏、循序渐进。

最后，5G、VR/AR 等数字新基建为沉浸式、全景式、交互式学习创设了理想环境。5G网络具备高速率、低时延、广连接等特性，为网络教育超高清课程、虚拟仿真实训等应用

---

[1] 李鹏，刘雨亭，刘晓璇，等. 教学改革驱动下的微课发展现状与相关问题分析 [J]. 教育教学论坛，2016（36）：116-119.

[2] 丁兴富. 网络远程教育概念辨析及中英文术语互译研究 [J]. 电化教育研究，2009（7）：27-31，36.

场景提供了坚实的网络设施基础。借助 VR/AR、全息投影等技术手段，教师可打造身临其境的教学情境，学习者可获得沉浸式、多感官参与的学习体验。这对高校网络教育来说既是发展良机，又是全新挑战，需要规划"5G+VR/AR"特色项目，重构教学设计，改进课程形态。

伴随着新技术、新场景、新模式的快速迭代，知识图谱、微专业、直播带货等新业态层出不穷，不断刷新着高校网络教育发展的边界。一些互联网企业跨界进入教育领域，与高校开展深度产教融合，赋能教育变革，带来新活力的同时，也对高校网络教育的话语权和主导权形成了挑战。高校应审时度势、积极应变、主动变革，在观念更新、制度创新、模式重构等方面超前谋划、系统设计，让先进技术成为质量革命的助推器，新业态成为特色发展的"新引擎"。

（二）多元主体参与，高校网络教育话语权面临挑战与重构

高校网络教育作为连接高等教育与社会的重要纽带，已由单一的学校主导发展为高校、企业、政府乃至全社会共同参与的系统工程[1]。在多元利益主体的合作与博弈中，高校网络教育话语权面临挑战，亟须重构。

从高校内部视角看，不同层级、不同类型的教育主体价值诉求、话语表达存在明显差异。学校领导侧重战略规划，强调在线教育的支撑引领作用；教务、发展规划等职能部门侧重资源投入、考核评价，呼吁校内政策的倾斜；一线教师侧重教学组织实施，期盼解决工作量认定、教学评价等实际困难。高校应充分调动各方积极性，加强政策协同、诉求对接，形成齐抓共管、协调联动的工作合力。

从校企合作视角看，随着慕课、直播课等新业态的兴起，在线教育不断向产业化、市场化方向发展，慕课平台、在线教育机构、互联网企业等成为高校开展网络教育的重要合作伙伴，其既带来了先进技术、市场资源，也可在话语表达中体现其利益诉求。相较之下，高校话语权和主导权却有所弱化，主客体关系模糊。高校应着眼长远利益，坚守公益属性，讲好自身故事，以学术话语为主导，并主动掌握平台运营，在课程标准、教学模式、资源配置、质量把控等方面设立规则，引领教育生态。

从政产学研用协同视角看，高校网络教育已跃升为国家战略，纳入经济社会发展规划和教育信息化顶层设计，各类国家级产教融合平台、协同创新平台不断涌现，多方利益主体日益关注在线教育的发展，积极参与政策制定、资源供给、标准研制、监管评价等。这为高校网络教育创新发展提供了广阔的舞台，但也面临着话语权分散、诉求碰撞加剧的挑战。高校要积极引导多元主体达成发展共识，推动形成利益搭建协调机制，在机构、标准、评价等方面主动作为，在话语博弈中赢得先机。

---

[1] 杨素娟，莫冬敏.网络教育课程论坛教学性存在的个案研究 [J].中国电化教育，2010（12）：39-44.

（三）质量、公平等问题频发，需要理论支撑和实践指引

高校网络教育虽已进入快速发展的新阶段，但在提质增效、缩小差距等方面的短板依然存在，供给侧结构性矛盾凸显，实践探索亟须理论滋养和学理引领。

质量问题是高校网络教育发展的突出症结。在线教育规模化发展的过程中，存在不同程度的"重数量轻质量""重资源轻应用""重技术轻教学"等问题。部分高校仍停留在将线下资源简单数字化，缺乏有针对性的在线教学设计改造，生搬硬套线下教学组织流程，师生、生生互动严重不足[1]。教师缺乏在线教学技能，对学情把握不够，难以因材施教。在线学习的低完课率、高退出率等问题频发，"教"与"学"严重失衡。因此，高校应树立质量至上的理念，围绕在线教学设计、学习体验设计等开展理论方法创新，以系统性的教学改革和模式创新引领质量突破。

此外，优质资源分配不均衡、教育机会获得不公平也制约着高校网络教育的进一步发展。区域之间、高校之间在资金投入、平台建设、师资配备等方面差距明显。中西部、边远地区的高校，尤其是地方性、高职类院校在政策倾斜、资源共享中处于弱势地位，争取社会捐赠、吸引社会资本等方面的能力不足，难以独立建设在线教学平台。学习者获得优质在线教育资源的机率存在数字鸿沟。高校要从战略和全局高度规划网络教育，完善资源共享机制，创建跨区域、跨学校的资源共享联盟，加强对欠发达地区的政策支持和精准帮扶，让在线教育成为促进教育公平的重要抓手。

破解高校网络教育发展的质量、公平之困，需要加强理论研究，深化规律认识。高校要立足时代需求，锁定学科前沿，加强网络教育基础性、战略性、前瞻性问题研究，在理论创新中凝聚共识、把握规律、厘清路径。同时，要扎根中国大地，聚焦实践问题，加强应用性、政策性研究，加强理论与实践的双向互动，以理论滋养实践、以实践检验理论，形成有中国特色的高校网络教育发展道路，为推进网络教育高质量发展提供持久动力。

总之，高校网络教育正处于提质升级、迈向成熟的关键期。面对新技术变革浪潮、多元主体参与博弈、质量公平问题频发等复杂形势，高校要增强机遇意识和风险意识，加快在理念观念、制度设计、模式创新等方面的系统性变革，要加强战略谋划，深化校际协作，凝聚各方力量，充分释放在线教育的变革潜力、创新活力、发展动力，推动高校网络教育的内涵式发展，在服务国家战略、响应人民需求中彰显价值担当，在推进高等教育现代化、教育强国的伟大征程中展现新作为。

三、高校网络教育话语体系建设的重要意义凸显

在移动互联网、人工智能、大数据等新一轮科技革命和产业变革蓬勃兴起的大背景下，

---

[1] 孟万金. 网络教育的真谛：人文交互环境下的个性化自主学习 [J]. 教育研究，2002（4）：52-57.

教育形态和教育生态正经历一场从"原子"到"比特"的数字化重构。高校网络教育作为高等教育现代化变革的"风向标"和"急先锋",在传播观念文化、建构教育生态、服务国家发展、彰显大国形象等方面肩负着重要使命[1]。然而,当前高校网络教育话语体系建设还存在认识不到位、形式单一、国际影响力不足等短板,亟须从国家战略和全局高度深刻理解其重要意义,强化使命担当,创新话语方式,建构具有国际竞争力的高校网络教育话语体系。

(一)话语引领文化潮流,事关文化自信和文化软实力提升

文化是一个国家、一个民族的灵魂。一个国家的文化软实力,在很大程度上体现了其引领话语的创造力、感召力。高校网络教育话语体系建设对于提升我国文化软实力、增强文化自信,走出一条中国特色社会主义文化发展道路,具有重要的引领和推动作用。但长期以来,我国网络教育领域还存在盲目西方化、简单拿来主义等问题,对如何建构中国特色的网络教育话语体系不够重视。随着我国综合国力和国际影响力的日益提升,世界范围内对中国道路、中国理念的认同感与亲和力不断提升。高校网络教育要立足中国特色社会主义新时代、新征程,全面对标中国式现代化,创新话语表达方式,积极参与全球教育治理。

高校网络教育要主动对接国家文化建设总体布局,把讲好中国教育故事、传播中国教育声音摆在重要位置,广泛汲取中华优秀传统文化的丰富滋养,创新文化供给内容。高校网络教育要在国际主流价值观念与中华优秀传统文化之间寻求"最大公约数",提升中国话语体系的国际表达力和感召力[2]。要把网络教育作为提高国家文化软实力和中华文化国际影响力的重要阵地,在标准制定、资源建设、人才培养、平台打造等方面发挥引领和示范作用。高校要引导和支持教师创作一批思想精深、艺术精湛、制作精良的在线课程,以理念创新引领模式变革,以模式创新推动质量变革,打造中国在线教育的"金课"品牌。高校网络教育要打破中外语言障碍,加大中国特色、高水平网络教育课程的"引进来"和"走出去"力度,在同世界的良性互动中彰显中国教育的独特魅力。

(二)话语反映教育生态,事关网络教育健康可持续发展

高校网络教育全面反映了一个国家高等教育信息化的发展理念、制度设计、实践路径,其话语体系构建关乎网络教育生态的重塑。从教育规律出发,遵循技术逻辑,优化制度设计,破除体制机制障碍,建立多元共生、良性互动的网络教育话语生态,已成为推动高校网络教育创新发展的关键所在。我国高校网络教育经过 20 多年的发展,在促进教育资源均衡配置、提升人才培养质量、服务全民终身学习等方面发挥了重要作用。但受传统教育思维定势、评价导向单一、利益主体分散等因素影响,高校网络教育治理仍存在碎片化、同质化等问题,

[1] 李小平,孙清亮.基于第五代移动通信技术的网络教育应用研究 [J].电化教育研究,2019,40(1):52-58.
[2] 王兴辉,陈向东.网络教育环境下的知识共享:工具、文化与评价 [M].南宁:广西教育出版社,2006.

各类教育主体的地位、诉求表达不平衡，缺乏系统的顶层设计和科学的制度安排，因此亟须从战略层面重塑网络教育治理格局，建构网状化、智能化、生态化的话语实践共同体。

我们要在国家和地方各级教育行政部门的统筹规划下，强化高校的主体地位，充分调动网络教育平台、资源提供商、智库媒体等各类主体的积极性，搭建利益协调、诉求表达的有效渠道，形成分工明确、优势互补的协同机制。我们要创新资源配置方式，打破校际壁垒，推进优质教育资源跨区域、跨学校共建共享，促进中西部高校、地方院校合理分享优质资源，解决发展不平衡、不充分的问题。政府要转变监管理念，树立以质量为核心的管理导向，建立科学规范的在线教育质量标准，完善第三方评价、学分学历认证等质量保障体系。要加强智库建设，构建政、产、学、研、用协同创新的理论研究格局，形成一批有中国特色、引领未来的原创性理论学说，从理念、政策、技术、模式等多个维度为高校网络教育发展"把脉问诊"、指明方向。要优化教师发展环境，完善教师专业标准，加大教研、科研投入，提升教师开展在线教育的信息素养与教学能力。

总之，高校网络教育话语体系建设是一个庞大的系统工程，涉及文化传承、教育生态等诸多方面。我们要在守正创新中坚持以高度的文化自觉和使命担当讲好中国故事、传播中国声音。要运用系统思维、辩证思维，在继承传统优势的同时彰显本土特色，扬弃西方经验、吸收现代元素，坚持问题导向、目标导向，加强顶层设计、完善质量保障，不断推动高校网络教育实现内涵式发展、迈向更高水平。我们要站在民族振兴、教育强国、文化自信的战略高度，加快构建富有时代精神、彰显中国风范的高校网络教育话语体系。

第二节 研究意义

一、理论意义

高校网络教育作为高等教育变革发展的战略选择，在促进教育公平、提升人才培养质量、服务全民终身学习等方面发挥了不可替代的作用。然而，长期以来，高校网络教育领域缺乏对话语体系的系统研究，因此亟须加强理论探索，用创新理论引领和推动实践发展[1]。本书拟从填补研究空白、完善学科理论体系、拓展跨学科应用等维度，对高校网络教育话语体系研究的理论意义展开系统阐述，以期为相关研究提供学理支撑和启发借鉴。

（一）填补高校网络教育领域话语体系研究的理论空白

话语体系是特定社会语境中表达观念、建构权力关系的话语实践方式。它不是抽象概

---

[1] 邓幸涛，曹凤余.网络教育精品课程建设五人谈 [J].中国远程教育，2007（8）：5-12.

念的随意堆砌,而是一个动态生成、不断演进的有机系统。科学研判不同利益主体的话语表达、剖析多元话语间的竞合博弈、把握话语体系的运行逻辑和建构路径,对于把握社会思潮新变化、引领社会文化新风尚具有重要意义。从传播学、社会语言学、文化研究等视角审视,高校网络教育蕴含了对教育理念的传播、师生关系的塑造、教学文化的引领等的独特的话语实践。

本书正是要填补这一理论空白,对散落在高校网络教育各个层面、碎片化分布的话语表征进行系统梳理,运用话语理论方法,从话语主体、文化心理、传播效果等多维度入手,刻画其话语图景、阐明其建构逻辑、实现路径与优化策略,进而探索出一套体现中国特色、彰显时代精神的高校网络教育话语体系的理论范式。这对于推动高校网络教育研究范式创新、拓宽理论视野、开辟理论新境具有重要意义,实现了话语体系研究与网络教育研究的深度对话和融合创新,有助于网络教育实践反思当下、立足本土、面向未来,走出一条体现中华民族智慧的内涵式发展道路。

(二)完善高校网络教育理论体系和学科知识谱系

教育信息化理论是解释、预测和指导教育信息化发展的认识世界、改造世界的科学。党的十八大以来,我国学者围绕智慧教育、泛在学习等开展了大量理论探索,极大丰富了教育信息化理论内涵,但对其中蕴含的话语权力关系、话语实践逻辑的反思仍显不足。当前,以在线教育、智慧教育、人工智能教育为代表的新业态、新模式不断涌现,推动了教育形态、教学方式、治理范式的加速重构,同时也对教育信息化理论研究提出了新课题、新命题、新挑战。高校网络教育作为推动教育信息化和高等教育现代化变革的"排头兵""主力军",如何立足自身特点,破除思维定式,创新话语体系,彰显时代价值担当,这是亟待从理论高度给予回应的现实课题。

本书坚持理论研究聚焦重大现实问题、服务实践发展的价值导向,通过问题建构、概念生成、命题提炼,力图完善高校网络教育理论体系,丰富学科知识谱系。具体而言,本书将高校网络教育话语体系的逻辑起点、价值遵循、要素构成、功能定位、生成机制等作为理论分析的主线,既立足传播学、社会学等学科视角,又秉承教育学的理论品格,刻画话语体系的时代特征、结构要素和实践样态,揭示其对教育理念、教学行为、师生关系的塑造机制,进而提炼出一系列新观点、新范畴,如"网络教育话语权力""数字资本驱动""共生共创话语生态"等,力求实现理论创新。同时,本书还将"高校网络教育话语体系"嵌入高等教育信息化理论大家族,梳理其与智慧教育、未来教育等理论范式的互补与协同,进一步拓展教育信息化理论的学科外延,并推动其走向成熟,增强学科自信。这对于推进习近平新时代中国特色社会主义思想进教材、进课堂、进头脑,构建中国特色哲学社会科学,具有重要价值。

（三）拓展话语理论研究在教育领域的应用外延

话语理论研究是在语言学、传播学、社会学等多学科知识的滋养下发展起来的交叉学科，其理论视野和研究方法对教育研究具有重要的启发作用。教育作为一项复杂的社会实践，本质上是一个由政府、学校、教师、学生等不同群体展开话语对话、话语互动的过程。不同教育主体如何运用学校、课堂等特定的制度语境，通过说服、霸权等话语策略建构观念体系、赢得话语领导权，不同教育话语如何体现价值取向、塑造权力关系、引领教育变革，这些都是值得教育研究者深入探寻的重大课题。然而，长期以来，教育学研究对这些问题的关注不够，尚未完全摆脱实证主义教育研究范式的桎梏，对教育活动中蕴含的丰富话语实践缺乏敏感的理论自觉。

高校网络教育作为信息化时代最具创新活力和示范带头作用的教育形态，是话语理论在教育领域实现创新性应用的"沃土"。一方面，高校网络教育打破了传统教育的时空界限，重塑了教与学的关系，其非线性、交互性特征使多元主体间的话语互动更为频繁，蕴含着更为复杂的权力关系和文化冲突，是观察教育领域话语实践的绝佳样本；另一方面，高校网络教育受技术理性驱动，教育行为数字化、过程算法化倾向明显，但同时又强调以人为本，注重人的全面发展，体现了人文理性的价值诉求。如何破解理性张力，在人文情怀和技术逻辑间寻求平衡，构建共生共创的教育生态，是话语理论应用拓展的时代命题[1]。本书将高校网络教育作为"试验田"，尝试运用批评话语分析、多模态话语分析等方法，剖析其意识形态倾向、权力博弈逻辑和文化心理机制。在研究视角上，通过融合教育学、传播学、社会学、语言学等多学科理论，构建跨学科融合的话语分析框架；在研究对象上，不仅涉及政策文本、课程资源、教学互动等不同层次的话语实践，还兼顾线上线下、课内课外等不同教育情境；在研究主体上，既有高校、教师、学生，也有政府、企业、社区等利益相关方。力求全景式勾勒出高校网络教育的话语图谱，为话语理论在更加广阔的教育场域中实现创新应用探索路径，积累经验。

综上所述，本书意在补齐高校网络教育研究的理论短板，完善教育信息化理论体系，拓展话语理论的应用外延。一方面，高校网络教育中蕴含着丰富的话语实践样态，是话语理论创新应用的重要场域，通过话语理论视角可以揭示其意识形态属性、权力结构、文化建构等深层问题；另一方面，运用话语理论方法考查高校网络教育，对其话语图景、生成逻辑等作出理论刻画，有助于丰富和创新相关理论内涵、方法路径。本书的意义不仅在于实现不同学科知识谱系间的对话融通，实现理论研究与实践探索的同频共振，更在于推动形成中国特色的哲学社会科学话语体系，彰显中国学术的思想力量、话语力量，在理论和实践的良性互动中探索出一条具有世界意义的高等教育现代化发展道路。

[1] 徐福荫.改革开放推动我国教育技术迅猛发展 [J].教育研究，2009，30（5）：3-9.

二、现实意义

高校网络教育是信息技术与高等教育深度融合的产物，是构建网络化、数字化、个性化、终身化的教育体系，建设学习型社会的重要途径。但当前，高校网络教育在体制机制、资源供给、教学模式、质量保障等方面还存在诸多问题，亟须在国家和地方层面进行战略谋划和制度设计，充分发挥高校的主体作用，创新人才培养模式，提升发展质量和治理效能[1]。深入开展高校网络教育话语体系研究，对推动高校在线教育提质增效，增强学生获得感，实现高等教育现代化具有重要的现实意义。

（一）推进高校网络教育改革，优化制度设计，提升治理水平

制度是国家治理、社会治理的基本依据。当前，我国正处于全面深化改革的关键时期，高等教育改革进入深水区和攻坚期，因此亟须在体制机制创新、制度设计完善上发力，破除影响其高质量发展的体制机制障碍，构建与高等教育强国相适应的现代大学治理体系。高校网络教育作为高等教育变革的重要突破口，其健康发展离不开科学的制度安排。然而，长期以来，高校网络教育治理存在多头管理、职责交叉、评价碎片化等问题，缺乏统一的制度规范和利益协调机制。一些地方片面追求在线教育规模的扩张，忽视其内涵式发展，高校未因地制宜开展特色化探索。此外，网络教育学分认定、学历管理、教学质量监测等方面的标准规范滞后，不同类型教育资源之间的流动壁垒依然突出。

因此，开展高校网络教育话语体系研究，厘清不同主体间的利益关系、话语表达，剖析其背后的体制机制根源，对于推动网络教育治理走向科学化、精细化、智能化至关重要。一方面，本书紧扣国家相关政策导向，系统梳理我国高校网络教育发展的制度环境，找准在顶层设计、校内管理、资源配置等方面的突破口，形成制度优化的系统方案。如根据不同区域、不同高校的实际情况，因地制宜确定差异化的发展目标、建设重点；打破校际壁垒，建立优质资源跨区域、跨学校共建共享机制[2]；另一方面，本书还将通过比较不同类型高校在网络教育实践中的话语表达差异，反思其利益诉求，为构建多元的利益表达、协调机制提供决策参考。这对于推动政府简政放权、高校自主办学、多元主体合作治理，提升高校网络教育治理体系和治理能力的现代化水平具有重要意义。

（二）增强高校在网络教育治理中的主导权和话语权

高校是人才培养、科学研究、社会服务、文化传承创新、国际交流合作的重要阵地，理应在网络教育治理中发挥主体作用，掌握话语主导权。但在现实中，高校往往处于"夹

---

[1] 路秋丽，魏顺平.网络教育资源标准及标准应用的调查分析 [J].中国电化教育，2005（7）：81-84.

[2] 汪华.高职网络教育——理论与实践探讨 [M].北京：中国铁道出版社，2006.

心层"的尴尬境地,一方面要执行政府的各项规章制度;另一方面又面临技术平台、资本力量的深度介入,自身的话语权被逐步稀释,难以在人才培养、资源建设等方面贯彻自身的办学理念和特色目标。与此同时,随着在线教育产业化、平台化趋势加强,网课"带货"、数据变现等乱象频发,高校网络教育的公共性被侵蚀,对教育生态健康构成威胁。这就要求高校主动作为,强化使命担当,以强烈的问题意识、改革创新精神,重塑网络教育治理格局,并在融合中彰显主体地位。

本书将高校作为网络教育治理的关键行动者,通过文本分析、访谈、问卷等方式深入一线教学实践,系统总结高校在体制机制创新、教师教学创新、资源供给创新等方面的典型经验,剖析其背后的问题与困境,提炼话语策略,为高校"强身健体"、增强话语权提供路径指引。与此同时,本书还将网络教育话语权问题置于更广阔的全局中,从政策供给、资源配置、标准规范等方面为体制机制创新把脉会诊、建言献策,形成推动相关政策制定、强化高校主导地位的系统方案。这对于破除体制机制障碍、厚植制度沃土,推动高校在事关自身发展的重大问题上"发声",在融合创新发展中彰显办学自主权,提升我国高校网络教育整体的竞争力具有重要意义。

(三)提升高校网络教育人才培养质量,增强学生获得感

教育质量是教育的生命线。提升教育质量是教育改革发展的核心任务,是全面增强高等教育综合实力、建设高等教育强国的必然要求。高校网络教育作为高等教育的重要组成部分,培养了一大批优秀人才,有力推动了经济社会的发展[1]。但也要看到,随着在线教育产业化程度的加深,其追逐经济利益的功利化倾向日益显著,一些高校热衷于"建平台""作秀",重视面子工程、数字说教,在教学设计、课程内容、教学模式等方面创新不足,师生互动缺乏,教学针对性不强,学生参与感、获得感不足。一些课程存在生搬硬套、粗制滥造等问题,教学秩序松散,学习任务无法有效落实。与此同时,网络教育中的后进生占比较高,个性化、精准化教学供给不足,技术赋能的学情分析、学习反馈等机制尚不健全,学生学习效果难以保障。

破解网络教育质量困境的关键在于树立以学生发展为中心的教育理念,加强供给侧结构性改革,切实提升人才培养水平。本书拟通过梳理国内外高校在线教学的优秀案例,总结在课程设计、教学模式、学习支持等环节对接学生需求、促进学习投入的创新做法,为高校网络教育"变轨超车"、提质增效提供借鉴。同时,本书还以访谈、问卷等形式深入了解不同类型学生的学习体验,对人才培养各环节的话语生成逻辑、互动方式等进行多维透视,揭示不同主体在话语表达、利益诉求上的差异,剖析影响学生获得感的深层次因素,进而提出优化策略,形成学校、教师、学生协同发力,良性互动的"共创"局面。这对于推动

---

[1] 郑润如,刘鹏图. 高校网络教育资源建设及发展趋势 [J]. 现代教育技术,2015,25(2):95-99.

高校变革教学理念和方式，加快形成多元协同、共建共享的教育生态，让学生真正成为学习的主人，在网络教育中增强获得感、幸福感具有重要意义。

总之，本书立足网络教育发展的重大现实问题，基于不同主体的话语表达，着眼体制机制创新、高校主体作用发挥、学生发展需求满足等方面，力图形成一批解决实际困难、推动改革创新的对策和建议，推动高校网络教育实现内涵式发展。这对于加快构建高质量教育体系，促进教育公平，建设学习型社会、社会主义现代化国家提供智力支持。

三、方法论意义

高校网络教育是信息时代教育发展的必然趋势，其在拓展教育服务半径、提升教育服务质量、促进教育公平等方面发挥着日益重要的作用。然而，目前高校网络教育在发展过程中也面临着诸多挑战，如教学模式创新不足、教学管理机制不健全、教学资源供给不充分等。这些问题在一定程度上制约了高校网络教育的进一步发展。系统研究高校网络教育话语体系建设，对于厘清高校网络教育发展脉络、把握发展规律、完善制度政策、推动实践创新具有重要意义。运用创新话语研究理论和方法审视高校网络教育话语体系，能够为高校网络教育健康可持续发展提供新的理论阐释和实践指导。

（一）创新话语研究与教育学跨学科融合的理论方法

高校网络教育是一个教育学、信息技术、管理学等多学科交叉融合的复杂系统。传统教育学研究范式难以全面回应高校网络教育发展的现实需求。因此，教育学研究亟须吸纳语言学、传播学、社会学等学科的新理论、新方法，以开阔研究视野、提升研究品质。创新话语研究为教育学研究引入了话语分析的理论视角和方法论工具，这是教育学与语言学等学科跨界融合的重要体现。

具体而言，创新话语研究关注创新语境下的语言运用特点和互动方式，重点揭示话语实践与社会结构、制度体系之间的关系。将其引入高校网络教育研究，有助于分析高校网络教育政策文本、课程资源、教学话语等的语言建构特点、话语表征方式，发掘其所反映的权力关系、文化价值取向。通过对教育话语生成、传播、接受等动态过程的考察，能够多维度、多层次地展现教育数字化转型的图景。运用话语分析方法，以高校网络教育话语体系为经验材料，既可研究宏观的政策话语如何引导和规范高校网络教育发展，也可分析微观教学语境下师生、生生之间的对话互动特点及教学效果。创新话语研究在理论构建和实证分析上的创新，有助于深化对高校网络教育发展规律的认识，为相关政策制定、教学实践变革提供启发和参考。

（二）为其他教育领域开展话语体系研究提供分析范式

高校网络教育话语体系的系统研究，不仅具有自身的理论和实践价值，也能为其他教育领域话语体系研究提供有益借鉴。一方面，高校网络教育是信息技术与教育深度融合的产物，代表了未来教育发展的方向。以此为切入点考察教育话语的数字化转型历程及趋势，对把握教育改革发展的时代特征具有重要启示；另一方面，创新话语研究所形成的理论视角、分析框架、研究范式，也可移植到对其他类型教育话语体系的考察中，如基础教育信息化话语、职业教育产教融合话语、智慧教育创新话语等[1]。这不仅有利于厘清不同类型教育改革发展的话语逻辑和实践图景，也有助于发现共性问题，总结一般规律。

（三）丰富教育研究的方法论，开拓教育研究新视野

面对当代教育改革发展的新情况、新问题、新挑战，教育研究范式和方法论的创新显得尤为迫切和重要。方法论层面的创新为教育研究提供了新的理论视角、分析工具与话语表征方式，有助于开拓教育研究新领域、提出新问题、形成新知识。将创新话语研究引入高校网络教育研究，正是教育研究方法论创新的重要体现，彰显了跨学科研究视野下教育研究范式的革新取向。

创新话语研究为高校网络教育研究带来了语言学、社会学、传播学等学科的理论视角和研究方法，形成了独特的问题意识和分析路径。基于语料库方法考察高校网络教育政策文本的主题词频率、共现关系、语义网络，通过批评话语分析揭示在线教学话语建构中的意识形态话语与权力话语博弈，运用多模态话语分析解读网络教育宣传话语的多模态意义。此外，创新话语研究所形成的话语分析框架，为高校网络教育话语体系的系统研究提供了全面的理论阐释视角和实证分析路径，是在理论和实践层面推进教育研究方法论创新的有益尝试。

总之，创新话语研究在高校网络教育研究中的应用，是教育学研究与语言学、社会学等多学科跨界融合的重要体现，有助于拓展教育学的理论视野，丰富教育学研究方法，推动教育学知识体系和话语体系的创新发展。同时也可以为其他教育领域话语研究实践提供理论启示和方法论借鉴，对于开创教育研究新局面，推进教育的理论和实践创新具有重要意义。

第三节　研究现状综述与评析

一、基于不同学科视角的高校网络教育话语研究综述

高校网络教育是信息时代教育发展的重要形态，随着网络技术的飞速发展和教育信息

---

[1] 雷庆，樊文强. 高校现代远程教育的发展与特征 [J]. 中国远程教育，2007（12）：44-50，75-76.

化的不断推进,高校网络教育呈现出蓬勃发展之势[1]。然而,高校网络教育在快速发展的同时,也面临着诸多挑战,如教学模式创新不足、教学互动缺乏、学习体验不佳等。针对这些问题,不同学科领域的学者从各自视角切入,对高校网络教育话语展开了广泛而深入的研究,力图厘清高校网络教育话语体系的内在机理,探寻优化高校网络教育话语的有效路径。本书拟对教育学、传播学、语言学、社会学四个学科视角下的高校网络教育话语研究进行梳理与评述,以期为推动高校网络教育话语研究与实践提供启示。

(一)教育学视角:围绕教学话语、课程资源话语展开

教育学视角下的高校网络教育话语研究主要聚焦于教学话语和课程资源话语两个方面。

在教学话语方面,学者们关注教师如何在网络教学中运用话语策略营造良好的教学氛围,促进师生互动[2]。张耀灿等运用话语分析方法考察了高校教师在线教学话语的教学功能,发现不同教学情境下教师的话语方式存在差异,提问、评价、反馈等话语行为对学生参与度具有重要影响[3]。赵金铭基于教学话语互动理论,剖析了在线教学中教师话语的互动特点及其对学习体验的影响,强调教师应加强话语意识,优化话语策略,促进积极互动[4]。

在课程资源话语方面,学者们主要探讨高校网络课程资源的话语建构特点及其教育效果。陈伟等梳理了我国教育信息化发展的话语体系、逻辑脉络与趋势,揭示了技术中心主义话语对课程资源建设的影响,主张加强课程思政建设,实现价值引领[5]。欧阳光明等考察了我国教育信息化政策中的话语权问题,指出话语权的错位导致了课程资源同质化问题突出,建议加强区域、学校、教师的话语权,推动课程资源的特色化发展[6]。王富仁分析了我国高校在线教育的发展历程与政策话语,指出政策驱动下的在线课程资源建设存在重数量、轻质量问题,应提升在线课程的育人功能[7]。

(二)传播学视角:聚焦网络教育平台传播效果、受众反馈

传播学视角下的高校网络教育话语研究主要关注网络教育平台的传播效果和受众反馈。学者们运用传播学的理论和方法,分析网络教育平台的传播方式、传播内容对学习者的影响。郭凤志指出,随着信息技术与教育的深度融合,高校网络教育平台由内容中心向用户体验

[1] 张屹.网络教育服务质量管理体系规范研究 [M].武汉:华中师范大学出版社,2007.

[2] 毕红梅,付林溪.新媒体语境下高校思想政治教育话语转换探析 [J].思想教育研究,2015(5):12-15.

[3] 张耀灿,钱广荣.思想政治教育研究范式论纲——思想政治教育研究方法的基本问题 [J].思想教育研究,2014(7):3-9.

[4] 赵金铭.国际汉语教育中的跨文化思考 [J].语言教学与研究,2014(6):1-10.

[5] 陈伟,胡德平.新媒体语境下大学生思想政治教育话语体系的转变 [J].思想理论教育,2015(1):88-91.

[6] 欧阳光明,刘秉鑫.新媒体时代思想政治教育话语权及其建构维度 [J].思想理论教育,2016(6):49-53.

[7] 王富仁."新国学"论纲(上)[J].社会科学战线,2005(1):87-113.

中心转变，个性化、碎片化、社交化成为新趋势，因此应加强平台的智能化设计和精准推送能力建设[1]。邱仁富提出了跨媒介叙事理论，认为高校网络教育应善用多媒体资源，通过跨媒介叙事来增强学习体验和传播效果[2]。

在受众反馈研究方面，学者们运用问卷调查、访谈、数据分析等方法，分析了学习者对网络教育平台和课程资源的接受心理和使用行为。付子堂等运用话语分析方法考察了学习者对慕课的评论话语，提出情感态度、互动行为、价值认同是影响学习体验的关键因素[3]。冯建军基于语料库分析了学习者在在线学习平台上的互动话语，揭示了学习者话语互动的网络化、碎片化、情感化特征，建议教师加强引导，以营造良好的网络学习氛围[4]。

（三）语言学视角：关注教师教学语言策略、话语互动特点

语言学视角下的高校网络教育话语研究主要关注教师网络教学语言的策略运用和师生的话语互动。学者们运用语篇分析、会话分析、批评话语分析等方法，细致考察了网络教学语境下教师语言运用和师生互动的微观特征。陈建平运用语篇分析方法探讨了网络教学中教师语言的语篇结构和衔接方式，发现教师语言的条理性、逻辑性、生动性有助于提高教学效果，建议教师加强语言组织策略[5]。杜成宪基于会话分析理论分析了网络教学中师生互动话语的结构特点，揭示了话轮交替、话题引入、问答反馈等会话机制，同时强调良好的话语互动有利于促进学习者的参与和教学目标的达成[6]。

（四）社会学视角：剖析网络教育中的权力话语博弈、文化冲突

社会学视角下的高校网络教育话语研究主要从话语权力和文化冲突的角度切入，剖析网络教育中不同主体之间的话语博弈及其社会文化含义。学者们运用话语权力、文化冲突等理论，讨论网络教育话语体系建构过程中的文化认同问题。杨建义基于人类命运共同体理念，探讨共建"一带一路"教育话语权的构建问题，主张加快高校国际化人才培养，打造中国教育话语体系，增强中国教育的国际影响力[7]。王延隆等运用话语分析法考察了影响高校教师话语创新的因素，建议加强话语内容、语境、方式的创新，提升话语吸引力[8]。

[1] 郭凤志. 高校思想治理论课话语体系创新研究 [J]. 思想理论教育导刊，2014（4）：83-86.

[2] 邱仁富. 思想政治教育话语研究：现状、问题与发展 [J]. 思想政治教育，2014（9）：37-43.

[3] 付子堂，朱林方. 中国特色社会主义法治理论的基本构成 [J]. 法制与社会发展，2015，21（3）：17-31.

[4] 冯建军. 构建教育学的中国话语体系 [J]. 高等教育研究，2015，36（8）：1-8.

[5] 陈建平. 中外大学机构身份话语建构比较研究 [J]. 中国外语，2016，13（4）：29-39.

[6] 杜成宪. 以"学"为核心的教育话语体系——从语言文字的视角谈中国传统教育思想的重"学"现象 [J]. 华东师范大学学报（教育科学版），2010，28（3）：75-80.

[7] 杨建义. 论思想政治教育话语的转换与主导 [J]. 福建农林大学学报（哲学社会科学版），2011，14（2）：60-63.

[8] 王延隆，蒋楠. 网络流行语与青年思想政治教育网络话语权的重塑 [J]. 中国青年研究，2016（6）：87-92.

学者们还关注网络教育中的文化认同与冲突问题。陈建波等指出，在教育信息化和全球化的背景下，不同文化背景的学习者进入同一网络学习空间，文化认同成为影响学习体验的关键因素，应加强对多元文化的包容[1]。吴琼基于学术话语体系，设计了批判性信息素养教学框架，引导学生批判性地认识网络信息环境，提升学术话语建构能力，增强文化自觉和学术自信[2]。

综上所述，高校网络教育话语研究涉及教育学、传播学、语言学、社会学等多个学科，体现了鲜明的跨学科研究特征。不同学科视角相互交织，共同推动对高校网络教育话语的系统性探究。学界对教学话语策略、课程资源话语、传播效果、受众反馈、话语互动、权力博弈、文化冲突等方面已有较多讨论，并形成了一些有价值的研究成果，但仍存在研究视角较为零散、理论与实践结合不够紧密、对话语复杂动态性把握不足等问题。未来的研究应进一步加强理论基础、拓展问题视野、完善方法体系、注重实证分析、加强学科融通、推进理论创新，深化对高校网络教育话语的规律性认识，以更好地指导网络教育教学实践。只有厘清高校网络教育话语体系的生成逻辑、建构机制、运行规律，才能更好地推动高校网络教育话语的变革与重构，从而不断提升高校网络教育的质量与效益。

二、基于不同话语要素的高校网络教育话语研究综述

高校网络教育作为信息时代背景下教育变革的重要方式，其话语体系的建构与实践引发了学界的广泛关注。网络教育话语作为一种特殊的教育话语类型，由多种要素构成，包括话语主体、话语客体、话语媒介、话语情境等。不同要素之间相互作用、彼此影响，共同塑造了网络教育的话语生态。对高校网络教育话语的系统研究，需要综合考量各个要素的特点及其相互关系。本书拟对基于不同话语要素的高校网络教育话语研究进行系统梳理，以期为深入理解网络教育话语的内在机制、优化教育话语实践提供启示。

（一）话语主体研究：教师、学生在教学互动中的角色话语实践

话语主体是话语生成和实践的核心，在高校网络教育中主要包括教师和学生两类主体。学者们重点关注的是教师和学生在教学互动中的角色定位和话语实践。邹绍清基于角色理论分析了教师在网络教学中的多重角色转换及其话语策略，如知识传授者、学习引导者、教学管理者等，强调教师要根据不同角色灵活调整话语方式[3]。邱柏生则关注学生主体在网络学习中的话语参与和话语权力，指出要重视学生的主动性，通过营造平等互动的话语环

[1] 陈建波，庄前生.论牢牢把握党对意识形态工作的领导权 [J]. 马克思主义研究，2016（1）：112-118.

[2] 吴琼.思想政治教育话语结构及其功能 [J]. 思想理论教育，2014（7）：55-59.

[3] 邹绍清.论意识形态主导话语权的变革——科学发展观统领思想政治教育话语体系创新的方法论阐 [J]. 马克思主义研究，2013（3）：130-137.

境来提升学习体验[1]。

针对师生互动话语，学者们开展了细致的实证研究。邹绍清利用语料库方法考察了教师提问、反馈等话语行为对学生参与度的影响[2]。崔海英通过话语分析法揭示了生成性课堂中师生的角色对话与协商，强调要加强引导，激发学生的学习热情[3]。王明春指出，教师要突破权威话语，用平等、开放的话语方式营造良好的师生关系，缓解师生的话语张力[4]。项贤明提出师生网络互动的情感话语研究，指出积极的情感话语有助于营造和谐的学习氛围[5]。

总的来看，有关话语主体的研究强调将师生作为话语实践的核心参与者，要打破传统的话语权力格局，构建主体间的良性互动，形成开放、民主、包容的对话和交流，从而提升教学效果。

（二）话语客体研究：课程资源、教学平台界面的话语建构

在高校网络教育中，课程资源和教学平台是话语建构和传播的重要载体，即话语客体。学者们关注的是课程资源设计中蕴含的话语理念、意识形态倾向以及教学平台界面设计的隐含话语。余双好通过批评话语分析方法审视在线课程资源中的话语建构过程，揭示了资源设计背后的文化价值取向[6]。张东伟以国家精品在线课程为研究对象，运用内容分析法考察课程资源的选材、编排与话语体系，强调课程资源要彰显社会主义核心价值观[7]。

教学平台作为组织和呈现课程资源的重要话语场域，其界面设计同样受到重视。林振东运用多模态话语分析方法解读在线教学平台界面设计，发现界面编排、色彩搭配等蕴含着学习理念、审美取向的隐含话语[8]。张振等指出，教学平台要以学习者为中心，合理设计导航、交互等界面话语元素[9]。邹绍清基于学习行为分析，对教学平台智能推送的个性化话语进行了反思，主张要兼顾推送的科学性与人文关怀[10]。何晨玥等通过视线轨迹实验考察了

[1] 邱柏生．试论开展社会主义核心价值体系教育的话语体系支撑 [J]. 思想理论教育导刊，2010（11）：39-43.

[2] 邹绍清．论意识形态中国特色话语体系的建构 [J]. 西南大学学报（社会科学版），2014，40（4）：37-41，181-182.

[3] 崔海英．大学生网络思想政治教育话语创新研究 [J]. 思想理论教育，2016（8）：85-88.

[4] 王明春．青年话语变迁与思想政治教育话语冲突及调适 [J]. 中国青年研究，2011（4）：94-97.

[5] 项贤明．比较教育：话语与权力 [J]. 高等教育研究，2002（2）：95-99，110.

[6] 余双好．思想政治教育学科发展现状与发展路径的回溯与展望 [J]. 思想理论教育导刊，2012（12）：40-45.

[7] 张东伟．社会主义核心价值观的日常生活化分析 [J]. 河南师范大学学报（哲学社会科学版），2014，41（4）：25-29.

[8] 林振东．略论思想政治教育话语及其现代转型 [J]. 思想理论教育导刊，2016（5）：137-140.

[9] 张振，郝凤．新媒体时代中国共产党强化意识形态话语权的多维路径 [J]. 江苏社会科学，2016（5）：41-47.

[10] 邹绍清．论意识形态的党性和人民性统一及其实践路径——兼论思想政治教育创新的实践导向 [J]. 马克思主义研究，2014（7）：81-88，160.

学习者对教学平台话语信息的扫读行为,为界面设计优化提供了实证支持[1]。

可见,话语客体研究关注的是课程资源、平台界面等作为非主体话语要素的特点,审视其背后的价值理念和文化内涵,强调要通过优化资源编排、界面设计等话语建构,凸显教育的人文性、公平性,体现以学习者为中心的教学理念。

(三)话语媒介研究:技术工具、网络环境对话语生成的影响

在高校网络教育中,数字技术工具和网络环境是话语生成和传播的重要媒介,对网络教育话语实践具有塑造作用。学者们重点研究技术媒介赋能下话语互动方式的变革,以及网络环境对话语生态的影响。陈秀武论述了人工智能、虚拟现实等技术在教育领域的应用,认为智能技术将推动教育话语范式的变革,催生智能驱动的个性化话语生成模式[2]。宗海勇等指出慕课、直播、移动学习 App 等新型教学形态为师生话语互动提供了更加多元、实时、便捷的渠道[3]。吴海江基于国内外慕课实践案例,总结了慕课教学中师生话语互动的特点,提出发挥慕课话语互动优势,促进学习对话与协作的建议[4]。

网络环境也为教育话语生态带来了新的挑战。王延隆指出,网络空间的开放性、去中心化等特点对教育话语权力关系、话语生态产生了新的影响[5]。吴宏亮提出,网络环境下高校话语体系面临着传播方式单一、话语吸引力不足等困境,亟须加快话语创新,增强引导力[6]。邓景等论述了后真相时代网络谣言、价值观冲突等对教育话语生态的冲击,主张加强教师网络话语素养,提升话语辨析和引导能力[7]。韩晓峰等探讨了如何优化高校话语体系,以增强话语的吸引力、感染力、公信力[8]。

综上,话语媒介研究突出了技术变革、网络生态等宏观语境对教育话语实践的影响,强调要立足新的话语环境、创新话语互动模式,优化教育话语生态,实现其时代性重构。

(四)话语情境研究:不同教育情境中师生话语表达的差异

话语情境对话语表达具有重要影响。不同的教学情境、学科背景等因素都会造成话语

[1] 何晨玥,金一斌.大学章程中关于学生权利的话语体系建构——基于教育部已核准 84 所高校章程文本的比较 [J].中国高教研究,2015(9):20-26.

[2] 陈秀武.“伪满”建国思想与日本殖民地奴化构想 [J].东北师大学报(哲学社会科学版),2010(6):70-75.

[3] 宗海勇,潘晴雯.交往实践——思想政治教育话语体系的哲学基础探析 [J].湖北社会科学,2011(11):179-181.

[4] 吴海江.论高校思想政治理论课话语体系的创新 [J].思想理论教育,2014(1):60-64.

[5] 王延隆.网络流行语与思想政治教育的话语变革 [J].中国青年研究,2015(3):77-81.

[6] 吴宏亮.论高校思想政治理论课话语体系的“三个转换” [J].思想理论教育导刊,2014(6):76-78.

[7] 邓景,唐韬.网络时代思政教育话语体系转换——以网络用语在思政课教学中的应用为例 [J].社会科学家,2012(4):114-117.

[8] 韩晓峰,张天译.新媒体环境下高校思想政治教育工作的机遇与挑战 [J].东北师大学报(哲学社会科学版),2015(6):219-222.

差异。学者们比较了不同教育情境中师生的话语表达特点。孙来斌等调查了不同教学形态(面授、在线、混合)中的师生话语交互,发现线上教学的师生话语数量、频率普遍高于线下,但在话语深度、互动质量上仍有待提升[1]。吴艳东比较了网络环境下不同学科教师的教学话语差异,揭示了人文、社科、理工学科在概念阐释、逻辑论证等方面话语特点的差异[2]。

通过对高校网络教育话语的主体、客体、媒介、情境等不同要素的系统考察看出,学界在网络教育话语的生成机制、建构策略、实践效果等方面已有较为丰富的研究积累,但仍存在研究视角较为零散、理论阐释深度不够、实证研究方法有待创新等问题。未来应进一步加强理论整合,优化研究范式,注重理论与实践的协同创新,加强不同要素研究的融通,力求实现高校网络教育话语研究的系统性、前瞻性、实效性,为网络教育变革实践提供更加有力的理论支撑。

三、基于不同研究方法的高校网络教育话语研究综述

高校网络教育话语研究是一个复杂的系统工程,需要综合运用多种研究方法和分析工具,方能全面揭示其内在机制和运作规律。纵观既有文献,学者们主要采用文本分析、话语分析、多模态话语分析等方法,从不同角度切入高校网络教育话语实践,取得了启发性较强的研究成果。本书拟对基于不同研究方法的高校网络教育话语研究进行系统梳理,以期为方法论层面的反思和创新提供参考。

(一)文本分析:对教学文本、教材课件的话语内容解读

文本分析是一种基础性的定性研究方法,通过对文本材料的系统梳理和深入解读,揭示其中蕴含的意义和规律。在高校网络教育话语研究中,学者们运用文本分析方法,重点关注教学文本、教材课件等的话语内容建构。周加仙选取国内多所高校的在线课程教学文本作为分析样本,考察其话语内容选择、话语逻辑结构的特点[3]。经研究发现,教学文本的内容选择较为零散化、碎片化,缺乏宏观的逻辑脉络,不利于学习者掌握知识体系。仲伟合则关注慕课课件的文本话语建构,分析发现部分课件对中国文化的选择和呈现存在简单化、陈词滥调等问题,建议加强文化内容的深度挖掘和情境化呈现[4]。李桂荣针对在线教学讨论区的文本材料进行分析,总结了在话题、观点、论证等方面的话语特点,发现讨论话语普遍存在观点单一、缺乏论证等问题[5]。李凡以高校图书馆网站为研究对象,运用内容分

[1] 孙来斌,高岳峰."灌输"的双重视界——马克思主义"灌输论"与当代西方灌输批判理论的话语差异[J]. 马克思主义研究,2014(5):114-122,160.

[2] 吴艳东. 高校思想政治理论课教学话语面临的困境与对策[J]. 思想理论教育,2014(11):69-72.

[3] 周加仙. 教育神经科学的领域建构[J]. 华东师范大学学报(教育科学版),2009,27(3):69-74,82.

[4] 仲伟合. 文化对外传播路径创新与翻译专业教育[J]. 中国翻译,2014,35(5):11-15.

[5] 李桂荣. 中国教育经济学话语演进二十年[J]. 教育研究,2004(12):23-31.

析法考察其文本话语的选材、逻辑、风格特点，指出要进一步优化教学资源的话语转化，增强话语的吸引力和感染力 [1]。

综上，基于文本分析的高校网络教育话语研究，能够细致考察教学文本、课程资源的话语内容建构，发现其中存在的问题，但也有局限性。未来应进一步拓展文本类型和范围，增强话语形式的考察，并辅之其他的研究方法，方能更加立体地认识网络教育话语实践。

（二）话语分析：考察不同主体言语交往中的权力关系

话语分析源于语言学，关注说话人在具体语境中的言语运用及其所反映的社会心理。学者们运用话语分析方法，重点考察高校网络教育中不同主体在言语交互中所体现出的权力关系。倪瑞华分析了职业教育视频公开课教师的教学话语，揭示了权威型、伙伴型、支持型等不同教学风格背后的师生权力关系 [2]。杨文艺考察了高校混合式教学模式中的师生课堂话语互动，发现了隐藏在话语之下的不平等权力关系，主张加强生成性、民主型课堂的话语文化建设 [3]。

可见，基于话语分析的研究有助于深入把握高校网络教育话语生成过程中权力的运作机制，揭示了看似中立的教育话语之下隐藏的复杂权力关系，但尚缺乏理论的创新。未来可进一步通过社会学、政治学等理论视角，推进理论融合，增强话语权力的敏感性和批判性。

（三）多模态话语分析：关注视觉、听觉等多模态符号的话语意义

多模态话语分析突破了单一语言中心主义的局限，关注多种符号模态共同建构话语意义的过程。在高校网络教育话语研究中，学者们运用多模态话语分析方法，探讨了视频、图像、声音等非语言符号资源的话语意义建构。农毅采用多模态话语分析方法考察了高校网络教学平台的界面设计，通过分析发现，图像、色彩搭配等多模态资源在塑造使用体验、传递教学理念等方面发挥着重要作用 [4]。沈建红等以高校慕课为例，分析了视频画面、图文字幕、背景音乐等多模态要素的意义关联，揭示了多模态协同对教学内容呈现的重要性 [5]。朱大鹏选取国内高校"四史"学习微视频，运用多模态语篇分析的三维框架，剖析了视频中图像、文字、声音等模态要素的互动以及多模态隐喻的话语建构策略，强调要处理好各模态要素的逻辑一致性，提升话语的感染力 [6]。苏晔则关注了教师直播课程的多模态表征，分析了教

[1] 李凡. 大中小学德育资源一体化机制建设探究 [J]. 黑龙江高教研究，2016（5）：91-94.

[2] 倪瑞华. 由独话到对话：高校思想政治理论课教学话语体系的重建 [J]. 国家教育行政学院学报，2012，（10）：47-50，60.

[3] 杨文艺. 全球竞争的文化转向与孔子学院的转型发展——孔子学院十周年回眸与展望 [J]. 中国高教研究，2015（4）：44-52.

[4] 农毅. 加强高校意识形态教育的网络话语体系创新探究 [J]. 学术论坛，2016，39（5）：168-171.

[5] 沈建红，陈松源. 网络话语体系构建与高校思想政治教育实效性 [J]. 当代青年研究，2009（6）：39-42.

[6] 朱大鹏. 全面深化改革中的思想政治教育话语变革 [J]. 中国高等教育，2014（10）：42-44.

师形体、表情、手势等多模态行为在师生互动中的话语功能[1]。刘旭东运用多模态话语分析方法解读了高校宣传片的多模态话语建构，发现了画面、解说、音乐的巧妙配合，有利于塑造大学形象、传播文化理念[2]。

综上，多模态话语分析突破了语言中心主义局限，能够更加全面地考察多模态符号资源在网络教育话语中的意义建构，但尚需进一步拓展理论视野，推进跨学科对话。未来可借鉴社会符号学、艺术设计学等相关理论，丰富多模态话语的理论内涵，创新分析方法，深化对网络教育话语多模态本质的认识。

四、评析：梳理已有研究的视角、内容、方法，提炼研究特点

通过对高校网络教育话语研究文献的系统梳理可以看出，学界围绕不同学科视角、话语要素、研究方法展开了多层面的探讨，在理解网络教育话语的内在机制、解释其运作规律等方面取得了富有价值的研究成果。本部分拟在总结已有研究进展的基础上，评析其研究视角、内容、方法的特点，为本书奠定坚实的学理基础。

（一）研究视角：学科视角多元但融合不够，缺乏系统全面审视

高校网络教育话语研究涉及多个学科领域，有鲜明的跨学科研究特征。纵观文献可以发现，学者们主要从教育学、语言学、传播学、社会学等不同学科视角切入研究，形成了多学科视野交叉、研究主题多元的局面。多学科视角的融合有助于充分挖掘高校网络教育话语的多维内涵，增强对其复杂性的掌握。

然而，目前的研究尚未实现学科视角的深度融合，不同学科领域的研究仍然较为分裂，缺乏互补与协同。教育学视角下的研究大多聚焦教学话语、课程话语，但对教学之外的教育管理、学生工作等领域的话语关注不足。语言学视角重在考察微观话语策略，但在宏观话语体系的建构上有所欠缺[3]。传播学视角虽然关注了传播效果、受众反馈等问题，但对传播过程的机制剖析有待深化。社会学视角触及了权力话语等社会文化议题，但与教育实践的联系有待加强。

不同学科视角各有侧重，尚未形成对高校网络教育话语的系统性、整体性审视。因此，未来应进一步加强跨学科对话研究，在借鉴不同学科理论资源的基础上，深化问题意识，形成多学科交叉融合、优势互补的研究格局，实现理论视野的拓展和方法的创新，以期更

---

[1] 苏晔.高校思想政治教育要占领社交网络新阵地 [J].思想理论教育导刊，2016（4）：127-129.

[2] 刘旭东.教育行动的逻辑与教育理论创新——兼论哈耶克的"必然无知"理论 [J].教育研究，2016，37（10）：11-18.

[3] 吴军其，刘萌."任务驱动"法在高校翻转课堂中的应用研究——以"网络教育资源设计与开发"课程为例 [J].现代教育技术，2015，25（9）：58-64.

加立体、动态地揭示高校网络教育话语的生成逻辑、演化规律和实践效用。

（二）研究内容：话语要素研究散点分布，缺乏对话语体系构建的关注

就研究内容而言，前人研究触及了高校网络教育话语的诸多要素，包括话语主体、话语客体、话语媒介、话语情境等。但均分散于不同研究之中，尚未形成对各要素及其关系的系统性认识。在话语主体研究方面，师生互动话语、角色话语是关注的重点，但缺乏纵向历时比较和横向共时比较。在话语客体研究方面，学者们分别考察了教学文本、课程资源的话语建构，但对不同类型话语客体的综合研究还不够。在话语媒介研究方面，技术变革、网络环境等宏观语境因素的影响得到关注，但与微观话语实践层面的联结有待加强。在话语情境研究方面，学者们比较了不同教学情境、文化语境的差异影响，但缺少多情境比较的系统性研究。

纵观已有研究可以发现，各个话语要素的研究形成散点分布的格局，不同研究之间缺乏必要的对话和结合。学界尚未充分关注高校网络教育话语要素的系统性、整体性，缺乏从话语生态视角的统筹构建[1]，不同要素之间的关系网络及其系统运作规律尚待进一步厘清。因此，未来应在话语要素研究的基础上，加强不同研究的对接与融通，从整体生态的视角加以梳理提炼，探讨各要素在话语体系建构中的地位及作用，揭示其系统性运作机制，推进话语体系理论和实践的创新。唯有如此，方能真正把握高校网络教育话语实践的整体性、关联性，为理论发展和实践创新提供更加完整、系统的支撑。

（三）研究方法：以定性分析为主，定量实证研究偏少，方法创新有待加强

在研究方法上，高校网络教育话语研究以定性分析为主，包括文本分析、话语分析、批评话语分析、多模态话语分析等。这些方法各有所长，是深入理解教育话语内涵、揭示意识形态权力机制、挖掘符号资源意义的重要工具。但相比之下，定量实证研究明显偏少，数据分析、问卷调查、实验法等运用较少。这种失衡的研究方式反映出高校网络教育话语研究的方法体系尚不健全。

定性研究虽然有助于理解话语现象，产生理论洞见，但也存在主观性强、缺乏实证支撑等问题。单纯的定性描述和分析，难以揭示高校网络教育话语实践的一般规律。相比之下，定量研究则能够通过对数据的收集和分析，客观、严谨地考察话语现象，验证理论假设，发现一般规律。国外学者在运用内容分析、语料库分析等定量方法探讨网络教育话语方面已有尝试，但国内尚不多见。未来研究应重视定性与定量的结合，在定性分析揭示机制的同时，运用定量分析方法加以验证和完善，增强研究结论的科学性、严谨性。

[1] 赵宏，陈丽，王小凯，林世员，张文梅，李爽. 现代远程教育政策发展脉络及问题分析[J]. 中国远程教育，2021（8）：12-20，76.

此外，研究方法的创新力度有待加强。高校网络教育话语研究需要与时俱进，积极吸收和运用新兴研究范式、研究技术。如运用数据挖掘、机器学习等大数据分析方法，可以在宏观上洞察网络教育话语的生成演化规律；采用复杂网络分析等方法，有助于揭示教育话语系统的关联结构。未来研究要立足前沿、开放包容，在借鉴相关学科先进研究方法的同时，结合信息技术的发展，积极探索新兴研究范式在教育话语研究中的运用，不断推进理论创新、方法创新和技术创新的融合，开拓教育话语研究的新局面。

（四）小结：厘清研究进展，把握研究前沿，为本书奠定学理基础

综上所述，高校网络教育话语研究呈现出多学科视角多元交叉、话语要素分散组合、研究方法以定性为主的特点。一方面，多学科视角的引入开阔了研究视野，丰富了对教育话语复杂性的认识；话语要素的分项研究也为深度理解教育话语的结构与功能打下了坚实基础。另一方面，研究视角的碎片化、话语要素把握的割裂性及研究方法的单一性，又在一定程度上制约了教育话语研究的纵深走向、形成体系。

本书以梳理高校网络教育话语研究进展为基点，力图在总结反思已有研究的基础上，把握研究前沿，汲取研究养分。未来研究应进一步拓展理论视野，推进跨学科融合，实现宏观与微观、理论与实证、人文与科技的融通，定性与定量结合，探索前沿技术方法在教育话语研究中的运用。

第四节　研究思路与方法

一、话语体系的系统构建

高校网络教育话语体系是由多种话语要素按照一定逻辑组合而形成的有机整体，对把握高校网络教育话语的生成逻辑、演化机制和实践规律具有重要意义[1]。本书立足前人研究，力图通过理论梳理与实践提炼相结合的方式，探索高校网络教育话语体系的系统构建路径，为话语实践变革提供理论参照。

（一）基于文献综述构建话语体系的理论框架

系统构建高校网络教育话语体系，前提是须厘清其理论框架。通过对国内外相关文献

---

[1] 王晓莺，于涛.现代网络教育平台下的个性化自主学习模式研究[J].黑龙江高教研究，2016（1）：137-139.

的系统梳理，可以发现不同学科领域为话语体系研究提供了重要的理论资源。语言学、修辞学关注话语的语言构成、语篇结构和语用策略，为剖析高校网络教育话语的语言特点、话语组织提供了重要理论依据；传播学、媒介学聚焦话语传播中的信息编码、信道选择和受众解读，有助于审视高校网络教育话语的传播机制、媒介形态和受众反馈；社会学、文化研究触及话语生产中的权力和话语秩序问题，为揭示高校网络教育话语实践的社会文化逻辑提供了理论支撑。

借鉴多学科理论，可将高校网络教育话语体系初步构建为由话语主体、话语客体、话语媒介、话语情境、话语秩序等要素构成的理论框架[1]。其中，话语主体指参与话语实践的个体或群体，如教师、学生、管理者等；话语客体指作为表意对象的符号资源，包括语言文本、视听媒介等；话语媒介指话语赖以传播的物质载体或渠道，包括线上平台、移动终端等；话语情境指话语生产传播的社会语境，包括制度环境、文化语境等；话语秩序指支配话语实践的规则体系，反映了意识形态的权力结构。不同要素之间存在交互塑造、动态演化的关系，共同推动着话语体系的生成与构建。

（二）立足高校网络教育实践，提炼话语体系的核心要素

理论梳理为话语体系构建提供了分析框架，但要使理论落地，就必须立足实践，提炼高校网络教育话语体系的核心要素。一方面，高校网络教育要从宏观、中观、微观三个不同维度考察高校网络教育的制度政策、平台环境、教学实践，掌握不同层次话语要素的特点；另一方面，高校网络教育要以典型案例为经验材料，运用话语分析、多模态分析等方法，深描话语实践过程，揭示其中的话语要素。

在宏观制度层面，高校网络教育话语实践内嵌于国家、地方、学校等不同层级的政策话语之中。一系列涉及在线教育、智慧教育的顶层设计，为高校网络教育的话语实践提供了总体遵循，形塑了宏观话语秩序[2]。在中观平台层面，高校网络教育依托专业教学平台、泛在学习环境等数字化教育基础设施，拓展了师生话语互动的时空界域。在微观教学层面，话语实践最为丰富多样。师生在多元教学情境中展开的言语互动、身体表达，构成了教学话语的主体内容。教师话语策略的灵活运用，对学生参与度、学习体验、话语互动有着显著影响。此外，在线教学资源作为话语客体，其知识内容选择和呈现方式往往体现一定的价值倾向。教学评价话语则从选拔、鉴别的价值维度规约着师生话语行为。可见，在微观教学情境中，主客体、情境语境、意识形态等要素交织着同一张意义之网，形塑着具体而微的话语实践样态。

---

[1] 程智. 对网络教育概念的探讨 [J]. 电化教育研究，2003（7）：25-28.

[2] 陈巍. 成人高等教育机构开展网络教育的实证研究 [J]. 开放教育研究，2010，16（5）：27-34.

（三）把握不同要素的关联作用机制，刻画整体话语图景

高校网络教育话语体系的系统性特征，不仅体现在多元要素的复合组成结构中，更凸显于要素之间的关联互动中。厘清不同要素的作用机制、交互方式，对于刻画高校网络教育话语实践的整体图景至关重要。

话语主体与客体之间存在言说与被言说、表征与被表征的关系。不同主体基于自身话语资源禀赋，以不同方式参与话语编码、传播、解读，由此形成主体间围绕话语对象展开的竞争、博弈与协商。教师、学生、管理者等不同主体，或隐或显地参与塑造网络教学话语内容、形式与风格，形成了高校网络教育话语主客体互构的基本图景。

话语媒介则以重构时空边界的方式，改变了主客体话语实践的物质条件，催生了新的话语生产、传播、消费方式。数字技术与网络平台的发展，一方面拓展了个体的话语资源获取渠道，创设了虚拟场域，为主体话语实践提供了前所未有的便利条件；另一方面也对个体话语能力、话语素养提出了更高要求，重塑了话语权力结构[1]。高校网络教育话语实践需要适应并驾驭媒介变革，在媒介使用中把握新的话语可能性与边界。

话语情境以制度、文化等方式规范话语实践、塑造话语秩序。在宏观制度语境中，国家、地方、高校各级教育政策通过话语建构，形塑着网络教育发展的总体格局；而微观教学情境则以课堂规则、角色期待等方式规约着师生日常的话语互动。制度政策、文化环境与个体话语实践的良性互动，是高校网络教育话语体系运转的关键。

总之，高校网络教育话语体系的系统构建，需要借鉴多学科理论，立足实践提炼核心要素，进而构建不同要素的关联机制，最终呈现出一个动态演进、开放包容的整体话语图景。这一图景揭示了高校网络教育话语的生成逻辑、演化机制和建构路径，标志着高校网络教育话语体系研究实现了从碎片化到系统性、从静态化到动态化的重要跨越，指明了未来研究的方向和路径。在理论上，话语体系的系统构建为深化高校网络教育基础理论研究、实现理论创新提供了新的分析框架和路径；在实践上，对高校网络教育话语实践的整体性把握，也为优化话语实践、破解话语困境提供了系统的政策启示和行动指南。

二、理论与实践的融会贯通

高校网络教育话语体系研究不仅关乎话语理论的创新发展，更关系到网络教育实践的变革优化。在加快教育现代化、建设高质量教育体系的时代背景下，高校网络教育成为变革的前沿阵地，迫切需要话语研究的理论滋养和实践引导。因此，在高校网络教育话语研究中，必须坚持理论与实践的紧密结合、融会贯通，以理论的说服力推动实践的进步，以实践的丰富性充实理论的内涵，实现理论创新与实践发展的良性互动。

---

[1] 周岩，余长营. 区域网络教育资源共建共享的实践探究 [J]. 中国电化教育，2009（12）：31-34.

（一）坚持问题导向，聚焦高校网络教育改革发展的现实需求

问题是时代的声音，是理论研究的逻辑起点。聚焦高校网络教育改革发展中的现实问题，以摆脱实践困境、推动教育进步为己任，是高校网络教育话语研究的价值所在。在信息技术加速变革的时代，网络教育实践出现了诸多新情况、新问题、新挑战，亟须理论研究的积极回应。

首先，高校网络教育面临教学模式创新的挑战。传统的"以教师为中心"的知识传授模式难以适应网络时代学习者的需求，亟须转变教学理念、变革教学组织方式，而这一过程往往伴随着教学话语范式的重构。其次，网络教育对教师提出了新的素养要求。教师需要适应线上教学语境，转变教学观念，创新话语策略，以有效引导学生参与互动、优化学习体验[1]。再次，在线教学资源建设有待进一步优化。部分课程资源的选择与呈现尚存碎片化、浅表化等问题，缺乏问题意识和批判性思维的培育。最后，网络教育治理与质量保障机制有待健全。在多元主体参与、跨界融合的复杂网络教育生态中，亟须建立科学规范的质量标准和话语规则体系[2]。

可见，推进高校网络教育改革创新，需要解决诸多方面的现实问题，这对话语研究提出了新要求。唯有立足时代需求，找准问题导向，高校网络教育话语研究才能彰显现实关怀，焕发生机活力。未来研究应进一步加强问题意识，在教学模式、教师发展、教学资源、教育治理等方面深入挖掘实践问题，提炼理论议题，推动理论研究聚焦教育改革发展的主战场、主阵地，为摆脱现实困境贡献智慧和力量。

（二）注重理论支撑，运用跨学科知识阐释话语实践

理论是人们认识世界、洞察事物本质的强大思维武器。高校网络教育话语实践的背后有着深刻复杂的社会文化逻辑，需要运用系统扎实的理论知识加以阐释说明。跨学科视野的引入，为高校网络教育话语研究提供了重要的理论资源。语言学、教育学、传播学、社会学等多学科知识的融会贯通，有助于全面透视网络教育话语的内在机制与运行规律[3]。

语言学理论为深入考察网络教育话语的语言构成、语篇结构、语用策略提供了重要依据。如系统功能语言学理论有助于揭示教学语篇的元功能与意义实现[4]；语用学理论则为解读教

[1] 蔡骐，赵嘉悦.作为标签与规训的隐喻——对网络流行语"社恐"的批判性话语分析[J].现代传播（中国传媒大学学报），2022，44（9）：138-145.

[2] 成杰，林仲轩，罗炜.消失在流行语中的"打工人"：网络时代青年群体身份认同的话语建构[J].新闻大学，2022（9）：73-88，119-120.

[3] 沈悦，金圣钧.从软实力到"暖实力"：中国国际传播理念创新的话语、维度与愿景[J].东岳论丛，2023，44（2）：62-75.

[4] 吴雷，姜飞.建构与解构："西方"概念祛魅与中国国际传播话语重塑[J].南京社会科学，2022（10）：105-117.

师话语策略的有效性提供了重要线索[1]。教育学理论关注教育主体在话语互动中的角色期待、话语表征，对于把握师生话语互动模式、优化教学话语生态具有重要启示[2]。传播学理论聚焦话语传播的编码、解码机制，有助于洞察网络教育话语在传播中的信息流动、意义阐释与重构[3]。社会学、文化研究理论触及话语权力的关系，为揭示网络教育话语实践中的文化冲突、权力博弈提供了有力的分析工具[4]。

因此，跨学科理论支撑是深化网络教育话语研究的应有之义。唯有根植理论沃土、博采众长，才能提升话语研究的学理性和洞察力。未来研究要进一步拓宽理论视野，注重理论融合创新，在多元理论对话中实现理论自觉，以宏阔深邃的理论眼光照射网络教育话语实践，实现对教育话语规律的理性把握和理论升华。同时要避免简单的理论挪用，力求将理论内化于研究视角、融入于分析脉络，实现学理分析与实践问题的紧密结合，从而彰显理论对实践的强大解释力。

（三）重视实践检验，通过行动研究反思理论完善路径

理论源于实践又指导实践，实践是检验理论的唯一标准。高校网络教育话语理论研究要彰显现实关怀，凸显实践品格，力求实现理论创新与实践发展的良性互补。这就需要将研究置于真实的教育实践场域之中，通过行动研究、案例分析等方式，在理论和实践的互动中检验理论的适切性，探寻完善理论的路径。

行动研究强调研究者与实践者的合作互动，在教育实践情境中发现问题、解决问题，进而反思理论与实践的张力，探索理论创新、实践变革的路径，针对网络教学中的话语互动问题开展研究。此外，构建高校、企业、研究机构协同创新的产学研用一体化平台，整合多方优势资源，围绕行业需求探索网络教育新模式，推动理论研究的应用转化。搭建网络教育话语研究共同体，加强不同领域、不同学科研究者与实践者的交流互鉴，在开放、平等、务实的研究氛围中碰撞思想火花，协同推进理论创新。

总之，理论研究只有扎根实践沃土，在实践的广阔天地中接受检验，革故鼎新才能彰显其强大的生命力。未来研究要树立实践品格，通过行动研究、案例分析等方式加强理论与实践的贯通，推动理论研究"接地气""聚人气"，实现理论创新与实践发展的共振共进。只有如此，高校网络教育话语研究才能在守正创新中焕发勃勃生机，激发更加宏大的理论想象力和更加深沉的现实关怀。

[1] 张爱军，吉璇.全过程人民民主话语传播与自媒体角色、过程及功能定位[J].河海大学学报（哲学社会科学版），2023，25（2）：22-32.
[2] 许向东，丁兆钰.中国式现代化元话语的建构及其国际传播[J].对外传播，2023（9）：9-12.
[3] 江时学.论中国的国际话语、话语权及话语力[J].国际关系研究，2023（3）：3-19，155.
[4] 姜飞.新时代中国国际话语权构建的传播视角[J].全球传媒学刊，2023，10（4）：6-17.

三、宏观、中观、微观的全面把握

高校网络教育话语体系是一个多层次、多维度的复杂系统,既涉及国家、地方、高校的各级制度政策话语,也涉及不同类型、层次的高校具体实践话语,还涉及师生个体在教学场景中的言说互动。对于如此错综复杂的话语实践图景,研究者需要跳出局部和片面的认识,站在全局和整体的高度,运用宏观、中观、微观的多维视角,实现对高校网络教育话语全景式、立体化的把握和剖析。唯有如此,方能揭示不同层次话语要素的内在联系,洞察话语体系的生成逻辑、演化机制和实践样态。

(一)宏观审视网络教育治理体系中的制度政策话语

制度政策是引导和规范教育改革发展的顶层设计和行动纲领,对高校网络教育话语实践具有重要的导向和规约作用。宏观审视高校网络教育治理体系,考察国家、地方、学校等不同层级的政策法规、规划文本,对准确把握网络教育话语生态的宏观结构和走向至关重要。一系列国家层面的政策文本勾勒了信息技术与教育融合发展的宏伟蓝图,形塑了网络教育改革的总体方略和路径选择。地方各级教育行政部门围绕国家政策导向,制订了一系列网络教育发展规划和实施意见,进一步明确了区域网络教育发展的目标任务、保障措施。高校也根据自身发展需求,出台了信息化建设规划、智慧校园建设方案等,对学校层面的网络教育实践进行具体部署。

对高校网络教育治理体系中的政策话语进行系统梳理和批判解读,考察不同时期政策话语的演进历程、话语结构和意识形态内涵,有助于准确把握不同发展阶段网络教育的核心诉求和价值导向。宏观政策话语研究为厘清网络教育宏观制度环境与话语生态提供了重要线索,为校、院两级教育管理者科学决策、有效施策提供了依据。

(二)中观考察不同类型高校网络教育话语实践的异同

作为国家政策的中观载体,不同类型的高校根据自身办学定位、资源禀赋和区位特点,因地制宜地开展网络教育实践,呈现出丰富多样的话语图景。中观考察不同类型、不同区域的高校网络教育话语实践,对比分析其话语表征异同,有助于深入了解不同制度语境下高校话语实践的特色做法及规律性。综合类、师范类、理工类、农林类等不同学科背景的高校,由于课程类型、教学模式、师资特点的差异,其网络教学话语体系建构呈现出不同的风格特点[1]。985、211等一流大学在师资力量、平台建设等方面具有先发优势,其网络教学话语实践更注重前沿性、创新性和引领性。而地方高校则立足区域经济社会发展需求,

---

[1] 文书锋,孙道金.远程学习者学习参与度及其提升策略研究——以中国人民大学网络教育为例 [J]. 中国电化教育,2017(9):39-46.

强调网络教育的应用性、开放性和服务性。不同区域的高校，如东部发达地区与西部欠发达地区高校，其网络教育起步时间、信息化基础、政策环境差异显著，相应的话语实践也呈现出不同的特点。

通过比较分析，可以发现不同类型高校在教学平台选择、课程资源建设、教学活动组织、师生互动方式、教学管理模式等方面的差异，进而总结提炼各自的典型经验和特色做法。同时，也要关注不同高校在网络教育话语实践中面临的共性问题和挑战，如教师信息化教学能力不足、优质课程资源共享不够、学习支持服务滞后等，探寻破解困境、创新发展的路径。比较研究可以拓展研究视野、丰富研究维度，深化不同案例的综合与联系，增强对网络教育话语实践规律的把握。

（三）微观解读一线教师、学生话语互动的生动故事

教师与学生是高校网络教育话语实践的主体。微观解读教师、学生在具体教学场景中的话语互动，考察其话语生成、协商、博弈的动态过程，对于深入理解高校网络教育话语体系至关重要。教师通过语言、文字、图像、肢体等多模态符号资源与学生展开对话交流，传递知识信息，引导学习活动，塑造师生关系。学生则通过提问、讨论、分享、评价等话语方式参与互动，表达观点看法，展现学习进度。师生话语互动构成了网络教学的主体内容，其过程与方式直接影响着教学效果。挖掘一线教师、学生的生动话语实践故事，考察师生在不同教学情境、不同学科领域的话语互动样态，分析话语权力运作、话语身份协商、话语意义生成的微观机制，有助于动态再现网络教学的真实图景，为丰富完善网络教育话语理论提供鲜活的经验材料。

运用话语分析、会话分析、多模态话语分析等方法，可以细致考察教师话语的语言风格、修辞策略对学生参与度的影响，分析师生角色话语、称呼语的互动模式与权力关系，解读教师评价话语的导向作用和学生反馈话语的协商策略，刻画网络教学话语的互动结构、话轮组织和话题管理特点[1]。叙事分析、扎根理论等方法，则有助于挖掘教师、学生在网络教学中的独特体验、生动故事，还原行动者的主体性诉求与意义建构，理解个体话语实践的多元动因和生成逻辑。微观话语互动研究展现出情境化、个性化的特点，其强调师生主体能动性的发挥，注重话语实践的动态演进过程及其意义阐释，这有助于革新话语研究范式，超越静态化、简单化的话语描述分析，实现话语理论研究的方法创新、话语阐释的深度拓展。未来研究要进一步下沉一线，贴近师生的教学实践，在动态互动中捕捉话语生成的时代印记和生动故事，用理性的分析照亮生动的经验，用发自内心的体悟诠释鲜活的故事，在经验与理论的交融中实现话语实践的意义阐发和理论升华。

---

[1] 邓磊.PBL对网络学习者的学习成绩与班级归属感影响研究 [J]. 中国电化教育，2010（12）：50-54.

综上所述,高校网络教育话语体系的系统把握,需要运用宏观、中观、微观的整体性视角,多维度探究制度政策话语、院校实践话语、师生互动话语的逻辑关联和协同作用。宏观制度政策话语构成了中观实践话语展开的语境基础,中观实践话语则是微观互动话语得以实现的组织载体,微观互动话语又反作用于中观、宏观话语,形成话语实践良性互动的复杂生态。宏观研究有助于厘清政策语境与话语生态的宏观图景,中观研究有助于比较分析实践样态的差异性特点,微观研究则有助于动态再现互动过程的生成机制与意义建构。三个层次相互支撑、有机贯通,共同织就了一幅极富层次感和立体感的高校网络教育话语实践全景图。

四、研究方法

高校网络教育话语体系研究是一个复杂的系统工程,涉及制度政策、实践样态、主体互动等多个层面,需要综合运用多种研究方法,方能实现宏观、中观、微观的全景式把握。本书力求在国内外已有研究方法的基础上,针对不同研究内容和研究目的,灵活选择各种研究方法,形成相互支撑、有机贯通的研究方法体系,全面审视高校网络教育话语的生成、演变与实践。

(一)文献研究法:梳理国内外相关研究文献,把握前沿进展

系统全面的文献综述是开展高校网络教育话语研究的基础。通过梳理国内外相关理论和实证研究成果,把握该领域的前沿进展和最新动态,可以厘清已有研究的主要脉络和趋势,找准研究切入点和突破口[1]。一方面,本书注重跨学科文献的梳理,广泛涉猎语言学、教育学、传播学、社会学、文化研究等相关学科的理论成果,在交叉视野中拓展研究主题、创新研究范式;另一方面,本书重视跨文化语境下的文献梳理,对比分析中外学界在网络教育话语研究方面的异同,在参照比较中实现研究视角、方法的移植与创新。文献梳理不仅要关注研究"是什么",更要探究研究"为什么""怎么样",深入剖析研究主题、内容选择背后的理论逻辑、现实语境和问题意识,进而反思已有研究的局限,开拓研究新境界、新方向。未来研究既要进一步加强梳理国际视野下的文献综述,紧跟研究前沿,创新话语研究主题,拓展理论对话空间,也要立足中国语境,总结提炼本土经验,在批判吸纳国外理论的基础上,力求实现自主创新、自我超越。

(二)内容分析法:对国家及地方层面政策文本、高校战略规划解读

政策文本分析是宏观把握高校网络教育制度政策话语的重要方法。采用内容分析法,

---

[1] 岳俊芳,孙道金.远程学习者二维满意度评价量表编制及其应用研究——以"网上人大"为例 [J]. 中国电化教育,2016(8):53-60,73.

可以系统梳理一定时间跨度内国家、地方各级高校重要的网络教育政策文本，如国家中长期教育改革和发展规划、教育信息化行动计划，地方网络教育发展意见，高校信息化发展规划等，分析其话语结构、表述方式、关键词频次分布特征，揭示不同时期政策话语的方向与走势。运用话语分析、语料库分析、批评话语分析等方法，可进一步考察政策文本中的话语策略运用，反思政策话语产生过程中的权力博弈。将政策文本分析与政策执行评估相结合，可以考察政策话语的落地效果和影响力[1]。内容分析法有助于厘清政策脉络，把握宏观政策语境，但也要注意到该方法的局限，如内容分析结果与语境脱节、忽视话语生产过程的复杂性等。未来研究要加强政策文本编码信度和效度，扩大样本容量，开展跨区域、跨层级的比较分析。同时，要将内容分析与话语分析、叙事分析等质性研究方法相结合，力求深入政策话语的意识形态内核，强化政策话语分析的批判性、反思性。

（三）话语分析法：对高校管理者、一线教师访谈材料进行质性分析

深度访谈、焦点访谈是获取高校管理者、教师主观感受和切身体验的重要途径。通过对访谈材料的系统整理和话语分析，可以还原不同主体的话语实践样态，揭示个体对网络教育话语权力关系的主观建构过程。话语分析关注访谈对话中的语言运用方式，考察话语互动的话轮组织、主题引入、称呼语、隐喻使用等微观特征，分析个体话语策略的运用，阐释其话语选择的意图、态度和立场；批评话语分析则进一步将访谈对话置于宏观社会文化语境中考量，剖析其运作机制；叙事分析聚焦访谈对象讲述的生动故事，通过对故事情节的梳理，把握个体的时空经历、自我认同建构，挖掘鲜活的主体性诉求。话语分析法能够彰显个体话语实践的能动性，凸显主体经验的意义建构，但在广度上有所欠缺，代表性也有限。未来研究要进一步扩大访谈对象的覆盖面，兼顾不同群体、身份的多元话语表达；在深度上，还要加强访谈材料的多维度解读，综合运用话语分析、批评话语分析、叙事分析等方法，力求勾勒出更加丰富、饱满的个体话语图景。

（四）案例研究法：选取不同类型高校开展网络教育的典型案例考察

案例研究是深入考察不同院校网络教育话语实践的有效方法。选取综合类、师范类、理工类等不同类型高校，985、211高校，普通本科高校，高职院校等不同层次高校开展网络教育的典型案例，运用文本分析、话语分析、多模态话语分析等方法，可以系统梳理高校在网络教育政策制定、平台建设、课程资源开发、教学活动组织、教师发展等方面的制度文本、实践样态、主体话语表征，进而总结提炼各高校在网络教育话语实践方面的特色做法[2]。比较不同案例的话语实践，可以发现共性问题，凝练典型经验，进而上升到一般性

[1] 白梅. 关于网络教育中资源建设的思考 [J]. 电化教育研究，2001（12）：48-51.
[2] 杨跃. 网络时代教师教育意识的转换 [J]. 南京师大学报（社会科学版），2001（1）：69-75.

理论认识。在教育信息化的宏大叙事中，个案研究为我们提供了具体而微的话语表达样本，丰富了抽象理论的实践内涵。但案例研究也面临样本代表性不足、理论概括水平有限等问题。未来研究要进一步扩展案例类型，覆盖更加广泛的地域、层次，提升研究结论的说服力。同时，要加强案例实践与理论阐释的融合，以理论问题意识指导案例选择，用翔实的案例材料支撑理论洞见，实现理论概括深度与广度的统一。

（五）行动研究法：基于一线教学实践，开展话语互动的反思改进

行动研究是教育工作者针对教育教学实践中的问题开展的系统性反思和探究活动，强调研究者与实践者的合作互动。基于网络教学一线实践，开展师生话语互动研究，有助于深度理解和优化教学话语生态。教师作为研究者，应深度介入教学情境，通过观察、记录、反思日常教学活动，捕捉师生话语互动中出现的问题，开展对话协商，制订行动计划，创新话语互动方式，评估行动效果，进而总结反思，开启新一轮探究。学生也可作为研究参与者，在平等互信的师生关系中表达真实想法，参与教学对话的重构。行动研究一方面致力于解决实践问题，改进教学话语；另一方面也能在问题解决过程中总结经验教训，升华实践智慧，推动理论创新发展。因而行动研究是联通理论与实践的桥梁，但也面临研究系统性不足、理论概括水平有限等问题。未来研究要进一步规范行动研究操作程序，创新研究方法，提炼可迁移、可推广的理论观点。同时，要建立校际协同行动研究网络，开展跨校经验交流与理论对话，提升行动研究的理论品质和实践效能。

（六）比较研究法：对标国内外高校，剖析不同层次高校的差异

比较研究为审视不同语境下高校网络教育话语实践提供了重要方法论工具。纵向比较不同历史时期我国高校网络教育话语的演进，可以把握政策、技术、观念等语境因素的变迁对话语实践的影响；横向比较不同类型层次高校的网络教育话语表征，有助于找出共性规律和差异特点，总结提炼有益经验和典型模式[1]。跨文化比较不同国家高校的网络教育话语体系，可以借鉴优秀做法，推动中外话语交流对话，提炼中国经验、中国方案。比较研究还要关注典型案例的可比性，重视情境因素的交互影响。未来研究要拓宽比较视野，加强中外、区域、校际多个层次的纵横比较，在比较中总结规律性认识；要创新比较路径，综合运用数量分析和质性分析，提升研究的解释力和话语表达能力；要立足自主创新，在海纳百川中实现中国话语的自我超越、自我升华。

综上所述，高校网络教育话语研究需要综合运用文献研究法、内容分析法、话语分析法、案例研究法、行动研究法、比较研究法等，这些方法相辅相成、互为补充，共同支撑了话

---

[1] 孙力，张凯，丁波.基于数据挖掘的网络教育学习成绩细分预测的研究与实现——以本科成人学位英语考试为例 [J]. 中国远程教育，2016（12）：22-29.

语实践的整体性研究。文献研究奠定理论基础，内容分析有助于梳理政策话语脉络，话语分析有助于考察个体话语表征，案例研究有助于了解院校实践样态，行动研究致力于优化话语生态，比较研究则着眼于发现共性特点。未来研究要进一步创新方法体系，加强不同方法的综合运用，注重定性与定量分析的结合；要聚焦中国经验、中国话语，加强理论概括与实践探索，提炼教育话语的中国理论、中国方案；要立足问题导向，关注教育改革发展的重大理论和现实问题，推动理论创新和实践变革的良性互动。

第五节 研究内容

一、高校网络教育话语体系的三个维度

信息技术的迅猛发展正深刻改变着教育生态，高校网络教育已成为高等教育变革发展的前沿阵地。然而，作为网络教育实践的重要维度，高校网络教育话语体系的建构仍处于探索阶段，亟须进行理论和实践层面的深入反思。系统审视高校网络教育话语体系形成的内在逻辑，有助于我们准确把握高校网络教育话语的生成和演化动因，为话语体系的系统构建、优化完善提供理论遵循。本书拟从技术理性、教育理念更新、学习需求转型三个维度入手，剖析高校网络教育话语体系形成的逻辑起点，进而引发对当今高校网络教育话语实践的深入反思。

（一）技术理性：信息技术进步驱动教育范式变革

纵观人类教育发展史可以发现，教育范式的演进与技术进步息息相关。当下，以人工智能、大数据、虚拟现实、区块链为代表的新一代信息技术的发展，正在重构教育时空边界，催生了泛在、智能、开放的网络教育新形态。技术不仅是外部工具，更是一种理性思维，即技术理性，引领着教育范式的深刻变革。在技术理性视野下，知识呈现出碎片化、网络化的特点，学习突破了时空限制，走向移动化、个性化、社群化[1]。教师角色从"圣人"走向"导师"，学生从"学徒"走向"合作者"，师生关系日益扁平化、民主化。技术的进步推动了教学方式的深刻变革，极大拓展了个体的发展空间。

然而，在技术理性的泛化过程中，技术自身的局限性也逐渐凸显。技术的高速发展与教育的内在规律之间存在张力，对教育过程的技术化、工具化改造，可能会忽视教育的人文内核。当前，在技术语境下的教育大数据应用、智能教学系统开发等方面，仍存在同质化、

---

[1] 邱程，彭启福. 数字化生存时代思想政治教育话语传播的实践策略 [J]. 理论导刊，2023（9）：109-115.

碎片化等问题，彰显了纯技术理性思维的局限。因此，在推进教育信息化的同时，我们必须坚守教育的本质，以人的全面发展为中心，在人本理念指引下实现技术理性与人文理性的融通。未来，教育信息化要进一步创新制度政策，搭建多元协同的创新共同体，加强关键技术研发与教育教学的协调统一，促进信息技术与教育内在规律的深度融合，在守正创新中推动形成良性互动、互促共进的教育新生态。

（二）教育理念更新：教育民主、开放、公平等新理念引领

教育理念是教育实践的先导，对教育发展具有重要引领作用。进入 21 世纪，伴随着社会转型、观念更新、技术变革，高等教育领域涌现出一系列新理念、新思想，呼吁教育回归人的全面发展，彰显了教育民主、开放、公平等核心价值诉求[1]。教育民主理念强调尊重个体主体性，倡导师生平等对话、民主协商，突出学习者教育中心地位。教育开放理念强调打破学校教育封闭自足的藩篱，主张校园与社会双向互动，多元主体通力合作。教育公平理念则聚焦教育资源获取的机会均等，重在突破数字鸿沟，促进优质资源共建共享。这些新理念为网络教育发展指明了方向，对网络教育话语体系的生成产生了重要影响。

在教育新理念的引领下，高校网络教育实践从师生权力关系、课程资源建设到教学组织形式等方面呈现出新的气象。不少高校积极营造网络互动、交流、分享的教学文化，倡导师生民主平等地对话，鼓励学生表达观点看法。慕课、微课、网络学习共同体的兴起，则彰显了开放共享的教育价值取向，学习者可以不受时空限制，自主获取丰富多元的学习资源。随着在线教育的普及，高校大力推进网络学习资源的均等化，促进教育机会和质量的公平。可以说，正是在新理念的感召下，高校网络教育话语图景才日益呈现出开放包容、合作共享的崭新气象。

然而，教育新理念在网络教育实践中的落实仍面临着诸多困境。教育信息化过程中仍存在重技术、轻人文，重智能、轻创新的问题。个别高校盲目引进信息技术，缺乏人本关怀，师生话语权力失衡问题仍然突出[2]。优质教育资源分配不均，城乡、区域教育数字鸿沟问题尚未根本解决。

（三）学习需求转型：个性化、智能化、终身化学习需求

随着知识经济时代的来临，社会对人才培养提出了新的要求。面对日新月异的知识更新和复杂多变的社会环境，学习已不再局限于青少年阶段的学校教育，而是贯穿于人的整个生命历程当中。终身学习、泛在学习的理念盛行，个人的学习需求呈现出个性化、智能化、

---

[1] 常江，狄丰琳．"和合"文化观与中国国际传播元话语的构建[J]．对外传播，2023（9）：17-21．

[2] 方旭，张新华，李林．教师 STEM 网络教育平台行为意向影响因素——基于华南师大 Wise 平台的调查[J]．开放教育研究，2018，24（3）：59-67．

终身化的新特点。学习需求的这些新变化对传统教育提出了新的挑战和要求，高校必须主动作为，深化网络教育教学改革，方能适应时代发展的需求。

高校网络教育在响应学习需求转型、推动学习变革方面大有作为。在个性化学习方面，高校网络教学打破了"一刀切"的传统模式，引入学习者画像、学情分析等技术，因材施教、精准施策。在智能化学习方面，人工智能、虚拟现实等新技术的运用，使智能导学、沉浸式体验、实时评估等成为可能，极大地拓展了学习空间。在终身学习方面，高校积极利用网络平台开展继续教育，建立了从学历教育到非学历教育、从初始学习到职后学习的立体化教育体系。可以预见，高校网络教育必将在推动学习变革、满足终身学习需求方面发挥越来越重要的作用。然而，面对学习需求的新变化、新挑战，高校网络教育实践还存在诸多短板和困境。

高校网络教育话语体系绝非无根之木，其生成和演化均有着深刻的时代逻辑。技术理性、教育新理念、学习需求转型构成了高校网络教育话语实践的三重逻辑起点。这三重逻辑相互交织，共同推动着高校网络教育话语体系的建构[1]。在技术理性的驱动下，高校网络教育拥抱了信息技术的创新动能，重塑了教育时空边界，开启了人机协同的教学新局面。在教育新理念的感召下，高校网络教育彰显出开放、共享、普惠的价值追求，师生平等对话、优质资源共建共享逐渐成为常态。在学习需求转型的牵引下，高校网络教育加快了个性化、智能化、终身化发展的步伐，学习者的获得感、幸福感持续提升。三位一体，互为表里，共同构筑起高校网络教育话语体系的时代底色。

总之，高校网络教育话语体系是在技术进步、观念更新、需求变革的交互作用中应运而生的。它既是信息化时代高等教育发展的必然要求，也是我国高等教育领域的一大理论创新和实践创举。对高校网络教育话语体系生成逻辑的探究，不仅有助于我们把握该话语体系的时代特质，也为未来话语体系的系统构建、创新发展指明了方向。

二、高校网络教育话语体系的价值

高校网络教育肩负着服务国家战略、提升教育质量、促进教育公平的重要使命。作为高校网络教育的重要表征和实践依归，高校网络教育话语体系必须立足教育本质，把握时代脉搏，体现鲜明的价值导向。本书拟从育人本位、问题导向、人本关怀三个维度，剖析高校网络教育话语体系的价值旨归，以期为话语体系的构建完善提供理论启迪和实践指引。

（一）育人本位：坚持立德树人根本任务的价值追求

"育人为本，德育为先"。立德树人是教育的根本任务，高校网络教育也不例外。在信

---

[1] 程建钢，何良春，韩锡斌. 分布式网络教育资源库的设计与实现 [J]. 电化教育研究，2004（11）：61-65.

息技术与教育加速融合的时代，如何在千变万化的教育形态中坚守不变的育人初心，始终是高校网络教育的价值之锚、力量之源。高校网络教育话语体系必须把育人本位作为核心价值追求，努力构建全员、全过程、全方位的"三全育人"格局，切实担负起立德树人的时代重任。

育人本位价值追求要求高校网络教育话语体系必须具备思想性、教育性。一方面，高校网络教育要以习近平新时代中国特色社会主义思想为指导，在知识传授中坚定理想信念、厚植爱国情怀[1]；另一方面，高校网络教育要创新教学组织模式，丰富第二课堂资源，拓展实践育人渠道，实现知识学习、能力培养、价值塑造的有机统一。在教学设计、资源建设、师生互动等环节，都要树立"育人为本、德育为先"的价值追求，引导学生树立正确的世界观、人生观、价值观。

不可否认，高校网络教育在育人方面还存在诸多问题。部分高校重技术应用而轻内涵建设，教学过程存在"两张皮"现象，在线教学缺乏亲和力，师生情感交流不足。优质学习资源供给不足，实践育人环节针对性不强。未来要进一步加强对网络教育教师的培训，建设一支政治过硬、业务精湛的高素质教师队伍，增加课堂黏性，促进师生心灵契合。

（二）问题导向：聚焦提质增效的问题意识与改革动力

面对日新月异的时代变革和纷繁复杂的教育现实，问题意识是教育创新发展的不竭动力。积极回应时代之问、聚焦改革前沿，直面高校网络教育改革发展中的现实困境，以问题为导向推进教育变革，是高校网络教育话语体系的应有之义。当前，高校网络教育改革已进入提质增效的关键期，亟须从体制机制、教学模式、资源建设、师资培养等方面统筹发力、系统重构。对标新时代高等教育发展要求，直面高校网络教育质量短板，形成问题导向的话语体系，对于凝聚共识、汇聚合力，加快推进网络教育治理体系和治理能力的现代化至关重要。

问题导向要求高校网络教育话语体系体现忧患意识和改革锐气。一方面，高校网络教育要准确掌握网络教育发展面临的风险隐患，既看到成绩，也直面问题，增强忧患意识、坚持底线思维；另一方面，高校网络教育要勇于变革、敢于创新，破除制约网络教育发展的体制机制障碍，以"咬定青山不放松"的韧劲和"不破楼兰终不还"的拼劲推进改革攻坚、开拓创新。问题导向的话语策略有利于凝聚共识、坚定信心，形成推动网络教育改革发展的强大合力。

审视当前高校网络教育话语实践，在问题意识和改革锐气上还存在很大差距。一些高校热衷于渲染网络教育的新技术亮点，对存在的问题和不足讳莫如深、避而不谈。改革创

---

[1] 刘耀中 .E-learning：基于网络教育的企业培训模式 [J]. 电化教育研究，2006（6）：66-68.

新的话语表达不足，习惯于就事论事，缺乏深层次的理性反思与改革方案设计[1]。话语体系的批判性、反思性有待增强。未来，我们要进一步强化问题意识，聚焦人才培养、教学改革、资源建设、制度创新等方面的深层次问题，加强调查研究，开展实证分析，用数据说话，以理服人。

（三）人本关怀：体现以生为本、因材施教的人文情怀

教育说到底是一项培养人、塑造人的事业，因此必须体现出深厚的人文关怀。高校网络教育要坚持"以人为本"，关注学习者的个性差异和现实需求，加强人文关怀和心理疏导，最大限度地调动学习者的积极性、主动性、创造性。在信息时代加速演进、教育生态日趋多元化的背景下，高校网络教育要更加重视人的因素，在话语体系构建中充分体现以生为本、因材施教的教育理念，为每一位学习者提供合适的教育，让每一个生命都能绽放最美的光彩。

人本关怀要求高校网络教育话语体系必须体现以人为本、服务为先的教育情怀。一方面，高校网络教育要尊重教育规律和学习者身心发展特点，充分考虑学习者的知识基础、认知风格、学习需求等因素，为其提供个性化的学习支持服务[2]；另一方面，高校网络教育要关注学习者面临的学业压力、就业困惑、情绪问题等现实困难，加强人文关怀和心理疏导，为其营造温馨包容的学习生活环境。在教学设计、资源开发、互动交流等环节，要体现"以生为本"的教育理念，提供温暖细腻、贴心周到的教育服务。

反思当前高校网络教育的话语实践，以人为本、因材施教的理念还没有真正落到实处。不少高校重技术应用、轻人的发展，教学模式千篇一律，个性化学习支持服务严重滞后。在生源多样化背景下，部分教师仍秉持"一刀切"的教学理念，缺乏有针对性的教学设计和学习帮扶。学情分析、心理健康教育还有待加强。

总之，育人本位、问题导向、人本关怀构成了高校网络教育话语体系的价值基石。坚持育人本位，让立德树人成为一切工作的中心环节；坚持问题导向，让改革创新的锐气充满整个话语体系；坚持人本关怀，让人文情怀浸润于教育言说的字里行间。这三重价值追求交相辉映、彼此交融，共同筑就了高校网络教育话语体系的精神家园。

三、高校网络教育话语体系的主体、客体、媒介与情境

高校网络教育话语体系是一个多层面、多要素的复杂系统，涉及教育活动中多元主体的角色话语实践，包括教学、管理、服务、评价等方面的丰富话语内容，依托技术平台、社交媒体等新型话语媒介传播流通，内嵌于在线课堂、慕课论坛等不同教育情境之中。对

---

[1] 樊文强，刘庆慧.中美顶尖高校 E-learning、网络教育及 OER 开展比较及启示——基于高校应对时代发展挑战的视角 [J].现代教育技术，2013，23（2）：23-26.

[2] 张学波.建立网络教育优质资源共享机制的探讨 [J].中国电化教育，2004（5）：69-72.

高校网络教育话语体系进行全景式、整体性审视，需要我们具备宏观、中观、微观相结合的系统思维，深入剖析话语主体、客体、媒介、情境的内在规定性及其交织逻辑。唯有在动态关联中把握各要素的差异性诉求与创造性张力，才能充分彰显高校网络教育话语体系的生成机制与实践图景。本书拟从主体、客体、媒介、情境四个维度，透视高校网络教育话语体系的运作逻辑，进而引发人们对优化完善话语实践的深入反思。

（一）话语主体：政策制定者、学校、教师、学生等的角色话语实践

高校网络教育话语实践是多元主体共同参与的社会建构过程。政策制定者、学校管理者、教师、学生等不同群体基于自身角色定位，通过特定的话语方式参与教育话语的生产和传播，其差异化的话语表达共同交织成高校网络教育的复杂话语图景。

国家和地方教育主管部门作为政策制定者，一直以来通过政策文本传达国家意志，引领教育改革发展方向。一系列网络教育政策的出台，构成了高校网络教育发展的宏观制度语境。这些政策话语体现了国家对高校网络教育提质增效的战略部署和政策导向，彰显了服务国家战略、提升人才培养质量的价值追求，为高校网络教育实践提供了基本遵循[1]。宏观政策话语通过规范学校、企业、教师等主体的行为，配置优质教育资源，完善教育评价体系等，"自上而下"地推进网络教育变革。

学校作为网络教育的组织者和管理者，在政策话语转化和学校治理层面发挥着关键作用。一方面，高校要立足自身战略发展需求，遵循宏观政策导向，因地制宜制定网络教育发展规划、教学管理制度，促进政策话语在校本层面的生成性转化；另一方面，高校要加强统筹管理和质量监控，优化网络教育的组织模式和运行机制，完善教学管理、学习支持、资源建设等服务体系，为师生主体的教学实践创造良好条件。高校的管理话语和实践样态，体现了对国家政策的积极回应，反映了高校履行人才培养使命、提升办学质量的责任担当。但高校在资源配置、教学改革等方面的话语表达，也可能因循守旧、缺乏特色，从而影响网络教育发展活力。

教师和学生作为网络教育活动的直接参与者，其课堂话语互动构成了高校网络教育的微观话语图景。教师通过对教学内容的选择、教学过程的设计与组织、与学生互动交流的话语策略，表达和传递自身的教育理念、价值追求。学生则通过课堂发言、主题讨论、学习反思等话语方式，表达真实的学习感受和发展诉求，并积极参与教育教学活动。师生角色话语实践直接影响着教学效果和人才培养质量[2]。然而在技术理性主导下，教师话语权的

---

[1] 张敏霞，司治国.基于问题行为视角的网络教学案例分析——以"远程教育与网络教育实践"课程为例 [J].
电化教育研究，2010（1）：74-78.

[2] 陈义勤.网络教育教学计划改革探索 [J].中国远程教育，2012（2）：44-47.

弱化、学生主体性的缺失等仍存在不同程度的问题。教师对信息技术的掌握水平参差不齐，个别教师照本宣科、缺乏亲和力，难以调动学生学习热情。学生难以适应碎片化学习，自主学习能力不足，缺乏必要的学习支持服务。此外，企业、社会组织等也日益成为高校网络教育生态系统中不可或缺的话语主体：企业参与网络教育平台研发、课程资源建设、师资培训等，融入产业需求话语，深化产教融合；社会组织通过提供网络学习支持服务、开展教育质量评估等，传递教育公平、优质均衡的社会诉求，推动教育生态的共建、共治、共享。因此，多元主体良性互动是提升网络教育质量的关键所在。

可见，高校网络教育话语体系的生成是国家、高校、教师、学生等不同主体角色话语实践交织的结果。宏观、中观、微观三个不同层面主体的话语互动，共同建构着高校网络教育话语的运行机制。未来要进一步加强不同主体的话语协同，在尊重差异、包容多元的基础上，形成立体化、体系化的育人合力。

（二）话语客体：涵盖教学、管理、服务、评价等方面的话语内容

作为高校网络教育话语实践的对象，话语客体涵盖了教学、管理、服务、评价等方面的内容，集中反映了高校网络教育的核心关注点与发展诉求。系统梳理高校网络教育话语客体的丰富内涵，对于深入把握话语体系的结构图景和实践样态具有重要意义。

教学是高校网络教育话语实践的核心领域。教学话语内容涉及人才培养方案制订、课程教学设计、教学组织实施、教学评价反思等方面。人才培养方案是高校落实立德树人根本任务的总体设计和路线图。高校网络教育的人才培养方案话语，体现了高校对社会经济发展、产业人才需求、学生自身特点等因素的深入分析和科学判断，反映了培养目标、课程体系、实践教学等各环节的系统筹划。随着学历教育与非学历培训的相互交融，高校网络教育人才培养方案日益呈现出因需而异、多元灵活的新特点。

课程教学是人才培养的具体载体，课程教学话语体现了教师对教学内容、教学策略、教学评价的选择和创造。在线开放课程、慕课、微课等新型课程形态的兴起，催生了碎片化、体验式、交互式的教学话语新样态，师生课堂互动更加频繁。教学组织管理包括教学团队建设、教学资源建设、教学活动组织实施等环节[1]，围绕教学组织管理，形成了跨界协同、多元供给、共建共享的话语新气象，即教师角色从"圣人"走向"导师"，教学从"独角戏"走向"大合唱"。教学评价涉及学业评价、教学质量评价、人才培养质量评价等层面，基于大数据、学习分析等技术的过程性评价话语逐渐兴起，评价主体日益多元化，评价方式不断创新，"形成性评价"理念深入人心，个性化评价、精准化诊断成为教学评价的新趋势。

教学管理服务是高校网络教育高质量发展的重要支撑。围绕学籍与成绩管理、在线学

[1] 孙祯祥. 论网络教育媒体与电视教育媒体的融合 [J]. 电化教育研究，2005（2）：54-58，62.

习支持服务、网络学习空间建设等，形成了信息化、精细化、个性化的管理服务话语新特点。在"互联网+"的背景下，高校积极运用大数据、人工智能等新技术，创新管理服务模式，优化业务流程，提高服务水平，形成了智能化、数据化的管理服务新话语。但同时，个别高校对技术应用盲目乐观，管理服务虽然"端口化"却缺乏"人情味"，亟待将人文关怀、师生互动融入管理服务全过程。

教育评价关乎高校网络教育的健康可持续发展。高校、政府、社会等不同主体就人才培养定位、质量标准、评估指标等展开广泛对话交流，形成了多元协同、科学制定、动态调整的质量保障话语新气象。社会声誉调查、第三方质量评估等新型评价方式不断涌现，产教融合、多方参与已成为基本共识。但高校网络教育的教学管理、学习过程和育人成效的精准评估仍有待加强，质量评价话语的科学性、多样性、发展性有待提升。

综上，高校网络教育话语客体内容丰富、涵盖面广，不同领域、不同层次的话语表达交相辉映，构成了高校网络教育的话语图谱。在技术进步、观念更新的时代大潮中，围绕教学、管理、服务、评价等话语客体，新理念、新思路、新做法不断涌现，呈现出开放性、多样性、协同性的新特点。

（三）话语媒介：技术平台、社交媒体、教学资源等的话语传播功用

高校网络教育话语体系是话语实践与技术媒介相互整合的结果。互联网、智能技术的迭代发展，催生了技术平台、社交媒体、教学资源等新型话语媒介，极大拓展了教育话语生产、传播、消费的时空界域，深刻重塑了教育话语生态。

在线教学平台是高校网络教育话语实践的重要阵地和中介载体。从早期的网络课程管理系统，到后来大规模开放在线课程平台、泛在学习空间，再到如今的智慧教学平台，在线教学平台经历了从专用性到通用性、从封闭式到开放式、从单一化到智能化的发展进程。依托在线教学平台，教师可以开展异步、同步教学活动，学生可以自主进行选课、预习、复习，师生、生生之间可以展开跨时空互动交流。平台不仅是组织教学活动的工具，更是连接主客体、重塑教学语境、中介话语实践的关键节点。平台功能的设计逻辑、界面布局、操作流程等深刻影响着师生话语互动的方式和频率。智慧教学平台集教学管理、资源建设、学习分析等功能于一体，促进了"教、学、评、管"的融合创新，加快了教育大数据的汇聚流动，平台的智能化服务水平显著提升，个性化、精准化话语互动成为可能。

社交媒体是连接高校网络教育与大众生活的新型话语纽带。微博、微信、QQ等社交媒体改变了人们的工作和生活方式，对教育领域产生了深远影响。教师和学生借助社交媒体进行实时互动、资源分享、经验交流，突破了课堂时空界限，拓展了学习空间。一方面，高校、教师可以通过官方账号、订阅号等传播权威信息，指导教学活动，提供学习支持。

另一方面，学生可以自发组建学习共同体和兴趣小组，开展自主、协作、探究式学习，实现学习者之间的生成性对话。社交媒体还搭建起高校与社会的连接通道，这有助于广泛传播优质教育资源，促进教育供给与社会需求的精准对接[1]。然而，当前高校对社交媒体的教育应用仍存在同质化、碎片化等问题，亟待强化内容建设，创新传播形式，增强话语策略的精准性和实效性。

在线教学资源是高校网络教育话语实践的核心要素。在线课程、电子教材、虚拟仿真实验、慕课、微课等数字化教学资源不断丰富，成为师生课堂内外话语互动的重要载体。一方面，精品在线开放课程、国家级一流本科课程等优质数字资源的开发应用，为师生话语实践提供了规范、权威的知识体系支撑；另一方面，微视频、动画、VR/AR等新型媒体资源的广泛运用，集释疑解惑、反馈评价、资源推送等于一体，实现教学相长。以超星尔雅、智慧树等为代表的在线教育综合服务平台，基于海量教学资源形成跨校、跨区域的资源共建共享机制，促进了优质资源的集聚流通和均衡配置，但在线教学资源的有效配置仍不尽如人意，资源的针对性、递进性、实践性有待加强。未来要坚持以需求为导向，促进资源供给侧结构性改革，强化精品意识，优化资源开发设计机制，提高资源的时代性、前沿性、启发性。

移动智能终端日益成为泛在学习的新兴话语媒介。智能手机、平板电脑等移动设备打破了传统课堂的时空界限，使得学习无处不在、无时不有，形成了移动、泛在、个性化的学习新生态。借助移动App，学生可以利用碎片化时间开展个性化学习，通过扫码、语音、手势等多维度交互方式获取资源、在线讨论、分享笔记，实现沉浸式学习体验。教师也可利用移动设备实时推送预习、复习资料，开展随堂测试、课堂互动，并提供个性化指导。但移动学习也面临诸多挑战，如学习碎片化、注意力分散、缺乏系统性学习等。面向未来，高校要加强顶层设计，强化平台、资源、活动的良性互动，创新移动学习服务供给，推动形成开放、灵活、个性化的终身学习模式。

可见，高校网络教育话语实践与技术媒介变革休戚与共。作为话语生产、传播、流通的中介，技术平台、社交媒体、教学资源、移动终端等深刻塑造了师生话语互动的场域和样态，形成了网络化、数字化、智能化的话语图景[2]。在新技术赋能教育的进程中，高校必须增强技术使用的教育自觉，立足教育教学需求，促进技术与教育的深度融合，最大限度地发挥新型话语媒介的育人功能。

[1] 郝宁.以教育心理学视角看当前网络教育存在的缺陷[J].教育理论与实践，2002（3）：51-55.
[2] 阚澄宇，邓康桥.基于系统自组织控制的高校网络教育管理模式探索——东财网院管理模式案例研究[J].中国远程教育，2013（3）：71-77，96.

（四）话语情境：在线课堂、慕课论坛等不同语境下话语的生成逻辑

话语情境是话语产生的现场，是话语意义阐释的语境。高校网络教育蕴含着在线课堂、慕课论坛、移动学习场景等多元话语情境，不同情境对话语生成方式、互动模式、话语策略等形成不同影响。情境维度的引入，有助于动态再现高校网络教育话语的复杂表征，深入洞悉话语在不同语境中的运作规律。

在线课堂是师生面对面互动交流的主要情境。在线教学打破了传统课堂的时空界限，创设了网络化的教与学新情境。一方面，备课、授课、研讨、作业、测试等教学活动从线下转移到线上，形成了碎片化、非线性、交互式的教学话语新范式；另一方面，师生角色期待、话语权力结构发生新变化，权威性话语让位平等对话，生成性话语涌现。在线教学情境下，教师要善于设置"话语陷阱"，提出高质量的问题，引导学生积极思考、主动建构知识。学生要敢于表达观点看法，争做课堂的"主角"，培养批判反思、积极质疑的话语意识。然而，在技术中介的跨时空对话中，师生话语互动的随意性、碎片化现象仍不同程度存在，亟待进一步创新教学组织方式，优化话语互动策略。

慕课论坛是深化学习体验、促进学习对话的关键情境。作为慕课教学的重要组成部分，论坛为学习者搭建了生成性对话、协作式研讨的互动平台。围绕课程主题、教学内容，学习者开展头脑风暴、小组讨论、经验分享，表达观点看法，相互质疑、辩论，同伴间相互启发、共同进步。教师适时参与讨论，引导话题方向，点拨疑难问题，促进学习对话的深入。与面对面教学相比，慕课情境下师生、生生互动更为频繁，多元观点的交锋更为激烈，学习共同体意识更为凸显，形成了开放、互动、民主的话语生态。然而，高质量的学习对话仍不多见，泛泛而谈、重复雷同现象较为普遍，深度协作、集体智慧生成有待强化。未来，要加强话题设置，创新话题组织，引导学习者用好论坛互动，增强论坛话语的学术性、探究性、批判性。

移动学习情境下，微时间、碎片化学习成为常态。学习者利用智能手机等终端设备，开展随时、随地、按需的个性化学习，与学习伙伴展开实时互动，这对学习者的自主学习、自我管理能力提出了更高要求。学习者需要合理规划时间，明确学习目标，选择恰当的学习策略。同时，还要加强学习反思，及时调整学习计划，评价学习效果。移动情境下的话语互动更加灵活多样，扫码、语音、短视频、VR/AR 等多模态话语交织，带来了全新学习体验。而如何增强碎片化学习的系统性，避免学习者在海量信息中迷失，是移动学习的新挑战。未来，要加强学习者的移动学习素养培育，完善移动学习的支持服务，优化学习资源的碎片化呈现方式，创设沉浸式、体验式、游戏化的学习新情境。

不同话语情境体现了高校网络教育的多元样态。情境既是话语表征的语境，也深刻塑造着话语的意义生成。立足不同情境，把握话语互动、话语策略的差异性诉求，对于深入

了解高校网络教育话语运行机制，完善话语体系建设具有重要意义。未来，高校要遵循不同情境的话语生成逻辑，促进跨情境话语的融通互鉴，增强情境话语建设的专业性、有效性；要在师生、同伴互动中凝聚话语共识，创设平等、宽松、包容的对话情境；要加强学习支持服务，引导学习者增强自主学习意识，掌握谈话策略，提升学习体验。唯有如此，方能形成你中有我、我中有你的立体化话语空间。

高校网络教育话语体系是主体、客体、媒介、情境共同作用的结果。政策制定者、学校、教师、学生等主体围绕教学、管理、服务、评价等客体，借助技术平台、社交媒体、教学资源、移动终端等媒介，在在线课堂、慕课论坛、移动情境等语境中展开话语实践，形成了错综复杂的网状话语图景。话语主体日益多元、话语客体不断拓展、话语媒介加速迭代、话语情境渐趋多样共同推动着话语范式的深刻变革。

总之，高校网络教育话语体系建设是一项系统工程，需要在把握不同要素特点的基础上，遵循整体性、关联性、差异性的建构理念，推动形成螺旋上升、良性互动的话语实践格局。面向未来，高校要立足新时代背景，准确把握网络教育发展的新趋势、新特点，进一步创新话语内容，拓展话语形式，优化话语生态，增强话语体系的育人本位、问题导向、人本关怀，推动高校网络教育话语体系的系统构建与创新发展。

四、高校网络教育话语体系的功能定位

高校网络教育话语体系是指高校在开展网络教育过程中形成的一套相对稳定的语言表达方式和话语实践样式。作为高校教育话语体系的重要组成部分，高校网络教育话语体系在引领教育思想、规范教学行为、塑造教育文化、优化教育治理等方面肩负着重要使命。准确把握高校网络教育话语体系的功能定位，对于推动网络教育内涵式发展、提高人才培养质量、服务国家战略需求具有十分重要的意义。本书拟从价值引领、教学促进、文化塑造、治理赋能四个维度，系统阐述高校网络教育话语体系的功能，以期为话语体系建设的完善提供参考。

（一）价值引领：传播主流意识形态，凝聚思想共识

高校肩负着为党育人、为国育才的重要使命。作为高校立德树人的重要阵地，网络教育必须坚持社会主义办学方向,切实发挥高校网络教育话语体系的价值引领功能[1]。一方面，高校要通过在线课程思政建设、网络思政工作队伍建设等，引导广大师生坚定对马克思主义的信仰、对中国特色社会主义的信念、对中华民族伟大复兴中国梦的信心；另一方面，高校网络教育要加强网络教育领域意识形态阵地的建设和管理，积极传播主流价值观念，

---

[1] 平培元，尹亚妹，严娟娣.电大开放教育和普通高校网络教育教学模式的比较与对策研究[J].远程教育杂志，2010，28（2）：79-85.

巩固马克思主义在意识形态领域的指导地位，全面推进习近平新时代中国特色社会主义思想进教材、进课堂、进头脑。

（二）教学促进：服务教学互动，增强教育教学实效

教学是所有教育工作的中心环节。高校网络教育要不断提升教学质量、增强人才培养实效，话语体系的教学促进功能至关重要。一方面，高校网络教育要发挥网络教育话语体系的教学规范及引领作用，推动在线教学模式创新、数字资源建设应用、学习支持服务优化，为广大师生营造良好的教学环境；另一方面，高校网络教育要发挥话语体系的教学反思改进功能，引导教师潜心治学、精益教学，鼓励学生勤奋学习、刻苦钻研，形成教学相长、师生共进的生动局面。

网络教育要真正实现优质教学，必须加强教学互动。借助在线教学平台，教师与学生、学生与学生之间能够实现跨时空的沟通互动，这有利于集中优质教学资源、创设交互式学习环境、提供精准化学习支持服务。一方面，教学平台为教师备课授课、在线答疑、作业批改等提供了便利条件，教师可以更加精准把握学情，因材施教、精准施教。另一方面，学生可以利用平台资源，自主安排学习进度，与老师、同学在线交流讨论，在主动建构知识的过程中实现深度学习。同时，教学平台的学习分析功能也为诊断学生的学习行为、评估教学效果提供了重要依据。

当然，在推进网络教育教学互动的过程中还存在一些现实问题。比如，部分教师对在线教学的适应性不强，互动效果欠佳；学生自主学习意识和能力有待进一步提高，难以充分利用丰富的在线学习资源；教学平台的互动功能有待进一步优化完善，个性化、精准化程度不够。为此，未来要着力提升教师的信息技术素养和在线教学设计能力，提高课堂教学的吸引力和针对性[1]；要开展网络学习方法指导，增强学生自主学习的主动性；要强化学习过程性数据的挖掘与分析，为学生提供个性化、精准化的学习支持服务；要优化教与学互动的话语体系，营造平等、宽松、富有生机活力的网络教学氛围。

（三）文化塑造：营造网络教育的精神生态，提升文化软实力

文化是一个国家、一个民族的精神家园。大学作为文化的重要策源地和传播地，理应成为先进文化的引领者、优秀文化的弘扬者。新时代高等教育的改革发展，必须坚持以文化人、以文育人，不断提升高校的文化软实力。网络教育作为高等教育的重要组成部分，也要充分发挥话语体系的文化塑造功能，着力营造积极向上、诚信友善的网络教育精神生态。

文化的力量在于润物无声、化育人心。网络教育要通过对话语体系的建设，积极弘扬

---

[1] 梁松柏 . 计算机技术与网络教育 [M]. 南昌：江西科学技术出版社，2018.

中华优秀传统文化，大力培育和践行社会主义核心价值观，将立德树人的要求贯穿于教育教学全过程。在教学组织实施中，教师要用鲜活生动的话语讲述写意性的文化故事，用耐心细致的态度对待每一个学生，给人以春风般的温暖和沐浴般的滋养。在校园网络文化建设中，要深入开展形式多样、健康向上的网络文化活动，塑造积极向上的网络舆论氛围，让主旋律更响亮。同时，高校要关注不同文化背景下网络教育的特点，增进中外文化教育交流互鉴，提升中华文化国际影响力和感召力。当前，随着共建"一带一路"倡议教育行动的深入推进，高校在线教育走出去的步伐明显加快，参与国际合作、服务国家战略的力度持续加大。网络教育跨越时空界限，为不同国家、不同文化背景的学习者搭建了交流互鉴的桥梁。这就要求我们立足中华文化，创设具有中国特色、体现中国风格、彰显中国气派的国际化课程资源，向世界展现中华文化的独特魅力。高校要加强中外教师的跨文化交往能力培养，增进对不同国家政治、经济、文化的了解，在教学中主动融入中华优秀传统文化元素，讲好中国故事，传播中国声音；要积极搭建国际交流合作平台，为世界了解中国、理解中国提供新的视角。

需要指出的是，网络教育在文化塑造方面还存在一些短板。比如，部分高校对文化育人的认识还不到位，重智育、轻德育的问题仍然存在；课程资源的文化内涵有待进一步深化，体现中华优秀传统文化、革命文化、社会主义先进文化的元素还不够丰富；跨文化交际能力培养还有待进一步加强，国际化课程资源建设有待进一步优化[1]。未来，高校要进一步强化文化自觉和文化自信，加快构建中国特色哲学社会科学话语体系；要坚持知识传授与价值引领的统一，加强课程思政元素的有机融合；要遵循因材施教规律，加大在线教育的个性化、精准化培养力度。

（四）治理赋能：政策制定、督导评估、资源配置的依据

治理能力现代化是国家治理体系现代化的重要内容。教育治理作为国家治理的重要组成部分，必须立足教育改革发展实践，加快推进治理体系和治理能力现代化。高校网络教育要充分发挥话语体系的治理赋能功能，为优化政策制定、强化督导评估、促进资源配置提供重要依据。

一是要发挥网络教育话语体系服务决策的重要作用。通过对高校网络教育话语体系的系统梳理，深入分析网络教育发展中的突出问题、主要矛盾，剖析网络教育改革的瓶颈制约、发展趋势，为教育行政部门科学制定网络教育发展规划、政策举措提供决策参考[2]。同时，高校还要注重发挥话语体系的咨政建言功能，积极开展网络教育领域的战略研究、对策研究、

---

[1] 张屹，胡小勇，祝智庭. 网络教育服务质量框架研究 [J]. 中国电化教育，2003（2）：68-72.

[2] 王海鸥. 武术网络教育研究 [J]. 北京体育大学学报，2013，36（5）：100-106.

前瞻研究，及时发现并反馈网络教育发展中的新情况、新问题，为推动网络教育科学决策、民主决策提供智力支持。

二是要发挥话语体系规范教育教学行为的导向功能。高校网络教育话语体系建设要立足教书育人，将教书育人、管理育人、服务育人的要求贯穿于话语实践的方方面面。通过制定并落实在线教学规范、学籍与成绩管理办法等，引导教师依法依规开展教育教学活动，规范学生网上行为，构建良性教学秩序。高校要创新学习过程评价，增强评价的精准性、多样性、发展性，引导学生端正学习态度，养成良好学风。

三是要发挥话语体系反映教育生态的"晴雨表"作用。高校网络教育是一个错综复杂的系统工程，涉及诸多利益相关者，最终成效取决于政府、高校、企业、社会等多元主体的通力合作。作为反映教育生态的"晴雨表"，网络教育话语体系要客观反映各利益相关者的意见诉求，准确把握人才培养供给侧和产业需求侧的结构性矛盾，动态监测师生对教学条件、学习体验的满意度，为破除体制机制障碍、优化资源要素配置提供决策参考。

推动网络教育话语体系在治理领域发挥更大作用，仍然任重道远。未来，要进一步加强网络教育领域的理论研究和实践探索，用创新理念、专业方法提炼教育治理的一般规律，不断提升网络教育对国家治理体系和治理能力现代化的贡献。

综上所述，高校网络教育话语体系肩负着价值引领、教学促进、文化塑造、治理赋能的重要使命，在推动教育现代化、建设教育强国中大有可为。这四大功能相辅相成、相得益彰，共同织就了高校网络教育话语体系建设的整体图景。厘清四大功能的内在逻辑，对于推动网络教育内涵式发展具有重要意义。未来，高校要进一步强化"四位一体"的整体视角，优化功能配置，形成功能合力，充分释放高校网络教育话语体系的巨大潜能。

五、高校网络教育话语体系建设的困境与突破

高校网络教育是信息化时代高等教育发展的必然趋势。然而，在快速发展的过程中，高校网络教育话语体系建设仍面临观念障碍、技术鸿沟、机制缺位、文化冲突等诸多问题。深入剖析这些问题的内在根源，探寻破解困局的新思路和行动方略，对于推动高校网络教育话语体系的变革完善、赋能引领网络教育高质量发展具有重要意义[1]。本书拟聚焦当前制约高校网络教育话语体系建设的主要困境，在批判反思的基础上，提出观念创新、技术赋能、机制创新、文化重塑的突破路径，以期为高校网络教育话语体系的系统重构提供参考。

（一）观念障碍：话语主客体的数字化适应力、接受度不强

当前，高校网络教育话语体系建设面临观念障碍，主要体现在话语主客体的数字化适

---

[1] 李娟 .CIS 在网络教育文化建设中的探索与实践——以东北财经大学网络教育学院为例 [J]. 现代教育技术，2018，28（S1）：118–126.

应力和接受度不强。在数字化浪潮的冲击下,传统教育理念、学习方式正在发生深刻的变革,教与学的模式不断创新,这对参与主体的观念更新提出了挑战。一方面,部分教师对网络教育的认识还比较片面,更多的是将其视为技术手段,而非教育教学的系统性变革。习惯于传统课堂教学的教师,缺乏网络授课的经验,难以适应在线教学的高度开放、互动频繁等特点。另一方面,学生的自主学习意识和适应能力也有待进一步加强。长期以来,学生习惯于被动接受知识,面对碎片化的学习资源,缺乏合理规划的能力,难以建立系统的知识体系。同时,学生的自我管理意识和能力不足,部分学生视网络教育为"放羊式"教育,缺乏必要的自律。相较于课堂教学,网络教育教学过程的随机性、隐蔽性更强,这给教学管理带来新的挑战。部分管理者对于如何转变管理理念和方式还缺乏充分认识,对师生的话语互动缺乏有效引导。此外,传统的教学管理评价体系难以全面评估网络教育的实际成效,亟须创新发展。可以说,网络教育对传统教育教学提出了全方位挑战,冲击了既有的教育生态,倒逼教育理念、话语体系的变革。

观念更新滞后已经成为制约高校网络教育话语体系建设的"堰塞湖"。为破除观念藩篱,需要转变思想认识,树立现代教育发展理念:一是加强网络教育理念的宣传教育,提高教育参与各方对网络教育系统性变革、促进教育公平、提高教育质量等重要意义的认识,凝聚共识、形成合力 [1];二是加强教师信息技术培训和在线教学能力培养,提升教师驾驭网络新技术、创设网络教学情境的信心和能力;三是加强学生的自主学习意识培养,通过学习方法指导、学习过程监测等,引导学生合理利用网络教育资源,提高自主学习能力;四是加强网络教育管理干部的专业培训,更新教育管理理念,创新管理服务模式,为师生话语互动创造良好环境。

(二)技术鸿沟:数字化能力参差不齐,话语表达与互动受限

数字技术的发展在拓展高校网络教育话语体系建设新空间的同时,也带来了新的问题和挑战。当前,在高校网络教育领域客观存在着数字鸿沟问题,不同主体的数字化能力参差不齐,在一定程度上制约了话语表达与互动,削弱了网络教育话语体系建设成效。

首先,城乡、区域之间在信息基础设施、数字资源配置等方面的差距客观存在。经济欠发达地区的高校,在网络教学平台搭建、数字化教学资源引进等方面存在较大困难,难以为师生营造良好的网络教学环境,影响了师生话语互动的广度和深度。

其次,教师群体在信息技术应用能力上差异明显。青年教师多为"数字原住民",容易接受并熟练运用新技术,在网络教学中能够创设丰富的话语情境。而资深教师则更习惯于

---

[1] 周丽红,吴筱萌,尹欣.网络学习者自主学习状况的研究——以北京大学网络教育学院的学习者为个案 [J]. 中国电化教育,2010(6):46-54.

传统的课堂授课方式，对于网络教学的新要求，在课程设计、话语策略等方面还不适应。部分教师缺乏系统的在线教学方法培训，对于如何利用信息技术创新教学、开展师生互动还缺乏经验。

最后，学生在信息素养和数字化学习能力方面也存在较大差异。部分学生尤其是农村学生、贫困家庭学生，缺乏使用计算机、移动设备的经验，难以适应线上学习。同时，学生对网络学习方式的适应程度不一，对于如何在网络环境中与教师、同伴有效互动，如何通过话语表达构建知识体系，还缺乏系统的指导。

数字鸿沟问题制约了网络教育主体间的话语互动，影响了话语生态的均衡发展。缩小数字鸿沟，需要政府、高校、社会多方协同发力[1]。一是加大对欠发达地区的信息基础设施投入，推进优质数字教育资源的共建共享。二是加强教师信息技术培训和在线教学能力培养，提升教师的信息素养和技术运用能力，缩小教师群体间的数字鸿沟。三是开展大学生信息素养教育，加强网络学习方法指导，引导学生掌握数字化学习工具，提升线上话语表达和互动能力。四是优化网络教育平台的话语互动功能，提供个性化、精准化的话语互动支持，为弥合师生间的信息差距提供有力支撑。

（三）机制缺位：话语体系的生成、运行、评估机制不健全

体制机制是影响高校网络教育话语体系建设成效的重要因素。当前，在网络教育话语体系的生成、运行、评估等方面，相关机制"短板"凸显，一定程度上制约了话语体系的系统性发展。

在话语体系生成方面，缺乏一套行之有效的话语生成机制。高校在制订人才培养方案、开发课程资源、设计教学活动等环节中，往往缺乏面向教师、学生、行业企业等利益相关者的有效话语协商机制。对不同主体需求的回应不够及时、充分，影响了话语内容的供给质量和适切性。网络教育的跨界属性，又使其涉及技术、教育、管理等多个部门，但校内缺乏统筹协调、多方联动的话语创生机制，难以形成合力。

在话语体系运行方面，缺乏系统完善的话语互动机制。一些高校对师生线上话语互动的组织引导还比较薄弱，缺乏对学生线上提问、交流、讨论的即时引导，师生、生生互动的广度、深度有限。部分高校的网络教学平台缺乏人性化设计，难以支持实时、高效的多向互动。对教师的话语引导缺乏必要的激励保障，教师的参与热情不高。

在话语体系评估方面，还未建立起科学系统的评估机制。相关评估多侧重于教师线上教学的数量考核，而对教学过程、话语互动的质量评估相对薄弱。对学生学习过程数据的采集利用不够，缺乏基于过程性数据的精准评价。对管理服务质量和效果的评估还不够全

[1] 李德福. 高校开展网络思想政治教育的困难及对策研究 [J]. 思想教育研究，2014（1）：61-63.

面系统，评估主体也相对单一[1]。总体来说，网络教育质量评估机制有待进一步健全完善。

话语体系缺乏良性的生成、运行、评估机制，这既制约了话语实践的活力，也影响了话语体系的不断优化完善。为了破解这一困境，亟须在体制机制创新上持续用力。一是建立多元主体参与的网络教育话语协商机制，畅通利益相关者的话语表达渠道，提高话语供给的针对性。二是健全网络教学话语互动的引导激励机制，加强教师话语引导能力建设，优化话语互动平台功能，提高话语互动质量。三是创新网络教育话语体系评估机制，丰富评估主体，拓展评估维度，建立科学的话语互动评价指标体系，注重互动过程性评价，提升评估的系统性、精准性。四是加强校内外协同，建立教育、技术、管理等相关部门分工合作、同向发力的话语联动机制。

（四）文化冲突：传统教学文化习惯与网络教育新范式的碰撞

文化是教育的灵魂，高校网络教育的变革发展离不开文化土壤的培育。然而，当前高校网络教育话语实践呈现出新旧文化交织、传统习惯与网络新范式碰撞的复杂局面，亟须在保持传统优势的基础上，推动文化形态与内涵的创新重塑。

长期以来，高校教学形成了以课堂授课为主、教师主导、灌输式教学的传统习惯。课堂话语以教师为中心，教师通过讲授、板书等方式传授知识，话语方式相对单一。而网络教育强调以学习者为中心，倡导自主、探究、协作的学习方式，教师更多地是扮演"助学"角色，师生话语关系更为平等、开放。传统习惯与新范式的冲突，使一些教师难以适应角色转换，难以运用启发式、互动式的话语策略，因而话语方式的转变不到位。

同时，传统的"一言堂"课堂文化，强调学生服从和被动接受，而网络学习强调自主探究、合作对话，需要学生成为学习的主人[2]。然而，部分学生还未完全走出被动学习的习惯，参与线上话语互动的主动性不强，难以适应生成性对话、多向交流的网络学习文化。此外，面对海量的网络学习资源，部分学生自主学习、自我管理的意识和能力还比较薄弱，对网络学习文化的内化程度还不够。

可以说，网络教育对传统教学文化形成了强烈冲击，倒逼教学文化范式的深刻变革。但传统习惯根深蒂固，新旧文化的更迭总会经历一个过程。破除文化藩篱，实现传统与现代的融合创新，需要立足我国国情、教情，遵循教育规律，因势利导、久久为功。首先，要加强网络教育教学文化的宣传引导，普及先进教学理念，营造重视互动、鼓励创新的教学文化氛围。要创新教师发展机制，将参与网络教学创新作为评价教师的重要指标，引导

---

[1] 张青.教师的权威者角色在网络教育中的变化及其社会学原因 [J].湖南师范大学教育科学学报，2010，9（5）：63-65.

[2] 邹燕.网络教育在线作业系统应用研究——以山东电大开放教育为例 [J].现代教育技术，2013，23（11）：99-103.

教师更新观念、创新方法。其次，要加强对学生的学习文化培育，将自主学习、合作学习理念融入教学全过程，引导学生树立新型学习观念，掌握新型学习方法，提高自主学习、对话协作的能力。最后，要创设开放、包容、平等的网络教学文化环境，加强生成性资源建设，发挥学生的主体作用。

六、高校网络教育话语体系建设的优化路径

随着信息技术与教育教学的深度融合，高校网络教育已成为我国高等教育发展的重要战略选择。经过多年发展，我国高校网络教育在促进教育公平、提高教育质量方面取得了长足的进步。然而，纵观高校网络教育的话语体系建设现状，仍存在顶层设计有待加强、话语方式创新不足、话语场域拓展不够、传统与现代融合不畅等问题。破解这些难题、优化完善高校网络教育话语体系，需要在顶层优化设计、创新话语方式、拓展话语场域、坚持守正创新等方面统筹规划、系统推进。本书拟在前文梳理的高校网络教育话语体系建设现状的基础上，探讨优化完善话语体系的实践路径，以期为我国高校网络教育高质量发展提供理论支撑和决策参考。

（一）顶层优化设计，纳入高等教育与网络空间治理战略全局

加快构建高水平高校网络教育话语体系，必须立足新发展阶段、贯彻新发展理念、构建新发展格局，将网络教育话语体系建设纳入高等教育改革发展和网络空间治理的战略全局，在战略引领下系统谋划、整体推进。

一方面，将网络教育话语体系建设融入高等教育强国战略，系统设计、整体布局。新时代建设高等教育强国，必须主动顺应信息化发展大势，以教育信息化推动高等教育现代化，加快发展网络教育，不断完善内涵建设与质量保障体系。高校网络教育话语体系建设要主动服务这一战略目标，在国家高等教育改革发展战略框架下，系统规划话语体系建设路径，充分发挥其在传播先进教育理念、塑造优良教学文化、引领教育教学改革中的关键作用。教育主管部门要加强高校网络教育政策供给，研究制定推进网络教育高质量发展的政策举措。高校要从提高人才培养质量、服务经济社会发展全局高度，科学制订网络教育发展战略规划，深化体制机制创新，为建设新时代高等教育强国贡献力量。

另一方面，将网络教育话语体系建设纳入国家网络空间治理体系，融入维护意识形态安全、巩固主流价值观念等战略任务。当前，世界百年未有之大变局和中华民族伟大复兴战略全局深度交织、相互激荡，意识形态领域的斗争日趋尖锐复杂[1]。高校是意识形态工作

---

[1] 李建伟，王栩楠，李青，等.Sakai 开源教学系统在网络教育中的应用——以北京邮电大学网络教育学院为例 [J]. 现代教育技术，2009，19（5）：98-102.

的前沿阵地，高校网络空间更是青年学生获取信息、交流思想的主要渠道，肩负着传播主流意识形态、培育和践行社会主义核心价值观的重要使命。高校网络教育要坚持"导向为魂、内容为王"，培根铸魂、启智润心，用习近平新时代中国特色社会主义思想铸魂育人，引导青年学生增强"四个意识"、坚定"四个自信"、做到"两个维护"，成为担起民族复兴大任的时代新人。同时，还要加强阵地意识，管好、用好高校网络教育主阵地，优化网上话语方式，提高网上话语引导能力，让党的创新理论"飞入寻常百姓家"，维护高校网络教育领域意识形态安全。

（二）创新话语方式，用好融媒体、讲好网络教育故事

传播理念、凝聚共识，既需要言之有理，更需要言之有物、言之有情、言之有效。高校网络教育要主动顺应信息技术变革大势，积极运用融媒体生态下的新型话语方式，精准、鲜活、立体地讲述中国高校网络教育的生动故事，赢得师生、社会的普遍认同。

首先，要创新话语内容，加强供给侧结构性改革[1]。围绕立德树人的根本任务，聚焦党和国家事业发展重大战略需求，深入挖掘体现立德树人内涵、反映中国智慧和中国方案的原创话语内容，加强重大理论和现实问题研究。高校网络教育者要紧扣培养社会主义建设者和接班人的要求，将社会主义核心价值观融入高校网络教育话语体系建设全过程，用生动鲜活的案例阐释共同理想信念，引导师生听党话、跟党走。高校网络教育者要从师生需求出发，加强话语供给的精准化、差异化，提升话语内容的吸引力和感染力。高校网络教育者要把弘扬中华优秀传统文化作为重要内容，深入发掘其中蕴含的教化思想、人文精神，增强文化自信和价值观自信。

其次，要创新话语载体，实现全媒体立体式传播。当前，融媒体已成为信息传播的基本形态，高校网络教育话语体系建设要主动适应融媒体生态，推动话语方式创新。高校网络教育话语体系要创新话语载体，探索开发图文、音视频、H5、短视频、直播、动漫、VR/AR等多种表现形式，增强话语吸引力。高校网络教育话语体系要把握好融媒体传播优势，实现一次采集、多元生成、多渠道传播，扩大优质网络教育内容的覆盖面和影响力。

最后，要创新话语场域，推动校内外协同联动。当前，网内网外、线上线下同步发力，构建网内网外一体、内宣外宣联动的立体化传播体系，是做好思想宣传工作的应有之义。高校网络教育要拓展网上育人新空间，发挥高校网络教育主阵地作用，打通课程思政、网络思政，实现课堂内外贯通融合。高校网络教育要加强网下育人实践，推动高校与地方、行业、企业协同联动，拓展网络教育服务领域，打造特色鲜明的网络教育品牌。

总而言之，创新话语方式关乎高校网络教育话语体系建设的成败。唯有紧跟时代发展

---

[1] 郑燕林，柳海民. 美国网络教师的培养及启示 [J]. 开放教育研究，2012，18（4）：106—112.

脉搏，以师生为中心，精准对接师生需求，借助融媒体赋能，校内外协同发力，才能不断提高高校网络教育的话语传播力、引导力、影响力、公信力。未来，高校要主动作为，统筹规划，健全工作机制，为话语创新提供政策、制度支持，搭建校内外协同发展平台，促进资源共享、优势互补。唯有如此，方能矫正网内网外"两张皮"问题，形成同向发力、互促共进的话语实践新格局。

（三）拓展话语场域，校内外、线上下协同一体育人

高校网络教育是开放的生态系统。拓展高校网络教育话语体系建设的场域维度，实现全员、全过程、全方位育人，需要校内外互联、线上下贯通，推动形成教学相长、协同一体的育人新格局。

首先，要统筹校内各类网络教育资源，形成多位一体、协同高效的话语合力。高校网络教育要深化教学改革，创新网络教学组织模式，激发学生学习兴趣，营造平等互动、积极探究的课堂话语生态[1]。高校网络教育要统筹校内思政课程、课程思政资源，创新话语体系供给，用社会主义核心价值观引领网络教学。高校网络教育要发挥第二课堂的育人优势，拓展网上主题教育、社会实践、志愿服务等活动，引导学生在实践中接受教育、在奉献中升华境界。

其次，要推动校外资源向网络教育领域集聚，形成多元共治、互利共赢的话语共同体。高校网络教育要主动对接区域经济社会发展需求，推动高校与地方政府、行业、企业协同办学，共同开发教学资源，共建优质课程，提升网络教育的适应性[2]。高校网络教育要加强国际交流合作，支持中外高校在网络教育领域的务实合作，共享优质教育资源，提升我国高校网络教育的国际竞争力。

最后，要统筹线上线下话语场域，构建互联互通、深度融合的网络育人生态。线上教学的时空延展性与课堂教学的情感交互性优势互补、双轨并行、同向发力，是破解育人"最后一公里"问题的关键所在。高校网络教育要统筹发挥官方网站、官方微博微信、移动App 等网上平台作用，线上引导网络舆论，线下开展校园文化活动，将显性教育和隐性教育相结合，实现全员、全过程、全方位育人。

综上所述，拓展高校网络教育话语体系建设的场域维度，事关网络育人成效。唯有校内外互联、线上下贯通，多点发力、协同育人，才能形成同频共振、互促共进的话语合力，提升立德树人的针对性和实效性。未来，高校网络教育要进一步打破校内外壁垒，推动优质资源的双向流动，围绕人才培养协同发力，促进学校与社会良性互动，完善校地、校企协同育人机制。高校网络教育要创新体制机制，强化统筹协调，加强资源共享，为线上线

---

[1] 白滨.解读21世纪以来美国网络高等教育[J].中国远程教育，2008（6）：74-78.

[2] 谢海波.高校网络教育资源评价的探讨[J].远程教育杂志，2011，29（4）：60-64.

下协同一体、同向同行提供坚实保障。唯有如此，方能推动形成全员、全过程、全方位育人格局，为培养担当民族复兴大任的时代新人提供坚实支撑。

（四）坚持守正创新，在传承基础上不断革故鼎新

坚持传承与创新相结合，既要传承中华民族的优秀传统文化基因，又要立足新的实践推动理论创新、方法创新，这是高校网络教育话语体系建设必须遵循的基本原则。

传统是根，创新是魂。守正，就是要高举习近平新时代中国特色社会主义思想的伟大旗帜，深入贯彻党的教育方针，全面落实立德树人的根本任务[1]。高校要充分发挥课堂主渠道作用，深化教学内容、教学方法改革，用好网络新平台、新媒体，推动习近平新时代中国特色社会主义思想进教材、进课堂、进头脑。

创新，就是要紧跟信息技术发展趋势，主动回应互联网时代教育发展新要求，在话语内容、话语方式、话语平台、话语生态四个方面大胆改革，加快构建高质量网络教育体系。在话语内容创新方面，要坚持关切师生、倾听师生，从生活实践中发现真问题、真知识，推出更多接地气、有生命力的网络教育内容；在话语方式创新方面，要顺应互联网语境下师生接受习惯的变化，运用大数据分析、人工智能等新技术手段，推动话语互动由单向传播向交互式、沉浸式、体验式传播转变；在话语平台创新方面，要主动占领网络教育主阵地，加强智慧教育平台、在线教学平台建设，增强网络主流价值话语的凝聚力和引领力；在话语生态创新方面，要因时因势调整话语体系建构策略，实现网上网下统筹、线上线下贯通，多方联动、协同发力，努力营造风清气正的网络育人环境。

坚持守正创新，关键是要处理好"两个大局"。一是高校网络教育要立足中国特色社会主义新时代、新征程，将高校网络教育话语体系建设融入党和国家工作大局，主动服务国家重大战略需求，积极回应人民对美好生活的向往。二是高校网络教育要主动顺应新一轮科技革命和产业变革大潮，抢抓信息化发展的历史机遇，加快推进教育现代化，以大数据、人工智能等技术赋能创新人才培养模式，着力提升高校网络教育支撑引领创新发展的能力和水平。

坚持守正创新，归根结底是要做到"两个统一"。一是全面贯彻党的教育方针与落实立德树人根本任务相统一[2]。既要在党的全面领导下办好中国特色社会主义高校，又要遵循教育规律，尊重师生主体地位，激发广大师生的积极性、创造性。二是继承优秀教育传统与推进理论创新、方法创新相统一。高校要传承中华优秀教育文化基因，吸收人类文明成果，博采众长、推陈出新，不断推进高校网络教育内涵式发展，更好地肩负起为党育人、为国育才的光荣使命。

---

[1] 赵雅萍，王翌. 针对性的信息素养网络教育平台设计研究 [J]. 图书馆学研究，2011（18）：30-33，75.

[2] 许晓安. 国家精品课程建设对网络教育发展的启示 [J]. 电化教育研究，2007（8）：62-64.

第六节　研究框架与创新之处

一、研究框架

（一）导论：研究背景与问题、目的与意义、思路与方法、内容与框架

研究框架：第一部分导论，阐明研究背景与问题、目的与意义、思路与方法、内容与框架；第二部分理论篇，在相关概念梳理的基础上，追溯高校网络教育话语体系的理论渊源，界定其内涵与外延；第三部分学理篇，阐释高校网络教育话语体系的价值追求和遵循，剖析其要素构成，梳理其功能定位；第四部分图景篇，分别从宏观、中观、微观三个维度勾勒高校网络教育话语体系建设的实践图景；第五部分困境篇，反思高校网络教育话语体系建设在观念、技术、机制、文化等方面面临的困境；第六部分策略篇，提出优化完善高校网络教育话语体系的思路对策，涉及顶层设计、方式创新、场域拓展、守正创新等方面；第七部分总结篇，概括主要研究结论，反思研究不足，展望未来研究方向。

当前，信息技术与教育教学深度融合，高校网络教育蓬勃发展。在推动教育现代化、建设教育强国的宏大背景下，高校网络教育在扩大优质教育资源覆盖面、促进教育公平、提高教育质量等方面发挥着越来越重要的作用。然而，高校网络教育在快速发展的同时，也面临诸多新情况、新问题，急需理论指导和实践探索。其中，高校网络教育话语体系建设是重要议题之一。

高校网络教育话语体系是指在网络教育实践中形成的一整套相对稳定的话语表达方式和行为规范。它包括概念范畴体系、理论逻辑体系、价值导向体系、实践指导体系等，这些体系对引领网络教育发展、规范教育教学行为、提高人才培养质量具有重要意义。系统研究高校网络教育话语体系的内在规律及实践样态，对推动我国高校网络教育持续健康发展至关重要。

本书的主要目的是深入剖析高校网络教育话语体系的理论内涵与实践图景，揭示其建设的价值遵循和功能定位，反思其发展中面临的主要困境，进而提出优化路径，为推动高校网络教育话语体系建设提供理论支持和实践指导。

本书主要采用文献分析、比较分析、案例分析、逻辑分析等方法，在系统梳理国内外相关理论和实践的基础上，结合中国高校网络教育发展的时代特点和现实需求，对高校网络教育话语体系的形成逻辑、结构要素、实践样态等进行理论阐释、实证分析和批判反思。

力图探寻优化高校网络教育话语体系的路径和举措。

（二）理论篇：相关概念厘清、理论溯源、话语体系的内涵与外延

高校网络教育话语体系研究涉及诸多概念，如网络教育、话语、话语体系等。对相关概念进行厘清，是开展高校网络教育话语体系研究的逻辑起点和基础。

网络教育是指依托互联网等信息技术开展的教育教学活动的总称。总的来看，网络教育蕴含三个关键要素：一是互联网等技术平台支持，二是教育教学过程与活动，三是以学习者为中心的教学模式[1]。对以上概念的梳理，为界定高校网络教育话语体系奠定了理论基础。高校网络教育话语体系是指高校主体围绕网络教育展开的制度性话语表述方式及其生成机制的总和。它涵盖了国家、高校、教师、学生等不同层次的话语实践主体，以及教学、管理、服务、评价等不同领域的话语实践客体。一方面，它反映了不同主体对网络教育的认知、态度和行为方式；另一方面，它又深刻影响和规范着不同主体在网络教育中的话语互动。也可以说，高校网络教育话语体系是推动网络教育规范有序、创新发展的关键中介和抓手。

高校网络教育话语体系的形成，源于不同理论传统的交互影响。从宏观层面看，它与技术哲学、教育哲学、传播理论等密切相关。技术理性与人文理性的融通，是网络教育话语生成的重要理论基础。教育信息化、现代化等教育发展理论，直接影响和引领着网络教育话语的演进。从中观层面看，学习科学、课程论、教学论等教育学理论，为高校网络教育话语体系地建构提供了知识谱系。从微观层面看，语言学、传播学、社会学等学科理论，为网络教育话语研究提供了方法论指导和分析工具。也可以说，高校网络教育话语体系的形成，是多学科理论交叉融合的结果。

综上所述，高校网络教育话语体系具有以下内涵特征：一是主体多元性，涉及国家、高校、教师、学生等不同层次的话语实践主体；二是客体多样性，涵盖了教学、管理、服务、评价等不同领域的话语实践客体；三是动态建构性，突出话语表述在主客体互动中的动态演化；四是学理支撑性，体现多学科理论融通的结果；五是功能导向性，彰显对网络教育发展的引领、规范、优化功能。

（三）学理篇：话语体系的价值遵循、要素分析、功能定位阐释

高校网络教育话语体系作为引领和规范网络教育发展的重要学理型构件，其形成和建构必须遵循一定的价值追求，由不同要素有机构成，发挥着独特的作用。

高校网络教育话语体系建设应秉持的价值追求：坚持正确的政治方向、坚守教书育人的根本使命、体现以生为本的人文情怀。具体而言，就是要以习近平新时代中国特色社会

[1] 陆颖，顾日国. 网络教育生态学实证报告 [J]. 外语电化教学，2006（6）：17-24.

主义思想为指导，用立德树人的成效检验网络教育话语实践，始终做到为党育人、为国育才；就是要有针对性地回应网络教育实践中的难点问题，发挥话语体系的实践导向功能，激发改革创新的内生动力；就是要尊重教育教学规律和学习者身心发展特点，在话语互动中始终体现教育的人文关怀，彰显以生为本的教育情怀[1]。这三大价值追求是高校网络教育话语体系建设必须坚守的"底色"，需要融入话语体系建设的全过程。

高校网络教育话语体系由话语主体、话语客体、话语媒介、话语情境四个要素有机构成。其中，话语主体包括教育行政部门、高校、教师、学生等，是话语实践的能动要素；话语客体涵盖了教学、管理、服务、评价等，是话语表征的对象要素；话语媒介包括技术平台、教学资源、社交媒体等，是话语传播的中介要素；话语情境则指话语生成的制度、文化语境，是影响话语表达的外部要素。不同要素之间相互影响、动态耦合，共同形塑着高校网络教育话语生态。厘清不同要素的特点及其关联机制，对准确把握高校网络教育话语体系的内在结构和运作规律至关重要。

高校网络教育话语体系具有价值引领、教学促进、文化塑造、治理赋能的重要功能。通过对主流价值观念的传播，引导师生听党话、跟党走，发挥思想"定盘星"和行动"指南针"的作用；通过对教与学话语互动的规范引导，营造良好的教学氛围，创设生成性话语环境，促进启发式、探究式、个性化教学的实现；通过对网络教育的精神追求、行为规范的塑造，促进网络教育领域形成积极向上、诚信友善的话语生态；通过话语实践所反映的问题导向、改革需求，优化政策供给、督导评估、资源配置，提升网络教育治理的科学化水平。总的来看，高校网络教育话语体系在推动教育理念更新、教育实践变革、教育生态优化中彰显出不可替代的作用。

（四）图景篇：宏观、中观、微观三个维度勾勒话语体系建设现状

改革开放以来，我国高校网络教育实现了跨越式发展，网络教育话语体系也随之发展和完善。纵观网络教育话语实践可以发现，宏观、中观、微观三个层面呈现出不同的话语图景。

在宏观层面，高校网络教育话语体系日益制度化、规范化。国家相继出台了教育信息化、网络教育等一系列政策，从发展目标、建设重点、实施路径等方面对网络教育的话语表述进行规范引导，强调推动高校网络教育规模、结构、质量、效益的协调发展。一些政策性话语，如"教育信息化2.0""慕课+在线教学""智慧教育"等，成为引领和规范高校网络教育改革发展的关键词。国家的政策话语传递出鲜明的时代精神和价值追求，体现了党和国家对高校网络教育发展的战略谋划和政策支持，成为高校网络教育发展的"风向标"。

在中观层面，依托网络教学平台，形成了丰富多样的校本化话语生态。各高校立足自

---

[1] 马治国. 网络教育本质论 [M]. 大连：辽宁师范大学出版社，2006.

身优势和特点，积极开展在线开放课程、虚拟仿真实验等，打造各具特色的校本资源。新型教学形态和教学模式不断涌现，如翻转课堂、混合式教学等，极大丰富了教与学的话语场景。同时，高校还通过在线教育综合服务平台，实现了优质资源的校际共享，教学管理智能化、个性化趋势日益明显。高校网络教育话语实践的多样性、差异性特征突出，不同学校、不同学科专业的网络教育话语建构呈现出百花齐放、百家争鸣的图景。

在微观层面，师生主体的个性化、差异化话语表达十分突出。不同院校、学科的教师在话语互动中展现了不同的教学风格和话语策略。青年教师更善于运用信息技术手段，话语互动灵活多样；资深教师则更注重对厚重学术内容的系统阐释。学生在线学习参与度、话语表达能力也参差不齐，体现出鲜明的个体差异。总的来看，教师、学生主体在网上教学活动中所展现的个性化话语表征，共同刻画了高校网络教育话语实践的基本图景。

纵观当下高校网络教育话语实践可以发现，一方面呈现出前所未有的繁荣景象，话语主体更加多元，话语内容更加丰富，话语方式更加灵活，为教育教学注入了勃勃生机；另一方面也面临诸多新问题、新挑战，如不同层次的话语实践衔接不够、各类主体的话语互动有待加强、话语生态的进一步优化任重道远等。这为高校网络教育话语体系建设提出了新的、更高的要求。

（五）困境篇：话语体系建设的观念、技术、机制、文化等方面的困境

当前，高校网络教育话语体系建设在取得积极进展的同时，也面临着观念滞后、技术鸿沟、机制缺失、文化冲突等诸多现实困境，制约了话语体系的进一步发展和完善。

首先，传统教育观念根深蒂固，话语主客体的数字化适应力、接受度不强。部分教师对网络教育仍存在认知偏差，更多的是将其视为技术手段，对如何发挥网络优势推动教学创新认识不足。不少学生难以快速适应线上学习，自主学习意识和能力有待进一步提升 [1]。观念的羁绊制约了师生主体对网络教育话语实践的深度参与。

其次，技术鸿沟客观存在，不同群体的数字化素养参差不齐，影响了话语交互的广度和深度。欠发达地区、农村学生在数字设备使用、网络学习参与度等方面普遍落后于发达地区和城市学生。教师群体的信息化教学水平也参差不齐，直接影响其话语引导能力的发挥。师生数字素养的代际鸿沟，影响了话语互动的有效性。

再次，话语体系生成、运行、评估的体制机制不健全。网络教育跨部门、跨领域的特点，需要建立相应的统筹协调、协同创新机制，但当下这一机制仍不健全，学校内部各相关部门的联动有待加强。对各类话语实践主体诉求的汇聚、回应机制不够完善，网络教育质量评估机制相对滞后，缺乏长效机制保障，影响了高校网络教育话语体系的系统构建。

最后，传统教学文化习惯与网络教育新范式的矛盾突出。长期以来，高校教学形成了

---

[1] 黄荣怀，张进宝，董艳.论网络教学过程的四个关键环节 [J]. 中国电化教育，2003（1）：61-64.

以课堂授课为主、教师主导的传统文化，师生在角色转换、话语逻辑转换等方面面临着很大挑战。同时，重智育轻德育、重结果轻过程的传统教学文化评价导向，也与网络教育的过程性数据分析、个性化精准评价的理念存在一定冲突。传统文化与新理念的碰撞，考验着高校网络教育话语生态的塑造。

造成上述困境的原因是多方面的，既有观念更新滞后的主观原因，也有信息基础设施建设不平衡的客观原因；既有体制机制不健全的深层次原因，也有文化适应不到位的现实原因。这些困境相互交织，共同制约着高校网络教育话语体系建设，想破除藩篱，实现话语体系的优化完善，需要在顶层设计、方式创新、场域拓展、守正创新等方面系统发力。

（六）策略篇：顶层设计、方式创新、场域拓展、守正创新等方面的破解

推动高校网络教育话语体系的建构和发展，必须立足新发展阶段、贯彻新发展理念、构建新发展格局，围绕推动高等教育内涵式发展、提升人才培养质量这一主线，坚持系统观念，从顶层设计、方式创新、场域拓展、守正创新等方面协同发力。

首先，加强顶层设计，将网络教育话语体系建设纳入国家和高校战略规划。将其作为教育信息化、高等教育强国建设的应有之义来系统谋划、整体推进。一方面，国家有关部门要及时制定相关政策，优化网络教育发展的制度环境；另一方面，高校要将其融入学校整体发展蓝图，将话语体系作为网络教育质量提升的重要抓手，完善配套体制机制。通过顶层设计提供根本遵循，强化制度供给，为高校网络教育话语体系建设提供有力支撑。

其次，创新话语方式，提升网络教育话语表达效果。高校网络教育要准确把握"互联网+"时代教育传播的新特点、新规律，创新话语内容、话语形式、话语平台、话语风格，用师生乐于接受、易于理解的话语讲好网络教育的故事。

再次，拓展话语场域，推动网络教育话语实践的深度融合。打破校内校外、线上线下的二元对立，加快构建协同一体的大教育格局。一方面，高校网络教育要深化产教融合，鼓励校企合作共同开发教学资源、共建实践课程，在开放课程中丰富网络教育话语内涵；另一方面，高校网络教育要统筹线上线下优质资源，以在线开放课程、智慧教学平台为支撑，打造跨界协同的话语共同体。通过话语场域拓展，将碎片化的网络教育话语整合为有机联通的生态系统，为高校网络教育改革发展注入持久动力。

最后，坚持守正创新，在传承中推陈出新。话语体系建设必须立足我国国情、教情，传承中华优秀教育文化基因，吸收人类优秀文明成果，不断推进理论创新、实践创新。一方面，高校网络教育要始终坚持党的全面领导，以习近平新时代中国特色社会主义思想为指引，将社会主义核心价值观融入网络教育话语体系建设的全过程；另一方面，高校网络教育要遵循教育规律，尊重师生主体地位，激发创造活力。通过守正创新，开创中国特色高校网络教育话语体系建设的新局面。

综上所述，想破解制约高校网络教育话语体系建设的观念障碍、技术鸿沟、机制缺陷、文化冲突，就需要在顶层设计、方式创新、场域拓展、守正创新等方面系统谋划、精准发力。这是一项复杂的系统工程，需要各级各类教育主管部门、高校、企业、社会组织等协同攻坚，久久为功。通过体系化的制度设计、精准化的话语创新、一体化的场域建构、同向性的改革创新，定能推动高校网络教育话语体系不断发展完善，为服务全民终身学习、建设学习型社会、加快教育现代化提供强大话语支撑。

（七）总结篇：主要结论概括，研究不足反思，研究方向展望

本书在厘清相关概念内涵的基础上，对高校网络教育话语体系的学理图景、实践样态、建设困境、优化路径等进行了系统梳理和深入剖析。主要结论如下。

第一，高校网络教育话语体系建设是一项复杂的系统工程，需要处理好政府与高校、传统与现代、继承与创新等多重关系[1]。高校网络教育话语体系的形成是多学科理论交叉融合的结果，话语实践呈现出主体多元、客体多样、动态建构等基本特征。

第二，高校网络教育话语体系的形成和发展，必须秉持正确政治方向、坚守立德树人使命、体现以生为本情怀，其由话语主体、话语客体、话语媒介、话语情境等要素构成，在高校网络教育改革发展中发挥价值引领、教学促进、文化塑造、治理赋能等重要作用。

第三，我国高校网络教育话语实践在宏观、中观、微观层面呈现出制度化、多样化、个性化的发展图景，但同时也面临观念障碍、技术鸿沟、机制缺失、文化冲突等诸多挑战，亟须在顶层设计、方式创新、场域拓展、守正创新等方面发力破题。

第四，推动高校网络教育话语体系走向成熟完善，必须将其纳入国家和高校战略全局，加强政策供给和制度保障。要创新话语内容、话语形式、话语平台、话语风格，增强话语的吸引力、感染力、引领力；要打破校内校外、线上线下的二元对立，构建协同一体的网络教育生态；要传承中华优秀教育文化基因，坚持理论创新、实践创新，推动中国特色社会主义教育制度优势转化为网络教育治理效能。

总之，高校网络教育事关教育现代化全局。加快构建内容先进、导向鲜明、结构完善的高校网络教育话语体系，对凝聚教育改革发展共识、提升网络育人水平、加快建设高质量教育体系、办好人民满意的教育具有十分重要的意义。

二、创新之处

高校网络教育话语体系研究是一个复杂的系统工程，涉及教育学、语言学、传播学、社会学等多个学科领域，需要在理论视野、研究内容、实证探讨、优化策略、研究方法等方面不断推陈出新。本书力求在前人研究的基础上，从理论创新、话语体系内涵外延提炼、

---

[1] 谢幼如，张伟，姜淑杰. 面向远程教育的精品课程特征分析 [J]. 中国电化教育，2008（10）：60-63.

话语实践案例考察、路径设计优化、研究方法综合运用等方面进行探索，力求产出接地气、有温度的研究成果，体现鲜明的问题意识和现实关怀，为突破制约我国高校网络教育发展的瓶颈贡献绵薄之力。

（一）理论视野创新：跨学科融合话语研究理论与方法，开拓新视野

一是融合语言学、社会学、传播学等理论，立足高校网络教育话语实践，提出"教育话语生态"理论视角。突出高校网络教育话语建构的系统性、动态性、多元性，关注不同主体、不同要素在特定情境中的互动博弈，审视其生成逻辑与演化规律。教育话语生态视角有助于实现话语研究从静态到动态、从单一到综合的跨越。

二是创新话语分析路径，在传统话语分析的基础上，引入大数据分析、社会网络分析等新方法，提升话语分析的精确度。如采用语料库分析法，对在线教学文本、师生互动记录进行海量分析，刻画出网络教育话语的宏观图景；采用社会网络分析法，考察不同主体在网络教育话语互动中的角色、地位，揭示话语权力运作的复杂性[1]。新方法与传统质性分析的结合，能够实现宏观描述和微观解读的统一。

三是拓展跨文化比较视野。立足我国国情、教情，参照域外高校网络教育话语实践，系统考察不同社会制度、文化背景下网络教育话语建构的差异性特征，在比较中深化规律性认识，提炼具有中国特色、体现时代精神的高校网络教育话语体系建设的经验做法。跨文化视野有助于拓展研究者的全球视野，彰显中国话语、中国方案的独特价值。

（二）话语体系创新：提炼高校网络教育话语体系内涵外延、要素功能

一方面，创造性地提炼了高校网络教育话语体系的关键要素。通过文献综述和实践观察，本书提出高校网络教育话语体系由主体、客体、媒介、情境四大要素构成的基本分析框架，这一分析框架进一步丰富了教育话语研究的理论模型。在此基础上，进一步明晰不同要素的内涵特征，厘清各要素的关系网络，刻画其系统运作的动态过程。要素分析框架简洁而不失深度，既彰显了高校网络教育话语体系的结构性，又兼顾了动态演化视角，有利于从整体上刻画其逻辑图景。

另一方面，创新性地阐释了高校网络教育话语体系的功能定位。本书指出，高校网络教育话语体系在推动网络教育改革发展中具有价值引领、教学促进、文化塑造、治理赋能等重要功能。这一功能定位立足我国高校网络教育的实践需求，体现了话语体系在回应时代课题中的独特价值，是对教育话语体系研究的重要理论支撑。

（三）优化路径创新：坚持宏观、中观、微观多维度联动，提出整体优化策略

在顶层设计上，本书强调要将高校网络教育话语体系建设纳入国家和高校战略全局进

---

[1] 张力. 新的网络环境下网络教育发展趋势及实施方法 [J]. 电化教育研究，2006（10）：33-37.

行谋划，完善配套政策和制度体系。在国家层面，应加快制订网络教育领域的专项规划，为高校网络教育发展营造良好的政策环境和制度生态。在高校层面，要将网络教育话语体系建设融入学校整体发展蓝图，健全内部统筹协调、部门分工合作的组织管理机制[1]。通过顶层设计为高校网络教育话语体系建设提供方向指引和制度保障。

在方式创新上，本书指出要顺应信息技术变革大潮，在话语内容、话语形式、话语平台等方面积极变革。要聚焦国家战略需求、师生现实诉求，创作更多思想性、时代性、吸引力强的优质话语产品；要运用沉浸式、交互式等表现手法，增强话语感染力；要利用智慧教育平台优势，打造立体化的话语传播矩阵。通过创新话语表达方式，焕发高校网络教育话语的时代活力。

在场域拓展上，本书提出校内要加强跨部门协同，线上线下贯通，实现全员、全过程、全方位育人；校外要深化产教融合、校地协作，实现资源共享、优势互补；线上要发挥在线开放课程引领示范作用，打造跨校、跨区域的资源共享平台。通过拓展话语场域，促进不同场域话语生态的良性互动。

在守正创新上，本书强调要传承中华优秀教育文化基因，遵循教育规律和网络传播规律，加强理论创新和实践探索。既要坚持党的全面领导，用习近平新时代中国特色社会主义思想统领网络教育话语内容、话语风格，塑造高校网络教育话语体系的核心价值内核[2]，又要尊重教师主体性、学生个性化发展的需求，在继承优秀传统文化的基础上不断改革创新。通过守正创新，构建独具中国特色的高校网络教育话语体系。

总的来看，本书的创新性主要体现在理论溯源与知识生产、实证研究与经验提炼、方法选择与综合运用、价值取向与实践关怀等方面，力图形成观点创新、方法创新、语境创新、话语创新的系统合力，推动高校网络教育话语研究实现更大范围、更深层次、更高水平的发展，为我国高校网络教育的高质量发展贡献绵薄之力。

当然，本书的创新性探索仍有诸多不足。研究视角有待进一步拓展，跨学科融合的深度有待加强；对国内外已有相关研究成果的梳理和比较仍不够全面系统，有些理论观点的创新性有待进一步凸显，部分对策建议的可操作性也有待提升[3]。这都需要在后续的研究中不断完善。总之，追求创新是教育研究的永恒主题。在"守正创新"中推动中国教育话语研究走向成熟，是广大教育研究者的共同任务。本书的探索和尝试，也唯有在同仁的批评指正中才能日臻完善。

---

[1] 刘瑞儒. 威客（Witkey）及其网络教育应用模式研究 [J]. 现代教育技术，2007（8）：54-56.

[2] 孙力，程玉霞. 大数据时代网络教育学习成绩预测的研究与实现——以本科公共课程统考英语为例 [J]. 开放教育研究，2015，21（3）：74-80.

[3] 李居英，王淑华. 论网络教育对于人才培养的重要性 [J]. 山西财经大学学报，2018，40（S1）：51-53.

第二章 高校网络教育话语体系的理论阐释

第一节 相关概念辨析与界定

一、高校网络教育

随着现代信息技术的迅猛发展和高等教育教学改革的不断深化，网络教育已成为高校人才培养的重要途径和教育教学模式变革的前沿阵地，准确把握其内涵外延和发展特点，对于推进高等教育教学改革、提高人才培养质量具有重要意义。

（一）内涵：利用网络信息技术开展的高等教育教学活动

高校网络教育是指高等学校利用互联网、多媒体等现代信息技术手段开展的教育教学活动的总称。其本质是学校教育与信息技术的深度融合，是信息化环境下人才培养模式的创新发展[1]。西方学者较早关注到信息技术对高等教育的影响，提出网络教育、在线教育、远程教育等相关概念，强调在线学习环境中，学习者与学习资源、教师和其他学习者的互动是关键[2]。可见，国外学界较早就把信息技术支持的人机交互、人际互动作为界定网络教育的重要维度。我国学者对高校网络教育的内涵界定也经历了从技术导向到融合创新的转变过程。早期研究较多强调网络教育的技术特征，认为网络教育就是利用计算机网络传授知识、开展教学的过程[3]。随着信息技术与教育教学实践融合的日益深入，学界开始从多元视角阐释高校网络教育内涵。

综合学界观点，本书界定了高校网络教育的内涵：高校利用互联网、人工智能等现代信息技术开展的教育教学活动，其目的是构建网络化、智能化、个性化的教与学新环境，

[1] 杨娇娇. 短视频时代提升高校网络教育话语权面临的挑战与出路 [J]. 今传媒，2024，32（1）：121-124.

[2] 薛玉梅，王让新. 网络全过程人民民主话语体系构建：价值、困境与路径 [J]. 理论导刊，2023（9）：61-67.

[3] 胡开宝，杜祥涛. 中国特色大国外交话语的传播研究：议题、现状与未来 [J]. 外语教学，2023，44（6）：1-7，78.

推动教育理念、教学模式、学习方式的创新变革，培养适应信息时代发展的高素质创新人才。这一界定突出了高校网络教育的三个关键要素：一是基于现代信息技术的教学活动；二是教学方式的创新变革；三是立德树人、为党育人、为国育才的根本任务。可以说，高校网络教育是信息技术与高等教育深度融合的产物，既继承了高校人才培养的优良传统，又彰显了教育教学改革创新的信息化时代特征。

（二）外延：网络课程、在线教学、慕课、智慧教育等多种形式

随着信息技术的更新迭代和教育教学改革实践的不断深化，高校网络教育的外延日益丰富，呈现出多样化的实践样态，涵盖网络课程、在线教学、慕课、智慧教育等诸多形式。

网络课程是高校网络教育最基本、最普遍的实践形态。高校依托教学平台，开发制作视频、音频、动画等数字化教学资源，形成了门类齐全、专业覆盖面广的在线开放课程体系。与传统课程相比，网络课程更加注重知识的时代性、前沿性和交叉性，采用短视频、微课等碎片化呈现方式，强调师生互动、生生互动[1]。

在线教学是高校利用互联网开展教与学互动的新型教学组织形式。有别于面授教学，在线教学依托网络学习平台、直播工具等开展师生同步或异步交流，具有不受时空限制、教学资源丰富、学习管理灵活等优点。随着云计算、大数据、虚拟现实等新技术在教育领域应用的日益深入，在线教学形态也在向智能化、沉浸式方向演进，网络学习空间设计更加人性化，教学过程数据分析更加精准化，教与学体验不断提升。

慕课（MOOC）是大规模开放在线课程的代表形态。自 2012 年以来，以慕课为代表的开放教育资源运动风靡全球，有力推动了高等教育资源的开放共享和优质均衡。与此同时，慕课的教学设计理念、课程开发标准、学习支持服务也在不断创新，从"xMOOC"到"cMOOC"，从注重知识传授到强调以学习者为中心，从单一视频呈现到多元媒体融合，标志着其正朝着个性化、智能化的方向发展。

智慧教育是信息技术支持下人才培养模式的集成创新。它以学习者发展为中心，遵循教育教学规律，整合大数据、人工智能、虚拟现实等技术手段，通过智能环境感知、教学过程优化、精准资源推送、个性化学习支持等，最大限度地激发每个学习者的潜能，实现更加高效、可持续的教学[2]。未来，智慧教育将从智慧环境建设、智慧教学创新、智慧管理优化等多维度赋能高校人才培养变革。

---

[1] 赵波，王烨婷."一带一路"官方话语的议程设置效果研究（2013—2023）[J]. 国际观察，2023（5）：20—49.

[2] 任艳妮. 传播学视域下高校思政课教学话语的转化与创新 [J]. 山西高等学校社会科学学报，2023，35（12）：33—39，66.

（三）特点：超越时空限制，教育资源丰富，学习方式灵活、互动性强

高校网络教育有别于传统课堂教学，具有鲜明的技术特性、教育属性和学习特点，集中体现为超越时空限制、教育资源丰富、学习方式灵活、互动性强。

首先，高校网络教育突破了传统教育的时间和空间界限。借助互联网和移动通信技术，学习者可以随时随地访问网络课程资源、参与在线学习活动。同步和异步的网络教学模式，满足了不同学习者的个性化需求。同时，高校之间、区域之间联合开发课程、共建资源、学分互认，学习者可跨校选修课程、参与学习，极大地拓宽了学习时空边界。

其次，高校网络教育拥有更加丰富的教育资源。网络平台集聚了视频、音频、图文等多元化学习资源，涵盖面广、专业覆盖全、表现形式多样。学习者可根据需求自主选择学习资源，灵活安排学习进度。网络教育资源建设打破了学科专业壁垒，加速了跨学科课程融合，催生了一批新工科、新文科、新医科课程。

再次，高校网络教育促进了学习方式的变革。学习者在开放平等的网络学习环境中拥有更大的自主权，从被动接受知识向主动建构知识转变。个性化、自主化的学习路径设计，支持学习者"按需学习、自主探究"；网上学习社区的交流互动，让学习者在对话交流中实现"教学相长、共同进步"；项目学习、情境体验等基于真实情境的学习模式，提高了学习的针对性和实效性。此外，移动学习、碎片化学习、游戏化学习等新型学习方式不断涌现，为学习者提供了更具有吸引力和针对性的个性化学习服务。

最后，高校网络教育大幅增加了教与学互动的广度和深度。有别于传统课堂"一对多"的单向传授，网络教学中师生、生生交互更为频繁，呈现出"多对多"互动的网状化特点。教师引导讨论的角色更加凸显，学生表达看法、分享观点的机会大大增加。同时，学习者还可与智能教学助手、虚拟学习伙伴展开人机对话。

综上所述，作为信息技术和教育深度融合的产物，高校网络教育正以其变革性、开放性、灵活性、互动性的特质，重塑人才培养生态，开创未来教育新形态。但也应看到，网络教育在快速发展中还面临诸多新情况、新问题，如教学模式同质化、教师角色转换不适应、学生自主学习能力不足、教学评价方式单一等。

二、话语体系

话语体系是语言学、社会学、文化研究等领域的重要概念，也是教育研究尤其是教育话语研究的核心议题。对高校网络教育话语体系的系统研究，需要在把握一般话语体系内涵特征的基础上，立足其教育属性、技术特点、多维度融合的特征，探索高校网络教育场域中话语体系建构的独特规律。

（一）一般话语体系的内涵：围绕特定主题形成的语言表述系统

话语是人们围绕特定主题，在一定社会语境中形成的语言表述方式和言说实践。话语是超越句子层面的语言单位，强调话语与社会语境的关系[1]。话语作为人类表达思想、传递信息、言说实践的基本方式，深刻影响和塑造着人们的认知、态度和行为。围绕特定主题，通过语言、符号、文本等方式所形成的一整套表述系统，即构成了话语体系，其涵盖了主题相关的概念范畴体系、命题逻辑体系、语义指称体系、价值评价体系等，反映了特定语境下人们对主题事物的观念建构、表征方式和互动关系。话语体系是集体表征的系统化呈现，体现了群体对世界的理解方式、价值立场、利益诉求。其生成是主客体互构、动态演进的过程，一方面，话语主体根据主客观条件选择恰当的语言符号，以期实现预设的交际意图和言说目的，由此形成一套相对稳定的话语表达模式；另一方面，话语表述又受到客观语境如意识形态、权力结构、制度文化等因素的规约和塑造。可见，话语体系是主客体互动中动态建构、不断演进的复杂系统。

总的来看，作为与特定主题有关的语言表述系统，一般话语体系体现了不同群体通过语言、符号建构社会现实的基本方式。话语体系根植于特定的社会语境之中，由话语表述主体与客体环境互构生成，处于动态演进之中[2]。准确把握一般话语体系的内涵特征，是研究高校网络教育话语体系的重要基础。

（二）高校网络教育话语体系的特殊性

在一般话语体系内涵的基础上，高校网络教育话语体系呈现出鲜明的教育属性和技术融合特点，涵盖了网络教育理念、政策、教学模式、质量评价等多个维度，具有独特的生成逻辑和建构机制。

首先，高校网络教育话语体系的教育属性决定了其必须遵循教育基本规律，体现教育本质要求。高校网络教育是高等教育的重要组成部分，必须坚持正确的办学方向，落实立德树人根本任务，遵循教书育人、以学生为中心、因材施教等教育基本规律，这些都深刻影响和规约着高校网络教育话语体系。

其次，现代信息技术的迅猛发展催生了高校网络教育形态的变革，也深刻影响了网络教育话语体系的技术特性。移动互联、大数据、人工智能、虚拟现实等新兴技术与教育教学的融合，一方面极大地拓展了高校网络教育话语生产、传播、呈现的时空界域，重塑了教与学话语互动的场景和方式；另一方面也对师生信息素养、话语生态提出了更高的新要

[1] 任庆亮.中国外交话语跨文化共情传播探索 [J].遵义师范学院学报，2023，25（6）：85-88.
[2] 曾海军，马国刚，范新民.高校网络教育及公共服务体系的SWOT分析 [J].开放教育研究，2010，16（3）：116-126.

求。高校网络教育话语体系建设必须顺应信息技术变革大潮，积极回应和引领教育形态变革，这是其有别于传统高等教育话语体系的鲜明特点。

再次，高校网络教育系统性、综合性、多样性的特点，使其话语体系建构呈现出多维交融的特点。高校网络教育包含网络教学、资源建设、平台支撑、教师发展、质量保障等诸多要素，不同要素之间相互关联、彼此影响，共同塑造着网络教育生态[1]。因此，高校网络教育话语体系必须在教育教学理念、政策制度、教学模式、评价体系等多个层面同时发力。

最后，作为引领高校网络教育变革、规范网络教育行为的话语体系，高校网络教育话语体系肩负着推动教育理念更新、人才培养模式变革的使命，必须积极回应国家和区域经济社会发展需求。党的十八大以来，国家实施创新驱动发展战略，推进高等教育综合改革，对人才培养质量提出了更高的要求。"十四五"时期，建设高质量教育体系被摆在更加突出的位置。高校网络教育话语体系建设必须主动服务国家和区域发展战略，积极融入创新型国家和学习型社会建设，这是高校网络教育话语体系的价值追求和使命担当，需要高校网络教育话语体系传递先进教育理念、凝聚社会各界共识，汇聚推动教育变革的磅礴力量。

综上所述，高校网络教育话语体系在遵循一般话语体系内涵特征的基础上，呈现出独特的教育属性、技术融合、多维交织、服务国家战略的特殊性。这种特殊性使得高校网络教育话语体系建设必须立足教育本质规律，顺应信息技术变革，遵循多维度互动融合，彰显使命担当，在继承和创新中实现话语范式的革新发展。

三、教育信息化

教育信息化是教育领域顺应信息化发展大势、主动融入信息社会的战略选择，是以信息技术为支撑推动教育理念、教学模式、管理机制变革的系统性工程。准确把握教育信息化的丰富内涵及其与高校网络教育话语体系的深刻关联，对于加快教育现代化进程，推动高校网络教育高质量发展具有十分重要的意义。

（一）内涵：运用信息技术推动教育变革的过程

教育信息化是一个与信息技术紧密相连的概念。广义上说，教育信息化指教育领域广泛运用现代信息技术，促进信息资源开发利用，优化教育管理和服务，变革人才培养模式和教学方式，构建开放、灵活、泛在的教育体系的过程[2]。随着信息技术的快速发展和教育变革的不断深化，教育信息化的内涵也在不断丰富和拓展。

---

[1] 谢浩，许玲，李炜．新时期高校网络教育治理体系的结构与关键制度 [J]．中国远程教育，2021（11）：22-28，57，76-77.

[2] 杨素娟．网络教育课程论坛的社会性存在个案研究 [J]．中国电化教育，2010（11）：57-61，70.

对教育信息化内涵的理解，学界经历了从技术应用到融合创新的认识深化过程。最初，不少学者将教育信息化视为计算机、网络等信息技术在教育系统中的应用，强调其工具属性。但随着信息技术与教育融合程度的不断加深，学界开始强调教育信息化是一项系统工程，不仅关乎技术与资源，更关乎观念更新、模式创新和生态重构。有学者指出，教育信息化是利用信息技术优化教育结构、变革教育模式、提高教育质量的过程[1]。这些表述凸显了教育信息化的系统性、变革性特征。信息技术与教育教学的深度融合，是教育信息化内涵演进的鲜明特点。"融合"强调信息技术不只是教育的外部工具，而应该深度嵌入教育教学全过程，成为教育的内生要素。其过程是信息技术与教育理论、教育实践的协同创新，是技术优势与教育规律的辩证统一。

综合学界观点，本书界定教育信息化是以现代信息技术为支撑，将信息技术深度融入教学全过程，推动教育理念、教学模式、管理机制、评价方式等的系统性变革，从而实现培养创新人才、提高教育质量、助推教育公平、服务经济社会发展的过程。这一界定凸显了教育信息化的三个关键要点：一是信息技术与教育的深度融合；二是教育教学的系统性变革；三是服务人的全面发展和社会进步。由此可见，教育信息化绝非单纯的技术应用，而是通过技术赋能推动教育系统优化升级、促进教育高质量发展的系统性实践。

（二）与高校网络教育话语体系的关系：为网络教育发展提供支撑，催生新的教育话语

高校网络教育是教育信息化的典型成果和集中体现。其快速发展，与教育信息化进程密切相关、相互促进。没有教育信息化的蓬勃发展，就没有高校网络教育的兴起壮大。而高校网络教育实践则为教育信息化提供了广阔的实践场域，成为不断检验教育信息化理论、丰富信息化实践形态的重要试验田。

一方面，教育信息化为高校网络教育发展提供了基础设施、技术手段、资源支持等关键要素，是高校网络教育赖以生存和发展的基本条件[2]。没有宽带网络、智能终端等信息基础设施的普及，高校网络教育就难以实现教学过程的网络化、数字化；没有云计算、大数据、人工智能、虚拟现实等新兴技术在教育领域的创新应用，高校网络教育的教学组织模式、学习支持服务就难以实现智能化、个性化和沉浸化。因此，教育信息化进程推进到哪一步，高校网络教育的发展水平就能提升到哪一个台阶。

另一方面，教育信息化也深刻影响和塑造着高校网络教育的话语生态，其既为网络教育话语体系建构提供话语资源，也催生了新的教育话语形态。在资源层面，教育信息化形

---

[1] 李玉洁. 中国对非传播的话语体系构建：思维、路径与方法 [J]. 世界民族，2023（6）：28-39.
[2] 洪岩，唐卉，梁林梅. 美国高等网络教育发展的新态势——斯隆联盟2010年和2011年度调查报告综述 [J]. 中国远程教育，2013（1）：40-45.

成了海量网络教育课程资源，涵盖了视频课程、文本课件、案例库、试题库、虚拟仿真实验等多种类型，这些资源都蕴含和传递着不同的教学理念和教育价值取向，为高校网络教育话语体系建构提供了丰富的素材。在形态层面，信息技术发展诞生了高校网络教育话语生态的新图景。传统课堂以面对面言语交际为主要话语表达方式，教师通过讲授、板书等传递知识，话语方式相对单一。而在网络教育中，师生、生生的互动交流从线下延伸到线上，语音、文字、图像、视频等多种形式交织呈现，超文本、超媒体话语大行其道。信息技术将口语与书面语、语言与非语言、线上与线下糅合交织，形成了多元融合、立体生动的网络教育话语空间。这对教师的话语能力提出了更高的要求，需要从单向讲授走向开放互动，善于利用数字媒体塑造沉浸式、交互式的话语情境。

除了教育话语形态的变革，教育信息化还引发了高校网络教育领域新的话语生产。一批新的教育理念、教学范式等应运而生并走向话语体系化。例如，"互联网＋教育""智慧教育""泛在学习""场景化学习""个性化学习"等新概念的提出，生动体现了信息技术语境下人才培养理念的更新。微课、慕课、翻转课堂等新型教学形态的兴起，折射出教学组织范式的变革。而学习分析、教育大数据应用等新技术在网络教育中的运用，则预示着数据驱动的教学决策、精准化的教学干预等新的教学实践话语的形成。

综上所述，教育信息化与高校网络教育话语体系之间有着天然的联系。教育信息化是高校网络教育得以生根发芽、开花结果的沃土，为网络教育的发展提供了基础支撑和创新动能。而高校网络教育则在教育信息化浪潮中应运而生，实现了从无到有、从有到优的跨越式发展。高校网络教育话语体系正是在承接教育信息化话语资源的基础上，在师生话语互动实践中因时而变、创新图强，成为反映和引领网络教育发展的风向标[1]。没有教育信息化的持续推进，就难以实现高校网络教育话语体系的丰富与成熟。而高校网络教育话语体系的生成与发展，也为理解信息时代教育话语的演变提供了绝佳样本，二者相辅相成、相互促进。

四、概念辨析

随着信息技术与教育的加速融合，高校网络教育蓬勃发展，涌现出网络教育、在线教育、慕课、微课等一系列新概念、新形态，丰富了教育形态，催生了新的教学模式。但由于实践形态和理论阐释的多样性，诸多相关概念容易混淆，亟须学理梳理和实践辨析。

（一）网络教育与远程教育、在线教育的区别与联系

网络教育、远程教育、在线教育是伴随信息技术的发展而产生的教育新形态，三者相

---

[1] 亓俊国. 网络教育学习指导 [M]. 北京：北京邮电大学出版社，2015.

互交织、密切关联，但内涵外延又各有侧重，需要辨析异同，掌握联系。

远程教育最早可追溯到 19 世纪的函授教育，其强调师生时空分离下的教学活动。20 世纪 60 年代，随着广播电视等大众传媒的兴起，远程教育实现了讲座式向多媒体学习的转变。进入互联网时代，远程教育借助网络平台获得了新的发展契机，形成了网络远程教育的新形态 [1]。我国自 20 世纪 90 年代末开始建设现代远程教育工程，初步形成了以中央广播电视大学为龙头，地方高校和企业积极参与的远程教育格局。远程教育强调空间分离，随着技术的进步其实现了从函授到广播电视，再到网络多媒体的发展，是一个随技术进步不断演进的动态概念。网络教育则特指以计算机网络为主要教学手段开展的教育教学活动，其是远程教育在信息时代的产物。网络教育有别于传统远程教育模式，更强调网络的交互性和多媒体的呈现方式。同时，网络教育消除了远程教育对场所的特定要求，学习者利用个人电脑或移动终端就能随时随地参与学习。在线教育则是伴随互联网技术的进步、数字教育资源的逐渐丰富而兴起的概念。在线教育利用互联网开展教、学、评、管等教育教学活动，强调实时交互和个性化学习体验。由此看出，在线教育既是网络教育发展的新阶段，又更突出技术融合创新、教学服务优化，是一种泛在的教育教学形态，可嵌入课堂教学、混合教学等多种场景。

网络教育与远程教育的联系在于，二者都强调空间分离和技术依托，都体现了教育形态的延伸与拓展。但网络教育主要依托于计算机网络，能实现更为丰富、频繁的师生互动，教学资源呈现也更加灵活多样。而远程教育则根据不同技术环境而呈现出函授、广播电视网等不同形态。从这个意义上说，网络教育是远程教育在互联网时代的创新发展，而在线教育则是在技术基础、教学模式、学习体验等方面更进一步，通过大数据、人工智能等新兴技术，为学习者提供更加智能、精准、沉浸式的学习体验，代表了网络教育的未来走向。

（二）慕课、微课等新型教育形态内涵辨析

随着互联网、移动通讯等技术的飞速发展，慕课、微课等一系列新型教育形态应运而生，丰富了高校网络教育的实践样式，成为当下理论界、实践界热议的话题。准确理解和界定这些新概念的内涵外延，对于把握网络教育发展的新趋势、新特点，推动教学模式的变革具有重要意义。

慕课是大规模开放在线课程（Massive Open Online Courses）的简称，其兴起于 2012 年，是由知名大学或机构利用开放式网络平台面向全球学习者开设的在线课程。与传统网络课程相比，慕课具有注册人数多、课程开放度高、教学设计个性化、学习管理智能化等特点。

---

[1] 胡悦，王昌松，赵梓涵. 国际媒介场域中的对华"话语操纵"——基于"一带一路"负面报道的话语分析 [J]. 吉林大学社会科学学报，2023，63（6）：188-198，235-236.

作为信息时代中一种全新的教育形态和学习方式，慕课实现了优质教育资源的开放共享，让人人皆可分享名校、名师资源。微课是指围绕某个知识点而设计的短小精悍的在线教学视频，一般时长在 10 分钟以内。微课以知识点为单位，采用问题驱动、任务引领等方式，通过讲解、演示、练习等方法帮助学生快速掌握重点、难点，便于学生随时随地碎片式学习。微课作为一种全新的复合型教学资源形态，能有效提升教学内容的针对性和趣味性[1]。同时，微课还可有效支撑翻转课堂、混合式教学等新型教学模式的实施，成为当前信息化教学的重要抓手。

综上所述，慕课、微课等体现了互联网时代教育教学形态的创新与变革。慕课突破了高等教育的选拔限制，面向所有学习者开放优质教育资源；微课实现了教学内容的碎片化与精细化，为移动学习、泛在学习提供有力支撑。不过，概念的提出总是先于实践的成熟，这些新生事物的内涵外延仍有待在实践中不断发展丰富。

（三）技术、模式、理念、评价多维度话语关系

高校网络教育话语体系是多维度、立体化的复杂系统，涉及技术话语、教育模式话语、教学理念话语、质量评价话语等多个维度，这些不同维度的话语交织互动，共同形成了高校网络教育的话语图景。梳理这些维度间错综复杂的话语关系网络，对于深入理解高校网络教育的内在规律和发展逻辑具有重要意义。

技术话语是围绕信息技术支撑教育教学所形成的话语表述体系，涉及技术系统架构、技术应用创新、技术驱动变革等主题。技术话语往往体现了某一时期的主流技术形态及其发展水平，表达了人们运用技术重塑教育的美好想象。例如，"教育信息化""智慧教育""未来教育"等概念的提出，无不展现了新技术语境下教育变革的宏伟图景。技术话语一方面受技术创新的驱动，另一方面反作用于技术的发展方向。教育模式话语指围绕人才培养模式、教学组织模式等形成的话语体系。随着新技术的发展和教学实践的创新，一系列新型教育模式话语应运而生。这些新型模式无不以现代信息技术为支撑，通过技术赋能推动教育教学流程再造、师生角色重塑。从这个意义上说，教育模式话语与技术话语具有内在的关联性，是相互交织、彼此赋能的关系。新技术环境为教育模式创新提供了技术基础，而教育模式变革则为技术发展指明方向、拓展应用新空间。教学理念话语围绕教育价值追求、培养目标、教学思想等形成。信息技术与教育的融合发展，催生了开放教育、泛在学习、个性化教育等一系列新的教学理念。这些理念突破了传统学校教育的时空边界，彰显了以学习者为中心、满足个性化需求的价值追求。同时，教学理念又会反过来影响技术路径选择和教育模式设计，

---

[1] 吴立高. 中国网络教育环境下的语音聊天室和课程论坛的社会临场感研究 [M]. 北京：对外经济贸易大学出版社，2019.

起到总揽全局、指引方向的作用。不同的教学理念引导形成不同的教学模式，对信息技术在教育中的应用方式也会产生重要影响。评价话语则是围绕教育教学质量评价所形成的话语体系。在线教育、慕课等新型教育形态的兴起，改变了传统的教学组织方式，对教学质量评价提出了新的要求。学习过程性数据的采集与分析、学习效果的精准评估，成为新的评价话语热点[1]。这表明，新技术环境下评价话语发生了从结果导向到过程导向、从静态到动态的转变，强调评价模式与教学模式的互相适应。评价话语一方面要为教学理念、教育模式的落实提供评判标准和反馈机制、另一方面评价结果又能反作用于教学，推动教学理念、教学模式的不断优化。质量评价本身也受技术手段变革的影响，呈现出多元化、精准化、智能化的新特点。

总的来看，高校网络教育话语体系中，技术、模式、理念、评价等不同维度的话语相互交织、彼此激荡。不同维度话语间的关系呈现出互促共进、螺旋式上升的演进逻辑。把握这种关联互动的复杂性，对于推动高校网络教育话语体系的系统构建、实现话语范式的革新发展具有重要意义。

（四）学科体系、学术体系、话语体系"三位一体"的关系

学科体系、学术体系、话语体系是高校网络教育话语体系建构的三大支柱，三者相辅相成、缺一不可，共同构成了高校网络教育话语体系的核心内容和关键要件。厘清三者间的内在逻辑关联，对于推进高校网络教育话语体系的系统建设具有重要的指导意义。

学科体系、学术体系、话语体系"三位一体"的关系，源于三者间的有机联系。学科是知识体系的逻辑组织形式，代表着一个领域中相对成熟的理论体系。学术则是学科发展的动力和表现，指学科共同体基于学科问题开展的探索实践活动。话语是表达学术观点、传播学科知识的言说方式。可见，三者间存在着递进关系：没有学科就没有学术，没有学术也就无所谓话语。具体到高校网络教育话语体系，三者间的关系更为紧密。作为一门新兴交叉学科，网络教育学尚处于学科生成期，其学科体系、学术体系、话语体系尚在同步构建之中。学科体系建设关乎网络教育的学科定位、研究对象、理论体系的界定，是学科自主性、独特性的根本体现；学术体系建设关乎网络教育学研究范式、学术共同体的形成，是学科不断发展、形成特色的关键所在；话语体系建设则是学科体系、学术体系的外化表征，其通过话语建构实现学科认同、学术传播。高校网络教育话语体系的塑造离不开学科体系的支撑、学术体系的积淀，而学科、学术的发展也依赖于话语体系的建构，从而实现自我完善和创新发展。

高校网络教育学科体系、学术体系、话语体系三者间还存在着复杂的交互建构关系。

---

[1] 岳俊芳，孙道金，张艳，陈碧蕾．高等网络教育毕业生学习需求调查研究——以网上人大"毕业生服务工程"为例 [J]．中国远程教育，2013（6）：47-50，95-96.

学科体系奠定了学术探索的基本问题域和逻辑起点，影响着学术体系的丰富与创新，但学术体系的拓展又反作用于学科，带来学科范式的重塑[1]。学术体系直接为话语体系建构提供话语资源，而话语体系通过话语表征传播学术思想，实现学术共识的达成，对学术体系产生潜移默化的影响。反过来，话语体系的革新发展，如新的表述方式、术语概念的创生等，又会刺激学科、学术范式的反思与重构。由此，三大体系通过彼此之间的良性互动，实现了高校网络教育话语体系建设的协同共振、创新发展。

综上所述，概念辨析是厘清高校网络教育话语体系诸多关键概念内涵外延的必由之路。通过比较分析网络教育、远程教育、在线教育的区别与联系，可以把握不同概念反映的技术发展阶段和实践特征；通过界定慕课、微课等新型教育形态内涵，有助于洞察网络教育发展的前沿趋势和变革动向；通过辨析技术、模式、理念、评价等多维度的复杂话语关系，可以理清话语体系的复杂性和系统性；通过厘清学科体系、学术体系、话语体系三者间的内在逻辑，则能把握高校网络教育话语体系构建的基本支柱和关键路径。概念辨析不仅仅是简单的概念梳理，更是厘清话语体系机制、厘清学理逻辑的过程，对于系统构建、创新发展高校网络教育话语体系具有基础性作用。

第二节　高校网络教育话语体系的理论溯源

一、传播学视角下的高校网络教育话语体系

随着信息技术的飞速发展和高等教育的数字化转型，网络教育已成为高校人才培养的重要阵地。高校网络教育打破了传统课堂的时空界限，丰富了教学互动方式，催生了全新的教育生态[2]。作为信息传播与知识传播的融合体，高校网络教育包含着丰富的传播学意蕴。运用传播学理论和方法考察高校网络教育，对于掌握网络教育的传播规律、优化教育传播效果具有重要意义。

（一）传播学的基本理论

传播学是以人类传播行为和传播现象为研究对象的学科，其关注信息、思想、情感等在个体、组织、社会间的传递、影响和反馈。作为一门应用性很强的社会科学，传播学理论为解释教育传播现象提供了重要视角。

[1] 蒋银健，郭绍青 . Thinkfinity 网络教育资源的组织及开发模式研究 [J]. 电化教育研究，2012, 33（12）：45-49.

[2] 王海 . 新形势下对少儿图书馆开展网络教育的重新审视 [J]. 图书馆工作与研究，2016（10）：113-115.

早期传播学理论受线性思维模式的影响，将传播视为一个线性过程。"5W"模式开启了传播学研究的先河，该模式关注"谁说了什么""通过什么渠道""对谁说、产生什么效果"[1]。"信息论"开创了定量传播研究，强调信息在传播过程中的可计量性，传播的目的在于克服噪音、准确传递信息[2]。"两级传播"理论则指出，大众传播并非直接作用于受众，而是经由"意见领袖"中介和人际传播放大[3]。这些理论体现了早期传播学研究对传播者、渠道、信息量化的重视。20世纪中后期，传播学理论关注传播的社会属性和文化内涵。"编码／解码"理论，强调受众依据自身社会文化背景对信息进行主动阐释，传播是编码者、文本、解码者三者互动的过程[4]。"使用与满足"理论指出，受众有目的、有选择地使用媒介，以满足认知、情感、社会整合等需求[5]。这些理论转向受众视角，突出了传播的互动性、主体性。进入互联网时代，传播生态和传播形态发生深刻变革。"网络社会"理论阐释了互联网传播的崛起对人类社会组织方式、权力结构的变革[6]。"平台社会"概念揭示了互联网平台成为连接用户和信息的关键中介，平台算法、数据、商业模式对信息流动的规则和秩序构成了深刻影响[7]。"参与文化"的兴起打破了传统的"生产者—消费者"边界，用户成为内容的积极创造者和传播者，基层能量空前彰显[8]。

可以看出，传播学理论经历了从线性到互动、从关注信息传递到关注意义阐释、从强调媒介作用到突出受众能动性的演进，体现了传播观念的更新、研究视角的拓展。不同流派理论的交叉融合，有助于全面把握高校网络教育传播的复杂性和多样性。

（二）网络传播的特点

网络传播是以计算机网络为中介实现信息交流和意义分享的传播形态。与传统大众传播相比，网络传播呈现出互动性、开放性、海量性、即时性、非线性、多媒体呈现等特点，

[1] 侯贺英，张梦洁，谷利红．文化话语视域下的城市形象传播研究——以保定青年发展型城市为例 [J]．传播与版权，2023（22）：75-78.

[2] 杨晶．网络空间视域下中国生态文明话语的国际传播 [J]．福建师范大学学报（哲学社会科学版），2023（6）：73-81，117.

[3] 高文苗，郎曼丽，龚可馨．"00后"青少年网络话语表达范式变化及其对策分析 [J]．未来传播，2023，30（6）：29-38.

[4] 王松．全媒体时代高校网络意识形态话语建构研究 [J]．黑龙江高教研究，2023，41（12）：115-120.

[5] 郭艳红，谭兴．中国区域形象对外传播的话语体系建构路径研究——基于《越南新闻报》中广西形象建构的思考 [J]．安徽理工大学学报（社会科学版），2023，25（6）：64-72.

[6] 孙斐，徐淮智．网络空间的"语言游戏"：公众话语风格与政府回应 [J]．公共管理评论，2023，5（4）：104-127.

[7] 丁雨婷．网络社群中主流意识形态话语传播困境与破解路径——基于"传播流"的分析视角 [J]．传媒论坛，2024，7（1）：42-45.

[8] 颜苗苗．新媒体视域下基层统一战线话语体系建构研究 [J]．江苏海洋大学学报（人文社会科学版），2024，22（1）：19-29.

深刻重塑了人类传播图景。

互动性是网络传播的显著特征。有别于大众传播"一对多"的单向传播，网络传播实现了"多对多"的双向互动。网络打破了传统的"媒体—受众"界限，用户既是信息的消费者，也是内容的生产者。在线论坛、弹幕网站、社交媒体用于用户评论、分享、创作，形成更为频繁、深入的交流互动。互动性促使传播者与受众身份互换，话语权力体系重构。

开放性彰显了网络传播的无边界特征。互联网跨越时空界限，信息传播突破了地域、阶层的藩篱。从博客到移动社交媒体，草根用户借助便捷的网络平台表达心声、参与讨论，形成多元、异质的声音汇集。"长尾理论"指出，互联网的非排他性满足了小众、垂直群体的需求，催生了无数细分市场。在开放的网络语境中，草根话语、小众话语获得了言说空间。

海量性是大数据时代网络传播的典型特点。信息数字化使得内容可以低成本复制和传播，呈现出海量化的特征。搜索引擎、推荐系统、数据挖掘等技术让用户在海量信息中迅速找到所需，但也面临着信息过载、注意力分散的问题。如何甄别信息，提高信息利用率成为关键。

即时性体现了网络传播的时效优势。新媒体技术加快了信息传播的速度。微博、微信等即时通信方式让用户随时随地分享动态、参与讨论[1]。即时性一方面提高了信息时效，增强了舆论市场活力，另一方面也催生了碎片化阅读、情绪化表达、套路化传播等问题。

非线性则彰显了网络传播的立体性、复杂性。超文本、超媒体技术打破了传统文本的线性结构，信息单元以网状方式进行连接，用户可根据兴趣自主选择阅读路径。百度百科、开放式课程等运用非线性叙事方式，实现海量内容的有机连接。但非线性传播也对用户的信息整合、思维逻辑提出了更高的要求[2]。

多媒体呈现则彰显了网络传播的表现力优势。图文、音频、视频、动画等多媒体呈现方式让抽象的文字概念变得生动形象，提升了信息传播的感染力。AR、VR、MR等沉浸式技术则营造出身临其境之感，进一步拓展了人类的感官体验。适时融合多媒体表现，可以提升传播的艺术感染力。

总的来看，互联网重塑了信息生产、传播、消费的全过程，具有区别于传统大众传播的显著特点。网络时代，信息传播呈现出互动化、碎片化、情感化、沉浸化趋势，话语权呈现出分散化、草根化态势。高校网络教育必须遵循互联网传播规律，创新话语内容和话语形式，优化师生互动体验，提升教育话语的传播力、影响力、引导力。

（三）高校网络教育中的传播话语演变

随着互联网技术的迭代发展，高校网络教育的传播生态和传播形态发生了深刻变革，

---

[1] 陶侃. 电脑游戏中"学习性因素"的价值及对网络教育的启示 [J]. 电化教育研究，2006（9）：44-47.

[2] 教育部高等教育司. 中国大学网络教育新生读本 普通高校版 2009[M]. 北京：中央广播电视大学出版社，2009.

教育话语体系也随之呈现出鲜明的时代特色。纵观其演变过程，大致经历了从封闭到开放、从单向到互动、从单一到多元的转变。

早期的高校网络教育主要采用封闭式的课程管理系统。教师是核心话语主体，通过平台发布教学资源，组织教学活动，对学生的资源获取、学习行为进行管理和监控。这一时期的教育话语权集中于教师，是典型的自上而下的话语传播模式。学生处于被动接受地位，话语互动有限。"Web 2.0"时代，高校网络教育话语呈现出互动化、参与式的特点。博客、维基、论坛等社会化媒体渗透到教学全过程，师生、生生交流互动空前活跃。教师角色从"圣人讲坛"转向"导师对话"，话语方式趋于平等、开放。学生话语空间得以拓展，主体意识显著增强。以慕课为代表的开放式在线课程涌现，学习者自主选课、自主讨论蔚然成风。移动互联网时代，碎片化、个性化、沉浸化成为网络教育话语的新特点。智能手机的普及，使移动学习成为常态。微课程、碎片化学习单元大行其道，短平快的话语更符合手机用户心理。推荐算法、学情分析等技术赋能教学服务个性化，教学系统"千人千面"，个性化话语表达成为可能。可以看到，在新技术背景下，教师、学生、平台、技术等要素相互交织，话语权力结构趋于分散，师生互动更加频繁，多元化声音此起彼伏，沉浸式体验、个性化表达成为新的话语追求[1]。未来，人工智能、大数据等新兴技术将进一步推动智能化教学的普及，学习分析、个性化学习将成为常态，机器话语与人类话语交相辉映。总的来看，技术赋能、互动共享、个性表达将成为未来高校网络教育话语的发展方向。当然，网络教育话语在日益丰富的同时，也面临着同质化、娱乐化、碎片化等挑战。部分慕课教学缺乏独特话语风格，师生交互仍流于形式。

综上所述，传播学为解读高校网络教育话语体系提供了独特的理论视角。高校网络教育作为知识、技术、观念、情感传播的复合体，深刻反映了不同时期传播技术、传播生态的演化。高校网络教育话语体系的嬗变历程充分体现了互联网思维的渗透，折射出网络传播的互动性、开放性、个性化趋势。

二、教育学视角下的高校网络教育话语体系

高校网络教育作为信息技术与教育深度融合的产物，正以其变革性、开放性、灵活性的特质，重塑着人才培养理念、教学组织形态和师生互动模式。从教育学视角审视高校网络教育，对于把握网络环境下的教学规律、优化教学话语建设，推动教育教学范式变革具有重要意义。

（一）教育学的基本理论

教育学是系统研究教育现象和教育问题的科学。作为一门实践性很强的应用学科，教

---

[1] 刘杨，徐辉. 美国在线高等教育评估及启示 [J]. 中国电化教育，2007（11）：59-63.

育学理论对指导教育教学实践、教育改革创新发挥着基础性作用。纵观教育学理论流派的演进，大致经历了从理想主义到实证主义、建构主义的发展历程。这一演进反映了教育学研究范式从关注教育的应然状态到关注教育现实状况，再到关注师生互动建构的转变。

早期教育学理论深受理想主义哲学影响，强调教育的理想追求和精神境界，代表人物如夸美纽斯、裴斯泰洛齐、杜威等。"泛智教育"主张教育要面向所有人，培养具有广博知识、全面发展的人。"教育爱"认为教育应关注儿童的天性需求，培养健全人格。"教育即生活""教育即经验的改造"等命题主张联通学校与社会，倡导"从做中学"。这些理论虽带有理想主义色彩，但也极大地拓展了教育视野，为现代教育奠定了人文基础。19世纪后期，实证主义、行为主义心理学兴起，教育学研究出现"科学化"转变。实证主义教育学试图将自然科学方法运用到教育研究中，强调教育事实的客观性、教育规律的可验证性。这一时期教育学研究虽增强了科学性和实证性，但也受到过于强调行为主义、忽视学习者主体性的诟病。20世纪后期，建构主义学习理论异军突起[1]。建构主义教育学关注学习者的主动建构作用，强调情境学习、合作学习和意义建构。"认知发展阶段论"认为儿童是通过与环境的交互作用，不断同化、顺应，建构起对世界图式的认知。"最近发展区"学说强调学习与发展的辩证关系，倡导在社会文化情境中通过师生、生生互动，实现对知识的内化。建构主义学习理论对教学实践产生了深远影响，其强调以学习者为中心，创设真实情境，开展对话交流与协作探究。进入21世纪，学习科学、认知神经科学、大数据等新兴学科为教育学研究开辟了新疆域。学习科学、整合认知科学、人工智能等理论，探讨了学习环境设计、学习资源供给、学习分析与干预的规律。

纵观教育学理论的流变可以看出，教育学经历了从应然到实然，从关注教育者到关注学习者，从封闭系统到开放系统的发展历程。传统教育学囿于实体课堂情境，强调教师的主导作用。网络教育的兴起打破了时空界限，为学习者创设了开放、互动的学习新生态，学习者的中心地位空前凸显。

（二）网络时代教育教学范式的转变

互联网、移动通信、人工智能等现代信息技术的迅猛发展，引发了教育教学范式的深刻变革。借助信息技术手段，教育正在从"以教师为中心"走向"以学生为中心"，从"以教为主"转向"以学为主"，从封闭走向开放，从单向灌输走向双向互动。高等教育领域率先接触互联网，教育理念、组织形态、资源呈现方式、师生互动模式无不深受其影响。可以说，网络时代的高等教育正在经历一场革命性变革。

首先，教学理念正由知识传授向能力培养转变。传统教学强调知识灌输，重结果、轻过程，忽视学生能力培养。网络时代，终身学习已成为常态，知识更新周期大大缩短，学生更需

---

[1] 崔晓霞 . 中国—东盟对外汉语网络教育平台的构建与发展战略构想 [J]. 中国远程教育，2012（1）：82-87.

要具备自主学习、创新思维、问题解决等关键能力[1]。慕课、微课等新型教学形态应运而生，他们强调课程即服务的理念，关注学生在真实情境中的问题解决能力。学习者从被动接受知识，转变为在问题驱动下主动建构知识。教师也从单纯的知识传授者，转变为学习引导者、设计者和合作者。知识不再是师道尊严的象征，能力培养的理念更加彰显。

其次，传统课堂环境封闭，教学活动以线性方式展开，缺乏灵活性。网络打破了课堂围墙，可以随时随地进行学习。慕课聚合了全球优质教育资源，学习者可跨时空选修名校名师的课程。学习共同体也从课堂小组拓展到全球网络。学习组织方式呈现出开放性、选择性、社群性等特点。不同教学情境灵活切换，碎片化学习与系统化学习交织并存，"学分银行"、学习通证等成为组织教学的新形态。教学组织从封闭、线性的"点对点"模式，转向开放、网状的"全对全"流动。

再次，传统教育依赖权威专家设计教材，教师照本宣科、生搬硬套，缺乏鲜活生命力。网络教育则倡导开放教育资源，鼓励教师将讲义、课件、素材等共享到网上，形成了海量的数字化学习资源。在线学习社区中，学习者创作的评论、笔记、作业等形成了更为丰富、多元的学习资源。维基、知乎等大众编辑模式，让学习者参与到学习资源众包创作中，成为知识生产者。教学资源从专家讲授走向大众参与，从静态呈现走向动态生成，知识传承方式发生了根本转变。

最后，传统教学中，教师高高在上，学生被动接受，师生关系疏离。网络则打破了师生间的权威壁垒，师生地位更加平等。在线学习社区中，教师与学生围绕学习主题展开对话交流，碰撞出思想火花[2]。学生在生成性对话中建构意义，发展高阶思维。慕课讨论区、弹幕网站等开放平台为学生表达、交流、分享提供了空间。移动直播 App 将教师还原为有血有肉、平等交流的形象。师生关系从主客二分、权威服从，转向主体间性、平等互动。

总之，现代信息技术引发了观念、组织、资源、互动等方面的深刻变革，高等教育正经历从"以教为中心"到"以学为中心"的范式转变。这对教与学提出了新的要求，亟须教师转变教学理念，创新教学组织形式，丰富教学资源呈现方式，构建互动、协作、探究的生成性学习社区。

（三）高校网络教育中的教学话语创新

教学话语是教师教和学生学的言说实践，直接影响着育人过程和人才培养质量。传统课堂教学话语存在了"满堂灌""语言垄断"的特点，忽视了学生的主体能动性。网络时代，高校教学话语亟须从观念、内容到形式进行变革，构建开放、互动、充满生机的话语生态，焕发教与学的生命活力。越来越多的高校教师进行了积极的创新探索，形成了一批

---

[1] 张秀梅. 精品课程评审指标体系分析 [J]. 中国电化教育，2012（10）：76-80.

[2] 孙晓霞. 网络教育技术基础 [M]. 延吉：延边大学出版社，2016.

可资借鉴的优秀案例。互联网时代下教育教学范式的转变，为高校网络教育教学话语创新提供了广阔空间。对话式、情境化、跨文化、艺术化、智能化的教学话语创新实践正在如火如荼地展开，教与学方式的深刻变革正在悄然发生。但在推进教学话语创新的同时，仍需警惕同质化、肤浅化倾向。创新要避免为创新而创新，要立足教育教学实际，回应学生发展需求，在继承传统的基础上不断深化话语内涵，提升话语品质。要坚持以人为本，凸显人文关怀，让智能时代的教与学依旧闪耀着人性的光辉。唯有扎根教学实践沃土，遵循教育教学规律，教学话语创新才能焕发出勃勃生机，成为推动网络教育变革的强劲动力。

高校网络教育是信息技术与教育的深度融合、传统教学范式的根本性变革，包含着丰富的教育学意蕴。从教育学视角审视高校网络教育，对于把握信息时代教学规律、优化教育教学话语体系具有重要价值。纵观教育学理论的百年演变，不难发现从关注"教"到关注"学"、从关注知识传授到关注能力培养的发展脉络，这与网络教育的理念趋同。网络时代，教育正经历从封闭到开放、从单向到互动的范式革命，知识观、学习观、教学观无不发生着深刻变革，亟须教育学理论的更新发展。

三、语言学视角下的高校网络教育话语体系

语言作为人类最重要的交际工具和符号系统，承载着丰富的社会文化内涵。随着现代信息技术的迅猛发展，网络语言应运而生，成为新时代人们表达观点、传递情感、建构认同的新型话语形式。高校网络教育作为信息技术与教育融合的产物，在师生互动过程中产生了大量鲜活的网络语言，需要从语言学视角深入剖析。

（一）社会语言学的基本理论

社会语言学是语言学的重要分支，关注语言使用与社会因素的关系，主张将语言置于社会文化语境中进行考察。这一研究路径为解读高校网络教育语言现象提供了重要的理论视角和方法论工具。

社会语言学开创了将社会学因素引入语言变异研究的先河。此后，社会语言学家开始关注语言使用与文化认同及权力话语等社会现实的复杂勾连。"语言—认知—社会"三维度分析框架主张话语研究要关注语言、认知和社会三个层面。语言维度聚焦话语的语法、语用、修辞等特征；认知维度关注语言使用的心理模式、意识形态；社会维度则考察话语建构与社会结构、权力关系的关联。这一框架为全面考察话语提供了系统工具。"复调"理论是社会语言学的另一重要源泉。该理论认为每一个话语都是复调的，都与已经说过的话语产生对话，也预设了未来的话语，因此话语的意义是开放的、变动的。这一观点挑战了语言同一性的预设，凸显了语言的互文性和话语的历时建构过程，为动态考察话语意义提供了思

路。"语言使用的实践转向"强调要在具体语境中考察语言运用，依托访谈、观察等质性方法全面收集语料，而非脱离语境单独分析语言要素，这为社会语言学研究提供了方法论指引，奠定了语料库语言学、话语分析等实证研究的基础。

社会语言学理论通过将语言研究与社会文化语境相联系，极大地拓展了语言研究视野，为全面认识语言的社会属性提供了重要理论视角[1]。运用社会语言学理论审视高校网络教育语言，有助于廓清网络教育语境下的师生群体语言面貌和互动方式，揭示其背后的认知心理和社会文化意蕴，也为反思和重构高校网络教育话语体系提供了理论基础。

（二）网络语言的特点与发展

互联网的迅猛发展催生了别具一格的网络语言。网络语言源于网民在网络交际中的语言运用实践，是传统语言与网络传播相互作用、融合创新的产物。其打破了书面语与口语的二元对立，形成了独特的话语样式，成为承载网络文化内涵、彰显网民群体认同的话语形式。

首先，网络语言体现出明显的书面性与口语性交融的特点。从语音、词汇、语法到语篇，网络语言都呈现出口语化。网络聊天时大量使用语气助词如"啊""哦""呢"，渲染轻松随意的氛围[2]。另外，因缺乏面对面的语境，网络语言仍需借助文字、符号等书面语言形式得以呈现和传播。如在论坛发帖、微博讨论中，网民需要运用连贯的书面语言表情达意。因此，网络语言融合了口语的自然性和书面语的规范性，形成了介于二者之间的独特话语形态。

其次，非语言符号的表意功能在网络语言中得到极大彰显。网民在交流时，往往借助表情、图片、视频等非语言符号传情达意，形成了多模态话语的新形态。一个微笑表情、一张动态图片、一段魔性配乐，都能让网上聊天、评论生动活泼起来。一些字母词、谐音词、颜文字等新型符号在网络语言中也得以广泛运用，形成了别具一格的网络语言文字景观。非语言符号在话语互动中发挥的作用日益凸显，呈现出网络传播语境下多元符号相互作用、协同表意趋势。

再次，网络语言呈现出草根性、建构性的特点。有别于传统媒体话语由上至下的生产传播模式，网络语言生产主体日益草根化、民主化。网民自发创造使用的流行语、段子、网络梗层出不穷，焕发出民间话语的勃勃生机。一些网络流行语的产生和传播，显示了网民话语创造和意义建构的主体能动性。相较于自上而下的制度化话语，网络语言更多体现出自下而上的建构过程。部分网络身份称谓的形成，反映了网民在话语实践中不断建构群体认同的努力。

[1] 邹应贵，袁松鹤，蔡永．网络教育精品课程的整体结构设计与核心要素建设研究[J].中国电化教育，2009（7）：67-73.

[2] 张亚平，王立伟.基于4P理论的网络教育招生策略研究——以东北师范大学网络教育为例[J].教育理论与实践，2013，33（36）：12-14.

最后，网络语言的表现力也得到极大拓展。网络为方言、少数民族语言、青年俚语等非标准语言变体提供了展示空间，一些汉语方言在网络空间中得到广泛传播，形成了丰富多彩的语言景观。青年群体话语在网络语言生态中占据重要地位，以新词、流行语、梗文化等形式彰显个性、抒发情感，体现了鲜明的亚文化特征。新词层出不穷，屡屡刷新公众的语言想象力，广受网民欢迎，极大地丰富了汉语词汇系统。

随着智能手机的普及，移动社交媒体语言正成为网络语言研究的新热点。相较于 PC 时代，移动互联网语言呈现出更加个人化、碎片化、多元化的特点。微博、微信、抖音、B站等移动社交平台成为网民日常语言实践的重要阵地。网民利用碎片化时间随手转发、随时评论，手机输入法和表情包等为移动端语言交互提供了有力支持。同时，短视频平台的兴起让口播式的言语交际方式深入人心，主播的口头禅、流行梗得以迅速引爆。可见，移动社交媒体语言正在对网络语言形态产生着深刻影响。

综上所述，网络语言作为互联网语境下的新语言形态，反映了当代社会语言生活的重要侧面。透过其表层特征，我们可以洞见互联网时代语言生态的深刻演变。网络语言研究不仅有助于发现语言系统在时代变迁中的发展脉络，也有利于揭示网民群体的话语实践和身份认同建构，进而反思互联网时代的文化景观和社会现实。

（三）高校网络教育中的语言话语特色

高校网络教育是互联网与教育深度融合的产物，蕴含着丰富的语言现象。在网络教育语境下，教师、学生群体围绕教与学展开广泛而深入的语言互动，在教学平台、课程资源、学习讨论区等空间产生海量语言文本，形成独特的语言生态。

一方面，网络教育语言呈现出不同于传统课堂的非正式、互动化特点。有别于课堂语言的庄严、权威，网络教学语言更加口语化、生活化。教师在讲解知识时会适当穿插网络流行语，拉近与学生的心理距离。学生在讨论区、弹幕中则更多使用俚语、新词，语言风格轻松幽默。师生互动更加频繁，话语权力结构更趋扁平[1]。传统课堂的师生身份固化，学生话语处于从属地位，而在慕课讨论区、在线学习社区中，学生话语空间大大拓展，师生、生生话语交织互动，营造出更为平等、活跃的话语氛围。

另一方面，网络教育语言体现出鲜明的多模态话语互动特征。与面对面教学语言相比，网络教育语言在互动中更多依赖图像、音频、视频、动画等非语言符号。教师在教学视频中辅以动画演示，用生动形象的比喻阐释相关原理，多模态语言的运用能直观呈现抽象概念，化繁为简，提升教学效果。学生在讨论板上交流分享时，也习惯在语言表述中附加表情包、配图，借助丰富的符号表情达意。

---

[1] 张京京，刘正安 . "互联网教育"催生新教育主体 [J]. 教育理论与实践，2017，37（11）：3-6.

四、社会学视角下的高校网络教育话语体系

随着信息技术的飞速发展和社会交往形态的深刻变革，网络空间已经成为人们日常生活和社会实践的重要场域。高校网络教育作为知识生产与传播的重要阵地，其话语体系的建构与博弈无疑反映了知识社会学关注的核心议题。

（一）知识社会学的基本理论

知识社会学从社会建构的角度考察知识的产生、传播与应用，强调知识的社会属性及其与权力的内在关联。知识生产不是中性的活动，而是嵌入特定的社会结构和权力关系之中的，不同主体基于既有的资本形态参与知识生产，并在此过程中不断强化自身的优势地位。话语不仅仅是语言符号的组合，更是一种体现真理与权力的机制。特定历史情境下的权力话语既规约了主体的思维与行为，也塑造了社会秩序和价值体系。由此可见，在高校网络教育中，各类主体必然在特定的社会结构与权力关系中展开话语实践，并在此过程中形成对教育对象认知、态度和行为的持续影响。

（二）网络空间的权力话语

在网络空间中，受制于技术优势和话语霸权，各类权力主体往往占据着支配性地位，并通过话语建构来规范社会关系、引导价值取向。互联网企业凭借信息基础设施的所有权和算法推荐机制，在很大程度上主导着网络话语生态的构成，借助个性化推送和情感捕获等技术手段，塑造着用户的认知框架和行为模式。政府部门则通过制度设计与平台治理，引导网络空间的价值规范和秩序构建，强化主流意识形态话语的影响力。专家、学者作为知识生产的核心主体，运用专业话语参与公共议题的讨论，在一定程度上引领了社会思潮和政策导向。然而，在网络空间去中心化、碎片化的语境下，权力话语的生产与消费呈现出更加复杂的图景，各类主体在跨越时空边界的互动中不断博弈与协商，多元话语相互交织、彼此竞争。

（三）高校网络教育中的话语博弈

高校网络教育作为一个复杂的话语实践场域，不同利益相关方基于各自的价值诉求，通过生产、传播和消费教育话语，在合作与冲突中彰显自身的权力意志。高校作为知识生产与教育供给的权威主体，依托学科专业优势和学术话语体系，在一定程度上主导着教育内容、教学模式和评价标准的设置。但面对数字技术赋能和社会需求变革的双重挑战，高校亟须打破传统的教条式话语模式，以开放包容的姿态吸纳新的话语资源。学生作为教育需求的表达者和教育过程的参与者，日益成为话语互动的积极主体，通过选课、评教、讨论等方式表达自身诉求，参与教育话语的生成。行业、企业作为网络教育的重要合作方，

以应用导向的实践话语介入人才培养全过程，与高校形成错位互补的育人合力。政府部门通过资源配置、标准制定和质量监管，引导高校网络教育话语生产的价值取向和发展方向。在利益相关方的动态互动中，高校网络教育呈现出"官方话语主导、学术话语引领、市场话语渗透、大众话语崛起"的多元博弈态势。

面对错综复杂的话语博弈态势，高校网络教育亟须厘清不同利益相关方的诉求表达机制与话语互动逻辑，在尊重多元主体性的基础上构建开放、灵活、有序的话语协商机制，推动形成共生共创、良性互动的话语生态。一方面，高校网络教育要充分发挥高校的学术话语优势，坚持马克思主义指导地位和社会主义办学方向，加强知识创新与理论创新，打造中国特色、世界水平的教育话语体系，提升话语内容的科学性、前瞻性、引领性。同时，要借助新技术、新媒体拓展话语表达方式，运用融媒体话语、学习者话语、情感体验话语等，增强话语传播效能；另一方面，高校网络教育要构建开放包容、平等互信的话语协商机制，尊重不同主体的话语权和话语差异，在平等对话、求同存异中达成共识、凝聚合力，形成多元、和谐、可持续发展的话语生态[1]。同时，要加强话语体系的实践转化，在育人实践中不断检验话语的科学性与有效性，促进理论与实践、知识与行动的动态迭代。

综上所述，社会学视角下的高校网络教育话语体系建构，要立足于对知识生产活动社会本质的深刻认识，准确把握网络空间的权力话语图景，厘清利益相关方互动中的话语博弈机制，进而系统优化高校网络教育话语生产、传播与应用机制，在提升高校主体地位和育人实效的同时，推动形成开放、灵活、有序的话语协商机制与良性互动的话语生态，为高校网络教育高质量发展提供持久动力。

五、高校网络教育话语体系理论溯源的启示

随着信息技术的快速发展和网络教育实践的深入推进，高校网络教育已经成为我国高等教育生态的重要组成部分。然而，当前高校网络教育在话语体系建构方面仍存在诸多不足，在一定程度上制约着高校网络教育的持续健康发展。为破解这些难题，优化高校网络教育话语生态，有必要从传播学、教育学、语言学、社会学等相关学科视角，对高校网络教育话语体系的理论渊源进行梳理。

（一）传播学视角：优化高校网络教育的传播话语策略

高校网络教育是信息传播与知识建构的融合实践，其话语传播效能直接关系到人才培养质量和办学声誉。传播学理论为优化高校网络教育传播话语策略提供了重要启示。根据"5W"传播模式，高校网络教育需要重点关注受众（谁）、内容（说什么）、渠道（通过什

---

[1] 王丽莉，郜晖.校企合作模式中网络教育质量保证研究[J].中国电化教育，2016（6）：108-112.

么渠道）、效果（产生什么结果）等关键要素。由此可见，高校应系统优化网络教育话语传播机制，精准分析网络教育对象的特点需求，优化教学内容的呈现方式，拓展教学平台的覆盖面与影响力，建立健全教学反馈与评价机制，营造良好的学习生态与舆论环境，进而增强话语传播实效。同时，高校还要积极应用新媒体技术手段，加强可视化、互动化、情境化的话语传播，以沉浸式体验、碎片化学习等方式提高教育对象的参与度和获得感。

（二）教育学视角：推动高校网络教育教学话语范式创新

话语作为教育实践的基本媒介，对教育教学具有重要影响。传统教学话语往往以教师为中心，侧重知识灌输，忽视学习者的主观能动性和实践体验，难以适应信息时代的新要求。为破解这一难题，教育学领域相继提出了新的教学范式。建构主义学习理论强调了学习者在与环境互动中的建构意义，教学应创设情境、引导对话、加强协作、注重反思。学习科学进一步整合了认知、情感、社会、文化等多重维度，倡导以真实情境中的问题解决为中心组织教学，提升学习者的深层理解和知识迁移能力。"学科教学知识"理论则聚焦教师专业发展，强调融合学科专业知识、一般教学知识与教学情境知识，形成整体、个性化的教学实践智慧。高校要加强顶层设计，制订教学话语创新的政策引导和行动指南，发挥教学名师、教学团队的示范引领作用；要针对不同学科专业特点，优化教学话语的组织方式和表现形式，侧重情境创设、问题导向、对话互动等方面，引导师生形成开放、平等、创新的教学伙伴关系；要重视教师教学话语的生成机制，在教学反思、行动研究、案例分析的基础上，促进理论认知与实践经验的融会贯通。

（三）语言学视角：丰富高校网络教育语言话语的表达

语言不仅是思维的外壳，也是文化的载体。高校网络教育语言话语的表达方式对学习体验与教学效果具有直接影响。语言符号的任意性原则强调语言与所指事物间没有必然联系，语言的意义在于各符号间的差异和对立。符号三分法则强调语言过程中的意义产生机制，即语言通过与使用者的互动生成丰富的联想与意旨。"语言游戏"理论强调语言使用受制于生活方式、行为规则等因素。这些理论阐明语言是开放、多元的系统，语言话语呈现多种形态，在互动中持续演变，影响着人们的思维活动和社会实践。因此，高校网络教育要优化语言话语的表达方式，充分发挥语言的形式感与审美感，增强教育对象的情感共鸣与心理认同，促进不同感官的协同刺激，带来身临其境的沉浸式体验。

（四）社会学视角：重视高校网络教育话语权力的运作

高校网络教育是复杂的社会互动过程，其话语体系的生成和流通往往掺杂着不同价值取向和权力意志的较量。社会学理论有助于揭示高校网络教育话语权力的运作机制。福柯将话语视为权力运作的重要形式，不同话语体系及其背后的权力意志相互角逐，特定话语的权威性建立在对其他话语的排斥或压制之上。哈贝马斯则提出"公共领域"的概念，强调通过制度化的理性交往，各利益相关方在开放、平等的对话中达成共识，形成协商民主。由此可见，高校网络教育的话语权力运作不能简单化为自上而下地控制，更需要重视不同主体的话语表达与协商博弈。一方面，高校网络教育要切实维护师生的话语权，为其参与教学决策、表达意见诉求创造条件，推动形成开放、民主、有序的话语互动；另一方面，高校网络教育要加强对网络教育机构、在线教育平台等市场主体的引导和规范，防范资本逻辑对教育话语的过度渗透与异化，确保教育话语秉持育人导向、彰显公益属性。同时，还要积极倾听行业、企业、校友等利益相关方的声音，通过校企合作、第三方评价等方式，拓宽话语表达渠道，持续优化高校网络教育话语生态。

综上所述，高校网络教育话语体系理论溯源为推动教育话语创新提供了丰富启示。高校应秉持问题导向、坚持育人为本、注重开放创新、重视协商共治，着力构建定位准确、内容优质、形式多元、机制完善的网络教育话语体系，为提升网络教育质量、打造"互联网＋教育"升级版提供持久动力。

第三节　高校网络教育话语体系的理论价值

一、丰富了教育学的话语表达

教育学是一门研究教育现象、教育问题、教育规律的社会科学，其话语体系反映了一定历史时期的教育观念、教育思想和教育实践。近年来，随着信息技术的迅猛发展和教育改革的不断深化，教育学话语在空间拓展、时代表达、科技融合等方面呈现出新的特点，极大地丰富了教育学的话语内涵与外延，为推动教育理论创新、引领教育实践变革提供了崭新视角。

（一）拓展了教育学的话语空间

随着全球化、信息化的快速推进，教育的开放性、多元化日益凸显，突破了传统教育学"象牙塔"式的话语空间局限。首先，在主体维度上，教育参与者不再局限于师生、学校，不同国家或地区、文化背景下的教育参与者都可成为教育学话语的生产者和传播者，形成了多元交织、异彩纷呈的话语主体格局。其次，在内容维度上，教育学话语突破了以学校教育为主的局限，关注教育的多样化形态和多维度内涵，"家庭教育""社会教育""网络教育""职业教育"等命题频频出现在教育学话语版图中，拓展了教育学的研究疆域。最后，在渠道维度上，教育学话语的生产与传播突破了课堂、书本等有限渠道，各类网站、新媒体平台成为教育话语的重要载体，数字出版、知识社交等方式层出不穷，使教育学话语呈现出"无处不在、无时不有"的泛化态势。教育学话语空间的拓展，反映了人类教育从"教室内"走向"教室外"、从"围墙内"走向"围墙外"的趋势，彰显了教育学"大教育"的学科情怀和"大视野"的时代特征。

（二）注入了教育学话语的时代性

教育学话语必须紧跟时代发展主线，回应时代变革的呼唤。在此背景下，"立德树人""教育公平""教育现代化""全面提高教育质量"等一系列新理念、新思想、新战略被赋予新的时代内涵，成为引领教育改革发展的科学指南和行动指南，极大地完善了新时代教育学话语体系。同时，面对人工智能、大数据、区块链等新技术引发的新一轮产业变革，"未来教育""智慧教育""泛在学习"等前瞻性话语层出不穷，彰显了教育学基于前沿科技、面向未来社会的学科使命与时代担当。此外，面对世界范围内不同民族、国家、文化的交流交融，"教育的中国方案""中外教育比较与借鉴"等话语日益引人关注，体现了中国特色社会主义教育的世界眼光和全球胸怀，贡献了中国智慧和中国方案。总之，教育学话语与时代同频共振，反映、引领和推动了教育事业的改革创新，彰显了教育学"为党育人、为国育才、为民育德"的时代品格。

（三）彰显了教育学话语的科技性

科学技术是教育的内在动力和先导力量。近年来，以人工智能、大数据、虚拟现实、脑科学等为代表的新一代信息技术蓬勃发展，与教育的深度融合催生了众多新的教育模式、学习方式，使教育学话语呈现出鲜明的科技特质。一方面，表现为教育学研究范式、研究方法的转型升级，教育大数据、学习分析、教育脑科学、计算教育学等新兴领域方兴未艾，定量研究、实证研究、跨学科研究不断深化[1]。大规模教育数据为精准刻画学情、评估教学质量带来了前所未有的可能性，学习行为的数字化留痕为开展个性化学习指导提供了有力支撑，脑神经机制的揭示为优化教学设计提供了科学依据；另一方面，体现为教育学话语生产传播方式的数字化、智能化转向，人工智能技术在教育领域的应用日益广泛，智能教学系统、智能教育助手、语音识别批改、知识图谱构建等应用场景的不断涌现，使教育学话语的组织呈现、推送分发、交互反馈更加智能精准。此外，网络学习空间、虚拟仿真实验、沉浸式课堂等新型教学环境为师生互动、资源共享、能力培养提供了多元选择，"互联网 +

---

[1] 李辰颖，张岩.基于云模型的网络教育教师授课质量评价研究 [J].中国远程教育，2013（10）：22-29，95-96.

教育"的生态体系正在形成，数字化的教育基础设施不断完善，极大地拓展了教育学话语实践的空间。可以预见，科学技术必将持续引领和重塑教育学话语的未来图景。

综上所述，教育学话语彰显了教育学基于现实问题、面向未来发展、服务国家战略的学科品格，彰显了中国特色社会主义教育的时代特征、科学内涵、世界意义。

二、推动了教育理念的创新发展

随着社会的快速发展和科技的日新月异，教育领域也迎来了全新的机遇与挑战。面对日益复杂多变的时代需求，传统的教育理念已难以为继，亟须创新发展以适应新形势、回应新要求[1]。近年来，在教育实践探索与理论研究的互动中，一系列新的教育理念应运而生，为教育变革注入了新的活力，推动了人才培养模式的深刻转型。

（一）注重学习者的主体地位

长期以来，受传统"师道尊严""满堂灌"等观念的影响，我国教育领域普遍存在重教轻学、以教师为中心的现象，忽视了学习者的主观能动性和个性化需求，导致学生创新意识不强、实践能力不足等问题。为扭转这一局面，新的教育理念强调"以学生为中心"，注重学习者的主体地位。建构主义学习理论进一步指出，知识不是简单的被动接受，而是学习者在原有经验基础上，通过与外部环境的互动而主动建构的。这些理念的共同指向是突出学生的主体性，改变学生被动接受知识的地位，强调自主、探究、合作的学习方式。在此观念下，教师角色发生了深刻转变，由知识的传授者转变为学习的引导者、促进者、合作者。越来越多的教学从"以教定学"转向"以学定教"，从关注"教什么"转向"学什么"，教学设计更加注重学情分析，因材施教、知行合一等理念深入人心。个性化、自适应学习的理念日益彰显[2]。不同学生在学习起点、认知风格、兴趣特长等方面存在差异，应该为其提供更加多元、灵活、个性化的学习路径和资源。智能技术的发展为实现精准教学、个性化学习提供了技术支撑，使因材施教从理想走向现实。可以预见，注重学习者主体地位的教育理念必将引领教育从"教育者本位"走向"学习者本位"，这将极大地激发学习者的内在潜能。

（二）倡导开放互动的教学模式

在知识爆炸和技术革命的时代，教育逐渐突破校园围墙，由此，开放教育、泛在学习等理念应运而生。早在 20 世纪 60 年代，"非学校化社会"理念就强调打破学校教育的垄断，充分利用社会资源，通过人与人、人与环境的互动来实现学习。这些理念的核心要义是打

---

[1] 高欣峰，陈丽，徐亚倩，等.基于互联网发展逻辑的网络教育演变 [J].远程教育杂志，2018，36（6）：84-91.

[2] 王大鹏，张兴海.网络教育技术在高校体育教学中的应用研究 [J].河北大学学报（哲学社会科学版），2007（4）：126-129.

破学校教育的封闭性，利用信息技术手段建立教育与社会的联结，师生、家校、校企、校社之间能够持续互动、协同创新。随着新一轮科技革命的兴起，人工智能、虚拟现实、区块链等新技术与教育的融合进一步深化，智慧教育、智能校园、泛在学习等新型教育形态不断涌现。学习空间从课堂延伸到网络，学习资源从校内拓展到校外，学习伙伴从同窗扩展到全球，学习活动从个人扩大到社群。"互联网＋"催生的新型教育服务业态，多元办学主体协同参与、开放办学的格局逐渐形成。

（三）强调教育资源的共享精神

教育公平是社会公平正义的重要基石。长期以来，我国区域之间、城乡之间教育发展不平衡、不充分的问题一直较为突出，优质教育资源集中在少数发达地区和重点学校，广大欠发达地区和落后学校仍面临师资力量不足、教学条件落后的困境，教育发展"马太效应"凸显。为化解这一难题，国家提出了促进教育公平、缩小教育差距的重大举措，特别强调发挥信息技术的独特作用，促进优质资源的共建共享。教育信息化是"三通两平台"建设的核心内容，通过宽带网络校校通、优质资源班班通、网络学习空间人人通，大幅提升了欠发达地区获取优质教育资源的可能性[1]。在线开放课程建设犹如雨后春笋，慕课、爱课程、国家中小学网络云平台等覆盖了各级各类教育体系，让优质课程资源触手可及，大大缓解了农村学校师资短缺的困境。此外，随着"互联网＋教育""智慧教育"的发展，大数据、人工智能等新技术广泛应用于教育管理、资源建设、教学活动等环节，实现了数据的深度整合和智能应用、资源的精准推送和按需共享，进一步促进了教育过程的公平性和科学性。

新时代的教育理念创新主要体现在注重学习者主体地位、倡导开放互动教学模式、强调教育资源共享精神等方面。这些新理念、新思想是对传统教育弊端的反思和摒弃，是顺应时代发展要求的必然选择，有利于推动形成更加开放和公平的教育生态。

三、引领了教育实践模式的变革

随着新一代信息技术的迅猛发展和知识社会的加速到来，教育领域正面临着前所未有的变革与挑战。云计算、大数据、人工智能、区块链等新技术与教育的深度融合，催生了泛在学习、混合式教学、个性化学习等新的教育实践模式，为人才培养模式和教育服务供给的转型升级提供了强大动力，成为教育现代化的新引擎。

（一）促进了泛在学习的广泛开展

泛在学习是指学习者利用信息技术手段，随时随地获取学习资源、参与学习活动、呈

---

[1] 马治国，绪可望，田凤梅. 网络师生关系："我—你"关系的视角 [J]. 教育科学，2010，26（3）：27-31.

现学习结果的学习形态。泛在学习突破了时间和空间的限制，学习不再局限于课堂、校园等特定场所，而是渗透于学习者生活的方方面面。一方面，移动互联网和智能终端的普及，为学习者提供了便捷、低成本的学习接入方式。智能手机、平板电脑、可穿戴设备等成为学习的重要载体，二维码、定位服务、移动支付等新技术为构建无缝学习提供了技术支撑。另一方面，在线学习平台、慕课、移动应用等数字化学习资源日益丰富，涵盖了各行各业、各学科领域[1]。学习者可根据需要，随时获取个性化、碎片化的学习内容。学习活动从正式学习拓展到非正式学习，突破了学校教育的围墙和学历教育的藩篱。此外，网络学习社区、学习共同体的建立，突破了人与人之间的时空界限，使学习者能与志同道合者展开持续互动，在"头脑风暴"和集体智慧中实现认知增值。随着物联网、人工智能、虚拟现实等技术的进一步发展，将学习嵌入衣、食、住、行各个场景，学习空间将从教室走向社会，从线上延伸到线下，从虚拟通向现实，泛在学习将成为常态。

（二）催生了混合式教学的兴起

混合式教学是指在传统课堂教学的基础上，充分利用在线学习资源和数字化工具，将面授教学与在线学习有机融合，实现线上线下的融合。一方面，传统课堂教学具有系统性、逻辑性、师生互动性的优势，有利于理论体系的建构和价值引领；另一方面，在线学习能突破时空限制，便于学生自主安排学习进度，个性化获取资源。二者优势互补，能最大限度地发挥教师引导和学生主体作用。近年来，翻转课堂、微课、智慧课堂等新型教学模式不断涌现，焕发了混合式教学的勃勃生机。以翻转课堂为例，教师将知识传授的部分课程内容制作成视频，让学生通过在线平台自主学习。而课堂时间主要用于答疑、讨论、协作、测评等互动环节，使学习从被动接受向主动建构转变，师生、生生互动大大加强。此外，大数据、人工智能技术的应用，使混合式教学变得更加智能、精准、高效。通过采集分析学习行为数据，深度挖掘学情特征，动态生成个性化学习路径和资源推荐，并实时监测和干预学习过程，从而实现教与学的最优匹配，提高学习效率和质量。未来，随着5G、人工智能、虚拟/增强现实等新技术的进一步发展，教育必将从以"教"为中心走向以"学"为中心，从千篇一律走向因材施教，从单向灌输走向双向互动，线上线下融合的混合式教学模式必将成为常态。

（三）加速了个性化学习的实现

个性化学习是指根据学习者的个体差异和发展需求，为其提供个性化的学习目标、学习内容、学习方式、学习评价，最大限度地发挥学习者的独特潜能。个性化学习是教育的应然追求和必然趋势，但长期以来受师资条件、课程资源、教学组织等因素的限制，一直

---

[1] 杨玉红. 网络教育运营模式创新探索 [J]. 价格理论与实践，2016（3）：156-159.

难以大规模推广。随着"互联网 +"、大数据、人工智能等新技术的发展，个性化学习逐渐从理想走向现实。首先，海量的优质在线学习资源为个性化学习内容的生成提供了基础，学习者可根据需求，随时获取个性化、碎片化的学习内容。其次，学习分析、知识图谱、推荐系统等人工智能技术的应用，使个性化学习过程的动态优化成为可能。通过分析海量学习行为数据，深度挖掘学习者的认知特征和知识图谱，进而精准推送个性化学习资源和动态生成个性化学习路径 [1]。最后，虚拟现实、脑机接口等新兴技术的发展，为构建沉浸式、体验式的个性化学习环境带来了可能。学习者可根据兴趣特长，在虚拟仿真环境中开展个性化探究，获得身临其境的学习体验。近年来，精准教学、自适应学习等新型个性化学习模式不断涌现。"学习者画像"成为个性化学习的重要抓手，通过多元数据采集和智能算法分析，深度洞察学习需求、知识图谱、认知特征，形成了动态更新的个体特征模型。在此基础上，智能辅导等教学系统应运而生，其能够实时监测学习状态，诊断知识盲点，动态调整教学策略和学习路径，既尊重了学生的个性差异，又能确保学习效果。可以预见，随着人工智能、脑科学等颠覆性技术的持续突破，个性化学习将进一步释放学习者的独特天赋和发展潜能，成为教育普世的价值追求和必由之路。

　　综上所述，以信息技术为支撑的泛在学习、混合式教学、个性化学习等新型教育模式方兴未艾，并成为引领教育实践变革的新动能。一方面，新模式突破了教育的时空界限，拓展了教育服务的广度、深度、温度，使教育从封闭走向开放，从单一走向多元，极大地释放了教育的内生动力 [2]；另一方面，新模式坚持以学习者为中心，尊重学习者的主体地位，遵循因材施教、个性化教学的基本规律，最大限度地调动学习者的主观能动性。同时，新模式推动了教师角色的转变，从单纯的知识传授者转变为学习的设计者、组织者、引导者，师生关系从传统的单向灌输走向平等互动、协作创新。

四、重塑了教育生态的系统格局

　　随着信息技术的迅猛发展和社会结构的深刻变革，教育生态正经历一场前所未有的系统性重构。云计算、大数据、人工智能、区块链等新兴技术与教育的全面融合，不仅深刻影响着教与学的过程，也重塑着教育生态的系统格局，包括学校组织形态的网络化、教育主体关系的扁平化、教育治理方式的柔性化等，并由此带来了教育范式的革命性变化。

（一）推动了学校组织形态的网络化

　　学校是教育生态的核心枢纽。工业时代的学校组织多呈现出科层制特征，即自上而下

---

[1] 陈丽，林世员，赵宏，等.新时期高校网络教育改革创新的方向与着力点 [J].中国远程教育，2021（6）：11-17，76.

[2] 高峰.网络教育技术采纳与扩散研究的元分析 [J].开放教育研究，2010，16（2）：52-59.

的金字塔式结构、清晰的部门分工、严格的等级秩序，这种组织形态强调标准化、规范化、集中化，有利于知识的批量传播和管理的规模效益，但难以适应信息时代的多样化、个性化、创新性需求。随着信息技术与教育的深度融合，学校组织形态正从封闭、线性的科层制结构走向开放、动态的网络化结构。首先，学校内部不同层级、不同部门之间频繁开展跨界协作，教师、学生、管理人员自主组成任务型团队，针对具体问题开展项目化运作，组织结构呈现出扁平化、灵活化的特点。其次，学校组织边界日益模糊，呈现出"校园即社区，社区即校园"的特征。学校与政府、企业、社区、家庭建立了广泛的联结，不同利益相关方参与办学的深度和广度持续拓展。线上线下融合、产教融合、科教融合等新型办学模式不断涌现，学校发展从封闭走向开放，从自我中心走向利益相关方共治。最后，不同学校之间加强了优质教育资源的共建共享，教师、课程、管理等要素在校际间持续流动，学分互认、学籍互通等政策不断突破体制机制藩篱，学校发展从单打独斗走向抱团取暖、协同发展。对互联网学校、智慧校园等新型学校形态的探索也在不断深化。伴随新基建的持续推进，学校的物理空间与网络空间将加速融合，人工智能、大数据、物联网、区块链等新技术与学校管理、教学、科研各环节深度融合，学校发展从单一静态的实体空间走向多元动态的网络化空间[1]。网络化的学校组织形态有利于实现系统内外资源的自由流动和优化配置，激发基层的首创精神和内生动力，提升组织的应变能力和创新活力，成为适应未来教育的重要路径选择。

（二）促进了教育主体关系的扁平化

教育生态中不同主体之间的关系结构直接影响着教育活动的组织形式和育人成效。工业化时代的教育体现出鲜明的供给导向特征，学校、教师处于教育活动的中心，对学生、家长的需求关注不足，师生、校社之间存在着不平等的权力关系。随着新技术推动教育服务模式的创新，教育生态各主体间正逐渐形成扁平化的关系网络。首先，学生对教育的选择权和话语权明显增强。慕课、在线教育平台的发展突破了教育服务的时空限制，学生可根据需求自主选择学习内容、学习进度和学习方式，教育个性化程度显著提升。学情分析、精准推送等新技术的应用，使学生成为教育决策的关键因素。学生参与教学设计、课程开发的程度不断加深，师生关系从"管理—被管理"走向"引导—参与"。其次，家长参与学校管理和教学活动的广度和深度不断拓展。微信、直播等新平台有效打通了家校沟通渠道，家校互动频率和及时性显著提高。大数据技术为家长及时了解学生在校学习、生活状态提供了支撑，使家长能更多地参与孩子的成长过程。最后，社区、企业等持续向教育领域渗透，

---

[1] 张洪玲，冯伯驹，李慧，等. 基于在线学习行为数据分析的网络教育教学研究与对策 [J]. 情报科学，2017，35（9）：74-78.

成为学校发展不可或缺的合作伙伴。各类教育机构、科技企业、行业组织越来越多地参与教育教学全过程,学校专业设置与产业发展联动更加紧密,企业需求成为人才培养方案制定的重要依据,行业专家、能工巧匠成为"双师型"教师的重要来源,校企共建、创新创业教育平台的模式不断涌现。可以预见,随着教育治理共同体建设的持续推进,教育主体之间的关系将进一步扁平化,由"单中心控制"转向"多中心治理",教育决策和利益分配的民主化水平将显著提升。

(三)带动了教育治理方式的柔性化

随着信息技术与教育的持续融合,原有僵化、刚性的教育管理制度和方式已难以适应新形势、新要求,将逐渐让位于灵活、弹性的柔性化治理模式。首先,"中心—外围"的分布式治理架构日益凸显。国家和地方政府宏观管理、系统规划、统筹协调的职能进一步强化,但行政审批事项持续减少,赋予了学校更多的办学自主权[1]。高校"放管服"改革持续深化,在学科专业、人才培养、科研创新等方面的办学自主权明显增强。中小学"县管校聘"改革稳步推进,减少了对学校的微观管理和直接干预。学校办学主体地位进一步强化,校长职级制改革、教师岗位管理等政策的落地,为学校依法自主管理提供了良好的体制机制保障。其次,依法治教、依法治校全面推进。教育法律体系不断健全,国家、地方、学校三级教育法规制度更加完善。教育行政执法体制改革取得重要进展,专门执法队伍建设持续加强,行政执法与刑事司法衔接机制逐步确立。校务公开、信息公开进一步规范,师生、社会公众对教育事务的知情权、参与权、监督权得到切实保障。再次,现代信息技术为精细化治理提供了有力支撑。大数据、人工智能等新技术在教育管理各环节广泛应用,学籍、人事、资产等管理更加智能高效。"互联网+政务服务"进一步普及,教育政务数据共享、共用水平明显提升,一网通办、一站式服务等新模式持续涌现[2]。学生学习、教师教学全过程数据的采集和分析,为科学管理、精准施策提供了数据支撑。最后,区块链技术对学历学位证书管理、教育经费监管等领域的应用探索不断深入,有望破解长期以来的教育领域造假、腐败等顽瘴痼疾。

综上所述,信息技术促使教育生态各要素加速流动和重组,教育系统从封闭走向开放,教育治理从外部控制转向内生发展,不同利益相关方协同参与的新型教育生态正加速形成。这一生态重塑过程虽仍在进行中,但必将深刻影响未来教育的组织样式、育人模式、治理方式,这对提升教育发展的活力与效能具有重要意义。

---

[1] 曾海军,范新民,马国刚.网络教育公共服务体系在行动:基于中文文献综述[J].中国远程教育,2008
　　(9):49-56.

[2] 杨焰婵.网络教育生态系统研究[M].北京:中国商务出版社,2021.

第三章 高校网络教育话语体系的要素分析

第一节 高校网络教育话语体系的逻辑起点

一、学习者需求：高校网络教育话语体系生成的根本动因

随着信息技术的迅猛发展和教育教学理念的不断更新，传统的高等教育模式已难以满足学习者日益多样化、个性化、终身化的学习需求，由此高校网络教育应运而生，其生成发展的根本动力正是源于学习者需求的时代呼吁。作为一种创新的教育形态，高校网络教育正在重塑人才培养范式，为学习者提供更加开放、灵活、便捷的教育服务，推动高等教育从精英化向大众化、从标准化向个性化、从学历化向终身化的加速转变。

（一）满足个性化、自主化学习需求是根本旨归

随着新一轮科技革命和产业变革的深入推进，知识更新周期大大缩短，学习内容更加多样，学习需求越发个性化、自主化。"因材施教""教学相长"的理念越发深入人心，但传统高校受生源、师资、资源等要素的约束，往往难以做到对每一位学习者需求的"量身定制"[1]。这就需要依托网络教育平台，整合线上线下资源，拓展个性化、自主化学习的广度和深度。作为学习者自主学习的重要平台，网络教育能突破时空界限，整合优质资源，满足不同学习者的多样化需求和个性化选择。学习者可根据自身特点和职业发展需要，自主安排学习计划和学习进度，灵活选择专业、课程、教师及学习方式。同时，借助大数据、人工智能等新技术，网络教育平台能动态采集学习行为数据，挖掘学习特征，形成精准画像，实现学习资源的个性化推送、学习路径的自适应优化，将"千人一面"的标准化教学转变为"一人一策"的个性化学习。海量的数字资源也为自主学习、探究式学习带来了可能，学习者能便捷获取个性化学习资料，通过主动探究、协作交流来内化知识、拓展视野。由此可见，满足个性化、自主化学习需求，是构建高校网络教育话语体系、创新人才培养模

---

[1] 刘凡丰 . 网络教育的理论与实践 [M]. 长春：吉林人民出版社，2002.

式的基本遵循,也是实现以学习者为中心,培养德智体美劳全面发展的创新人才的必由之路。

（二）适应泛在学习、终身学习需求是时代要求

随着知识社会的加速到来和数字技术的广泛应用,当代社会对终身学习、持续发展的需求空前高涨。这意味着,高校要着眼于学习者一生发展的广阔空间,满足其在求学、就业、进修等不同人生阶段的泛在学习、终身学习需求。而网络教育恰恰是助力学习型社会建设、满足泛在学习需求的关键抓手和重要载体。网络教育具有开放性、灵活性、便捷性、个性化等特征,能突破正规教育的时空界限和制度藩篱,为全民提供随时随地、按需学习的机会。通过网络学习空间和教育资源的无边界共享,学习者能突破校园围墙,利用碎片化时间持续学习,实现学习与工作、生活的无缝对接[1]。同时,网络教育还极大地丰富了继续教育和职业教育的形式内容,使不同社会群体都能方便获取与职业发展密切相关的新知识、新技能。一批优质在线课程、"微专业"项目应运而生,技术技能人才的培养培训实现了线上线下深度融合、学历教育与非学历教育互通衔接,教育大数据、学习分析等新技术持续赋能,形成了一个有机融合、动态进化的泛在学习生态,为建设学习型社会、全民终身学习社会提供了持久动力。

综上所述,高校网络教育话语体系生成的根本动因在于对学习者需求的积极回应。满足个性化、自主化学习需求是网络教育的本质,契合"以人民为中心发展教育"的内在要求,彰显了坚持立德树人、因材施教的教育初心。

二、教育技术变革：高校网络教育话语体系生成的技术推手

高校网络教育的发展历程与现代信息技术的发展轨迹息息相关。从早期的广播电视教育到互联网时代的在线教育,再到如今人工智能、大数据、区块链等新技术的迅猛发展带来的智慧教育新业态,教育技术的每一次变革都深刻影响和重塑着高校网络教育的技术形态、资源建设、教学组织、管理服务、质量保障等,成为网络教育话语体系生成发展的重要推手。

（一）数字化技术推动了高校网络教育的全面变革

随着计算机、互联网等数字化技术的广泛应用,高校网络教育实现了从模拟到数字、从单向到互动、从封闭到开放的全面变革。首先,数字化网络平台的建设极大地拓展了优质教育资源的覆盖面。在"三通两平台"的政策引领下,国家、地方、高校纷纷建设网络教学平台,将大量优质教育资源数字化、网络化,使偏远地区的学习者也能低成本、高质量地获取到名校名师的课程资源,促进了教育资源的共建共享。其次,数字化技术为在线

---

[1] 陈国强. 也谈网络游戏于网络教育中的作用 [J]. 电化教育研究, 2004（10）: 64-66.

教学活动的开展提供了有力支撑。[1]不同于函授信函、广播电视等单向传输的教学形式，网络直播、即时通信、虚拟课堂等数字化工具有效实现了教学过程的实时互动，使师生、生生之间突破时空界限展开讨论交流。网络学习空间将教、学、评、管等环节有机结合，使学习活动融入日常，使学习体验更加沉浸。最后，数字化管理与服务为高校网络教育的质量提升赋能增效。网络教学平台能精准记录学生的学习行为、过程性数据，辅以学习分析、教学测评等数字化手段，从而科学评估教学效果、精准诊断学习困难，推动形成评价常态化。学习者画像、精准推送等新技术的应用，让个性化、自适应的学业指导服务成为可能。可见，高校网络教育经历了从无到有、从弱到强的发展历程，数字化技术是这一系统变革的关键推手，是网络教育话语体系生成的重要基石。

（二）智能化技术引发了高校网络教育话语的再次革新

随着人工智能、大数据、区块链等新一代信息技术的加速发展，智能时代的大幕已经拉开，高校网络教育正面临着新一轮的革命性变革。一方面，人工智能、虚拟现实等技术为智慧化学习带来了新的可能。智能导师、虚拟助手等新型教育应用不断涌现，其能够利用自然语言处理、知识图谱、情感计算等技术，在教学全过程中提供个性化的引导和帮助。沉浸式学习、体验式学习日益兴起，学习者可在虚拟仿真环境中开展项目实践、技能训练，获得身临其境的真实体验。另一方面，在线教育与智慧教育的融合不断深化。智慧校园、智慧课堂等新型教学空间加速构建，线上线下深度融合，实现全方位、全过程的数据感知与智能分析，使教学决策更加精准、教学效果显著提升。高校网络教育正迎来智能化变革的新时代，必将催生话语体系的再次革新。[2]这不仅仅意味着技术手段的更迭，更是对教育理念、人才观的深刻重塑，需要高校发挥主体作用，强化使命担当、科学引导、创新探索，推动网络教育与智能技术的深度融合，重构人才培养新生态。

综上所述，教育技术的迭代变革是高校网络教育话语体系演进的关键推手。数字化技术推动了高校网络教育从1.0到2.0的跨越式发展，为构建高校网络教育话语体系奠定了坚实的基础。而智能化技术正在引发新一轮变革，虚拟现实、人工智能等正加速赋能教学创新，在线教育与智慧教育加速融合，必将推动高校网络教育话语的再创新、再发展。

三、教育理念更新：高校网络教育话语体系生成的观念基础

教育理念是一个时代教育发展的风向标，对教育改革实践具有重要的指导作用。随着

---

[1] 侯玥，廖祥忠.网络媒体时代世界教育霸权对中国教育发展的警示[J].现代传播（中国传媒大学学报），2013，35（9）：125-129.

[2] 王竹立.网络教育资源为什么存在"数字废墟"——中国网络教育资源建设之难点剖析[J].现代远程教育研究，2015（1）：46-53.

信息技术与教育的深度融合，高校网络教育蓬勃兴起，在解构传统教育"以教师为中心"的观念体系的同时，也在积极构建着"以学习者为中心"的新型教育生态。开放教育资源运动的兴起，进一步推动了高校网络教育话语从封闭走向开放。教育理念的变革为高校网络教育话语体系的生成完善提供了必要的观念基础。

（一）以学习者为中心的理念引领高校网络教育话语转向

长期以来，受传统应试教育观念和师道尊严思想的影响，高校教育普遍存在重教轻学、以教师为中心的倾向。课堂教学以教师讲授为主，学生被动接受知识灌输，个性化发展需求难以得到充分满足。而高校网络教育的兴起，为学习者提供了突破时空限制、自主学习的广阔空间，学习方式日益多样化、个性化，学习行为数据的采集与分析为因材施教带来了新的可能[1]。在此背景下，"以学习者为中心"的教育理念应运而生，成为引领高校网络教育变革创新的价值航标。该理念强调充分尊重学习者的主体地位，关注其知识基础、认知风格、学习需求的差异性，通过生成个性化的学习路径、提供精准化的学业指导，最大限度地激发学习者的学习兴趣和内驱力。同时，该理念倡导开放、协作、探究的学习方式，重视学习者在学习共同体中的交互，通过头脑风暴、同伴互评等方式促进学习者深度参与、主动建构，最终实现高阶思维能力的提升。此外，该理念强调发挥技术的使能作用，通过学习分析、自适应学习等新技术赋能教与学全过程，推动教育从"以教定学"向"以学定教"转变。由此可见，"以学习者为中心"的理念是高校网络教育变革的内在要求，引领了教学关系的重构以及人才培养范式的革新。在此观念指引下，高校网络教育相关话语实现了从"教师主导"到"学生主体"、从"标准化"到"个性化"、从"接受学习"到"探究学习"的转向。

（二）开放教育资源理念推动高校网络教育话语开放性生成

21世纪初，开放教育资源（OER）运动在全球教育界风起云涌。我国高校积极响应，从ORE项目到爱课程、慕课等优质数字课程资源共享项目遍地开花。开放教育资源理念的核心是"开放共享、合作创新"，这与高校网络教育追求突破教育时空界限、优化教育资源供给的价值诉求高度契合。开放教育资源理念发展至今，其内涵已拓展至开放获取、开放许可、开放教育实践三个维度，极大地促进了优质教育资源的无障碍获取与广泛应用，推动了教学过程的透明公开、学习共同体的广泛建立。这些开放教育新生态的涌现，使得高校网络教育话语空间不断拓展，话语内容日益丰富，彰显出前所未有的开放性特征。"共建共享""校校协同""产教融合""学分互认"等一系列开放话语广泛传播，成为高校网络教育话语体系的高频主题词。高校网络教育正由资源的共享走向生态的共生，不同国家、不

---

[1] 周颖.网络教育生态系统中的英语教师生态位探究[J].外语电化教学，2012（2）：20-25.

同文化背景下的教育主体通过开放教育平台展开持续互动，教育话语空前活跃，成为全球教育治理的新兴力量。可见，开放教育资源理念是高校网络教育话语体系开放性生成的重要驱动因素。在学习型社会、终身教育逐渐成为现实的今天，开放教育是必由之路[1]。全社会正加速形成万物互联、众智众创的开放教育生态，这对高校网络教育话语体系的开放性、多元性、融通性提出了新的、更高的要求。

综上所述，教育理念的更新变革是高校网络教育话语体系生成的重要理论基础。"以学习者为中心"的理念引领高校网络教育实现了话语转向，学习者的主体性地位、个性化需求受到空前重视，探究式、协作式学习方式得到大力倡导，在线教学的新型关系正在形成。而开放教育资源理念则推动了高校网络教育话语的开放性生成，教育资源在全球范围内得以自由流动，不同文化间的教育对话持续活跃，校际协同、产教融合的开放教育生态加速形成。

第二节　高校网络教育话语体系的价值遵循

一、育人为本：坚持以人为本，促进学习者的全面发展

高校网络教育作为信息技术与教育深度融合的产物，承载着为国家和社会培养创新型人才的重要使命。随着时代的发展和社会的进步，高校网络教育也面临着新的挑战和机遇。在此背景下，坚持以人为本，把促进学习者全面发展作为根本价值追求，成为高校网络教育的必由之路。

（一）以学习者发展需求为根本价值诉求

学习者是教育的主体，满足学习者的发展需求是教育的根本目的。高校网络教育作为我国教育体系的重要组成部分，必须牢固树立以学习者发展需求为根本价值诉求的理念，努力为学习者提供优质、高效、个性化的教育服务，促进学习者知识、能力、素质的全面提升。一方面，高校网络教育要立足学习者的现实需求，既关注其系统掌握专业知识和职业技能的需要，又关注其人文素质、创新精神、实践能力的培养，实现全面发展；另一方面，高校网络教育要着眼于学习者的长远发展，关注其可持续发展能力的培养。在知识更新日益加快的时代，学习者所学知识的"半衰期"不断缩短，迫切需要培养其自主学习、终身学习的意识和能力[2]。因此，高校网络教育在重视知识传授的同时，更要注重学习者学习能

---

[1] 石雁. 电视与网络教育的媒介融合——以法治教育为例 [J]. 中国电化教育，2014（8）：88-92.

[2] 孙力，张婷. 网络教育中个性化学习者模型的设计与分析 [J]. 远程教育杂志，2017，35（3）：93-101.

力的培养，激发其学习兴趣和学习动力，使其掌握科学的学习方法，养成自主学习、终身学习的习惯，为其可持续发展奠定基础。

（二）关注学习者的个体差异，提供个性化的教育服务

每一位学习者都是独特的个体，都有其独特的禀赋、兴趣、特点和需求。新时代高校网络教育要尊重学习者的个性差异，消除传统教育"千人一面""一刀切"的弊端，努力为不同学习者提供个性化的教育服务。一方面，高校网络教育要充分利用现代信息技术的优势，通过学习分析、智能推荐等技术手段，精准把握学习者的学习特点和需求，因材施教、精准教学，为学习者提供丰富多彩的学习内容和学习活动，突破"一言堂"式的单向灌输，积极开展研讨式、探究式、参与式教学，充分调动学习者的主动性和积极性；另一方面，高校网络教育要重视学业指导和学习支持服务，为学习者提供及时、有效的帮助。许多在线学习者由于缺乏面对面的交流和督促，容易产生孤独感和挫败感，导致学习动力不足、学习效果不佳。因此，高校网络教育要加强学习过程管理和学业指导，通过设置学习督导、组建学习共同体等方式，为学习者营造良好的学习氛围，提供有针对性的学习帮助。

（三）培养学生的主体意识，提升其自主学习能力

学习者是学习的主体，学习的过程本质上是学习者主动建构知识和能力的过程。因此，高校网络教育必须高度重视学习者主体性的发挥，着力培养学习者的主体意识。一方面，高校网络教育要树立平等、民主、开放的教学理念，充分尊重学习者的主体地位，为其参与教学决策、管理和评价提供制度保障。要创新教学组织形式，开展启发式、探究式教学，鼓励学习者独立思考、主动探究、积极实践，激发其求知欲和创造力，增强其自信心和成就感；另一方面，高校网络教育要注重学习策略和学习方法的指导，提升学习者自主学习的能力。高校要引导学习者合理制订学习计划，科学安排学习进度，在学习过程中及时发现问题，调整策略，学会自我管理、自我督促，为其终身发展奠定基础。

综上所述，高校网络教育只有坚持育人为本，以促进学习者全面发展为根本价值追求，才能更好地适应时代发展需要，彰显以人民为中心的教育发展观。这就要求高校网络教育必须立足学习者发展需求，创新人才培养模式，优化教育教学设计，提供优质丰富的教育资源与服务，满足学习者多样化、个性化、可持续发展的需要。要尊重学习者的个体差异，因材施教、精准教学，运用现代信息技术，提供个性化的学习帮助和指导。要重视学习者的主体地位，创新教学组织形式，加强学习策略指导，提升学习者自主学习、自我管理的意识和能力。

二、质量为先：注重教育过程与结果的高质量

高校网络教育是信息技术与教育深度融合的产物，是推动教育现代化的重要力量。随

着我国高等教育的不断发展，社会对高校人才培养提出了更高的要求。在此背景下，提升高校网络教育水平，既是高校履行人才培养职责的必然要求，也是适应时代发展、满足社会需求的必由之路。

（一）科学设置教育教学目标，优化人才培养方案

教育教学目标是人才培养的出发点和归宿，科学设置教育教学目标是保证教育质量的前提。高校网络教育要紧密围绕立德树人的根本任务，根据不同专业、不同层次人才的培养要求，科学制定知识、能力、素质目标，使教学目标具有针对性、适切性和可达性。要坚持"以本为本"，充分发挥学校自主办学权，结合办学定位、学科优势、区域经济社会发展需要等因素，制订个性化、多样化的人才培养目标，形成学校特色和品牌。在目标设置过程中，要广泛吸收行业、企业、专家学者的意见建议，了解市场需求和职业标准，及时调整完善人才培养目标。要定期开展目标达成度评价，动态优化人才培养方案。在优化人才培养方案时，要处理好通识教育与专业教育、理论教学与实践教学的关系，加强文理交叉、学科融合，促进不同专业的交流互鉴、协同育人。要重视创新创业教育，将国家发展战略、区域发展需求融入课程体系，开发特色创新创业课程。要加强校企合作、产教融合，优化实践教学环节设计，构建与职业发展衔接的实践教学体系，培养学生的实践能力和创新精神。总之，高校网络教育要树立以学生为中心、产出导向、持续改进的理念，把提高质量作为教育改革发展的主线，努力实现人才培养目标与社会需求的精准对接、人才培养规格与国家标准的有效衔接。

（二）加强教学设计与资源建设，提升教学质量

教学质量是人才培养的关键，提升教学质量是保证人才培养质量的根本举措。高校网络教育要坚持内涵式发展，把质量提升贯穿于教学全过程，努力实现教学设计的精准化、教学资源的高品质、教学过程的精细化[1]。一方面，高校网络教育要重视教学设计，深入研究网络教育教学规律，遵循学习者认知发展规律，努力实现"教"与"学"的最优匹配；另一方面，高校网络教育要加强优质教学资源建设，打造精品在线开放课程。依托现代信息技术，围绕学习者实际需求开发资源，整合校内外优质资源，着力打造专业核心课程、通识核心课程等高水平在线开放课程，提高资源的针对性和实效性。此外，还要加强教学过程管理，严格课堂教学纪律，完善教学运行与质量监控体系，努力实现规范化、精细化管理，为教学质量提升提供制度保障。

[1] 郭炯，黄荣怀，陈庚．现代远程教育公共服务体系建设与运行现状的调研[J]．开放教育研究，2010，16（3）：110-115.

（三）完善教学评价与反馈机制，建立质量保障体系

科学的教学评价与及时的反馈是教学诊断与改进的重要依据，也是提升教学质量的有效举措。高校网络教育要树立科学的教育质量观，建立健全多元化教学评价和反馈机制，推动形成完善的质量保障体系。在教学评价方面，高校要处理好形成性评价与终结性评价、定性评价与定量评价的关系，围绕知识、能力、素质等人才培养目标，科学设计评价指标。要综合运用学生评教、同行评教、第三方评估等多种评价方式，定期开展课程评估、专业评估和学校评估。高校要充分利用网络教学平台的大数据优势，客观记录师生教与学的过程性数据，深入开展教学行为分析和学习效果诊断[1]。在教学反馈方面，要及时收集学生、教师、管理者、用人单位等多方意见建议，形成全方位、动态化的反馈机制。运用数据挖掘、智能分析等技术，精准分析反馈数据，为教学诊改提供决策支持。在质量保障体系建设方面，高校要健全教学督导、专业评估、学生评教等质量监控与评估制度，形成常态化的质量保障机制。要加强组织领导，成立教学质量监控与评估委员会，明确质量目标，细化质量标准，强化质量意识。

质量是教育的生命线。高校网络教育只有坚持质量为先，将提高质量的理念贯穿人才培养全过程，注重教育教学过程与结果的高质量，才能更好地促进学生成长成才，满足国家和社会发展需要。这就要求高校网络教育必须准确把握人才培养目标，优化人才培养方案，提升人才培养质量和社会适应性[2]。要加强教学设计，开发优质教学资源，创新教学模式与方法，提高教学的针对性和有效性。

三、开放共享：秉持开放教育理念，促进优质教育资源共享

高校网络教育是信息技术与教育深度融合的产物，其代表了教育领域的前沿发展方向。随着高等教育大众化进程的不断推进，我国高等教育已经由精英化教育转向大众化教育，高等教育需求不断扩大，优质教育资源的供给却相对不足。在此背景下，高校网络教育要秉持开放教育理念，充分利用现代信息技术手段，打破时空界限，整合社会各方面的优质教育资源，扩大资源覆盖面，缩小教育鸿沟，促进教育公平，为学习者提供更加优质、便捷、灵活的教育服务。

（一）扩大优质教育资源覆盖面，缩小区域、城乡差距

我国幅员辽阔，各地区经济社会发展水平存在较大差异，优质教育资源分布不均衡。高校网络教育要主动发挥自身优势，利用信息技术消除时空障碍，将优质教育资源从发达

---

[1] 李阳，石磊．网络思想政治教育创新探究 [J]．科学社会主义，2015（5）：109-112．

[2] 杨公义，张亦工．基于Red5的网络教育电视台的设计与实现 [J]．现代教育技术，2012，22（8）：109-112．

地区辐射到欠发达地区，从城市辐射到农村，扩大优质资源覆盖面，促进区域、城乡教育均衡发展。一方面，高校网络教育要充分利用国家"宽带中国""网络强国"等信息基础设施建设成果，大力推进网络教育资源的开发与应用，为欠发达地区、边远农村提供优质数字教育资源，满足其教育教学需求。要发挥在线课程的规模化、开放性优势，鼓励名校、名师开发在线开放课程，促进优质资源的开放共享；另一方面，高校网络教育要积极利用互联网技术搭建教学协作平台，依托网络教研、远程教学等方式，开展东西部高校教育协作，推动东部发达地区高校对口支援西部高校，形成城乡高校教育合作机制，实现优质资源向基层和农村延伸。总之，高校网络教育要以开放共享理念为引领，着力推进城乡、区域教育资源的均衡配置，逐步缩小教育差距，为实现教育现代化提供有力支撑。

（二）推进跨校、跨区域教育资源共建共享

高校是人才培养、科学研究、社会服务、文化传承创新、国际交流合作的重要阵地，拥有丰富的优质教育资源。然而，由于体制机制等方面的制约，高校间教育资源共享程度不高，资源"孤岛"问题突出。这就要求高校树立"开放、融合、协同、共享"的发展理念，充分利用现代信息技术手段，积极构建跨校、跨区域的资源共建共享机制。一方面，高校网络教育要充分发挥互联网的开放性、共享性特点，加快网络教育平台建设，形成覆盖各级各类教育机构、可持续发展的网络教育生态[1]；另一方面，高校网络教育要建立健全资源共建共享的体制机制，加强不同区域、不同高校之间的协作联动。如组建区域性高校联盟，搭建教学资源共享平台，实现课程互选、学分互认。总之，高校网络教育要牢固树立开放共享理念，努力消除体制机制障碍，在更大范围、更高层次、更深程度上推动资源共建共享，以开放的教育生态促进教育的高质量发展。

（三）提升教育服务的可及性与公平性

教育公平是社会公平的重要基础，是国家、社会的共同责任。长期以来，由于地区间教育资源分配不均衡，不同群体享受优质教育的机会存在差距，教育获得的公平性有待进一步提升。高校网络教育要立足服务全民、助力教育公平的神圣使命，充分发挥技术优势和资源优势，不断提升教育服务的可及性与公平性，让不同地区、不同群体都能享有接受优质教育的机会。一方面，高校网络教育要着力扩大教育资源的有效供给，为社会提供多样化、个性化的网络教育服务，提供灵活多样的非学历教育和培训，满足其多元化学习需求；另一方面，高校网络教育要加快发展"互联网＋教育"，创新教育服务模式。运用移动互联网、大数据、人工智能等新技术，探索构建智能化教育服务平台，实现教育资源的精准推送和

---

[1] 曾海军，曾德考，范新民．从国外远程教育看中国高校网络教育的发展 [J]．电化教育研究，2008（4）：80-83，93.

学习过程的智能优化；搭建网络学习共同体，加强学习者的相互交流，提供及时反馈与个性化指导，提升网络教育服务质量。

综上所述，开放共享是高校网络教育的价值追求和必然选择。网络教育要以开放的胸襟拥抱变革，以共享的理念整合资源，以均衡的视角缩小鸿沟，以公平的立场服务大众，推动形成开放、融合、弹性、个性的教育新生态。

四、创新发展：以创新精神引领高校网络教育发展

高校网络教育作为信息技术与教育深度融合的产物，也是探索未来教育发展新路径的重要尝试。在新一轮科技革命和产业变革的浪潮下，云计算、大数据、人工智能、区块链等新技术日新月异，深刻改变着人们的生产生活方式，也为教育变革带来前所未有的机遇和挑战。面对日益复杂的社会环境和不断变化的技术形态，高校网络教育必须以创新发展理念为引领，加快推进教育教学模式、人才培养体系、服务供给机制的创新变革，不断提升核心竞争力，更好地满足国家、社会、个人，多层次、多样化、高质量的教育需求。

（一）积极运用新技术推动教育教学变革创新

新技术是高校网络教育创新发展的强大动力，深刻影响着网络教育的形态、内容、方法和管理。近年来，云计算、大数据、人工智能、区块链、5G等新技术不断涌现，技术融合日益加深，推动教育领域发生了革命性变革[1]。面对新技术带来的机遇和挑战，高校网络教育必须树立创新意识，拥抱变革，加快推进教育教学模式创新。一方面，高校网络教育要充分运用大数据、人工智能等技术，促进教学方式的智能化变革，培养学生的实践能力和创新精神；另一方面，高校网络教育要主动运用新技术变革教育教学管理和服务方式。总之，高校网络教育要树立科技创新意识，加强学习科学、认知科学与信息技术的融合，以新技术应用推动教育教学变革，为学习者提供智能化、个性化、高品质的网络教育服务。

（二）探索符合网络教育特点的人才培养新模式

人才培养是教育的核心任务，是检验教育质量的关键标准。面对日益激烈的人才竞争，高校网络教育必须树立创新发展理念，深入推进人才培养模式改革，探索具有网络教育特色的人才培养新路径，培养适应未来社会发展需求的高素质创新人才。一方面，高校网络教育要依托信息技术优化人才培养方案。通过大数据分析，精准把握不同专业领域的发展趋势和人才需求特征，及时调整优化人才培养目标和规格，构建与经济社会发展相适应的动态化课程体系。另一方面，高校网络教育要创建复合型、创新型人才培养路径。针对新

---

[1] 贾苓芳，王寿铭.互动仪式链视域下青年红色网络教育研究——基于网剧《那年那兔那些事儿》的分析[J].中国青年社会科学，2021，40（3）：55-62.

技术、新业态、新模式，及时开发数据科学、人工智能、智能制造等新兴专业，培养高素质复合型人才。总之，高校网络教育要立足自身特点，加快构建具有鲜明网络教育特色的人才培养新模式，切实提高人才培养的针对性和适应性，源源不断地为经济社会发展输送优秀人才。

（三）构建产学研用协同的创新发展生态

人才、科技、产业的深度融合是驱动创新发展的关键力量。高校作为人才培养、科学研究、社会服务的重要基地，要充分发挥学科、人才、平台等方面的综合优势，加快推进产学研用协同创新，打造功能完备、资源集聚、充满活力的创新发展生态，更好地服务国家创新驱动发展战略。高校网络教育要立足自身使命，发挥资源、平台、技术等优势，积极参与并推动多方协同创新。一方面，高校网络教育要适应国家和区域发展需求，主动融入创新体系。瞄准人工智能、大数据等战略性新兴产业发展需求，超前布局未来技术研发和高端人才培养；另一方面，高校网络教育要推动开放合作，完善协同创新机制，积极开展协同创新，实施重大科研项目攻关，开展关键核心技术联合攻关。总之，高校网络教育必须树立系统思维、创新思维，加快构建开放、协同、高效的创新生态，促进人才链、创新链、产业链、资金链的有机融合，在更高水平上服务国家战略需求，提升核心竞争力。

综上所述，创新发展是未来教育变革的时代主题，也是高校网络教育持续进步的不竭动力。高校网络教育必须以创新发展理念为指引，准确把握技术革命、产业变革、社会发展的时代机遇，在教育理念、教学模式、人才培养、生态构建等方面积极探索、大胆实践。要积极运用新兴技术推动教育教学变革，打造个性化、智能化的网络教育新形态；要着眼未来需求优化人才培养体系，探索复合型、创新型人才培养新模式；要主动融入创新体系，构建开放协同、充满活力的创新生态[1]。这是高校网络教育把握发展新机遇、提升核心竞争力的必由之路，也是助力国家创新驱动、服务经济社会发展的应有之义。

第三节　高校网络教育话语体系的话语主体

一、组织型主体：制度性力量推动高校网络教育话语体系构建

高校网络教育是教育信息化发展的重要成果，是高等教育改革创新的生动实践。随着

---

[1] 徐鹏，王永锋，王以宁. 中英高等教育网络学习平台的比较及启示 [J]. 中国电化教育，2008（4）：48-52.

网络教育规模的不断扩大、形态的日益丰富，其话语体系的构建受到社会各界的广泛关注。组织型主体通过政策引导、资源配置、平台搭建等方式，深刻影响着高校网络教育的话语实践与话语秩序。本书拟从政府、高校、企业三类组织型主体入手，剖析其在高校网络教育话语体系构建中的角色定位与实践逻辑，以期为高校网络教育的持续健康发展提供参考。

（一）政府：通过政策引导影响高校网络教育话语生态

政府是高校网络教育的政策制定者和宏观管理者，在引导社会价值取向等方面肩负着重要使命。一方面，政府通过制定发展规划和政策文件，在战略高度明确高校网络教育改革发展的目标方向、基本原则、实施路径等方面，引领网络教育话语生态向积极健康的方向发展，为高校网络教育发展提供了基本遵循；另一方面，政府还通过专项经费投入、标准规范制定等举措，为高校网络教育营造了良好的制度环境。财政支持是推动网络教育发展的重要保障，"重大教学改革项目""在线开放课程建设项目"等专项经费的设立，有力推动了优质教育资源的开发及共享。

（二）高校：高校网络教育的组织实施者与管理者，话语体系的主导力量

作为人才培养与知识创新的中心，高校是网络教育的组织实施和管理主体，在网络教育话语体系构建中具有主导作用。高校通过制订网络教育发展规划、学习支持服务体系、教学质量标准等来推动网络教育教学改革与创新发展，引领网络教育话语走向。同时，高校应立足学科专业优势，遵循教育教学规律，着力打造体现中国特色、彰显大国精神的网络教育学术话语体系。在学术研究方面，围绕网络教育展开的理论探讨日益增多，在线开放课程、学习分析、个性化学习等研究持续深化，体现了高校的学术话语引领力。但同时也要看到，部分高校对网络教育的认识还不够深入，存在重技术应用、轻教学内涵建设等问题。未来高校还要进一步加强网络教育教学理念创新，推动从"教为主"向"学为主"的转变。要加快推进网络教学模式变革，实现从"教师为中心"向"学生为中心"的范式重构。

（三）企业：提供技术、平台支持，深度参与高校网络教育实践

随着"互联网+"时代的到来，在线教育、智慧教育等新业态方兴未艾。一大批科技型企业凭借雄厚的资本实力和先进的技术手段进入教育领域，成为参与高校网络教育实践的重要力量，对网络教育话语生态产生了重要影响。企业参与高校网络教育的方式日益多样化，既提供了教学管理平台、大数据分析、人工智能等信息化解决方案，也联合开发了优质教育资源、探索了创新教学模式等。这些举措丰富了教学内容和形式，拓宽了教育服务边界。

但也应看到，部分企业过度强调技术话语，热衷于渲染智能化教学的想象空间，忽视了人的主体地位和教书育人的本质规律。一些企业重营销、轻内容，存在急功近利的心态，这可能损害到学习者的利益。

综上所述，政府通过政策引导和制度供给，为高校网络教育的发展指明方向、提供保障；高校作为网络教育的组织管理和实施主体，通过人才培养模式、教学资源建设、学术话语引领等，推动网络教育创新发展；企业提供技术、平台等支持，成为参与网络教育实践的重要力量。

二、个体型主体：自主表达影响高校网络教育话语生成

随着信息技术的快速发展和高等教育的大众化进程，高校网络教育日益成为人们关注的焦点。作为一种新型教育形态，网络教育打破了传统教育的时空界限，为不同群体提供了更加灵活、开放的学习机会。在此背景下，高校网络教育话语权的分配与表达备受关注。个体型主体作为网络教育活动的直接参与者，在话语生成中扮演着日益重要的角色。本书拟从教师、学生、社会公众三类个体型主体入手，剖析其在高校网络教育话语表达中的地位和作用，以期为构建良性互动的网络教育话语生态提供参考。

（一）教师：高校网络教育的实践主体，话语传播的主导者

教师是高校网络教育的实践主体，在教育教学活动中发挥着不可替代的主导作用。一方面，教师直接参与教学全过程，承担着教书育人、传道授业的神圣职责。教师的教学理念、知识素养、信息技术应用能力等直接影响着教学效果。优秀教师能够根据学科特点和学生需求，设计科学合理的教学活动，开发多种多样的教学资源，创设良好的网络学习情境，引导学生主动参与、乐学善学[1]。另一方面，教师的话语表达在很大程度上影响、引领着网络教育话语生态。教师通过日常教学传递价值观念、塑造学生品格，教学语言的选择直接影响育人导向。但需注意的是，教师自身的伦理道德意识、社会主义核心价值观认同感也会通过教学话语外化于形，因此，教师需要自觉提升修养。总之，教师作为直接参与网络教学的实践者与话语表达的主导者，理应不断增强责任意识，以德立身、以德施教，努力成为塑造网络教育良好话语生态的引领者。

（二）学生：高校网络教育的服务对象，话语互动的积极参与者

学生既是高校网络教育的服务对象，也是话语互动的积极参与者。一方面，网络教育在很大程度上解决了学生的工学矛盾、学习自主性不足等问题。学生可根据自身特点和学

---

[1] 祝怀新，马羽安. 高校网络教育教师的执教动机及行为如何产生——一项基于期望价值理论的质性研究 [J]. 远程教育杂志，2017，35（1）：102-112.

习需要，自主安排学习进度，灵活选择专业课程，对教与学的内容、方式拥有更大的选择权。学生话语表达的渠道更加通畅，师生交流更加频繁，学生的主体地位和教学参与度显著提高。另一方面，学生话语互动对网络教育的改进与发展具有重要影响。学生是教学效果的直接体验者和反馈者，学习体验的好坏直接关系到教学目标能否达成。学生对教师授课、在线学习的评价反馈，是推动教学改进的重要依据。鲜活的学习体验和真实的情感表达，能够形成积极正面的示范效应，带动更多人投入学习。但学生话语表达也可能存在信息茧房、从众心理等问题，亟须加强引导。总之，学生正逐渐成为网络教育话语互动的积极参与者，未来要进一步畅通学生话语表达渠道，尊重学生主体地位，充分激发学生在教学改革、资源建设等方面的主动性、积极性。

（三）社会公众：社会舆论的关注对象，话语评判的重要力量

高校网络教育关乎教育发展和人才培养，备受社会公众关注。公众话语对网络教育的重要影响有：一方面，随着互联网技术的发展，公众参与教育议题讨论的热情持续高涨。网络问政平台、教育类 App 不断涌现，为公众表达意见、参与协商提供了渠道。与此同时，自媒体崛起，众多教育新闻、热点事件频频刷屏，公众话语裹挟着社会舆论，成为影响教育决策的重要因素。公众积极评价网络教育的优劣得失，为教育改进完善提供社会动力。另一方面，公众话语喧嚣繁杂，观点迥异。部分观点缺乏理性思考，言辞偏颇，对网络教育发展产生了消极影响[1]。公众话语权的异军突起，对教育话语秩序造成冲击。对此，高校和教育行政部门要高度重视，加强对公众话语的引导，提高公众对教育的知情权、参与度。总之，高校网络教育话语环境更加复杂多元，公众话语成为评判网络教育的重要力量，需要高校、政府、社会多方共同努力营造风清气正的网络教育话语空间。

综上所述，个体型主体的话语表达是推动高校网络教育创新发展的重要力量。教师、学生、社会公众等不同群体通过表达观点看法、交流思想情感，深刻影响着网络教育话语的生成。只有处理好不同个体主体的利益关系，尊重差异，包容多元，才能最大限度地汇聚教育改革发展的强大力量，推动高校网络教育的持续健康发展。

三、非人类主体：技术因素对话语体系形成的影响

随着现代信息技术的快速发展和广泛应用，高校网络教育呈现出前所未有的繁荣景象。作为人工智能、大数据、云计算、区块链等新一代信息技术的集中体现，智能技术和平台媒介日益成为推动教育变革的重要力量，对高校网络教育话语体系的形成产生了深刻影响。非人类主体作为行动者网络理论（ANT）的核心概念，为理解技术因素与人类行为的交织

---

[1] 谢蓉，孙玫璐，钱冬明 . 网络教育资源利用的影响因素分析研究 [J]. 现代情报，2014，34（1）：56-60，78.

提供了新视角。

（一）智能技术：推动教育教学模式变革，催生新型教育话语

智能技术是新一轮科技革命和产业变革的核心驱动力，对教育领域产生了全方位、深层次的影响。一方面，智能技术为教育教学模式变革带来了新的可能。人工智能、虚拟现实、大数据等技术与教育的加速融合，使学习分析、知识图谱、智能推荐等智能应用场景不断涌现，加速了智慧教育时代的到来。基于大数据分析的个性化学习、自适应学习逐渐走向现实，学习更加精准化和人性化；虚拟仿真实验、沉浸式课堂等新型教学形态大大拓展了教育时空边界，使学习体验更加丰富立体。可以预见，智能技术必将成为推动教育教学模式变革的关键力量，拓展人才培养的时空场域。另一方面，围绕智能技术教育应用而衍生的新兴话语日渐丰富。"智慧教育""泛在学习"等一系列新概念频繁出现在媒体报道、学术文献中，成为刻画未来教育图景的关键词。一批探索智慧教育的学校、企业、学者通过研讨会、技术博客、公众号等渠道积极发声，加速了智能教育话语的生产与传播。同时也应看到，智能技术带来的伦理风险、安全隐患、数字鸿沟等问题，亟须理性对待、科学应对。总之，智能技术教育应用正在成为教育创新发展的前沿阵地，并催生出一系列新型教育话语。

（二）平台媒介：搭建教育教学与社会互动的话语场域

随着互联网、移动通信、社交网络等现代信息技术的迅猛发展，作为新型传播媒介和话语空间的网络平台日益受到关注。各类教育平台如雨后春笋般出现，成为连接高校网络教育内外部的纽带和桥梁。一方面，网络教学平台是组织开展教育教学活动的重要阵地，已成为提升高等教育资源供给能力和服务水平的重要抓手。网络学习空间聚合丰富的学习资源，优化组合教学服务，使学习得以随时随地进行。可以预见，高品质网络教学平台的建设将成为提升高校在线教育质量、扩大优质资源辐射的关键环节，成为网络教育话语生产的主阵地。另一方面，网络社交平台已发展成连接高校与社会的话语场域。微博、微信、知乎等平台已成为师生发声、公众参与教育话题讨论的重要渠道。网络社交平台打破了高校教育的"围墙"，畅通了高校与公众沟通的渠道。但也应看到，谣言、噪声等负面话语时有发生，亟须加强引导。

综上所述，非人类主体已成为影响高校网络教育话语体系形成的关键变量。作为新兴技术的集中体现，智能技术正推动着教育范式的革命性重构，并衍生出一系列新型教育话语，而网络媒介平台的崛起，则为教育教学搭建起连接社会与高校互动交流的桥梁纽带。技术与教育的交织与融合，引发了教育形态、教学方式、资源供给、治理模式的全方位变革，进而深刻影响着教育话语权力格局的分配与流动。

四、主体间关系：多元主体基于不同利益诉求展开话语博弈

高校网络教育作为一个复杂的社会系统，涉及政府、高校、企业、教师、学生等多元主体，不同主体基于自身的角色定位和利益诉求参与话语实践，影响并塑造着网络教育话语生态。

（一）权力主导：政府通过宏观调控影响话语生态

作为教育治理的主导者，政府基于国家意志对高校网络教育话语生态进行宏观调控，对其发展方向和价值取向产生重要影响。首先，政府主导制定网络教育政策法规和发展规划，为网络教育的有序开展提供制度保障。其次，政府主导教育经费投入和资源配置，撬动更多社会资源加大投入[1]。近年来，中央和地方财政不断加大网络教育专项经费投入，设立在线教育资源建设专项基金等，极大地带动了企业等社会力量的参与。最后，政府主导网络教育督导评估和行政问责，强化事中事后监管。教育行政部门通过第三方评估、督查检查等方式，加强对网络高校的日常监管和绩效考核，并建立了相应的问责机制。这些举措对规范在线教育秩序、提升人才培养质量发挥了重要作用。总之，政府作为权力中心对网络教育话语生态具有主导作用，未来应进一步创新治理理念，优化政策供给，充分调动高校、企业、社会等各方力量，形成多元共治、良性互动的治理格局。

（二）利益协调：高校、企业基于共同利益达成话语默契

除政府外，高校与企业也是参与高校网络教育的重要主体，二者往往基于共同的利益诉求形成话语同盟。一方面，高校需要企业的资金、技术、平台等资源支持。许多高校尤其是地方高校因资金不足、技术力量薄弱，难以独立承担在线教育资源研发和平台搭建等任务，因而亟须积极引入社会资本，与企业开展合作。而企业出于商业利益考量，也在积极寻求与高校的合作，利用产学研用结合拓展市场。双方资源禀赋的互补性是达成合作的重要基础。另一方面，基于良好的互信基础，高校、企业在许多问题上达成默契，话语表达趋于一致。这种看似和谐的话语表象，实则反映了高校与企业利益的高度绑定。需要警惕的是，如果高校过度依赖企业，办学自主权则会弱化，可能导致学术话语被商业话语"绑架"，而部分企业热衷营销包装，重营销、轻内容，亦损害了网络教育的公信力。总之，高校与企业基于利益共同体所形成的话语默契，有助于形成推动网络教育发展的合力，但过度绑定、失衡发展的倾向须引起警惕。

（三）话语竞争：不同主体从自身立场出发争夺话语主导权

教师、学生、家长、社会公众等利益相关者基于自身诉求，对网络教育管理、资源建设、

---

[1] 高澍苹. 网络环境下成人在职教育教学改革探索——来自北京大学医学网络教育学院的实践报告 [J]. 中国远程教育，2015（9）：51-57，80.

教学组织等积极发声，力图影响网络教育话语权力格局。首先，教师群体是直接参与在线教学的实践主体，拥有较高的话语地位。许多教师通过教学实践、学术研究、媒体发声等积极参与话语竞争，分享在线教学改革经验，传播先进教育理念，积极影响网络教育的发展方向。其次，学生作为教育的直接参与者，话语地位日益凸显。学生不仅是在线教育资源的使用者、教学活动的参与者，也是教学评价、教学反馈的积极主体。学生对教学的满意度评价是检验教学质量的重要尺度。学生通过教学平台、社交媒体、问卷调查等渠道表达意见看法，参与话语互动，为教学持续改进提供参考。最后，学生家长、社会公众等也在话语博弈中扮演着重要角色。学生家长密切关注在线教育动态，积极参与相关话题讨论。社会舆论对在线教育的质疑和批评不时出现，一些自媒体热衷渲染网络教育的种种问题，影响着网络教育的社会口碑。总之，不同利益相关者围绕网络教育展开激烈的话语竞争，共同影响和塑造着网络教育话语版图。未来，应进一步畅通不同主体的表达渠道，丰富话语表达方式，形成教师、学生、社会等多元主体协商对话、良性互动的话语秩序。

综上所述，只有调动一切积极因素，形成多方参与、开放包容的协同治理局面，才能凝聚起推动网络教育内涵式发展的强大合力。

五、人—技关系：人类主体与技术因素的互构

随着互联网、移动通信、人工智能等现代信息技术的迅猛发展，技术因素日益渗透到教育的方方面面，改变着人们的教学方式。高校网络教育作为"互联网＋教育"的典型形态，其话语生产、传播与流通深受技术逻辑的影响。人类主体在运用各类信息技术平台、工具开展教育教学活动的同时，在很大程度上也受到技术特性、功能设置、算法模型等的制约和塑造。

（一）技术赋能：为个体话语表达提供平台载体

随着计算机、互联网技术的广泛应用，技术为教育主体的话语表达提供了崭新的平台载体。一方面，信息技术极大地拓展了个体表达的时空边界。在传统课堂教学中，师生面对面交流须在同一时空中进行[1]。网络教育依托在线教学平台，使师生跨越时空限制开展教学互动成为可能。在线讨论、云课堂、虚拟社群等工具的应用，让课堂讨论不再受物理空间限制，师生交流更加便捷、灵活。另一方面，信息技术显著提升了教育主体的话语表达能力。数字化网络平台集成了文字、语音、视频、动画等多种媒体形式，使话语表达更加丰富立体，教师可灵活运用信息技术手段制作优质课程。在线教学平台还具备师生互评、跨校互选等功能，学生的主体地位大大提升。信息技术的发展还催生了虚拟现实、增强现

---

[1] 杨素娟. 中德两国远程教育课程评估指标体系比较 [J]. 中国电化教育，2011（12）：42-47.

实等沉浸式学习体验，有效提升了教学吸引力。由此可见，现代信息技术是高校网络教育主体话语表达的重要"赋能器"，有效破除了教学组织的时空藩篱，提升了教与学的广度和深度。然而也应看到，师生对信息技术的应用水平参差不齐，数字鸿沟客观存在，亟须因材施教、分类指导。对此，应加强技术应用的伦理反思，确保技术向善、向美、向真。

（二）技术约束：技术特性对话语生成、传播施加影响

现代信息技术在为教育主体赋能的同时，也在无形中对其话语实践施加着选择性影响。互联网、智能技术的特性在很大程度上重塑着教育话语的生成、传播乃至权力格局。一方面，互联网平台的算法推荐极大地影响着个体接触信息的结构。算法推荐能高度匹配个体兴趣特征，提供个性化的学习资源，提高学习效率。但算法也可能加剧"信息茧房""回音室"效应，强化个体原有认知，限制其接触更多观点的机会。另一方面，不同平台的传播特性塑造着个体表达方式。以微博、微信等为代表的社交媒体更加强调简洁、直观地表达，话语碎片化倾向日益明显。相较之下，慕课等在线教育平台的系统性、逻辑性更强，话语生成更加规范、严谨。个体往往根据平台特性调适话语风格，但过度迎合也可能模糊话语边界。长此以往，教育话语的生成可能为迎合算法，演变为"爆款""流量"的竞逐。由此可见，作为高校网络教育的重要技术基础，互联网平台蕴含着丰富的社会政治属性，其技术特性对教育主体的话语实践产生了复杂而深远的影响。"中性"技术背后实则隐藏着权力与控制。对此，高校网络教育要秉持人本理念优化技术供给，在人机协同中实现创新、包容、可持续的话语生态。

综上所述，现代信息技术与人的话语实践相互交织、彼此塑造，共同影响和反制着高校网络教育的话语生态。这就需要高校网络教育秉持人本、智能、普惠的理念，加强顶层设计，优化配套政策，激发人的主体能动性，提升人的技术应用能力。

六、话语生态：多主体互动带来话语生态的动态演变

随着信息技术与教育的不断融合，高校网络教育呈现出空前繁荣的发展态势。政府、高校、企业、教师、学生等不同利益主体纷纷投身其中，围绕资源获取、观念传播、利益分配等展开激烈的话语博弈。话语权力版图随之出现动态变革，给高校网络教育话语生态带来了深刻影响。

（一）话语秩序：在多元共生中不断形成新的话语秩序

随着高校网络教育的快速发展，其话语主体呈现出多元化趋势。政府、高校、企业、教师、学生、社会公众等不同身份主体投身其中，基于自身利益展开话语实践，使网络教育话语空间呈现出多声部、交响式的复杂图景。各类主体恪守不同的话语规则，秉持不同

的价值理念，采取不同的话语策略，力图在话语博弈中占据优势地位，由此引发了网络教育话语秩序的重构。首先，国家意志主导的政策话语占据主导地位。国家权力机关出台一系列政策法规，从战略高度规划网络教育改革发展蓝图，为网络教育的规范有序运行提供顶层设计和制度保障。其次，高校、企业等参与主体达成默契，其话语实践彰显利益诉求。高校凭借人才、学科优势，主导网络教育人才培养、资源建设，在话语博弈中占有重要的一席之地。但高校内部不同院系、学科的利益诉求也不尽相同，导致其话语表达各有侧重。而企业则更加注重技术话语，热衷渲染智能化的美好前景，有意无意地淡化教育的内在规律。高校、企业基于利益交换形成默契，部分企业话语掺入高校决策，边界日趋模糊。最后，教师、学生作为教学活动的直接参与者，其话语权日益凸显[1]。教师作为掌握专业话语的群体，在教学实践、学术研究、社会服务中展现出专业价值追求，塑造着网络教育教学话语走向。学生作为网络教育的受众，其学习感受、学习需求成为影响教学改革的关键变量。由此可见，随着利益主体的分化，高校网络教育呈现出"国家政策主导、高校企业分工协作、师生诉求多元、社会舆论参与"的多元共治新局面，新的话语秩序正在生成，话语权力版图也随之消长变化。

（二）话语创新：主体间的良性互动催生话语创新

话语创新是话语生态演进的内在动力。高校网络教育作为一项复杂的系统工程，不仅需要技术创新，更需要教育理念、人才培养模式、教学组织形式等方面的系统性创新，而这离不开多元主体基于问题导向的持续对话、交流、碰撞。事实上，多元主体良性互动已成为网络教育话语创新的重要生态格局。一方面，高校、企业在合作中加强资源整合，激发创新活力。产教融合、校企合作已成为网络教育的时代主旋律。校企协同育人过程中，高校充分发挥人才和学科优势，企业提供资金、技术、平台等支持，双方密切配合，在"供需对接""项目驱动"的合作机制下形成创新合力。"产教融合""校企合作""双元育人"等话语应运而生，成为描绘未来人才培养蓝图的关键词。另一方面，供给方、需求方的良性互动带来了话语创新。高校、教师代表着教育服务的供给方，而学生、社会公众则是教育服务的需求方。随着信息技术的发展，高校渠道垄断被打破，学生表达诉求更加直接，教学效果好坏由学生"投票"决定。高校、教师从前端设计、资源生产到教学组织、教学评价等环节，越发关注学生的多样化需求，师生良性互动使教学更加精准、高效。由此可见，高校网络教育话语创新的生命力，蕴藏于不同主体的良性互动之中。未来应进一步加强产学研用结合，深化校企、校地、校校合作，畅通参与主体的话语表达渠道，营造开放、包容、互信的创新生态。

---

[1] 曾海军，范新民. 关于网络教育公共服务模式及支撑平台的架构设计 [J]. 中国电化教育，2007（7）：103−108.

综上所述，互联网时代的高校网络教育呈现出前所未有的繁荣景象，并带来了话语生态的深刻变革。在国家、高校、企业、教师、学生、社会公众的多元互动中，高校网络教育形成了多层级、立体化的话语权力格局。政策话语、学术话语、商业话语、大众话语等交织碰撞，既形成合力，又彰显张力。围绕提质增效、均衡发展、开放共享等关键议题，多元主体展开攻防博弈，话语秩序随之消长演化。

第四节　高校网络教育话语体系的话语客体

一、学习者客体：高校网络教育的直接服务对象

高校网络教育是信息技术与教育教学深度融合的产物，代表了教育领域的前沿方向。有别于传统的面授教学，网络教育通过数字化网络平台传递教学信息，提供在线学习服务，受众覆盖面广、类型多样。学习者作为高校网络教育的直接服务对象和话语接受主体，其特点与需求直接影响着教学效果与教育质量，也影响着网络教育的可持续发展。

（一）在校生：话语内容的主要受众，对教学类话语接受度高

在校生是高校网络教育的主要服务对象，也是教学话语内容的主要受众。在校生参与网络学习具有明确的学业驱动，期望通过在线课程获得专业知识、拓展学科视野、提升综合素质。相较于在职学习者、社会学习者，在校生更加关注教学话语的系统性、权威性、前瞻性。一方面，教师的学术背景、学术地位如何在很大程度上影响着在校生对教学内容的信任度。知名学者、一流高校、权威教材等高学术话语符号有助于吸引在校生，提高教学话语的感召力[1]。另一方面，在校生对教学内容呈现方式的要求较高。富有吸引力的话语表达有助于调动学生的学习积极性、聚焦学习注意力。由此观之，吸引在校生群体的教学话语应建立在稳固学术品质的基础上，注重生动性、时代性、互动性。未来应充分发挥名师、名校、名课的品牌效应，加强优质学习资源的系统设计与精准供给，为在校生提供个性化、精细化的学习支持服务。

（二）在职学习者：关注学习与工作实践的紧密联系，注重话语的实用性

相较于在校生，在职学习者的学习更加注重实用价值。他们的学习动机主要源于工作需要，目的是提升职业技能，推动职业发展。这类学习者大多在职场多年，期望用所学知

---

[1] 张家华. 美国网络高等教育十年发展报告：现状、问题与启示 [J]. 现代教育技术，2013，23（10）：11-14.

识解决工作中的实际问题，服务职业生涯发展。因此，在对教学话语内容的选择上，他们更加关注学习内容的职业相关性，希望教学案例切合工作情境，理论阐释能指导实践。"从实践中来，到实践中去"的话语逻辑更能引起在职学习者的共鸣。在教学话语形式上，这类群体更加偏好碎片化学习。因为工学矛盾使他们难以系统、大块化地学习。微课、微资源等碎片化学习内容能够满足利用通勤、工间等碎片时间学习的需要。可以预见，随着职业教育与终身学习的持续升温，在职学习群体规模将进一步扩大。未来应着眼于在职学习者的现实需求，开发更多与职业发展、能力提升相适应的应用型课程资源，创新教学组织模式，为在职学习者营造开放、灵活、便捷的网络学习环境。

（三）社会学习者：话语内容的重要潜在受众，话语传播有待深入

社会学习者泛指拥有多样化学习需求的广大社会公众，他们是高校网络教育话语内容的重要潜在受众群体。这类学习者的异质性更强，学习动机各异，学习需求休闲化、碎片化、多样化。总体而言，社会学习者的学习更倾向于自主驱动、兴趣导向，对课程的系统性要求相对较低，更加注重选择性、实用性。调查显示，语言学习、技能培训、文化素养等通识类课程比较受欢迎。这类学习者参与网络学习往往抱着"试听"的心态，课程话语要在短时间内快速吸引学习者，其难度梯度、话语风格要契合学习者的认知习惯，为社会学习者提供丰富、灵活、高质量的非学历教育，服务全民终身学习。

综上所述，学习者作为高校网络教育的直接服务对象，其对网络教育话语内容的接受度直接关乎人才培养成效。在校生、在职学习者、社会学习者作为三类典型网络教育受众，其学习动机、学习需求、学习方式存在明显差异，话语内容应有的放矢、因材施教。

二、教育者客体：高校网络教育活动的组织实施者

高校网络教育是信息技术与教育深度融合的产物，代表了未来教育变革的新趋势、新范式。作为网络教育活动的组织者与实践者，教育者在人才培养过程中扮演着不可或缺的重要角色。他们直接参与教育话语的生产、传播和转化，是推动网络教育话语体系建设的关键力量。

（一）教师：话语传播的执行者，话语内容应有助于教学实践

教师是高校网络教育的直接实施者，肩负着教书育人的神圣使命。一方面，教师是网络教育话语传播的执行者。教学过程是师生交流互动、传递知识信息的过程，教师话语对学生成长具有潜移默化的影响。在网络教学环境下，教师通过录播课程、直播讲解、在线答疑等方式传递教学信息，其话语内容和话语形式直接影响学生的学习体验与学习效果。

教师话语要严谨、科学、鲜活，符合认知规律，契合学生需求；要具备深厚的学理内涵，彰显学科专业素养。另一方面，教师话语内容要有助于教学实践。在信息时代，知识更新速度加快，教师也从单纯的知识传授者转变为学习引导者、教学设计者。将信息技术手段创造性地应用于教育教学，开展智慧教学，已然成为教师必备的专业素养。围绕智慧教学、混合式教学、泛在学习等新型教学模式而生成的话语，有助于教师跳出传统教学思维定式，创新教学组织方式[1]。由此观之，教师话语内容应立足教育教学规律，关注学生认知特点，创新话语形式，增强话语的亲和力、感染力、针对性。

（二）教辅人员：话语体系建设的参与者，话语内容要促进其专业发展

教辅人员主要包括教学管理人员、教学技术支持人员等，是高校网络教育的重要支撑力量。一方面，教辅人员是网络教育话语体系建设的参与者。高校网络教学平台的搭建与维护、在线学习资源的设计与开发、学习支持服务的提供与优化等，均离不开教辅人员的参与。另一方面，教辅人员话语内容要有助于专业发展。随着在线教育新技术、新应用的加速涌现，对教辅人员专业能力的要求也在不断提高。人工智能、大数据、区块链、5G等新技术为未来教育变革带来无限可能，但也对教辅人员适应变革、驾驭新技术提出了挑战。教辅人员应主动学习新知识、新技能，了解智能时代学习者特点与学习需求新变化。另外，教辅人员还要提升教育治理能力，既秉持教育规律，又顺应技术变革、深入教学一线，回应利益相关方的关注，推动在线教育的良性发展。唯有如此，才能以先进教育理念引领教辅队伍的成长。

综上所述，教师、教辅人员等教育者在高校网络教育中扮演着关键角色，是教育话语体系建设的重要力量。教师、教辅人员唯有加快话语转型升级，以创新性话语引领网络教育高质量发展，以科学性话语规范网络教育管理秩序，以人文性话语坚守立德树人初心，才能不断增强核心竞争力，推动网络教育迈上新台阶。

三、管理者客体：高校网络教育的管理决策群体

高校网络教育作为现代信息技术与教育深度融合的产物，已成为推动教育现代化、建设学习型社会的重要抓手。在复杂的利益相关者格局中，管理决策层的话语实践对网络教育的发展方向、质量保障、特色彰显等产生着重要影响。高校管理者、企业管理者、政府管理者等不同身份的管理决策群体基于自身理念和诉求参与话语互动，深刻影响并塑造着网络教育的政策环境、运行机制和话语生态。

---

[1] 王立慧，徐文清.搭建成人学历教育"立交桥"的思路设计——兼论成人教育、网络教育、自考教育的融合发展 [J].现代教育管理，2012（3）：7-10.

（一）高校管理者：话语传播的指导者，话语内容需体现办学理念

高校是网络教育的举办者和管理者，高校管理者的理念和决策直接关系到网络教育的发展定位、特色培育、质量保障等核心问题。一方面，高校管理者是网络教育话语传播的指导者。办学定位、发展规划等宏观层面的话语体现着管理者的战略眼光和办学理念，对网络教育的发展具有引领作用。管理者的话语选择折射出高校的文化价值追求，影响着利益相关者对学校形象的认知。同时，教学管理制度、运行机制等话语则反映了管理者的治理智慧，对教学运行进行规范和引导。另一方面，高校管理者话语要体现先进的教育理念。在线开放课程建设、智慧教学改革等都离不开管理者的政策支持和资源投入。管理者要以创新、开放、共享的理念引领网络教育变革。高校管理者要结合学校办学特色和教育资源禀赋，提炼体现学校特色的话语内容。高校管理者要善于解决新技术应用中的伦理难题，增强对技术负面影响的预判和防范能力。可见，高校管理者需立足使命、着眼未来，以战略性话语引领网络教育健康持续发展。未来，高校管理者要进一步强化使命担当，提高政策制定的前瞻性、针对性、可操作性。

（二）企业管理者：话语体系建设的合作者，话语内容要促进校企合作

近年来，随着在线教育产业的蓬勃发展，众多在线教育企业积极参与高校网络教育实践，合作共建在线课程、数字化校园等，成为高校办学的重要合作伙伴。企业管理者日益成为网络教育话语体系建设的重要力量，其话语表达对推动校企合作、促进产教融合发挥着重要作用。一方面，企业管理者是网络教育建设的重要参与者。当前，产教融合已成为职业教育领域的时代主旋律，混合式所有制办学日益成为校企合作的新模式。企业以资本、技术、平台、数据等要素参与办学，推动了人才培养供给侧和产业需求侧的结构性变革。企业管理者话语要充分体现产教融合、校企合作的理念内涵，彰显企业服务产业、助力教育的社会责任感。另一方面，企业管理者要发挥桥梁纽带作用，促进校企协同育人。人才培养的供需错配是长期困扰高校和企业的痼疾，应试教育背景下的毕业生难以满足企业对复合型人才的迫切需求。校企合作要建立常态化的需求对接和协同培养机制，努力实现专业设置与产业需求、课程内容与职业标准、教学过程与生产过程的对接。企业管理者要协同高校，围绕应用型人才、订单式培养等展开话语实践，促进人才培养与市场需求的无缝衔接。企业管理者要善于运用新技术手段，优化人才需求预测，为专业设置、教学改革提供智力支持。由此观之，企业管理者应立足产业需求，彰显技术优势，丰富校企合作话语内容，在协同中实现企业自身发展和高校人才培养的共赢。

（三）政府管理者：话语传播的政策制定者，话语内容要符合政策导向

作为教育治理的主导者，政府在网络教育发展中发挥着关键作用。政府管理者是网络

教育话语传播的政策制定者，肩负引导产业发展、规范办学秩序、维护教育公平的重要使命。政府管理者的政策话语对网络教育的发展环境和质量保障产生直接影响。一方面，政府出台一系列政策，为网络教育发展指明前进方向 [1]。"教育信息化 2.0 行动计划"将发展在线教育上升为国家战略，强调发展"互联网 + 教育"，推进信息时代的教育变革，为在线教育的蓬勃发展提供了政策便利。政府管理者应围绕网络教育改革发展的重大问题开展政策话语建设，提炼"提质增效""开放共享""融合创新"等话语内容，凝聚社会共识，形成政策合力。另一方面，政府要加强网络教育管理，优化行业发展环境。当前，网络教育在快速发展的同时也存在定位不清、质量参差不齐等问题。一些在线教育企业过度追求利润，热衷营销炒作，虚假宣传、侵犯隐私等方面的问题突出。因此，教育部门要规范和引导在线教育健康发展。总之，政府管理者应把握时代脉搏，回应社会关切，提高政策供给的精准性、协同性、普惠性。

综上所述，作为高校网络教育管理决策的关键群体，高校管理者、企业管理者、政府管理者对网络教育话语生态的构建产生重要影响。高校网络教育发展潜力无限，但同时也面临着诸多不确定性。这就需要高校管理者、企业管理者、政府管理者加强协同，创新话语实践，形成集体行动的合力。

四、高校网络教育话语体系的客体特征

高校网络教育涉及学习者、教育者、管理者、社会公众等多元客体，不同客体在参与网络教育话语实践时表现出认知风格、价值取向、行为反应的差异性特征 [2]。深入剖析不同客体在认知心理、价值判断、行为实践等方面的特点，有助于高校网络教育精准把握受众需求，优化话语生产传播策略，提升话语的感召力和影响力。

（一）认知心理特征：不同客体接受话语的认知风格与心理需求

认知心理特征影响着教育主体对话语信息的选择性接受和主动建构。从学习者角度看，数字原住民具有"碎片化"的认知特点，偏好视听化、娱乐化的话语呈现；职场新人的认知风格偏重务实，希望能"学以致用"；中高龄学习者的认知更加成熟，期待获得系统性、逻辑性的知识梳理。因此，教学话语设计要因材施教，为不同学习者提供个性化的话语场景与体验。从教育者角度看，教师作为知识生产和教学的组织者，偏好结构化、系统化的话语组织形式，强调学理性；教辅人员的认知视角则更加注重技术应用与流程优化。话语生产要在两类主体间协调对话，在知识逻辑与技术逻辑间寻求平衡。从管理者角度看，决

---

[1] 巨英 . 高校生态文明网络教育资源论析 [J]. 学校党建与思想教育，2020（13）：75-77.

[2] 李哲 . 如何拓宽马克思主义哲学大众化之路 [J]. 人民论坛，2018（1）：108-109.

策层认知风格趋于战略性、全局性，话语诉求聚焦宏观政策环境与发展方向；中层管理者的思维方式偏重执行层面，期待规章标准等话语体系能落地、落实。管理话语要在宏观引领和微观指导间掌握分寸[1]。可见，高校网络教育话语传播要立足受众认知心理特点，优化话语生产，分析受众诉求，创新话语组织，方能实现有的放矢、入脑入心。

（二）价值取向特征：不同客体在接受话语时的价值诉求

价值观念是个体对人或事物的意义和重要性所持有的一种信念，其制约着不同主体对话语内涵的判断和取舍。准确把握不同客体的价值诉求，是优化话语内容、彰显话语价值内核的关键。从学习者角度看，学历提升、能力进阶是普遍诉求，同时不同学习者的具体价值取向又有所差异，如职场人追求学用一致，而老年群体则更看重学习对自我价值的实现。话语内容设计要精准对接不同群体需求，在思想引领中注重人文关怀。从教育者角度看，教学型教师看重话语的学理性与启发性，教研型教师则更加注重学术性与前瞻性，而教辅人员则侧重话语在教学实践中的应用价值。教学管理话语要在"为学""为道""为术"三者间找准切入点。从管理者来看，决策层更加关注话语的导向性和影响力，即是否符合国家与学校的办学方针、能否引领教育发展方向等，而中基层管理者更看重话语能否指导实际工作、优化流程、提高绩效。管理话语要坚持正确的政治方向和价值导向，做到"服务发展、服务师生"的统一。可见，高校网络教育要充分尊重不同利益相关者的价值诉求，有针对性地选择话语议题，在凝聚共识中体现价值追求，努力实现社会效益和经济效益的统一。

（三）行为实践特征：不同客体基于话语接受产生的行动反应

行为实践是话语影响力的关键体现，反映了受众从认知到情感再到行为的递进过程。深入洞察不同客体的行为反应模式、把握话语实践节奏是提升教育话语号召力的重要环节。从学习者角度看，优质话语可以提升学习兴趣，引导自主探究，但学习投入程度因人而异，表现为选课、讨论、分享、创作等不同参与行为。教学话语要能激发内生动力，创设参与情境，实现从"被动学习"到"主动求知"的行为转化。从教育角度看，话语权威性、前瞻性有助于引导教学创新行为。但不同教师的教研参与深度不一，教研成果的应用推广也参差不齐。教研话语要"接地气"，实现从"说起"到"做起"，从"做起"到"成效"。纵观多元主体的行为表现可以发现，话语影响力的发挥往往并非一蹴而就的，而是螺旋式、渐进式推进的。教育话语要遵循"认知—情感—意志—行为"的基本规律，循序渐进，润物无声，在潜移默化中实现价值引领、凝聚力量。

---

[1] 翟霞，冀翠萍. 大数据背景下干部网络教育平台发展的困境和出路 [J]. 理论学刊，2013（11）：35-39.

综上所述，高校网络教育话语体系中的多元主体在认知心理、价值取向、行为实践等方面存在显著差异[1]。各类主体从不同角度对话语效用做出价值判断，产生不同层次、不同方式的行为反应。因此，高校网络教育话语生产传播要以受众为中心，深入洞悉差异性需求，因地制宜地优化话语策略。

第五节　高校网络教育话语体系的传播媒介

一、文本媒介：以文本形态承载话语内容

在高校网络教育话语体系建构中，教材、讲义、论文等文本媒介发挥着重要作用，是网络教育活动中创造、传播和再生产的重要载体。不同类型的文本媒介以特定的编排逻辑和话语形式塑造、呈现、传递着教育理念和专业知识，深刻影响学习者对知识的理解和内化。

（一）教材：系统呈现高校网络教育话语内容的基本媒介

教材是体现教学内容、反映教学改革成果的基本载体，在高校网络教育中发挥着核心作用。一方面，教材编写的选材视角与内容架构彰显了编者对网络教育的理念认知。信息技术与教育教学活动的深度融合对传统教材的编写提出了新要求，教育信息化2.0时代亟待加强信息技术与学科教学深度融合的顶层设计和教材创新[2]。在教材编写中，要以信息技术支持下的过程性学习和个性化学习为导向，注重学习方式和学习环境的变革。另一方面，教材话语作为教学内容的集中体现，深刻影响着学习者对知识意义的理解。教材话语对学习者的认知形成具有选择性塑造作用，影响学习者对学科本质、学习目的的理解，制约学习者对同一学科不同观点的交融，左右学习者运用所学知识服务社会的态度与能力。网络教育教材要坚持正确的政治方向和价值取向，在话语表述中彰显马克思主义指导思想，将社会主义核心价值观融入教学内容；要体现学科前沿、反映时代特征，遴选反映学术进展、体现创新实践的新知识、新技术、新方法，提高教材话语的科学性与时代性。

（二）讲义：教师根据授课需要生成的文本媒介

讲义是教师根据教学目标和学情分析进行教学设计的直接产物，是连接教材与教学活动的纽带。相较于系统性和稳定性的教材，讲义更加灵活多变，更贴近教学实际。一方面，

[1] 范晓姝，范晓琪．网络教育中师生情感交互的缺失与构建[J]．现代教育管理，2013（1）：76-79.

[2] 高荣国．网络教育的形态真谛——解析网络的学习、知识和教学形态[J]．中国远程教育，2012（8）：25-29.

讲义话语能灵活呼应教学需求变化。在网络教学实践中，授课内容往往根据在线开放课程、学习者反馈、技术更新等因素进行动态调整。因此，讲义要根据教学内容与教学对象设置对应的教学目标、教学重难点，因材施教，要及时吸收课程资源建设新成果，补充案例、拓展阅读等学习材料，提高教学内容的前瞻性与时效性。另一方面，讲义话语反映了教师的教学理念和实践智慧。不同学科背景、教学风格的教师基于差异化的教学理念设计讲义，最终形成风格迥异的话语体系。教师要在讲义设计中坚持教书育人、立德树人的理念，将思想性与学术性相统一，加强价值引领。

（三）论文：高校网络教育研究者进行话语表达的学术媒介

学术论文承载着学科前沿的进展，反映了研究者的学术观点与研究成果，是高校网络教育领域进行学术对话的重要话语形式。一方面，研究者通过发表论文阐明学术立场，传播前沿理念。高校网络教育研究涉及教育技术学、教育学、心理学、计算机科学等多学科知识，不同学科背景的学者从各自视角切入研究议题。学者通过论文话语表达塑造学科话语体系，影响着同行对研究主题的认知。目前，智慧教育、泛在学习、虚拟现实等话题引发学界的广泛关注，研究者要敏锐洞察时代发展需求，借助跨学科视野深化这些研究主题的理论阐释与实证探索，贡献原创性的学术话语。另一方面，优秀论文能引发学术共同体的持续对话，形成连贯的学术脉络。学术论文通过明确研究问题、梳理文献脉络、阐述研究方法、精准呈现研究结果等标准写作范式展开论述，使学术共同体能清晰把握特定研究议题的进展脉络、主要分歧等，以期进行持续探索。不同学者通过发表论文展开对话交锋、质疑、反驳，学科话语体系在争鸣与融通中得以丰富、深化[1]。随着在线教育研究的快速发展，亟待研究者顺应信息技术革命趋势，探讨新技术支持下的教学新形态，以应用性、实践性研究引领教育变革。

综上所述，作为承载高校网络教育内容的文本媒介，教材、讲义、论文分别从宏观到微观反映了不同主体对网络教育话语的生产实践，对网络教育话语生态的形成产生了深远影响。在高校网络教育领域要加强不同文本媒介形态之间的衔接融通，推动网络教育话语体系的系统集成和创新发展。

二、音视频媒介：利用声音、影像等多模态符号传递话语

随着信息通信技术的迅猛发展，音视频媒介凭借其独特的表现力日益成为高校网络教育话语传播的重要形式。作为网络教育语境下的新兴媒介形态，微课、教学视频、直播课

---

[1] 梁林梅，李逢庆. 如何激励和支持高校教师从事网络教学：国际经验与对策 [J]. 开放教育研究，2014，20（6）：23-35.

综合运用声音、文字、图像、动画等多模态符号呈现教学话语内容，深刻影响着学习者的认知方式、情感体验和学习行为。

（一）微课：针对某个知识点制作的视频媒介

微课是运用信息技术按照认知规律编制的围绕某个知识点展开教学的精短视频课程，是传统课堂教学在信息化环境下的拓展与延伸。一方面，微课基于认知理论进行教学设计，聚焦核心概念，精练话语结构。为适应碎片化学习需求，微课往往围绕"概念＋示例＋练习"的框架构建内容，通过设置问题情境、讲解示例等方式引导学习，帮助学习者建立知识之间的逻辑联系[1]。其话语组织形式契合认知负荷理论，强调减少无关认知负荷，突出重点、化繁为简，增强话语的凝练性、层次性；另一方面，微课包含多种表征方式，通过图文、声像等多模态符号的交互作用提升表现力。视觉设计、音频解说等传递隐喻性信息，为学习者创设了丰富的情境体验。动态演示、虚拟仿真等数字化手段则模拟抽象概念、复杂过程，为知识建构提供必要的可视化支持。学习分析技术嵌入式的即时评测与反馈帮助可以学习者进行自我监控，调节认知。可见，微课充分发挥了音视频媒介优势，运用声像、动画等多模态符号精准呈现教学内容，通过问题探究、视觉隐喻、交互反馈等话语策略引导学习者主动建构知识框架。然而，微课介入下的学习也面临碎片化、浅层化等挑战。

（二）教学视频：记录完整教学过程的媒介形态

教学视频通过同步记录教学全过程，囊括了课堂教学的方方面面，是网络教学语境下传递系统化学科知识的媒介形态。其兼具教学设计的严谨性、教学过程的完整性、课堂情境的真实性等特征，日趋成为高校在线开放课程的主流媒介形式。一方面，教学视频的话语编排遵循教学设计理论，在宏观序列和微观知识单元的组织上体现出系统性。基于学科体系与教学目标，教学视频的内容结构与话语策略设计通常采用纲要式教学模式，强调宏观主线对微观单元的统领，体现教学过程和学习过程的双重语义结构；另一方面，教学视频全景式再现课堂教学情境，通过言语、表情、板书等多模态资源塑造沉浸式体验。不同于面对面课堂教学，教学视频更加注重通过副言语、情感态度等非言语行为营造亲和力，拉近与学习者的心理距离，以延伸教学视频的表意潜力。然而，相较于面授课堂，教学视频缺乏情境依赖性，师生缺少即时的言语对话交流，容易造成情感隔离和学习投入不足。

（三）直播课：利用实时音视频开展教学活动的媒介方式

直播课是利用实时音视频技术开展教学活动的新型媒介形态，其集合了面授课堂的交互性、教学视频的媒体呈现性等优势，是网络教学语境下师生交互的新"场所"。一方面，

---

[1] 周珺，陈东. 全媒体环境下成人网络教育模式探索 [J]. 黑龙江高教研究，2015（3）：81-84.

直播课支持教师与学生实时语音、视频交流，为师生搭建了同步互动的话语空间。教师可以通过连麦对话、弹幕互动等及时把握学情动态，调整话语策略，因材施教。相较于面授教学局限于课堂时空，直播课拓展了师生对话的时空边界，弱化了心理距离感。另一方面，直播课整合了文本、音频、视频、动画等多重信息模态，交互呈现教学内容。教师通过屏幕演示、板书标注、视频直播等方式增强教学信息的直观性、生动性。学生则可通过语音连麦、文字聊天等参与话语互动，多感官参与显著提升了学习投入度。直播课程可提供回放、试题、资料下载等服务，为学生复习巩固、查缺补漏提供支持。然而，实践中部分直播课过于追求形式感官刺激，忽视了学习内容的逻辑组织与语义连贯，"重热闹、轻思考"倾向凸显。

综上所述，随着信息技术与教学的持续深度融合，微课、教学视频、直播课等新型音视频媒介形态为网络教育教学话语传播开辟了新路径。不同的音视频媒介形态基于差异化的话语功能与传播特点塑造了独特的教学情境与学习体验。未来，高校网络教育话语实践要立足多模态视角，深入洞察不同媒介形态的话语建构特点，因地制宜地实施教学设计。

三、社交媒体：基于互联网平台进行交互、分享的媒介类型

随着移动互联网和社交媒体的快速发展，微信、微博、QQ 等社交平台日益成为人们信息获取、人际交往、情感表达的重要渠道。社交媒体打破了传统媒体的时空界限，实现了信息的海量聚合、快速传播与广泛互动，为高校网络教育塑造了师生交流、资源分享、协作学习的全新话语空间。

（一）微信：人际传播与群体互动并重的即时通信媒介

微信是一款融合即时通信、公众平台、朋友圈等功能的综合性社交媒体，在人际传播与群体互动中发挥着重要作用。一方面，微信可以满足师生点对点沟通的需求。师生可通过文字、语音、视频等方式进行一对一的交流，表达个体诉求，传递情感关怀。微信有助于拉近师生在网络教学中的心理距离，营造轻松愉悦的课堂氛围。私密性的对话空间也让学习者更愿意表露真实想法，便于教师把握学情，提供个性化指导。另一方面，微信群满足了师生互动、生生互助的需要[1]。群聊突破时空界限，使不同地域的学习者聚集在共同的话语场域。在轻松、平等的氛围中，群成员围绕共同话题展开讨论、分享见解，有助于碰撞出思想火花、凝聚集体智慧。师生角色边界趋于模糊，权力关系日益扁平，有利于构建民主、开放的对话生态。此外，用户可以在朋友圈分享学习感悟、课堂笔记、作业展示等，

---

[1] 周圆，罗霄，应松宝. 远程教育辍学情况的统计分析及数据挖掘——基于西南交通大学网络教育学院 2008—2012 年数据 [J]. 中国远程教育，2013（8）：62-66.

有助于经验分享、同伴互助。公众号为教学内容呈现、资源推送提供了便利渠道。然而，微信也存在着话语碎片化、深度思考不足等问题。未来，教学应合理引导话题讨论的深度与广度，促进观点交锋、头脑风暴，发挥群聊互助功能，引导建设学习共同体。

（二）微博：聚焦信息分享、话题讨论的社交媒体平台

作为一款基于用户关系的信息分享、传播以及获取的社交媒体平台，微博成为网络教育语境下知识传播、观点交流的重要场域。一方面，微博实现了海量信息的聚合与快速传播。围绕热点话题，师生可收集、筛选、分享相关资讯，激发学习兴趣，引发深入思考。话题标签使相关信息得以有效聚合，便于系统追踪与比较。转发、评论、点赞等功能带来"裂变式"传播，拓宽了教育话语辐射面。另一方面，微博为师生互动交流、深度讨论提供了便利。师生可围绕教学主题发布言简意赅的评论，随时随地展开头脑风暴，激发创新灵感。话题页汇聚不同观点，有利于多元思想交锋，提高对话质量。实践中，微博打破了身份壁垒，各界名家、行业专家的加入丰富了话语主体，提升了交流广度与深度。然而，在微博的推动下，教育话语也面临同质化、娱乐化等问题。

（三）QQ：融合即时通信、群体互动、资源分享的综合性平台

作为国内最大的综合性沟通、互动平台，QQ集即时通信、兴趣部落、资料空间等功能于一体，在高校网络教育中发挥着重要作用。首先，QQ为同步、异步交互提供了渠道。单对单会话、视频通话有助于教师及时解惑答疑、进行情感关怀。在"三尺讲台"外，师生透过网络窗口加深了解，拉近心理距离。异步留言模式则突破时空界限，让师生可以错时交流，分享感悟。其次，QQ群为协作学习、头脑风暴搭建了场域。不同区域、院校的学生因共同兴趣爱好聚集于群组中，分享学习资源、交流心得体会，互帮互助。围绕学习任务开展头脑风暴，有助于集思广益、凝聚共识。最后，QQ空间、兴趣部落等为资源分享、兴趣交流提供了平台。教师可借助空间分享教学资料、推荐优质资源，学生则可展示作业、交流学习心得。兴趣部落聚集了志同道合者，有助于学习共同体的构建。但QQ也面临着话语碎片化、娱乐化等挑战。

综上所述，微信、微博、QQ等社交媒体正深刻影响着高校网络教育的话语生态。社交媒体基于差异化的技术特性与话语功能重塑了教育话语权力关系，拓展了教育话语的时空边界，为师生互动、协作学习、经验分享开辟了全新路径。但社交媒体也对教育话语的深度性、系统性、理性化提出了新的挑战。

四、智能媒介：依托人工智能技术提供个性化服务的媒介形态

智能技术的迅猛发展正深刻重塑着教育的生态样貌。人工智能、大数据、云计算等新

一代信息技术与教育的加速融合催生了智能助教、智能检索、智能推送等崭新的智能媒介形态，为网络教育的个性化、精准化、智能化发展开辟了广阔空间。智能媒介利用自然语言处理、知识图谱、机器学习等人工智能技术，洞察学习者的个体特征与学习需求，提供精准化、个性化的教育服务，成为推动教育范式变革、重塑教育话语生态的关键动力。

（一）智能助教：利用自然语言处理、知识图谱等技术打造的助教媒介

智能助教是依托自然语言处理、知识图谱、机器学习等人工智能技术打造的新型教学助理媒介，能够解析学生提出的自然语言问题，利用图谱知识进行语义关联与推理，给出相关解答或反馈，为学生提供个性化的问答服务和学习指导[1]。一方面，智能助教通过自然语言理解技术对学生提出的非结构化问题进行语义分析，提取关键信息，将其转化为结构化的图谱查询语句，继而利用知识库进行语义检索匹配，自动生成回答。基于本体工程和规则引擎技术，智能助教还可对知识进行扩展、融合、推理，提供更加准确、完备、合理的问题解答。另一方面，智能助教能够持续跟踪记录学生的学习行为数据，对其认知状态、知识掌握情况等进行多维度画像，利用强化学习、迁移学习等算法形成因材施教的学习指导策略。智能助教还能够诊断学习者的知识空缺与优势领域，推荐与其认知特点、知识结构相匹配的学习资源，提供个性化学习路径规划与学习任务推送，引导学生"更聪明地学习"。然而，智能助教对语义理解的深度与广度、知识推理与生成的逻辑性和连贯性等方面尚存局限。

（二）智能检索：通过语义分析、用户画像等提供个性化检索服务的媒介

海量异构的网络学习资源给学习者获取所需知识带来了巨大挑战。面对信息过载困境，传统关键词匹配式检索难以深入把握用户意图，提供个性化、精准化的搜索服务。智能检索媒介应运而生，通过语义分析、用户画像等人工智能技术赋能，为学习者提供更加高效、便捷、贴心的检索服务。一方面，智能检索利用自然语言处理技术，对学习者以自然语言方式提交的非结构化检索请求进行词法、句法、语义等多层次解析，形成检索请求的结构化表示，揭示词项间的语义关联，精准理解学习者的检索意图。基于概念语义的检索模型突破了传统布尔逻辑检索的局限，通过深度学习、表示学习等算法学习词项及其组合的深层语义向量，实现基于知识、概念的相关计算与匹配。另一方面，智能检索充分挖掘学习者画像，按需推荐资源。智能检索系统结合其历史搜索、浏览、收藏、评价等行为日志，动态构建多维度的个人画像，塑造学习者的兴趣模型。综合运用知识图谱、协同过滤等技术，智能检索系统能够推断出学习者当前的认知水平与知识需求，实现个性化检索结果的排序、

---

[1] 史秋衡. 赛伯化学堂：网络与教育 [M]. 厦门：厦门大学出版社，2000.

过滤、扩展，提高检索结果与学习需求的匹配度。然而，智能检索在知识全面性、语义理解深度、多模态关联融合等方面依然面临着诸多挑战。

（三）智能推送：基于用户特征、行为分析进行精准推送的媒介方式

智慧学习时代，面对爆炸式增长的碎片化学习资源，学习者往往难以从信息洪流中获取真正所需的知识，导致学习投入与学习回报相悖。智能推送媒介利用机器学习算法分析学习者的行为轨迹与兴趣特征，自动为其匹配优质学习资源、搭建专属学习空间，为因材施教、个性化学习提供有力支撑。智能推送通过数据挖掘、机器学习等技术手段，多维度提取学习者显性、隐性特征。首先，智能推送可以系统采集学习者的人口统计学信息、学科背景、知识能力、学习偏好等显性特征。其次，智能推送可以利用关联规则、聚类、矩阵分解等算法分析学习者在平台上的历史学习轨迹、社交行为等隐性特征。在全面刻画学习者个人属性的基础上，智能推送可以系统运用协同过滤、深度学习等推荐算法动态绘制用户画像，对其知识缺口、兴趣变化进行实时监测。最后，智能推送充分考虑学科知识的结构性、系统性，优化推荐策略。基于学科知识图谱，系统能够建模知识点间的语义关联与先后关系，将学习者模型映射到知识图谱上，推荐与其认知水平、先备知识匹配度高的学习资源。遵循人类智力发展规律、认知负荷理论等，智能推送还能在合适时机，以合适呈现形式，将合适难度的学习资源推送给用户。当前，智能推送仍面临数据稀疏、过拟合、同质化等问题，对学习情境、认知状态的把握有限。

综上所述，智能助教、智能检索、智能推送等智能媒介的兴起开启了网络教育的智能化时代。新技术革命为教育变革提供了新机遇，但同时也对学习科学、认知科学、教育学理论提出了新挑战。网络教育实践应秉持技术理性，多学科协同攻关，在"知识发现—认知建模—学习分析"的路径下不断深化智能媒介的应用创新，打造沉浸感知、全息分析、智能调适于一体的智能教育新形态。

五、高校网络教育话语传播媒介的特征

随着信息技术的迅猛发展和在线教育的快速兴起，社交媒体、智能媒介等新型话语传播媒介正日益融入高校网络教育，深刻重塑着教育话语的生态样貌。不同于传统文本媒介，新兴传播媒介凭借交互性、时效性、碎片化、多模态、个性化等独特属性，革新了高校网络教育话语的传播模式，拓展了师生互动的时空界限，丰富了话语表征的形式与内容，促进了知识传播与学习体验的精准化、个性化。

（一）交互性：社交媒体、智能媒介等的广泛应用促进话语双向互动

交互性是指媒介支持信息双向流通与用户主动参与，实现信息的共享与协同。社交媒体、

智能媒介等新兴传播工具正凭借其交互性特征重塑着高校网络教育的话语互动图景。以社交媒体为例，微信、微博、QQ 等平台为师生跨时空对话搭建了便捷渠道。一对一对话、群组讨论、朋友圈分享等交互模式打破了传统师生角色界限，营造了平等、活跃的交流氛围。常态化的非正式互动有助于增进师生间的了解与信任，拉近心理距离，激发学生的表达欲望，进而提升课堂参与度。智能媒介，如智能助教则通过语义分析、知识推理等技术模拟人类对话，回应学生疑问。在与"虚拟教师"的问答互动中，学生能实时获得个性化的学习指导与解惑服务，提高自主学习效能 [1]。此外，交互性媒介还能捕捉学习过程数据。分析学习行为特征。优化教学决策。然而，当前不少交互仍停留在浅表层次，缺乏深度对话。

（二）时效性：网络媒介加速话语传播，提高话语呈现的实时性

时效性是指传播媒介快速传递信息、同步呈现事件进展的能力。网络媒介打破了时间和空间的界限，极大地提升了高校网络教育话语传播与呈现的实时性。借助移动互联网与智能终端，师生可随时随地发布资讯、分享见解。海量信息在网络媒介平台上快速流转，传播范围不断扩大。学习者可便捷获取课程资源、教学通知、活动信息等，与教学活动同步互动，即时掌握学习进展。此外，直播课程、实时答疑等同步互动模式让教与学"零时差"对接，学习反馈的时效性显著提升。时效性也让教师能及时把控教学动态，优化教学策略。然而，信息的爆炸式增长却使学习者难辨优质话语，面临认知超载风险。

（三）碎片化：短视频等新兴媒介催生话语碎片化趋势

碎片化是指信息呈现短小化、离散化的特征，即通过相对独立的话语片段承载内容。移动互联网时代，短视频、微博等新兴媒介大行其道，极大地催生了高校网络教育话语的碎片化趋势。学习者时间碎片化导致注意力难以长时间集中，因此更倾向于获取简短、直观的话语信息。与之相配，教学内容被切割为"微课程"，知识点被细化为一个个短小精悍的话语单元在新媒介平台快速传播。碎片化话语易于快速阅读与记忆，可以有效降低认知负荷，提高学习效率。但过度碎片化却存在语境缺失、逻辑割裂的隐忧，不利于系统性学习和深度思考。对此，教师应加强对话语碎片的内容筛选与序化重组，增强碎片间的逻辑关联。引导学生将碎片化话语整合为系统性知识图谱，实现深度学习。优化智能推送机制，基于知识点关联为学生定制个性化的碎片化学习单元。

（四）多模态：音视频、动画等多模态媒介丰富话语表现力

多模态是指整合文本、图像、音频、视频、动画等多种话语符号，多层次、多方位呈现对象的特性。多模态媒介的广泛应用极大地丰富了高校网络教育话语的表现力。在线学

---

[1] 崔惠萍. 网络教育中的情感教学设计 [J]. 中国电化教育，2006（1）：59-62.

习平台囊括了文字、图片、音视频、虚拟仿真等多种媒介形态，营造了沉浸式、交互式的学习氛围。教师可根据学科特点和认知规律，灵活选用形码，合理搭配话语模态，增强教学内容的直观性、生动性。多模态媒介还能创设身临其境的语境，如 VR 带来沉浸式体验，AR 实现虚实融合互动，让枯燥的知识"活起来"。但多模态话语也面临认知负荷过重、注意力分散等问题。

（五）个性化：智能媒介推动个性化、精准化的话语传播

个性化是指根据用户个体特征与行为习惯，提供量身定制的信息服务。人工智能、大数据等智能媒介的发展为高校网络教育话语传播的个性化提供了技术支撑。智能助教可深入分析学习者画像，诊断知识优势和薄弱点，提供个性化的答疑解惑服务。智能推送系统通过机器学习算法挖掘学习行为和兴趣特征，自动推荐契合学习需求、匹配认知风格的优质学习资源。自适应学习系统则能依据学习者的认知状态和知识掌握情况，动态生成个性化学习路径与任务单，精准辅助学习。个性化话语传播能最大限度地激发学习兴趣，实现"教学相长"。但过度个性化也可能加剧"信息茧房"，限制学习视野。

综上所述，在信息技术迅猛发展的时代背景下，不同传播媒介的技术功能与话语特征深刻影响着教育话语生态。媒介既是话语生成的工具，也参与教育话语的建构。未来，应立足教育教学规律，平衡不同媒介优势，协调功能互补，完善话语引导机制。

第六节　高校网络教育话语体系的话语场域

一、教育教学场域：作为高校网络教育话语生成的核心场域

课堂教学、在线学习、实践活动等多元教学场域为高校网络教育话语的生成提供了广阔的空间。不同教学场域的技术条件、活动方式、互动模式深刻影响着网络教育话语的内容、形式与效用。

（一）课堂教学：师生互动频繁，话语生成具有明显的教学属性

课堂教学是高校网络教育的基本组织形式，是教师引导学生掌握知识、发展能力的主阵地。在课堂教学中，教师与学生围绕教学内容展开频繁的话语互动，使课堂成为教育话语生成的核心场域[1]。一方面，教师的课堂话语直接影响学生对知识的理解和内化。教师话

---

[1] 郑勤华，时芝平，许洋. 网络教育学生感知服务质量的影响因素研究 [J]. 中国远程教育，2013（12）：47-51，96.

语承载着学科知识体系与方法论，昭示着学科发展的前沿动态，传递着价值观念、道德品质、人格魅力，对学生成长产生了潜移默化的影响。另一方面，学生通过课堂发言、提问、讨论等形式参与话语实践，这不仅有助于知识建构、能力培养，更有利于塑造积极健康的师生关系。学生话语权的释放有助于营造平等、民主、活跃的课堂氛围。师生良性互动有助于生成连贯的课堂话语结构。可见，课堂教学话语的生成根植于知识教学，服务于能力培养、素质提升等育人目标，因而带有明显的教学属性。然而，受传统育人理念影响，不少课堂仍存在"一言堂"现象，师生互动不足。

（二）在线学习：依托网络平台，话语传播突破时空限制

随着现代信息技术的发展，在线学习已成为高校网络教育的重要学习方式。MOOC、SPOC、直播课等多种在线学习形态的兴起拓展了教育话语生成的时空边界，诞生出崭新的话语传播景观。一方面，在线学习平台集聚了海量教育资源，多样化的学习资源形式与呈现方式丰富了话语表征。微课程、电子教材、学习软件等数字化资源所承载的教学内容与教学设计理念深刻影响着学习者对知识的理解与建构。录播课、直播课再现的教学过程让学习者身临其境地感受名师魅力、课堂氛围。另一方面，在线学习模式下，学习者在与资源、教师、同伴互动中内化知识意义、达成理解。学习者依托在线平台接收、吸收教师话语传递的知识信息，通过自主学习、在线讨论、协作交流等话语实践加深认知。学习者还能随时通过社交网络、学习社区分享感悟、碰撞观点，将个体话语升华为群体智慧。在线学习打破了课堂教学的时空界限，扩展了教学话语的辐射广度，但仍需破解话语碎片化、话语权分散等难题。

（三）实践活动：教学实践环节产生的话语富有情境化特征

教学实践活动是高校网络教育的重要环节，在增强学习者运用知识、解决问题的能力，提升职业素养等方面起着关键作用。项目实践、案例分析等实践活动创设了复杂的问题情境，为学习者生成丰富、多元的情境话语创造了条件。首先，教学实践强调"做中学"，学习者在完成项目任务、案例分析的过程中表达见解、交流心得，话语内容贴近真实情境，与理论知识相印证[1]。话语生成过程注重"用知识"解决实际问题，突出体现了学以致用的实践智慧。其次，在实践活动中，小组协作、头脑风暴等频繁开展，学习者畅所欲言，观点交锋，生成的群体话语有助于提升思辨、表达能力。最后，网络教研、远程指导等为实践教学插上了技术的翅膀，使实践场域不再受地域限制，多校协同、校企合作日益深化，行业专家、企业导师得以引入实践指导，"产学研用"人才培养模式渐成气候，极大地拓宽了实践教学

---

[1] 高峰.教师接受网络教育技术的影响因素研究 [J].开放教育研究，2010，16（5）：94-98.

话语的广度和深度。但实践教学的碎片化、低频次等问题削弱了话语生成的连贯性、系统性。

综上所述，课堂教学、在线学习、实践活动是高校网络教育的三大核心教学场域，为网络教育话语生成提供了多元情境。可见，高校网络教育话语生成根植于多元教学场域，技术驱动、平台支撑、学习需求等深刻影响着不同场域下教育话语的生成逻辑、互动模式与传播路径。

二、学术研究场域：高校网络教育话语体系的理论阐释场域

随着现代信息技术的迅猛发展和网络教育实践的持续深化，高校网络教育正成为教育信息化领域的热点话题，引起了学界的广泛关注。学术会议、学术期刊、学位论文等学术研究场域为高校网络教育话语体系的理论阐释提供了重要平台，成为教育理论研究者进行学术对话、传播前沿理念、引领学科发展的重要阵地。

（一）学术会议：学者围绕高校网络教育话题展开深入研讨

学术会议是教育研究者围绕共同主题进行深度对话交流的重要场域。高校网络教育领域的学术会议呈现出类型多样、主题广泛、观点交锋的鲜明特点。从会议规模看，全国性、区域性的综合性会议与专题性研讨会并举。综合性会议可以全面展示在线教育领域的最新进展。专题研讨会则聚焦特定议题，营造"小而精"的研讨氛围。从研讨主题看，信息技术与教育教学融合、在线课程建设、智慧学习环境设计等成为热点话题。与会学者立足教育信息化背景，总结网络教育实践经验，深入剖析理论与实践问题，推动在线教学模式、资源共享机制等方面的理论创新。从观点交锋看，专家学者基于各自学科背景展开思想碰撞，为高校网络教育话语生成注入了创新动力。然而，当前不少会议流于形式，缺乏实质性的探讨。

（二）学术期刊：高校网络教育研究成果在学术期刊中传播

学术期刊是教育研究成果发表、传播的重要平台，在高校网络教育话语体系建设中发挥着关键作用。高校网络教育研究成果主要发表于教育技术类、高等教育类、成人教育类等期刊上。《中国电化教育》《现代远程教育研究》《中国远程教育》等教育技术类核心期刊聚焦信息技术与教育融合，刊发了大量针对高校在线教育教学、资源建设、平台应用的实证研究与理论探讨。高等教育类期刊，如《中国高教研究》则更加关注网络教育背景下人才培养模式、教育教学范式的变革。成人教育类期刊则重点分析在线教育支持下的继续教育、终身学习。总体来看，高校网络教育研究呈现出主题领域不断拓展、研究方法日益多元的趋势。在研究主题上，学习行为分析、智慧学习环境建设、虚拟现实等新兴议题受到关注。在研究方法上，数据挖掘、学习分析、个案研究等实证性方法被广泛应用，增强了研究的

科学性。但整体来看，仍存在重技术应用、轻教学理论，研究视角较为单一的问题。

（三）学位论文：硕博士研究生围绕高校网络教育问题撰写学位论文

作为培养教育研究后备力量的重要平台，硕博士学位论文是高校网络教育理论阐释的重要场域，论文选题呈现出紧扣现实需求、回应时代命题的鲜明特点。硕士研究生更加关注微观层面的教学实践问题，如 SPOC 混合教学模式应用、在线学习社区建设等，注重解决教学一线的实际困难[1]。博士研究生则更多着眼于宏观层面，围绕在线教育质量保障体系、学习行为评价等开展理论探索与实证分析，力图探寻网络教育发展规律。总体来看，研究生学位论文在丰富高校网络教育实践案例、完善理论体系方面发挥了重要作用。但未来，研究生学位论文选题应进一步突出学术价值和现实意义的统一，加强学科前沿和国家需求的深度融合，在"小切口"中深入揭示教育发展的内在规律。

综上所述，当前高校网络教育理论研究正从分散、个案的实践总结，走向系统性、前瞻性的理论探索，但仍面临着理论积累不足、原创论点缺乏等问题。未来，应充分发挥不同学术场域在话语生成中的协同效应，以问题为导向，加强跨学科、跨领域协同攻关，深化教育教学规律研究。

三、大众传播场域：高校网络教育话语面向公众的开放传播场域

随着网络教育的普及与深入，高校网络教育已不再局限于"象牙塔"内的学术话语，而是越来越多地走向大众传播的开放场域。校园网站、新闻媒体、社交媒体等传播平台成为高校网络教育面向公众传播的重要阵地，对公众认知和社会舆论产生着潜移默化的影响。

（一）校园网站：高校开设网络教育相关栏目，传递权威话语

作为高校面向社会的"官方喉舌"，校园网站是传播学校办学理念、塑造学校形象的重要窗口。高校纷纷开设网络教育相关栏目，及时发布政策公告、工作动态，回应社会关切，传递权威话语。一方面，校园网站聚焦国家政策导向和学校发展规划，积极宣传在线教育发展的重大举措，彰显了高校发展在线教育的信心与决心。另一方面，高校还利用网站平台积极报道本校在线教育建设成效，讲述生动案例，传播先进经验。办学成效的集中展示有助于提升公众对优质在线教育的认知，为学校赢得良好口碑。但应注意的是，当前高校网站话语仍存在同质化现象，亟须凝练特色亮点。

（二）新闻媒体：大众媒体报道高校网络教育，影响公众认知

媒体素有"无冕之王"之称，大众媒体对高校网络教育的报道极大地影响着公众认知

---

[1] 耿才华，拉格.现代教育技术背景下少数民族双语教育发展的思考 [J].民族教育研究，2017，28（4）：40-45.

和社会舆论走向。首先，主流媒体的政策解读与专题报道有助于营造积极正面的社会氛围。人民日报、新华社等中央媒体多次发文解读教育信息化、在线教育等国家战略部署，引导全社会关注网络教育的重要意义。聚焦"三尺讲台"、拥抱"互联网＋教育"、研究"网络教育如何破解教育不平衡"等话题的专题报道，既有深度的理论阐述，又有鲜活的案例剖析，为公众全面深入地认识高校网络教育发展提供了有益视角。其次，区域性、行业性媒体对地方高校、行业特色在线教育项目的报道，有助于塑造差异化的品牌形象。最后，财经、科技等垂直媒体对 MOOC、人工智能教育等热点话题的关注，引发了公众对前沿科技赋能教育的思考。在媒体报道提升高校网络教育社会影响力的同时，高校也应建立与媒体的良性互动机制，用实际行动赢得话语权。

（三）社交媒体：个体在自媒体平台分享、评论高校网络教育话题

随着自媒体的崛起和社交网络的发展，越来越多的个体在各类社交媒体平台上参与高校网络教育话题的讨论，分享个体观点、评价学习体验，话语权逐渐从机构下沉到大众，形成自下而上的话语合力。一方面，学习者在社群网络中"口碑相传"，形成强大的群体话语力量。学员在微信群、QQ 群分享学习体会、晒学习成果、互帮互助，良好的学习体验以最真实、生动的方式得以快速传播。另一方面，网红大 V、行业达人等意见领袖对网络教育话题的解读，对公众议程设置产生了重要影响。通过微信公众号、微博等自媒体渠道，意见领袖发表个人见解、参与话题讨论，形成"1 对 N"的传播矩阵。然而，个体观点的自由表达也带来信息不实、价值误读等问题。

综上所述，在大众传播语境下，高校与媒体、公众形成立体交织的话语网络，机构与个人话语互为映照，线上与线下言论相互建构。把握不同传播场域的话语生成逻辑，校政、校媒、校众互动是优化高校网络教育话语生态的必由之路。

四、高校网络教育话语体系的场域特征

高校网络教育话语体系作为一种社会实践活动，其生成、演变与传播无不依赖于特定的社会场域。教育教学、学术研究、大众传播等不同场域基于各自的目标任务、主体构成、资源禀赋共同塑造了高校网络教育话语体系的基本格局。不同场域具有相对独立性，跨界互动、交织融合，使话语体系呈现出鲜明的场域依赖性特征。

（一）主体互动：多元主体在不同场域中展开话语互动

在不同社会场域中，多元主体参与话语互动、展开话语博弈，深刻影响着高校网络教育话语体系的建构进程。在教育教学场域中，教师、学生作为核心主体围绕教学内容开展

师生对话、同伴互助，教学设计者则通过课程资源设置传递特定教育理念，共同塑造着教学场域的话语生态。在学术研究场域中，不同学科背景、研究领域的专家学者就前沿问题、热点话题展开学理探讨，学术期刊编辑、会议组织者则通过议题设置决定学术话语走向。大众传播场域的主体则更加多元化，既有高校官方发布权威话语，大众媒体引导社会舆论，也有学习者晒单分享，自媒体持续发声，多方力量交织激荡，形塑着公众认知。可见，不同场域主体的身份结构、话语资源禀赋各异，主体间动态互动、协商博弈，使高校网络教育话语呈现出多中心、异质性的特点。

（二）功能差异：不同场域中的话语体系承载着不同的功能诉求

由于不同场域的目标指向和角色定位存在差异，其话语实践呈现出不同的功能诉求。教育教学场域的话语体系根植于人才培养实践，始终围绕"培养什么人、怎样培养人、为谁培养人"的根本问题，传递知识技能、价值引领、能力素养培育等育人功能。学术研究场域则服务于学科建设和理论创新，话语体系承载着学理阐释、批判反思、范式创新等学术功能。大众传播场域的话语实践旨在提升社会影响，宣传推广办学理念、树立教育品牌，话语内容更加通俗化，传播方式更加多样化。这种功能指向差异既源于场域自身属性，也受其他场域话语实践的影响。可见，高校网络教育不同话语场域的功能边界是开放、互动的，场域间的良性互动是提升话语功能的重要路径。

（三）语境依赖：话语生成与传播深受所处场域语境影响

场域不仅是话语实践发生的物理空间，也是意义建构的社会情境。高校网络教育话语生成与传播无不受所处语境的深刻影响。教育教学场域依托在线平台，虚拟课堂、教学资源、学习社区等数字化情境介入教学全过程，使教与学的互动更加扁平、开放。学术研究场域营造着严谨求实的学术氛围，学术期刊、学位论文的规范要求与同行评议机制使学术话语更加专业、严谨。在大众传播场域中，网络社交媒体平台的广泛应用让海量信息快速传播，话语生产门槛降低使表达更加自由，但也使得不实信息、情绪化表达时有发生。可见，不同场域基于自身技术条件、资源禀赋、运行规则，营造了各具特色的物理空间、社会情境与价值网络，对话语内容、形式、风格产生着规约和塑造。但随着信息技术变革的加速演进，不同场域间的情境边界日益模糊，语境交叠融合的态势越发明显。

（四）秩序建构：通过场域中的话语互动形成特定话语秩序

高校网络教育话语秩序并非预设，而是在场域主体互动中动态生成的。权力关系、话语规则、话语资本等制约着话语的生产、传播与消费，使之呈现出特定的秩序结构。在教学场域中，教师话语的权威性突出，课堂互动、教学反馈机制则保障了学生的话语权，两者缺一不可。学术话语秩序更多由学术共同体把关、学术规范引导，同行评议、学术不端惩戒等机制维系着学术生态的良性运转[1]。大众传播场域的话语秩序受制于平台算法、议题设置等技术—社会机制，高校、媒体、自媒体、公众分别代表不同的利益诉求，角逐激烈。但值得注意的是，同一个场域的话语秩序并非一成不变，不同主体的话语互动带来秩序的"破"与"立"。高校网络教育话语秩序在不同场域动态演化，未来应进一步增强开放性，搭建多元主体平等对话的桥梁，在博弈碰撞中达成共识、凝聚合力。

（五）动态演变：场域间话语的跨界流动推动体系动态发展

尽管不同场域间存在相对独立性，但话语体系的动态发展离不开场域间的互动融合。一方面，场域间话语要素跨界流动频繁。如教育理念、教学内容等话语要素从教学场域进入学术研究范畴，成为前沿探索的对象；政策导向、社会反馈等话语要素又回流到教学实践中，推动教育活动的优化。学术话语通过大众媒介加工转化，融入公共话语体系。另一方面，不同场域的边界也愈加模糊。现代信息技术打破了教育的时空界限，教学场景不再局限于课堂，师生探讨、学习分享等教育活动无处不在；学术话语从期刊走向社交媒体，传统学术论文与新媒体出版融合发展；新闻、评论、访谈等传统大众传播方式与网络直播、短视频创作交相辉映；国家教育政策制定更加开放，吸纳高校、企业、社会力量广泛参与。可见，高校网络教育话语体系的动态发展有赖于场域的互联互通、资源整合，话语要素重组与场域边界重构并行发展。

综上所述，高校网络教育话语体系根植于多元社会场域，不同场域基于自身目标任务、情境语境、主体构成展开复杂的话语实践，呈现出主体互动、功能差异、语境依赖、秩序建构、动态演变的鲜明特征。不同场域的功能指向、情境特点各异，但也呈现出开放互动、边界重构的新态势。话语体系的系统观与场域观为破解高校网络教育发展难题提供了新思路。未来应立足教育本质，坚持以人为本、因材施教，构建更开放、多元、智能的话语互动环境。

---

[1] 于洪涛.基于雨课堂的高校智慧教学五步法探究——以"网络教育应用"课程为例 [J].现代教育技术，2018，28（9）：54-58.

第四章 高校网络教育话语体系的特征解析

第一节 学理性：体现高等教育教书育人规律

一、高校网络教育话语体系与高等教育教书育人规律

高校网络教育作为新时代教育事业的重要组成部分，其话语体系建设必须与高等教育固有的教书育人规律相契合，充分体现教育教学的学理性特征。科学界定网络教育话语体系的内涵与功能，全面把握高等教育教书育人 的基本规律，是网络教育话语体系彰显学理性的必要前提[1]。只有紧密联系教育实践发展需求，将学理性有效融入话语体系的构建之中，才能为新形势下的教育语言表达注入理性的学术力量。

（一）高等教育教书育人的一般规律

作为一种特殊的社会实践活动，高等教育在长期的发展历程中逐步形成了一系列教书育人的基本规律。这些普适性原理和结构性理论不仅是高等教育实践的内在基础，也构成了高校教学语言话语体现学理性的根本遵循。

首先，坚持理论联系实际是高等教育必须遵循的基本原则。高等教育肩负着传播人类文明、培养高层次人才的使命，教书育人过程中必须遵循将理论知识有效转化为实践能力的基本规律。这就要求在教学中既要系统讲授学理知识，又要加强实践环节的训练和锻炼，实现理论指导实践、实践丰富理论的有机统一。

其次，高等教育必须注重启发式、探究式教学方法的运用。有别于基础教育的以知识传授为主旨，高等教育更加注重培养学生独立思考、独立探究、提出创见的能力。这就要求教学必须尊重受教育者的认知主体地位，突出知识获得过程和方法论的重要性，以增强自主学习能力，激发求知探究的主动性和创造性，适应现代教育发展形势。

再次，因材施教、教学相长是高等教育必须遵循的重要原则。有别于普及性教育，高

---

[1] 樊文强，刘晓镜. 美国高校网络教育组织模式的多样性研究 [J]. 开放教育研究，2010，16（2）：105–112.

等教育更加强调分类指导、个性培养。这就要求教书育人过程中要密切关注学生的知识水平、能力结构和个性差异，尊重其多元化发展需求，鼓励因人而异设计培养方案，实现师生共同成长。

最后，高等教育必须践行全面发展、德智体美劳育并举的教育方针。高等教育旨在培养德才兼备的高素质人才，教书育人过程必须着眼于学生的全面发展，在思想道德、文化科学、劳动实践、身心健康、审美情操等方面予以综合培养，促进学生形成良好的品格修养。

综上所述，坚持理论实践相结合、注重启发探究、因材施教、促进全面发展等，构成了高等教育教书育人所必须遵循的一般规律。这些规律是高校网络教育话语体系建构必须遵循的，只有尊重教育固有的学理性特点，才能确保网络教育话语的科学性、规范性和指导性。

（二）高校网络教育话语体系彰显学理性的必要性与可能性

将高等教育的学理性融入网络教育的话语体系建设中，是实现教育内涵发展与形式创新的必然要求，也是促进网络教育高质量发展的现实需要。这种融合不仅存在现实必要性，而且具有充分可能性。

从必要性来看，首先，学理性融入有利于彻底扭转违背教育规律的教条主义倾向。当前部分网络教育话语存在着理论与实践脱节、注重技术轻视教育教学等问题。将高等教育学理性融入话语体系建设，重视启发式教学、全面发展等教育原理，能够有效纠正简单机械理解网络教育、盲目迷信科技手段等偏差，帮助网络教育重新立足于教育的本质属性和价值追求。其次，网络教育领域存在诸多教育教学前沿难题，亟须学理性话语体系展开理论赋能[1]。例如，如何规避网络教育中的道德风险、如何避免网课中单向输出信息流、如何突破网络教育的地域和阶层差异等问题，都需要依托高等教育教书育人的经验理论来寻求破解之道。高校网络教育话语体系的建设需要从学理层面吸纳先进理念，及时解决新问题。

从可能性来看，学理性高校网络教育话语体系的构建可以为中国特色现代化教育道路提供有力支撑。新时代教育强调为人民服务、为中国共产党治理服务、为巩固和发展中国特色社会主义制度服务。高校网络教育话语体系的学理化，能够凝练中国特色教育的经验成果，形成本土化、原创性的教育理论，为推动教育现代化、实现教育强国目标提供理论指导。

总之，高校网络教育话语体系必须与高等教育教书育人的一般规律充分契合，体现其应有的学理性特征。学理性融入不仅是现实发展的必然要求，也是突破教条主义误区、支撑教育创新发展的重要路径。只有不断凝练中国智慧、提升理论品质，才能增强网络教育

---

[1] 高国元，张景生，洪智凤.隐性知识及其在网络教育中的传递[J].电化教育研究，2008（3）：45-49.

话语体系的吸引力、说服力和影响力。

二、教育传播学：高校网络教育话语是集教育性与传播性于一体的教学体系

高校网络教育话语体系融合了教育性与传播性两大本质属性，是一种兼具教学与传播功能的独特话语形式[1]。作为教学话语，其必须遵循教育教学的理论与原则，而作为传播话语，它又应顺应传播学规律和大众接受习惯。教育性与传播性的统一，决定了高校网络教育话语在建构过程中必须协调好两者关系，体现二者有机结合的学理特征。

（一）符合受众特点，关注网络教育学习者认知规律

坚持以学习者为中心，迎合学生群体的认知特点和学习偏好，是网络教育话语教育性的集中体现。高校网络学习者通常具有一定的自主学习能力，其认知也相对成熟。网络教育话语的内容选择应当体现"认知觉醒"原则，提供具有一定挑战性、思维开放性的学习材料，满足高年级学习者不断探究、追根溯源的学习诉求。同时，还要注意在话语形式设计上吸收网络学习者的优点。大多数网络学习者习惯了视觉化、多媒体的信息接收方式，对活泼生动的形式更容易接受。因此，网络教育话语需要在表达形式上进行多元化创新，以动画、微视频等受众喜闻乐见的方式展现知识内容，增强话语感染力。此外，由于网络教育话语内容的密集性，需要考虑网络学习者注意力相对分散的特点。在实践教学中适当插入有趣的故事情节或精彩实例，并通过交互式、虚拟实境等来增强学习体验，可以有效培养网络学习者的持续专注力，形成持久、深刻的学习记忆。

总之，高校网络教育话语要体现教育性，必须以学习者为本，深入研究网络受众独特的认知规律和学习习惯，并在内容和形式设计上给予充分关注，才能真正确保教学话语的针对性和实效性。

（二）引导学习行为，激发学习兴趣，促进学习迁移

作为一种教学话语，高校网络教育话语的终极目标是引导和激发学习行为，最终实现知识技能的内化和迁移。网络教育话语在兼顾传播性的同时，更要注重获得良好的教育教学效果。

首先，网络教育话语应当为受教育者指明学习方向，合理引导学习进程。针对高校网络课程、线上答疑等教学活动，话语设计要为学生规划合理的学习路径，协助梳理知识框架和重难点内容，确保学生在网络虚拟环境中能够保持有序、高效地自主学习。

其次，网络教育话语要具备激发学习兴趣、调动学习积极性的感染力。针对充满求知

---

[1] 梁建. 网络教育的发展与思考 [J]. 中国教育学刊，2001（1）.

欲望的高校学生群体，话语内容要体现前瞻性、探索性、思辨性等，激发学生的学习主动性和好奇心。话语形式要生动有趣，充分调动学生的多重感官，帮助学生在轻松愉悦的情绪中完成学习。

最后，学习知识的最终目的在于实践应用和能力提升。高校网络教育话语不应局限于理论阐述，而要更多地渗透理论联系实际、学以致用的理念。如设置真实情境体验、案例式情境模拟等，让网络教育话语与实践应用无缝衔接，促进学习内容向实践技能的转化。

总之，教育性与传播性的平衡统一是高校网络教育话语的应有之义。要在不偏离教育教学规律的同时，兼顾话语的传播魅力，真正实现寓教于乐。只有关注学习者认知规律、激发学习兴趣、指引学习方向、促进学习迁移，网络教育话语才能真正发挥出教学与传播的双重功能。

三、网络教学设计：高校网络教育话语体现教学设计理念

高校网络教育话语与传统课堂教学话语存在明显差异，其生成和组织均应遵循网络教学设计的基本理念和流程[1]。作为体现学理性的重要方面，高校网络教育话语体系的构建需要融入系统化的教学设计环节，服务于教学目标的实现，并在话语逻辑架构中充分反映教学设计思路，确保话语内容符合网络学习的客观规律。

（一）话语生成融入教学设计环节，服务教学目标达成

网络教育话语体系的生成应当全面融入网络教学设计的各个关键环节，为实现预期的教学目标提供必要的语言支持和话语保障。

首先，在教学分析阶段，话语内容的生成应当以学习者和学习情境为依据。网络教育所面向的学习群体具有多元差异性，话语内容的设计必须充分考虑学习者的知识基础、认知能力和学习偏好等因素，做到有的放矢、因材施教。同时，话语形式的设计也需要充分考虑网络学习环境、互动方式等情境因素的影响。只有紧密联系教与学的实际，话语体系才能适应学习需求，发挥实际效用。

其次，在明确教学目标时，网络教育话语的生成者必须准确把握知识目标、能力目标和情感态度目标，并据此设计话语表达的路径和重点。一方面，针对理论知识的话语表达要突出对核心概念、原理的阐释，做到逻辑清晰、层次分明；另一方面，也要将职业技能、创新思维等实践性目标纳入话语表达范畴，并适当穿插育人元素。通过围绕教学目标进行系统设计，可以实现知识传授与价值引领的有机统一。

---

[1] 李爽，唐雪萍，张文梅，陈丽，赵宏.高校网络教育公众认知和态度分析 [J]. 中国远程教育，2021（8）：21-30，76-77.

再次，教学策略的选取直接决定了话语体系的类型与呈现方式。例如，采用情境教学策略，就需要在话语中精心设计问题情境、典型案例；采用发现学习策略，就要力求设计引导学生探究的启发性话语。不同教学策略，对网络教育话语内容如何围绕教学目标展开创设提出了不同要求。

最后，在形成性评价和总结性评价中，教学话语同样发挥着关键作用。针对不同教学环节而设计的评价性话语，可以为学生提供必要的反馈和总结，并对后续学习进行预期引导和精神激励。教学话语的评价功能需要在教学设计之初就予以统筹考虑，以确保话语体系在教学活动中的前后贯通。

（二）话语组织反映教学设计流程，利于师生教学互动

优秀的网络教育话语体系不仅要嵌入教学设计的各个环节中，其组织方式更要合理体现教学设计的逻辑流程，从而为网络教学的有序开展提供语言支持和话语引导。

首先，话语内容组织应当严格遵循认知规律和教学原理，对学习内容进行科学合理的编排。存在内在联系的知识点要体现出清晰的逻辑关系，整体难度要由浅入深、循序渐进，最终形成系统完整的知识框架[1]。在话语内容的设计中，高校网络教育工作者需要充分把握知识本身的认知结构，合理确定话语的先后顺序，实现不同知识单元之间的顺畅过渡。

其次，话语内容组织还应生动再现学习活动的过程性特征，充分体现教学设计的完整流程。在话语组织形式上可以借鉴探究学习等流程模型，设置引起动机、探究活动、知识内化、评价反馈等基本教学环节。通过在话语表达中对流程的模拟再现，教师的主导性话语和学生的参与性话语就能自然产生互动，有利于营造良好的课堂氛围。

再次，针对网络教育的技术特点，话语组织还要考虑人机互动、智能辅助等因素的影响。在话语内容设计中可以适当融入常见问题解答、虚拟助教等元素，增强人机互动的自然性和流畅性。同时，借助大数据技术分析师生的在线学习行为，可以为话语内容的及时完善提供依据，不断提高话语的针对性和适配性。

最后，评价性话语要充分融入整个学习过程之中。在课堂教学中，可以通过设置小结评价性话语促进师生及时互动与反馈；在课程收尾阶段，总结性评价话语的合理安排则有助于引导学生进行自我评价和反思改进[2]。评价性话语在教学流程中的穿插与衔接，可以更加完整地再现网络教学设计的整体面貌。

总之，高校网络教育话语体系的生成与组织直接体现了教学设计思想的精髓。基于认知理论和教学原理，网络教育话语要按照教学设计环节的内在逻辑进行系统创设，并在学

[1] 武法提. 网络教育研究中的基本问题 [J]. 北京师范大学学报（社会科学版），2006（2）：17-22.
[2] 王国川. 高职教育与网络教育专业（课程）之间学分互认探索 [J]. 高教探索，2014（6）：148-151.

习活动进程中合理组织话语单元，方能有力支持教学目标的高效达成，切实提升师生教学互动水平。

四、学习科学：高校网络教育话语应符合学习者的身心发展规律

高校网络教育话语体系建设必须与学习科学研究相结合，全面贯彻以学习者为中心的理念，遵循学习者认知发展和心理成长的客观规律，为学生的有效学习创造有利条件。将学习规律有效融入网络教育话语设计之中，对于最大限度地调动学习者的积极性，切实提升教学实效具有重要意义。

（一）话语呈现方式契合学习者认知规律

人类头脑对信息的获取和加工存在一定的认知规律，高校网络教育话语的表达方式应当遵循这些规律，以优化话语的呈现效果，增强信息的传播力和学习的针对性。

首先，要注重话语呈现方式与学习者注意力分配规律的契合。学习者在同时处理多个信息源时，其注意力资源往往十分有限。因此，网络教育话语在设计时应当言简意赅，以免分散学习者的注意力，加重其认知负荷。同时，还要合理把控不同感官信息的呈现顺序，防止多种感官刺激同时出现导致注意力过载。

其次，高校网络教育话语要考虑学习者的感知加工和记忆存储规律。根据认知加工理论，学习者的大脑会先对感知信息进行表层加工，再针对其意义进行深层次的加工与概念建构。因此，在话语呈现中，要注重运用图像、图表等直观表现方式，以便学习者首先将注意力集中于所学知识点，为后续的深层认知奠定基础。

最后，网络教育话语的组织方式还应顺应学习者长时记忆的特点，如采用叙事结构等人类易于接受的话语模式，更有利于学习内容被长期记忆。话语内容的编排顺序也要遵循认知规律，注重新旧知识的关联，加强知识点之间的衔接与递进，使之更容易形成系统的认知体系。

总之，网络教育话语的设计应当深入吸收认知科学、教育心理学、脑科学等多学科的研究成果，力求话语呈现方式与真实的认知加工及存储过程相契合，切实减轻学习者的认知负荷，最大限度地提高学习效率。

（二）营造良好学习情境，促进意义建构，唤起情感体验

虽然网络教育环境具有虚拟性，但绝非真空状态，学习者的知识建构与其所处的学习情境是密不可分的[1]。因此，高校网络教育话语体系应当致力于营造良好的学习情境，帮助

---

[1] 唐诚. 网络环境下高校英语专业词汇学习策略研究——评《全国高校网络教育大学英语词汇必备手册》[J]. 新闻爱好者，2019（7）：107.

学习者主动建构知识意义，引发其丰富多彩的学习情感体验。

首先，高校网络教育话语不应仅局限于概念的解释阐发，更应大力渗透真实情境因素，为学习者提供情境意义建构的支架。在话语内容中可以适时穿插典型案例、生动实例，设置鲜活的问题情境。在话语形式上也可采用虚拟仿真、情景模拟等，让学习者身临其境地感知工作环境。在丰富的情境线索映衬下，学习者能够结合已有的认知经验，更加主动地展开意义建构，从而实现知识向实践的灵活迁移。

其次，高校网络教育话语还应积极营造互动交流的学习情境，为学习者创造协作探究的机会[1]。教师可以利用网络优势，在班级论坛、小组讨论等环节，通过话语互动引导学习方向，点拨讨论重点，鼓励学生畅所欲言，分享个人观点感悟。在轻松、平等的话语氛围中，学习者能相互启发、彼此借鉴，共同构建对知识更加深入的理解。

最后，高校网络教育话语还应注重激发学习者积极向上的情感体验。可以通过设置感人的故事情节、呈现楷模典型等方式，将知识性话语与情感因素交织在一起，唤起学习者的理想信念和远大志向。与此同时，话语表达中也要充分展现师生情谊，对学习者的学习付出给予肯定和赞扬，帮助其获得学习乐趣。在这种积极情感氛围的感染下，学习者的求知热情和精神境界必将得到极大提升。

综上所述，高校网络教育话语体系建设需要全面融入学习科学理论的指导，在优化话语呈现方式、契合学习者认知规律的同时，还要着力为学习者营造良好的学习情境，促进知识意义的主动建构，培育积极向上的情感体验，真正实现知识、技能、情感在学习中的完美融合，最终实现全面发展的人才培养目标。

五、话语内容的科学性：遵循教育教学规律选择话语材料

随着现代信息技术的迅猛发展，网络教育在高校教育体系中的地位日益凸显。构建富有感染力和说服力的网络教育话语体系，不仅事关教学效果的提升，更关乎高等教育变革创新的前景。

（一）话语内容选择把握学科前沿，符合学科发展逻辑

高校网络教育承担着满足学习者知识需求的重任，因此话语内容的选择首先应把握学科发展的前沿动态。一方面，高校网络教育要密切跟踪学科领域的最新科研成果和理论进展，及时将前沿知识引入教学内容，不断拓展学习者的知识视野；另一方面，高校网络教育还要深入分析把握学科发展的内在逻辑，从知识体系构建的高度来统筹规划话语内容，使之

---

[1] 程斯辉，曹靖．网络教育形象忧思——关于网络负面教育新闻过量的分析 [J].教育科学研究，2014（11）：5-15.

充分体现学科的基本规律和未来趋势。唯有立足学科前沿、把握学科脉络，网络教育话语才能彰显鲜明的时代性和前瞻性，更好地激发学习者的探究热情，引导其开展深度学习。

高校还应积极关注不同学科之间的交叉融合，大力探索跨学科话语内容的构建。随着现代科技的飞速发展，诸多重大科学问题和现实难题已不能局限于单一学科的研究视角，而是需要多学科知识的综合运用[1]。因此，在网络教育话语内容的选择上，要突破学科壁垒，重点挖掘不同学科的契合点，加强跨学科知识整合，引导学习者形成全局性、系统性的思维模式，提升分析问题和解决问题的综合能力。

（二）知识话语体系的组织严谨科学，利于知识建构

有别于传统课堂教学，网络教育更加强调学习者的自主探究和主动建构。为帮助学习者构建完整、系统的知识体系，网络教育话语在内容组织上必须科学严谨、逻辑清晰。一是要充分体现知识的系统性，将零散的知识点有机串联，形成相对完整的知识单元，并在不同单元之间建立内在联系，使学习者更容易把握知识脉络。二是要突出知识的层次性，区分基础知识和拓展知识、理论知识和实践知识，并结合学习者的认知规律，合理设置话语内容的难度梯度，循序渐进地引导学习者不断深化认知。三是要注重话语逻辑的递进性，做到环环相扣、层层深入，避免出现论证跳跃或前后矛盾，切实减轻学习者的认知负荷，有效提升学习效率。与此同时，高校网络教育还要重视对学习者原有知识经验的激活。建构主义学习理论指出，知识并非简单从外界获得的，而是学习者在原有认知基础上，通过主动建构而形成的。因此，在话语内容组织中，教师要充分考虑学习者的知识储备，精心设置与其认知结构关联的情境，采取多种方式唤醒其已有的知识和经验，进而为新知识的建构奠定基础。在此过程中，要鼓励学习者提出疑问，引发思考，培养批判性和创新性思维，促进知识的内化吸收和灵活运用。

综上所述，高校网络教育话语内容的选择必须遵循教育教学规律，切实体现科学性和严谨性[2]。在内容选择上要紧跟学科前沿，把握学科发展脉络；在内容组织上要彰显知识的系统性、层次性和逻辑性，有利于学习者开展知识建构和深度学习。只有持续提升话语内容的科学品质，才能为网络教育注入新的活力，推动高等教育变革不断向纵深发展。

六、话语风格的亲和性：平等互动的话语风格拉近师生距离

有别于传统课堂教学，高校网络教育的一大显著特点就是师生互动方式更加多元和频

[1] 兰明尚. 新时代高校网络教育主导权构建研究 [J]. 学校党建与思想教育，2019（20）：71-73.

[2] 张鸿军，乔贵春. 师范生网络教育资源平台建设研究——南阳师范学院实践的视角 [J]. 中国电化教育，2014（11）：85-89.

繁。在网络环境中,教师不再是高高在上,而是要与学生构建起更加平等、互信的关系。因此,网络教育话语风格的亲和性就显得尤为重要。平等互动的话语风格有助于拉近师生之间的距离,营造轻松愉悦的学习氛围,从而切实提升教学效果。

(一)话语表达风格亲切自然,增强学习者的心理认同感

在传统课堂教学中,教师的话语往往带有浓厚的权威色彩,容易给学生带来一定的心理压力。而在网络教育中,教师更应采用亲切、自然的话语表达风格,消除师生之间的隔阂,增强学习者对教学内容的心理认同感。一方面,教师要善于运用口语化、通俗易懂的表达方式,使用贴近学生生活实际的语言,避免过于刻板生硬的说教方式。同时,话语中适当穿插幽默、风趣的元素,以活跃课堂气氛,吸引学生注意力。另一方面,教师在表达观点看法时,要充分尊重学生的想法,鼓励学生畅所欲言,通过平等交流达成共识。这种充满亲和力、包容性的话语风格,有助于消除学生对教师的陌生感和畏难情绪,产生心理认同,更好地投入学习过程中去。教师还要注重个性化的话语表达,这是由于不同学生在知识基础、学习风格、认知特点等方面存在差异,教师在与学生的话语互动中要做到因材施教,对不同学生给予恰如其分的引导和帮助。通过个性化的话语表达方式,可以让学生更多地感受到教师的关注和重视,从而有助于建立融洽、良好的师生关系,激发学生的学习积极性。

(二)塑造平等互信的师生关系,激发学习者主动学习的热情

网络教育打破了时空界限,为师生之间更加频繁、直接地互动交流提供了广阔空间。教师如何通过话语互动塑造平等互信的师生关系,对于调动学习者的学习热情具有关键作用[1]。首先,教师要秉持民主、开放的理念看待师生关系,摒弃传统的师道尊严观念,通过真诚、坦率的话语方式与学生平等交流,赢得学生的信任和尊重。其次,教师要善于倾听,并充分尊重学生提出的意见和建议,通过互动交流及时了解学生的学习诉求,并据此调整完善教学策略。最后,教师要积极鼓励学生大胆表达观点看法,努力营造宽松、平等的话语氛围。即便学生的某些观点存在偏差,教师也要耐心引导,给予积极正面的反馈,帮助学生增强表达自信。在平等互信的师生关系中,学生更容易对教学内容产生情感依附,形成良性互动。教师可以通过启发诱导的话语方式,引导学生主动思考问题,激发其探究欲望;通过鼓励赞美的话语,肯定学生的学习进步,增强其自信心;通过有针对性的话语指导,帮助学生克服学习困难,提升自主学习能力。在这种润物无声的话语感召下,学生对学习的主动性和热情必将持续提升。

---

[1] 贺万霞,陈青,姚中锐,等.网络学院辅导教师培训现状调查研究 [J].中国远程教育,2012(8):60-64,96.

总之，在高校网络教育中营造的这种平等互动的话语风格，对于拉近师生距离，激发学习热情，推动学习者的全面发展具有重要意义。教师要通过亲切自然的话语表达增强学生的心理认同感，运用民主、开放的话语理念塑造平等互信的师生关系，进而最大限度地调动学生学习的积极性。唯有持续提升网络教育话语的亲和力，才能为学生营造轻松愉悦的学习氛围，助力其成长成才。

七、话语方式的多样性：多元话语方式促进学习者能力全面发展

随着现代信息技术的迅猛发展，网络教育已成为高校人才培养体系中不可或缺的重要组成部分。与传统课堂教学相比，网络教育拓展了教与学的时空边界，也为教学话语方式的创新变革提供了广阔空间[1]。因此，如何在网络教育中创新运用多样化的话语方式，已成为提升教学实效的关键所在。

（一）运用多种话语方式激发学习兴趣，满足学习者个性化需求

学习兴趣是推动学习的重要内在动力。在网络教育中，教师运用多种多样的话语方式，能够有效激发学生的学习兴趣，提高其课堂参与度和学习投入度。一方面，教师可以借助网络平台上丰富的教学资源，采用图文并茂、音视频结合等多媒体话语方式，将枯燥抽象的知识转化为生动形象的呈现，吸引学生的注意力。例如，通过动画演示、虚拟仿真等技术手段，将理论概念或原理直观化，以加深学生理解；通过案例分析、情景模拟等互动性话语，将知识与现实应用紧密结合，引导学生主动开展探究。另一方面，教师要根据学生的认知特点和学习风格，灵活运用不同的话语策略，做到因材施教。有的学生喜欢系统严谨的理论阐述，有的学生偏好生动直观的比喻示例，有的学生则擅长从具体经验中归纳总结。教师要针对不同学生的个性化需求，及时调整话语方式，提供个性化的学习支持和指导，从而最大限度地调动其学习积极性。此外，网络教育还为学生提供了广泛参与话语建构的机会。学生不再是被动的知识接受者，而是能够通过网络平台与教师、同伴展开多向互动交流。教师要积极鼓励学生畅所欲言，大胆表达自己的观点看法，引导学生通过头脑风暴、小组讨论等协作式话语方式，碰撞出思想火花，加深对知识的理解。在平等互动的过程中，学生的语言表达能力、批判性思维等能得到有效锻炼，主动学习的意识也会随之增强。

（二）整合多模态话语资源，培养学生多元智能，促进全面发展

网络教育为多模态话语资源的整合创造了有利条件，教师应当充分利用网络优势，综合运用多种话语方式，培养学生的多元智能，促进其全面发展。多元智能理论认为，人的

---

[1] 吴峰，王辞晓.五种不同模式下学习者在线学习动机测量比较 [J].现代远程教育研究，2016（1）：78-84，95.

智能是多样的，包括语言智能、逻辑数学智能、空间智能等。传统教学往往侧重语言和逻辑数学智能的培养，而忽视了其他智能的开发。网络教育则为发展学生多元智能提供了更为广阔的空间。例如，通过视频演示、动画模拟等直观形象的话语方式，可以培养学生的空间智能；通过音乐、朗诵等艺术性话语，可以开发学生的音乐智能和语言智能；通过小组协作、角色扮演等互动性话语，则有利于提升学生的人际智能和自我认知能力。同时，教师还要注重多模态话语资源的有机整合，发挥协同效应。单一的话语方式往往难以全面阐释知识的丰富内涵，而多种话语方式的综合运用则能产生"1+1>2"的效果。例如，在讲解某个知识点时，教师可以先通过文字解释阐明其基本内涵，再辅以图示呈现内部结构，并穿插相关案例加以分析，最后通过播放微视频巩固拓展。通过不同话语方式的有机结合，学习者能在听、说、读、看、演等多种感官体验中习得知识、内化技能，从而实现全面发展。

总之，在高校网络教育中，教师应积极探索并创新运用多元话语方式，以激发学生的学习兴趣，满足其个性化学习需求。同时还应整合多模态话语资源，培养学生的多元智能，促进其全面而富有个性的发展。唯有紧跟信息时代的发展步伐，不断创新话语方式，才能真正彰显网络教育的独特优势，有效提升人才培养质量。

第二节　互动性：体现师生交流互动、共建共享

一、高校网络教育话语互动性的理论阐释

与传统课堂教学不同，网络教育突破了时空界限，为师生互动提供了更加便捷、多元的渠道。话语互动作为网络教育中的关键要素，对学习者的知识建构和能力提升具有重要影响。

（一）互动学习理论：互动是意义构建与知识内化的关键

互动学习理论强调学习者在与环境、他人的互动中建构知识。教育互动包括学习者与教师、学习者与学习内容、学习者之间三种类型。这三种互动相辅相成，共同促进学习者的认知发展。其中，学习者与教师的话语互动最为重要。通过与教师的对话交流，学习者能够清晰模糊认知，获得及时反馈，从而深化对知识的理解。"最近发展区"理论也指出，学习者在与他人的互动中，在教师和同伴的帮助下，能够突破现有认知水平，实现更高层次的发展。可见，话语互动为学习者搭建了意义协商的桥梁，帮助其内化新知，实现认知升级。

在网络教育中，教师通过启发式提问、头脑风暴等互动话语策略，引导学生积极思考，学生通过聊天室、讨论区、博客等平台，与教师、同伴展开探究对话。这种跨时空、多方参与的话语互动打破了传统课堂的单向知识传递模式，激发了学生的表达欲和批判性思维，使学习由"接受式"转向"生成式"[1]。可以说，在高校网络教育情境下，话语互动的广度和深度优于传统教学，师生在交互对话中不断调整认知结构，重组知识谱系，形成更加多元、深刻的理解。

（二）社会建构主义学习理论：话语互动促进学习者主动建构知识

社会建构主义学习理论认为，知识不是客观存在的，而是学习者在与他人互动中主动建构的。建构过程是学习者根据自身经验，通过与人协商、对话，不断调整已有认知图式，从而生成新的理解。这一理论为网络教育的话语互动性提供了重要理论支撑。话语互动是学习者参与知识建构的重要方式，生成性话语有助于学习者整合、拓展认知，形成个人化的知识表征。在网络教育中，多样化的话语互动方式为学习者搭建了开放、平等的对话平台，让学生能够畅所欲言，表达独特见解，在头脑碰撞中加深思考、凝练观点，实现知识意义的主动建构。

此外，社会建构主义还强调互动情境和学习共同体的作用。学习共同体是指学习者围绕共同目标展开对话交流、相互激励的群体。在网络教育中，学习者利用虚拟课堂、直播研讨等方式，与地域、文化背景各异的同伴展开跨界对话，在开放、多元的话语互动中，接纳差异性观点，协商知识意义，形成学习共同体。学习共同体为知识建构营造了良好的情境，使学习成为师生、生生之间互动交流、协作探究的过程。学习共同体的话语生态有利于克服网络环境的隔离感，打造身临其境、如沐春风的学习体验。

（三）联通主义学习理论：话语互动形成动态知识网络，利于知识生成

联通主义学习理论认为，学习是一个联通专门信息节点或信息源的过程，学习者通过对不同观点的选择性连接，建构个人知识网络。在数字化时代，知识呈现为网状分布的动态信息流，学习者需要在与人、物的互动中，捕捉有价值的信息，形成互联互通的知识谱系。这一理论对认识网络教育中的话语互动性具有启发意义。在网络空间中，话语呈现出去中心化、碎片化特征，学习者置身于海量信息之中。教师和学生通过弹幕、话题讨论等互动方式，对分散的知识进行梳理、连接，激活认知节点，最终形成系统、连贯的知识图景。在这一过程中，话语互动成为连接认知节点的纽带，推动个体知识体系向集体知识网络的跃升，使学习成为动态生成的过程。同时，联通主义强调学习者的自主性和学习共同体的

---

[1] 吴翔. 网络教育素材使用中的著作权权利限制问题及解决思路 [J]. 东南大学学报（哲学社会科学版），2023，25（S2）：124-127.

作用。学习者根据兴趣、需求主动发起对话，与知识、伙伴建立连接。学习共同体则成为知识萃取与创新的载体，成员在头脑风暴、集体讨论中交换观点、融合认知，带来集体智慧的涌现。在此意义上，网络教育中的话语互动性具有赋能、集智的功能，使学习者跨越时空界限，连接认知节点，生成新知。由此可见，联通主义为厘清网络教育话语互动性与知识生成的内在机制提供了崭新视角。

综上所述，互动学习理论、社会建构主义学习理论和联通主义学习理论从不同侧面揭示了高校网络教育中话语互动性的本质和功能，三大理论相互补充、彼此映照，共同为理解高校网络教育话语互动性提供了理论依据。

二、话语生成的互动性

话语生成的互动性是网络教育的显著特征，体现在话语选材、话语设计和话语生成过程多个环节。

（一）话语设计融入师生互动环节，话语形式灵活多样

网络教育丰富的技术手段为话语形式设计带来了更多可能。教师可以充分利用信息技术，将师生互动融入话语设计之中，创设多元化的话语互动形式，提高学习者的参与度。例如，教师可以利用在线投票、头脑风暴等工具，在话语呈现过程中穿插师生互动环节。学生通过实时反馈、头脑碰撞参与话语的生成，成为话语意义建构的主体。再如，教师可以设计任务驱动型的话语情境，布置小组协作任务，引导学生通过小组讨论、案例分析等互动方式完成话语建构。师生、生生之间的多向互动使话语形式更加灵活多变，突破了单向灌输的限制。

（二）话语生成过程师生协商互动，凸显教学民主

网络教育中话语的生成是一个开放、协商的过程，师生之间平等互动，共同推进话语的发展。不同于传统教学中教师主导话语权的模式，网络教育赋予了学生更多话语表达的机会，师生地位更加平等。在话语生成过程中，教师与学生频繁互动、积极对话，观点碰撞交融，话语内容不断深化。例如，学生可以通过在线论坛、弹幕等方式对教师的话语表达提出质疑和看法，教师则及时给予回应和指导。师生围绕话语内容展开探究性对话，在合作互动中加深理解、凝练观点。生生之间也可以就话语主题展开交流辩论，在多元观点的交锋中实现认知升级。话语生成过程的协商互动彰显了网络教学的开放性和民主性，有助于构建良性师生关系。

综上所述，网络教育中话语生成呈现出鲜明的互动性特征，师生共同参与话语选材、

话语形式设计融入互动环节、话语生成过程师生协商互动等都体现了教学方式的变革。

三、话语传播的互动性

（一）依托网络平台，打造师生话语互动、交流、反馈的虚拟环境

高校网络教育通过构建网络教学平台，为师生互动搭建了虚拟环境，使话语传播突破物理空间的束缚，呈现出开放、灵活、多向的特点。一方面，网络平台集合了在线答疑、讨论区、直播互动等功能，为师生互动交流提供了便捷渠道。教师可以利用平台工具，与学生展开同步或异步互动，及时解答学生疑问，引导学生思考。学生也可以通过平台随时表达观点看法，分享学习心得，与教师、同伴积极互动。另一方面，网络平台还提供了学习数据统计、在线测评等功能，教师能够据此掌握学生的学习进度和效果，从而调整教学话语，给予有针对性的指导[1]。学生也可以通过平台获取及时反馈，客观评估自己的学习状况。师生之间频繁、及时的话语交互有助于建立良好的师生关系，营造积极的学习氛围。

（二）利用社交媒体，拓展教学话语传播渠道，促进课内外互动

社交媒体是网络教育话语传播的重要渠道和载体，对拓展教学话语的传播范围、促进师生课内外互动具有独特价值。一方面，社交媒体打破了课堂教学的时空边界，教师可以利用微信群、QQ群、微博话题等，将教学话语从课内延伸到课外，引导学生在更广阔的语境中学习与实践。学生也可以通过社交媒体随时与教师、同学交流互动，共享学习资源，碰撞思想火花；另一方面，社交媒体营造了轻松、活跃的互动氛围，有助于拉近师生距离、增进了解。教师可以利用朋友圈、公众号等分享个人见解、学习心得，展现真实、立体的教师形象。学生通过点赞、评论、转发等方式表达看法，与教师形成良性互动。课外的社交互动有利于巩固课堂教学效果，拓展学习话语的深度和广度。

综上所述，网络教育话语传播互动性的不断增强，使师生关系更加平等，教学过程更加开放，学习体验更加丰富，有力推动了教与学方式的变革。

四、话语效果的互动性

话语互动不仅能加深对教学内容的理解，促进知识的内化，还能培养学习者的协作精神和问题解决能力，激发其内在学习动机。

（一）师生话语互动强化教学内容理解，增强知识建构效果

在网络教育中，师生话语互动是促进教学内容理解、增强知识建构效果的重要途径。

---

[1] 汪小刚. 网络教育资源建设的发展性问题与对策 [J]. 中国电化教育，2007（9）：52-55.

一方面，教师通过启发式提问、案例分析等话语策略，引导学生积极思考，利用已有知识经验，加深对新知的理解。例如，教师在讲解概念时，可以抛出开放性问题，鼓励学生畅所欲言，表达自己的见解。在学生回答的基础上，教师再进行梳理、补充，帮助学生厘清概念内涵。学生在积极参与的过程中，不断调整自己的认知结构，形成完整、准确的知识表征。另一方面，学生通过提问、质疑等话语互动方式，主动向教师寻求帮助，清晰模糊认知。教师则给予及时的回应和指导，帮助学生突破认知障碍。师生在问答交流中不断调整话语表达，协商知识意义，最终达成理解上的一致。教师还可以设置开放性问题，引导学生进行探究式学习。学生通过查找资料、小组讨论等方式，积极构建知识意义。师生之间以问题为中心的话语互动，能够帮助学生掌握知识重点，触发更高层次的思考，实现知识的深度理解和灵活运用。

（二）生生话语互动加强协作探究，提升问题解决能力

在网络教育中，生生话语互动是发展学习者协作意识、提升问题解决能力的有效手段。一方面，学习者通过头脑风暴、小组讨论等协作式话语互动，就问题展开深入探讨，相互启发、互补不足 [1]。在集体智慧的交流碰撞中，个体认知局限被突破，思维视野得以拓展。学习者还可以通过案例分析、项目合作等任务驱动型话语活动，在真实情境中应用所学知识解决实际问题。在协作攻关的过程中，学习者通过角色分工、相互补位、优势互补、相互促进，最终完成知识整合与问题解决。另一方面，学习者在话语互动中学会倾听不同观点，尊重差异见解，培养批判性思维和宽容意识。面对复杂的问题，学习者敢于质疑权威、挑战传统，通过理性讨论形成独到见解。生生互动还营造了支持性、友好型的学习氛围，学习者在交流分享中培养学习自信，激发创新潜能。同伴压力和集体荣誉感促使学习者紧跟团队步伐，为实现共同目标而努力。可以说，生生话语互动为共同体意识的形成、创新思维的培养提供了沃土。

（三）师生、生生互动形成网络学习共同体，激发内在学习动机

在网络教育中，良好的师生、生生互动有助于凝聚学习共同体，营造积极向上的学习氛围，进而激发学习者的内在学习动机。首先，频繁、密切的话语互动使师生、生生关系更加紧密，学习者对集体的认同感、归属感日益增强。学习共同体成员形成了共同的学习目标和行为规范，在相互砥砺、彼此激励中攀登学习高峰。学习共同体还营造了民主、平等、友爱的交往氛围，在这里，学习者敢于表达观点，勇于探索未知。师生、生生在真诚互动

---

[1] 宁宇哲,陈兴,李海峰,等.创新型网络教育与欠发达地区基础教育质量提升[J].教育学报,2020,16(2): 75-84.

中建立了亦师亦友的信任关系，教学相长、共同成长。其次，学习共同体蕴含着丰富的学习资源和内在激励因素。学习者可以与不同知识背景的伙伴广泛交流，分享彼此的学习经验和认知感悟。优秀学习者的示范作用和同伴压力推动学习者迈向更高目标。学习共同体还孕育了创新、进取的学习文化，成员在集体荣誉感的激励下，刻苦钻研，争当学习标兵。最后，网络互动打破了时空界限，使学习共同体的互动更加便捷、持久。学习者利用碎片时间参与话语互动，既拉近了心理距离，又提高了学习效率。

综上所述，高校网络教育话语互动对教学效果的提升具有重要意义。话语互动通过认知、技能、情感三个维度，多管齐下推动了学习者的全面发展。因此，在高校网络教育实践中应高度重视话语互动的设计与组织，依托信息技术搭建便捷、灵活的互动平台，营造开放、民主的互动氛围，推动师生、生生广泛深入地互动交流，以期最大限度地发挥话语互动在提升网络教学实效中的积极作用，助力创新型人才的培养。

第三节　综合性：融知识传授、能力培养、价值引领于一体

一、高校网络教育话语体系综合性的内涵解析

一个科学、完善的网络教育话语体系不仅要传播系统的科学文化知识，促进学习者知识结构的形成，还要注重学习能力、实践能力、创新能力等关键能力的培养，引导学习者树立正确的世界观、人生观和价值观。可以说，高校网络教育话语体系具有鲜明的综合性特征，知识传授、能力培养、价值引领等多重功能交织融合、相互促进，共同服务于立德树人的根本任务。

（一）知识传授：传播系统完整的科学文化知识

知识传授是高校网络教育话语体系的首要功能。高校承担着传播科学文化知识、培养高素质人才的重任。因此，网络教育话语体系必须涵盖系统完整的学科知识，为学习者全面发展奠定坚实的知识基础。一方面，网络教育话语要全面覆盖通识教育和专业教育的各个领域，既要兼顾自然科学、人文社会科学等不同学科门类，又要体现科学前沿动态和交叉学科的最新进展。学习者通过浏览、学习多元化的课程资源，能够拓宽知识视野、完善知识结构。另一方面，网络教育话语还应注重知识的系统性、逻辑性和应用性。话语内容

应遵循知识的内在联系，科学设置课程模块，合理安排教学单元，使学习者能够循序渐进地掌握知识体系。综上所述，知识传授是高校网络教育话语体系的核心要义，其话语内容选择的科学性、系统性直接影响人才培养质量。

（二）能力培养：培养学习能力、实践能力、创新能力等关键能力

能力培养是高校网络教育话语体系的重要使命。面对知识经济时代的挑战，学习者不仅要具备扎实的知识基础，更要具备自主学习、实践应用、创新突破的关键能力。因此，高校网络教育话语体系在传授知识的同时，还应重视对学习能力、实践能力、创新能力等关键能力的培养[1]。首先，网络教育话语要突出学习者的主体地位，激发自主学习意识。教学话语应体现启发性、开放性特征，通过设疑、质问等方式激发学习者的探究欲望，培养独立思考、自主学习的习惯。其次，网络教育话语要强化实践导向，注重理论与实践的结合。教学话语应围绕现实问题展开，通过项目实践、案例分析等方式，引导学习者将知识运用于实践，提升分析问题和解决问题的能力。最后，网络教育话语要彰显创新意识，鼓励批判性和创造性思维。教学话语应突破思维定式，通过头脑风暴、创意讨论等方式，激发学习者的好奇心和想象力，培养敢于质疑、勇于创新的精神。总之，将知识内化为能力是高校网络教育话语体系的重要价值取向。

（三）价值引领：引导树立正确的世界观、人生观、价值观

价值引领是高校网络教育话语体系的灵魂所在。高校不仅是知识和技能的传播者，更是先进思想文化的引领者。因此，高校网络教育话语体系不能局限于知识和能力层面，更要注重对学习者世界观、人生观、价值观的塑造。首先，网络教育话语要体现社会主义核心价值观，引导学习者树立正确的人生目标和价值追求。在教学内容选择上，要融入爱国主义、集体主义等思想内涵，引导学生坚定理想信念，努力成长为社会主义的建设者和接班人。其次，网络教育话语要弘扬中华优秀传统文化，引导学生树立文化自信。课程设置要体现中华文化的历史底蕴和现实魅力，帮助学生深刻领会中华文化精髓、坚定文化自信。最后，网络教育话语还要体现人文关怀，塑造学习者的健全人格。教学话语要蕴含真、善、美等永恒价值理念，引导学生追求高尚情操，成为有大爱大德的人。总之，价值引领是高校网络教育话语体系的精神内核，对学习者的全面发展和终身发展具有深远影响。

（四）综合性：知识、能力、价值的交织融合，形成合力

知识传授、能力培养、价值引领是高校网络教育话语体系的三大支柱，三者相辅相成、

---

[1] 郑燕林，柳海民. 美国 K-12 网络教育发展的特征及启示 [J]. 中国电化教育，2014（3）：42-50.

缺一不可。唯有知识、能力、价值交织融合、同向发力，才能真正完成网络教育立德树人的使命。从知识维度看，只有将能力培养和价值引领有机融入知识传授过程，才能避免知识学习的片面性、机械性，增加知识学习的深度和广度。例如，在专业知识教学中渗透科学精神、工匠精神的价值引领，培养求真务实的职业操守[1]。从能力维度看，将知识传授和价值引领融入能力培养，能够拓展能力内涵、提升能力品质。如在创新创业教育中，融入人文社科知识，可以开阔创新思路。从价值维度看，将知识传授和能力培养纳入价值引领的致知力行之中，能够增强价值塑造的感染力和生命力。如在中华优秀传统文化教育中，开设国学经典诵读、书法国画鉴赏等活动，引导学生在亲身体验中感悟传统文化魅力。可见，知识、能力、价值三者如同"一股绳的三股线"，只有同向用力，才能"绳短不绝、绳长不折"。

综上所述，只有三大功能交织融合、盘旋上升，才能释放话语体系的最大效能。因此，高校网络教育话语体系建设要综合发力、统筹考虑。

二、高校网络教育话语体系综合性的来源解析

高校网络教育话语体系是一个多维度、多层次的有机整体，其综合性特征日益凸显。这种综合性不是简单的知识、能力、价值要素的机械拼凑，而是源于高校人才培养、学习者主体、话语引领作用等方面内在需求的必然要求[2]。唯有深入剖析高校网络教育话语体系综合性的缘起，才能更好地把握高校网络教育话语体系建设的内在规律，优化人才培养的供给侧结构性改革。

（一）源于高校人才培养目标的多维性

高校网络教育话语体系综合性的首要缘起，在于适应高校人才培养目标的多维性需求。随着社会的高速发展和时代的变革，对高素质创新人才的需求日益迫切。在此背景下，高校人才培养呈现出知识、能力、素质并重的多维度发展趋势。从知识维度看，既要重视通识教育，营造广博知识背景，又要注重学科专业教育，奠定扎实的专业基础。从能力维度看，既要关注专业技能培养，增强学以致用的实践能力，又要重视创新创业能力培养，激发创造力和创业精神。从素质维度看，既要强化家国情怀，坚定理想信念，又要注重人文关怀，塑造良好的道德品质。知识、能力、素质既各有侧重，又相辅相成，"三位一体"构成了高校人才培养的总体格局。为适应新时代高校人才培养目标的多维性需求，高校网络教育话语体系必须实现知识传授、能力培养、价值引领等功能的综合统一。

---

[1] 上超，望杨梅."互联网＋"环境下的网络教育视频版权保护：内涵与生态结构 [J].教育研究与实验，2019（4）：71-74.

[2] 曾海军，范新民，马国刚.我国高校网络教育公共服务体系发展的比较分析与思考 [J].中国远程教育，2008（11）.

（二）源于高校网络教育学习者的多样性

高校网络教育话语体系综合性的又一重要缘起，在于适应高校网络教育学习主体的多样性需求。与传统教育相比，网络教育学习者群体构成更加多元化，学习需求差异更为显著。从年龄结构看，既有刚刚步入大学的青少年，又有在职进修的成年学员；从学习背景看，既有文科生，又有理工生，还有缺乏系统学习经历的"断层"学生；从学习动机看，既有为获取学历证书而学习的，也有为提升能力素质而求知若渴的；从学习风格看，有的善用抽象思维，有的擅长形象思考。学习者群体的异质性，对话语表达提出了综合性的要求。唯有在知识、能力、价值等多个维度综合构建话语体系，满足不同类型、不同层次学习者的认知需求、学习需求、发展需求，才能真正实现教育教学的精准供给、优质供给。

（三）源于话语体系引领作用的全面性

高校网络教育话语体系综合性还源于其引领作用的全面性要求。高校网络教育话语体系不仅直接服务于教育教学过程，更在学习文化营造、学生全面发展等方面发挥着春风化雨、润物无声的引领作用。从学习文化引领看，网络教育话语体系对良好学习文化的形成具有潜移默化的作用。生动活泼的话语风格更能吸引学生，启发式的话语策略更能激发探究欲，跨学科的话语视野更能拓展思维空间[1]。在话语实践中，学生求真务实的治学态度、严谨缜密的思维品质、开拓创新的进取精神，使优良学风正气得以弘扬。从学生发展引领看，网络教育作为高等教育的重要形态，在学生全面发展中扮演着重要角色。话语体系既要适应学生知识、能力的全面发展需求，更要关注学生健全人格、卓越品行的塑造。这就要求话语内容涵盖人文底蕴、科学精神等，以引领学生全面发展；话语方式体现亦师亦友的人文关怀，春风化雨地感染学生。综上所述，高校网络教育话语体系肩负着全方位育人的使命，必须在知识、能力、价值等多维度综合发力，全面发挥引领作用。

综上所述，高校网络教育话语体系综合性源于高校人才培养、学习主体、育人引领等方面的多元需求。因此，高校网络教育话语体系建设必须立足自身特点，主动顺应人才培养、学习需求、育人引领等多元诉求，优化供给侧结构，在知识、能力、价值三个维度形成合力，方能充分彰显网络教育的独特优势，实现内涵式发展。

三、高校网络教育话语体系综合性的表征解析

高校网络教育话语体系是一个多维度、多层次的有机整体，其综合性特征日益凸显。这种综合性不仅体现在话语体系的功能定位上，更深刻体现在话语实践的方方面面。从话

---

[1] 郑忠梅.教育技术理性：合伦理地发展——基于网络教育文化视角的分析[J].电化教育研究,2010（7）：
　　18-22.

语内容选择到话语组织呈现，从话语互动模式到话语传播效果，无不彰显出知识、能力、价值要素交织融合的特点。对高校网络教育话语体系综合性表征的细致剖析，有助于深入掌握话语实践规律，优化话语供给，提升网络教育教学实效。

（一）在话语内容选择中突出综合性

高校网络教育话语体系的综合性，首先体现在话语内容的选择上。与课堂教学相比，网络教育打破了时空界限，拓展了知识获取渠道。海量、动态的网络资源为教学内容的选择提供了更多可能[1]。然而，网络信息鱼龙混杂，因此内容选择的科学性、针对性至关重要。为彰显综合性，高校网络教育在话语内容选择上，一是体现学科综合。打破学科壁垒，遴选不同学科领域的优质资源，形成融通互补、交叉创新的知识图景。高校网络教育既要关注学科前沿动态，吸纳最新科研成果、技术发明，拓展学习者视野，又要重视学科基础知识，夯实专业根基，培养严谨的逻辑思维能力。二是突出理论实践结合。精心设计案例库、项目库，将抽象理论与鲜活案例相结合，引导学习者在理论与实践的反复交织中掌握知识的运用。三是注重显性、隐性知识的综合。网络教育不仅要传授书本知识，更要注重隐性知识的挖掘和提炼。四是强调知识价值导向的综合。将社会主义核心价值观、中华优秀传统文化等熔铸于话语内容中，春风化雨、润物无声地引领学习者成长。总之，高校网络教育话语在内容选择中的多维综合，为知识传授、能力培养、价值塑造奠定了坚实的基础。

（二）在话语组织呈现中彰显综合性

高校网络教育话语体系综合性的另一重要表征，在于话语组织呈现的方式。传统课堂教学受时空限制，教学组织形式较为单一，师生互动时断时续。网络教育依托信息技术，创设了多元话语情境，为综合性话语组织提供了广阔空间。为增强综合实效，一是采用多元话语组织形式。高校网络教育要打破单向灌输的束缚，因材施教，设计个性化学习路径。运用碎片化、模块化等，满足学习者的多样化需求。二是整合多种媒体，实现图文音像并茂、声形动画兼备的立体呈现。高校网络教育要图文并茂地直观解析抽象概念，借助动画演示简化复杂过程、用视频访谈传递前沿声音，多感官刺激，激发学习兴趣。三是创设交互式体验。高校网络教育要设置头脑风暴、小组研讨、角色扮演等情境，师生、生生广泛互动，在探究交流中实现知识的内化，身临其境领悟真知。四是科学设计学习活动。高校网络教育要将知识学习、能力训练、素质培育融为一体，设计探究式、论辩式、合作式学习活动，在"做中学""学中思"中实现全面发展。总之，高校网络教育在话语组织呈现中对知识、能力、价值诉求的综合回应，有助于实现全方位、全过程、全员育人。

---

[1] 张满才，丁新.在线教育：从机遇增长，到融入主流、稳步发展——美国在线高等教育系列调查评估对我国网络教育发展的启示 [J].开放教育研究，2006（2）：10-17.

（三）在话语互动传播中深化综合性

高校网络教育话语体系的综合性，还体现在师生互动交流的话语传播中。在网络时代，学习者早已告别被动接受，成为话语生成的重要参与者。网络教育利用社交媒体、移动App等新兴技术，打造了"教师主导、学生主体"的对话式、参与式话语生态，有力拓展了综合性话语互动的广度和深度。一是创建开放互动环境。高校网络教育依托网络平台优势，通过师生互动、生生互动传播话语，打破课堂讲授的时空藩篱，拓展课外话语空间。二是丰富互动话语内容。高校网络教育聚焦学习者的认知差异和多元需求，话语内容涵盖学科前沿、社会热点、职业发展等，帮助学生拓展知识视野、提升分析问题能力、坚定价值追求。生生互动还能碰撞出思想火花，在观点交锋中加深认知。三是拓展互动话语形式。高校网络教育运用在线研讨、头脑风暴、角色扮演等，调动多种感官，寓教于乐，在潜移默化中实现全面发展。四是优化互动反馈机制。高校网络教育借助网络平台的即时反馈，通过发帖、跟帖、点赞、测评等，及时评估学习效果，有的放矢、因材施教。可以说，高校网络教育立体综合的话语互动传播模式，有力深化了知识内化、能力生成、价值塑造，促进了学习者的全面发展。

综上所述，高校网络教育话语实践对知识、能力、价值目标的多方统筹、一体推进，充分体现了话语体系的综合性品格。因此，高校网络教育话语体系建设要高度重视综合性理念，秉承多元思维，在话语内容、话语组织、话语互动中精准发力，方能激发协同效应。

第四节 技术性：运用互联网、人工智能、大数据等新技术

一、高校网络教育话语体系技术性的理论基础

网络教育不仅突破了时空限制，为教与学提供了全新的平台和可能，而且随着人工智能、大数据等新兴技术的广泛应用，智能化、个性化、泛在化学习正在成为现实。在此背景下，高校网络教育话语体系呈现出鲜明的技术性特征。话语体系的生成、传播、互动无不依托于现代信息技术，教学方式也在技术的推动下发生了深刻变革。

（一）网络教育理论：互联网为教育教学提供了新的平台与可能

网络教育理论是伴随互联网技术的发展而兴起的教育理论，其核心观点是互联网为教

育教学提供了全新的平台和可能，催生了新型教学模式和学习方式。从教学平台看，互联网打破了课堂教学的时空藩篱，网络课程、在线学习社区、虚拟教室等层出不穷。慕课、微课、翻转课堂等新型教学模式也应运而生[1]。教师利用网络平台，创设丰富多彩的教学情境，通过视频、动画等多媒体手段生动呈现教学内容，增强教学吸引力。学生则依托网络优势，自主安排学习进度，使用丰富的在线资源拓展视野。从学习方式看，互联网为学习者提供了更加主动、开放、互动的学习体验。学习者通过博客、论坛、即时通信等，与教师、同伴广泛互动，在协作探究中实现知识的内化。通过网上学习小组、主题研讨等形式，激发群体智慧，倡导协同学习。此外，互联网还提供了便捷的学习反馈机制，学习者通过在线测评及时查漏补缺，优化学习路径。总之，网络教育理论揭示了互联网时代教与学深刻变革的趋势，奠定了高校网络教育话语体系构建的理论基石。

（二）智能教育理论：人工智能等新技术为教育变革带来新动能

随着人工智能、大数据、虚拟现实等新兴技术的快速发展，智能教育理论应运而生。该理论强调利用智能技术促进教育变革，为学习者提供个性化、沉浸式、交互式的学习体验。首先，智能技术为个性化学习提供了有力支撑。借助学习分析、知识图谱等技术，智能系统能够精准刻画学习者的知识结构、认知特点、学习偏好等，从而推送个性化的学习资源和学习路径。基于自适应算法的智能导师系统，还能及时监测学习进度，给出个性化的学习干预。其次，VR/AR 等技术营造了沉浸式学习氛围。学习者利用 VR 头显、体感设备等，在虚拟情境中探索未知、操作实践，犹如身临其境。例如，医学专业学生利用 VR 进行手术模拟训练，在反复实操中熟练掌握操作技能。最后，人机交互技术还增强了学习互动性。智能对话系统能够准确理解学习者的语义表达，即时响应并进行问题解答。学习者与虚拟助手频繁互动，获得及时反馈，学习体验大为改善。综上所述，智能教育理论揭示了人工智能引领教育革新的广阔前景，也为高校网络教育话语体系智能化建设提供了新思路。

（三）泛在学习理论：技术促进学习从特定时空走向无所不在

随着移动互联网、物联网等技术的日新月异，泛在学习理论成为教育研究的新兴领域。该理论强调，无线网络、智能终端等技术的广泛应用，让学习突破了特定时空的限制，开始无所不在。首先，无线网络为学习提供了便捷通道。学习者利用手机、平板等移动终端，随时随地连接网络，获取海量学习资源，进一步增强了学习的可及性和流畅性。其次，物联网技术将学习嵌入日常情境。借助二维码、智能传感器等，让学习资源与实体环境无缝

[1] 刘智明，吴亚婕. 从 BBC Schools 网络教育频道建设看我国中小学课程资源库发展思路——对英国中小学网络课程资源建设的探讨 [J]. 现代远距离教育，2011（1）：53-56.

对接。学习者可以利用智能设备自动感知周围的人、物、环境等，调取相关学习内容，实现情境式、体验式学习[1]。最后，可穿戴设备、智能家居等新兴产品进一步拓展了泛在学习的外延。学习者通过佩戴智能手表、智能眼镜等设备，在运动、工作、休闲等各种场景中自然习得各种知识技能。总之，泛在学习理论昭示了学习方式的革命性变革，为高校网络教育话语体系建设指明了技术赋能的关键路径。

综上所述，网络教育理论、智能教育理论、泛在学习理论共同构成了高校网络教育话语体系技术性的理论基础。上述理论共同交织出高校网络教育话语体系技术性的基因谱系。因此，高校网络教育话语体系建设必须立足技术前沿，顺应信息化发展大势，加强学理支撑，在技术赋能中实现创新突破、内涵发展。

二、互联网技术拓展话语传播时空

随着互联网技术的迅猛发展，高校网络教育呈现出前所未有的技术性特征。互联网突破了时间和空间的限制，使教育话语的传播实现了即时性和广泛性，极大地拓展了教学信息交流的时空边界。

（一）基于互联网打破时空限制，实现信息即时传播

互联网技术的广泛应用，打破了教学话语传播的时间和空间藩篱，教学信息的分享和交流呈现出全新的时空特征。首先，互联网实现了教学资源和课程内容的云端存储与按需调取。海量的教学资源被数字化后存储于服务器，教师和学生通过账号登录，随时访问云端资源库，自主获取所需教学内容。学习不再局限于课堂，教学话语传播突破了时空界限。其次，互联网还创设了多元化的话语分享渠道。教师利用在线直播、视频点播、慕课平台等，随时发布教学内容，与学生分享知识见解。学生则通过博客、微信公众号、学习社区等，随时表达学习感悟，交流心得。网络学习小组成员利用 QQ 群、微信群等，开展头脑风暴、集体讨论，思维的交锋和观点的交融打破了时空的阻隔。最后，互联网还强化了师生互动的即时性和频繁性。师生借助在线答疑系统、论坛讨论区、即时通信工具等，随时展开问答交流，及时解惑释疑。这种便捷、高效的互动模式，相较于课堂教学的点对点互动，更有利于师生交流，提升教学效率。综上所述，互联网让教学话语传播从封闭走向开放，使教与学突破校园围墙，深入学习者工作、生活的方方面面。

（二）利用移动端应用，为碎片化学习提供话语支持

随着移动互联技术的迅猛发展，智能手机、平板电脑等移动终端日益普及，移动学习

---

[1] 姜富全. 构建网络教育平台促进思政教育发展——评《高校网络思政教育平台的构建及其应用研究》[J]. 山西财经大学学报，2021，43（4）：127.

成为高校网络教育的新趋势。移动设备便携、灵活的特点，为学习者利用碎片化时间开展个性化学习创造了条件。围绕移动学习开发的教育类 App，也为碎片化学习时代的教育话语传播提供了有力支撑。首先，移动学习 App 实现了学习资源的移动化呈现。教师将教学内容转化为微课视频、音频、动画等移动友好型的微学习资源。学生利用智能终端，在课余、通勤、休闲等零碎时间，随时调取资源，开展自主学习。其次，移动学习 App 为课堂教学话语向课外泛在渗透提供了便利渠道。教师和学生突破了课堂的时空界限，通过弹幕、点赞、即时通信等移动社交工具，随时分享观点，交流心得，延伸课堂话语。借助移动设备的地理位置、图像识别等功能，学习话语还能与具体情境相结合，实现知识的实时、实地应用。

综上所述，互联网技术的迅猛发展深刻改变了教育话语的传播形态，使教与学突破了时空界限，呈现出即时、互动、泛在化的新特点。互联网技术引发了教育话语传播的变革，是高校网络教育话语体系技术性特征的集中体现[1]。因此，高校网络教育话语体系建设必须主动顺应互联网发展大势，加强网络平台建设，开发移动学习资源，创新话语互动模式，充分释放时空和技术优势，不断提升教育话语的感染力和影响力。

三、互联网技术优化话语呈现方式

随着互联网技术的迅速发展，高校网络教育呈现出前所未有的技术性特征。现代信息技术的广泛应用，不仅深刻改变了教与学的时空边界，还从根本上优化了教育话语的呈现方式。互联网技术引发的教育话语呈现方式的变革，既拓展了学习者的认知广度，也强化了学习体验的沉浸感。

（一）运用超文本技术，实现话语内容的非线性组织

超文本是借助计算机技术，将文本、图像、音频、视频等信息以非线性方式进行连接、组织和呈现的一种信息单元。其显著特点是打破了印刷时代话语组织的线性逻辑，通过连接的设置，实现了教学内容的非线性。将超文本技术引入高校网络教学，可以多维度、立体化地组织教学话语，为学习者提供广阔的探索空间。一方面，超文本打破了话语呈现的层级结构。在传统教材中，教学内容按照从基础到前沿、从理论到实践的逻辑顺序线性展开。而在超文本环境中，知识节点被设置为相互连接的信息块，学习者可根据自身认知基础和学习需求，自主选择切入点，随时跳跃到相关话题，形成个性化的学习路径。另一方面，超文本还拓展了话语连接的广度和深度。通过丰富的文本链接，让学习者点击某一知识点，就可深入阅读相关背景知识、扩展阅读材料，以更宽广的视角理解知识的来龙去脉。跨学

---

[1] 郑忠梅.教育技术理性的伦理意蕴——基于 Web2.0 的网络教育文化视角的分析 [J].中国电化教育，2011（3）：8-11，32.

科的连接，如自然科学与人文艺术的贯通，也让学习者跳出单一学科视野，形成融会贯通的知识图景。总之，超文本技术让教学话语从封闭走向开放，从静态走向动态，学习者在自主探索中完成知识的意义建构。

（二）整合多媒体资源，创设生动形象的话语学习情境

多媒体技术通过计算机将文字、图形、图像、声音、动画、视频等不同媒体有机整合，以丰富、立体、逼真的形式呈现教学内容。将多媒体技术引入高校网络教学，可以通过多感官刺激，创设生动逼真的学习情境，让枯燥的理论变得鲜活起来，可以极大地提升教学话语的感染力。首先，视频动画技术为抽象概念和微观过程提供了直观展示的可能。例如，通过三维动画模拟原子分子的运动规律，让学生直观感受化学反应的实质。其次，虚拟仿真技术为话语情境的构建插上了腾飞的翅膀。例如，AR 技术植入真实场景的虚拟信息，让书本知识与生活实践无缝连接。沉浸式、交互式的虚拟体验，让学习充满了未知和挑战。最后，多媒体技术还可以深化对文化情境的理解和感悟。如历史事件的再现、原著环境的复原，鲜活的场景与对历史细节的描摹，让历史情境变得立体而真切。总之，多媒体技术通过声、形、动、色，让学习充满感官刺激，枯燥的理论被赋予了生命，学习热情被极大点燃。

综上所述，互联网技术的迅猛发展极大地优化了高校网络教育的话语呈现方式，教学内容呈现的广度、深度、形式感都得到了空前拓展。这既是高校网络教育话语体系技术性特征的集中体现，也是信息化时代教与学方式变革的必然要求。

四、人工智能技术促进个性化话语推送

（一）利用智能推荐算法，实现话语内容的精准分发

智能推荐技术是人工智能领域的重要分支，通过机器学习算法，挖掘用户行为数据，实现信息、商品、服务的个性化推送。将智能推荐技术引入网络教育领域，构建起学习者与教学资源之间的精准对接，实现教育话语内容的千人千面。首先，基于协同过滤的推荐能够挖掘学习者群体的共性特征。通过分析海量学习者的历史学习行为，发掘不同学习者之间的相似性，进而推断当前学习者的潜在兴趣，推送与其志趣相投的学习资源。例如，对于学习 Java 编程的学生，推荐系统发现与之兴趣相近的学习者都在学习设计模式，因此相关教学视频也会被推送到该生面前 [1]。其次，基于内容的推荐能够深度挖掘学习资源的特征属性。通过对教学视频、习题案例、拓展阅读等的文本语义、知识点、难易度等进行智

---

[1] 吴战杰，秦健 .Agent 技术及其在网络教育中的应用研究 [J]. 电化教育研究，2003（3）：32-36.

能提取，推荐系统构建起海量学习资源的多维属性标签。进而，将学习者的个人属性特征与学习资源进行匹配，给不同学习需求的学生推送个性化的话语内容。最后，知识图谱技术让推荐更加智能精准。一方面，通过构建学科知识的概念、关系、属性的语义网络，推荐系统形成教学资源的连接数据，推送的资源在知识脉络上环环相扣；另一方面，通过动态追踪学习者的认知轨迹，推荐系统形成个人知识图谱，据此连接、调取与学习者认知发展最契合的学习资源，实现精准"滴灌"和智能养分。总之，智能推荐技术让因材施教走向新高度，教学话语从大众化走向个性化、定制化。

（二）融入自适应学习技术，动态调整话语难度及进度

自适应学习是人工智能技术发展的产物，其利用智能算法，依据学习者的认知水平、学习风格、课程进展动态调整教学内容、呈现方式和节奏安排，真正做到量身定制、因材施教。将自适应学习技术融入高校网络教学，有助于动态优化教学话语，实现学习过程的精细调适。首先，自适应学习系统通过追踪学习行为数据，评估学习者的认知水平。比如，对学习者的作业完成情况、测试分数、答题反应时间等数据进行智能分析，构建学习者的知识掌握图谱。如果学生在某个知识点上反复出错，系统则将其判定为薄弱环节。其次，针对学生的认知水平和薄弱点，系统智能生成个性化学习路径。若学生基础薄弱，则优先推送复习巩固资源；若学生已掌握基本概念，则会加大案例实践和拓展学习的比重。学习内容的选取、话语的深浅难易都在动态调整。再次，针对不同的学习风格，系统灵活调整教学话语的呈现方式。例如，倾向于直觉感悟的学生，推送更多形象生动的视频资源；倾向于逻辑分析的学生，推送系统框架性的文本材料。最后，学习节奏也因人而异。概念理解快的学生，学习进度被适度加快；对某个环节稍有吃力的学生，系统会适时降低话语输出频次，以便于消化吸收。总之，自适应学习让每个学生都拥有专属学习路径，教学话语推送因人而异、因时而变，学习体验个性鲜明。

综上所述，人工智能技术的发展让高校网络教育的个性化话语推送成为可能，教学内容供给呈现出前所未有的针对性和适切性。可以说，人工智能驱动的个性化话语推送，既是高校网络教育话语体系技术性的集中体现，也是智能时代教育教学范式变革的必由之路。因此，高校网络教育话语实践要主动顺应智能革命的时代大势，加快人工智能与教育教学的深度融合，在智能技术赋能中实现话语供给从大众化到个性化的华丽转身。

五、人工智能技术促进智能话语交互

（一）构建智能导学系统，提供情境化人机对话指导

智能导学系统是人工智能技术发展的产物，基于自然语言处理和知识工程构建的智能

化系统，能够"理解"学习者的语言表达，开展接近人类语言水平的对话互动，提供个性化、情境化的学习指导。将智能导学系统引入高校网络教育，能够打造师生共享的智能话语空间，随时随地满足学习者对教学服务的需求。首先，智能导学基于语义理解和知识推理，能够准确把握学习者的问题表述。学生提出的串词、无意义语句能够被自动过滤，歧义问题也能结合上下文语境得到妥善理解[1]。导学系统犹如一位体贴入微的智慧型助手，始终关注学生的声音。其次，依托学科本体和教学知识库的构建，智能导学能够从容应对各类求助需求。当学生对课堂教学内容提出疑问，系统能快速搜寻知识库，结合学生的知识基础、认知风格等，给出针对性的指导。若有学习以外的困惑，如专业选择、论文写作等，系统则会连接导师经验库，提供可资借鉴的经验之谈。再次，人机对话的情境交互性显著增强。基于知识图谱技术，导学系统能够对话语互动进行多轮理解和推理。例如，针对学生提出的复杂工程问题，系统首先澄清问题背景，而后有层次地引导分析思路，提示关键参数，滚动优化解决方案。学生在与系统的多轮交锋中，思维被不断激活，对问题的理解日臻深化。最后，对话系统还能捕捉到学生的情绪状态。面对学生的焦虑迷茫，系统及时给予暖心鼓励；对学习热情高涨的学子，系统也会给予进一步挑战。总之，智能导学让人机对话更加灵动贴心，教学活动贯穿学习全流程，教与学的互动性、连续性显著增强。

（二）运用自然语言处理，对学习者话语进行语义分析

学习者话语蕴含着丰富的认知信息，是评估学习效果的重要依据。传统的话语评价往往侧重结构、词汇等形式要素，但对语义内涵的考察有所欠缺。将自然语言处理技术引入学习者话语分析，能够全面解析语义脉络，多维度反映学习状态，为精准教学诊断奠定基础。首先，基于语义角色标注和命名实体识别，智能系统能够准确提取学习者话语中的关键概念。通过将话语切分为若干语义单元，识别每个单元的核心论点，系统把握话语的中心论题。同时，系统还能自动识别文本中的专业术语、人名、地名等关键信息，全面标注话语语义特征。在此基础上，系统可判别学习者是否准确运用了核心概念，专业术语使用是否得当，话语内容能否紧扣主题。掌控话语质量，让评价更加全面客观。其次，依托情感分析和观点挖掘技术，系统还能解析学习者的情感态度。通过分析评价词、否定词、程度副词等关键词，揣摩标点符号的情感指向，系统可判断学习者对知识点的喜恶、话语的肯定或质疑。据此推知，学习者对教学内容的接受程度、学习过程中的疑惑困扰等。洞悉情感，方能因情施教。最后，系统还能分析不同学习者话语的语义相关性。通过共现词分析、语义相似度计算，系统可辨别不同观点的交集与分歧。基于话语互动挖掘学习者的讨论热点、认知冲突，既可指明集体教学方向，又可为个性化指导提供依据。语义分析聚焦话语实质内容，让评价

---

[1] 郝宁. 从教育心理学的视角看当前网络教育存在的缺陷 [J]. 电化教育研究，2002（11）：46-49.

不再局限于表面。

六、大数据技术优化话语数据采集与分析

随着大数据时代的到来，数据驱动已成为推动各行各业变革发展的关键力量。教育领域同样面临着海量、多源、动态的数据洪流，如何采集、存储、分析这些数据，提炼有价值的信息，已成为教育现代化的重要课题。高校网络教育作为信息化的排头兵，更需要借助大数据技术的力量，优化话语数据采集与分析，为教学诊断、学情分析、决策优化提供数据支撑。

（一）追踪学习行为数据，掌握话语体系使用情况

学习行为数据是评估话语体系使用效果的关键依据。通过全方位、动态地采集学习者在网络平台上的各类数字足迹，可以客观呈现话语体系的实际使用情况，精准诊断不同教学话语的针对性和有效性，从而为话语内容生成、话语投放策略优化提供可靠的数据支撑。首先，要采集学习者话语浏览行为数据。通过跟踪学习者对不同教学环节话语内容的访问量、访问时长等，可以洞察学习者对教学话语的兴趣偏好。在此基础上，分析话语浏览的完整度、持续度，了解学习者对不同话语内容的关注度和认可度，识别吸引力不足、跳出率高的薄弱话语。其次，要重视学习者话语互动行为数据。对于教师发起的话题讨论、头脑风暴等，要深入采集学习者的回帖量、点赞量、话题延展度等互动数据。互动频次、互动广度、互动深度的动态变化，折射出不同教学话语的参与度和影响力。针对互动低迷的话语，需审慎反思话语设计的针对性和开放性[1]。再次，学习者自主发起的求助、讨论的话语数据也应纳入采集视野。学习者自发的话语表达最能体现知识掌握情况、思维盲点等。对学习者话语的语义分析，可以揭示不同知识点的理解难度，发现集中疑惑领域，为话语生成提供切入点。最后，话语检索数据也不容忽视。通过分析学习者在平台上的关键词检索、资源调取记录，可以把握学习者对教学话语的后续利用情况，了解优质话语的复用价值和话语体系的综合影响力。总之，全过程、多维度地采集学习行为数据，可以客观评估话语体系的实际应用绩效，为话语生态优化提供精准抓手。

（二）挖掘学习者特征，提供话语体系优化的决策支持

学习行为数据是表象，学习者特征才是本质。运用大数据、机器学习等技术，对学习行为数据进行深度挖掘，探寻不同学习行为背后的共性，刻画学习者在知识基础、认知风格、学习动机等方面的差异化特征，可以为话语体系的动态优化完善提供科学决策和支持。首先，

---

[1] 张家年 . 网络教育中通用教学设计原则和模式的研究 [J]. 现代教育技术，2013，23（2）：104-108.

基于学习行为的相似性聚类，可以划分出不同的学习者群体。通过分析群体成员在话语浏览、互动、检索等行为上的共性特点，总结出群体的知识接纳习惯、话语偏好特征等，进而因群施教，实现话语内容的精细化推送。比如，针对视觉型学习者群体，可适度增加图表、动画等多媒体话语。其次，基于学习行为数据与学习绩效的关联分析，可以刻画出不同学习行为模式的利弊。学习效果优异者的行为特点是值得借鉴的榜样，后进学习者的行为模式则折射出话语体系的短板。对标优秀学习者的话语交互特征，平台可优化话语互动设计，引发深度讨论；针对后进学习者的话语盲区，教师可补强薄弱环节、优化话语组块。最后，学习行为的时间序列变化，也蕴含着学习者的成长轨迹。通过分析个体学习者话语浏览、讨论、分享行为的动态演变，可以了解其知识体系的逐步完善过程，兴趣点的迁移变化等。据此，不断调整话语体系内容，契合学习者成长节奏。比如，初学阶段话语体系以基础知识、通俗案例为主，进阶期可加大前沿进展、学术论文的话语比重。总之，从海量学习行为数据中挖掘学习者的多元特征，让话语体系优化有的放矢、因材施教，促使个性化、精准化水平不断攀升。

七、大数据技术优化学习分析与预测

学习分析和预测成为推动教育变革、提升人才培养质量的关键驱动力。通过利用数据挖掘、机器学习等技术，深入分析学习者在数字学习环境中的行为数据，洞察学习过程和学习结果，为教学诊断、学习干预提供依据。学习预测则基于历史学习行为数据，运用预测算法对学习者未来的学习绩效、学习风险等进行预估，为个性化教学与精准帮扶奠定了基础。高校网络教育处于信息化变革的前沿，更需要运用大数据思维和技术，优化学习分析与预测，为深化教育教学改革提供数据支撑和智力支持。

（一）开展话语学习效果分析，实现精准教学干预

运用大数据技术开展话语学习效果的多维分析，是实现因材施教、精准教学的关键举措。传统的学习效果评估往往侧重结果导向，只关注学习者的课程成绩、知识掌握等显性指标。大数据时代则强调将过程导向和结果导向相结合，不仅关注学习者的知识获得，更重视能力发展、素养提升的过程性变化。一方面，通过采集、分析学习者的话语浏览、讨论、分享等全过程数据，动态追踪学习投入的广度和深度，了解学习兴趣的聚焦点和知识内化的进程，据此优化教学话语的内容、节奏和组织形式。另一方面，综合考量学习绩效、能力发展、情感体验等多维指标，立体评估教学话语的实际成效，在话语生成、投放中不断迭代改进，以匹配学习需求。首先，运用语义分析、情感倾向分析等，深入解读学习者话语互动数据的意义指向。讨论话语的中心议题往往折射出知识重塑的转折点，话语交互的情

感波动则印证了学习体验的冷暖。对学习者话语的解析可洞见知识模式重组、能力结构升级的关键节点，话语设计应给予支架搭建[1]。其次，综合考量话语学习行为与学习绩效的关联强度，评判教学话语的支持力度。话语浏览与学习效果的高度相关，例证了教学话语的针对性；互动话语与问题解决能力的显著关联，体现开放、探究式话语的价值；话语分享与知识迁移能力的正相关，反映话语内容的拓展应用潜力。关联分析让话语建设的成败一目了然。最后，学习过程性数据与结果性数据的融合分析，可客观呈现学习者在话语影响下的发展变化。例如，话语浏览广度和讨论话语深度的动态变化，折射出学习兴趣的迁移和问题意识的升华，话语体系要与之共振。综上所述，学习分析视角下的话语学习效果评估，为教学诊断插上腾飞的翅膀，盲点干预、精准施教指日可待。

（二）预测学习风险，为个性化话语服务提供依据

开展学习风险预测，前瞻性地为学习困难群体提供个性化话语帮扶，是大数据时代深化教育公平、提升人才培养质量的重要举措。传统教学中，对学习困难的感知和干预往往滞后于问题的暴露，亡羊补牢，收效甚微。大数据技术则为学习风险的早期预警、及时干预提供了可能。通过对学习者海量行为数据进行深度挖掘，预测其未来学习绩效、学习投入、情绪状态等变化趋势，可以前瞻性地甄别高危学习群体，精准"滴灌"个性化话语服务，消弭学习风险于萌芽状态。首先，基于机器学习算法，可挖掘影响学习效果的关键行为因子。话语浏览的深度广度、讨论互动的频次与效度等核心指标，往往对学业表现有较强的预测力。藏匿其中的行为模式、演化规律，折射出知识建构、能力发展的内在机制。对标优秀学习者的话语学习行为，有助于甄别学习投入不足、知识吸收困难的高危群体。其次，学习情感状态的动态预测，可敏锐洞察学习危机，学习情绪的积极程度与学业的表现息息相关。通过采集学习者的话语互动数据，分析情感词汇，可客观呈现学习过程中的情绪体验。一旦发现话语表达出现了懈怠、焦虑、自信心缺失等负面情绪预兆，应及时给予暖心话语关怀，化解学习阻力。最后，知识网络的复杂性分析，可预判学习容易出现偏差的关键节点。基于学科知识图谱，计算不同知识单元的复杂度，高复杂度、关联度的知识节点往往也是学习容易跌倒的地方。话语引导要给予重点关注，创设"脚手架"支持系统。总之，学习风险预测让因材施教插上了智慧的翅膀，知其然更知其所以然，对症施策，为每一位学习者构筑起成长的阶梯。

综上所述，大数据时代为学习分析与预测提供了新的技术支撑，对教学质量的精准画像、动态预警成为可能。大数据驱动的学习分析与预测正在成为变革人才培养模式、提升教育质量的"新引擎"。未来，高校网络教育要顺应智能时代发展趋势，将大数据理念、方法、

---

[1] 归樱. 网络环境下的合作学习研究 [J]. 外语电化教学，2006（2）：8-12.

技术全面融入教育教学全过程，用数据串起诊断、预测、干预的无缝之链。

第五节　时代性：反映信息化时代教育发展新需求

一、信息化时代的技术特征

信息化时代是人类社会发展进程中的重要里程碑，标志着社会生产力和科学技术发展的巨大飞跃。以数字化、网络化、智能化为核心特征的新一代信息技术，正深刻改变着人类的生产生活方式，重塑着经济社会发展形态。高校网络教育作为信息技术与教育融合发展的重要成果，更是直接受益于信息化时代技术进步所带来的变革机遇。因此，准确把握信息化时代核心技术特征及其发展趋势，对于推进高校网络教育变革创新、重塑人才培养生态具有重要意义。本书拟从数字化、网络化、智能化三个维度，描绘出信息化时代的技术图景，以期为高校网络教育发展变革提供前瞻性思考。

（一）数字化：信息数字化生产与传播

数字化是信息化时代最显著的技术特征，是网络化、智能化的基础。数字化技术将文字、图像、音频、视频等各类信息转化为由 0 和 1 组成的数字编码，使不同形态的信息可以统一用数字来表示、存储和处理。这不仅极大地提升了信息的生产效率和传播速度，也为海量信息的存储、检索、分析奠定了基础。在教育领域，教育信息的数字化转型极大地拓展了优质教育资源的覆盖面，让更多学习者突破时空限制，随时随地获取所需学习内容。首先，数字化技术重塑了教育内容生产方式。各类教学内容如教材、课件、案例、试题等，一旦被数字化为文本、图形、视频等数字资源，就能够便捷地在网络平台上共享传播。海量的数字化学习资源有效解决了优质教育资源稀缺的问题，学习者可根据需求自主获取。其次，数字出版技术极大地丰富了教育内容的呈现形式。例如，数字化教材打破了传统纸质教材的线性呈现局限，通过超链接、富媒体等形式，教学内容由单一向综合转变，学习体验更加立体生动。再次，虚拟现实、增强现实等数字化技术的应用，让学习完全沉浸在声形动色的数字化情境中，寓教于乐。可以说，数字化技术极大地拓展了教与学的想象空间。最后，教学管理流程的数字化，让管理服务更加高效便捷。例如，利用数字化的学籍管理系统，学生学籍异动、成绩查询等可实现自助服务，教学管理工作效率倍增。总之，教育信息的数字化生产与传播，为优质教育资源的共建共享插上了腾飞的翅膀。

（二）网络化：互联网促进信息共享与交流

网络化是信息化时代的又一重要技术特征。互联网技术打破了信息交流的时空藩篱，让地理位置分散的个体结成信息共享的紧密联盟。万维网、移动互联网的发展更是将信息传播与交互提升到全新的高度，极大地拓展了信息获取渠道，让人与人、人与信息的连接更加便捷、高效。在教育领域，互联网为教育服务模式和人才培养模式带来了革命性变革。一方面，互联网极大地拓展了教育服务的广度和深度。各类在线教育平台如雨后春笋般涌现，打破了院校围墙，学习者足不出户即可接受优质教育[1]；另一方面，互联网还催生了新型教学组织形式和学习方式。翻转课堂、网络协作学习等新型教学模式应运而生，充分利用互联网优势，推动课上课下、线上线下的融合互动，让学习更加扁平化、个性化。学习者利用智能终端及时获取所需学习资源，利用碎片时间自主学习，学习与工作、生活深度融合。总之，互联网催生的网络化学习，突破了教育的时空界限，深刻变革了教育生态。

（三）智能化：人工智能推动信息处理与应用

进入21世纪，以机器学习、深度学习为代表的人工智能技术飞速发展，智能化正在成为信息化时代的新标签。人工智能通过对海量数据的学习和训练，能够模拟人类智能，自动完成复杂的信息处理和决策任务。在教育领域，人工智能、大数据、学习分析等新兴技术与教育的深度融合，正在重塑着人才培养的生态体系，催生智慧教育、因材施教等新业态、新模式，成为教育信息化2.0时代的"新引擎"。首先，智能技术为个性化学习提供了有力支撑。智能推荐系统能够精准捕捉学习者个性化需求，依据其学情、行为等数据进行用户画像，进而推送契合兴趣和认知水平的个性化学习资源。自适应学习系统则能动态调整学习路径和学习资源，为学习者提供因材施教的个性化指导。其次，智能技术还催生了新型教育服务供给方式。例如，智能导师系统基于知识图谱和语义分析技术，能够准确理解学习者的提问，提供全天候的智能答疑服务。最后，教育决策智能化水平也在大幅提升。利用学习分析、预测分析等技术，分析海量的教育数据，可以精准预测学生的学业风险，改进教学策略，科学制订人才培养方案。可以说，智能技术让教育从"以教为中心"加速向"以学为中心"转变。

综上所述，数字化、网络化、智能化是信息化时代的三大核心技术特征。高校网络教育要准确把握信息化时代发展脉搏，加快在教学各环节引入新兴信息技术，用信息化手段变革教学内容、教学模式、教学评价和管理服务，不断提升育人质量。

---

[1] 袁松鹤，邱崇光.关联主义学习理论给远程教育带来了什么？[J].现代远距离教育，2010（5）：19-25.

二、信息化时代对高校教育提出的挑战

面对信息时代的机遇与挑战，高校教育必须顺应时代发展潮流，在教育理念、教学模式、学习方式、教学资源、师生角色等方面进行变革创新，方能有效应对时代之问，破解人才培养困境。

（一）教育观念：从知识传授到能力培养

在工业化时代，知识传授被视为教育的核心使命。高校教育围绕系统、完整地向学生传授学科知识展开，培养目标为强调知识的系统性、专业性、稳定性。然而，步入信息化时代，知识获取渠道日益丰富，知识更新速度大幅加快，单纯强调知识传授的教育观念日益受到挑战。取而代之的是，能力培养理念走到了高校教育改革的前列。面对未来社会的不确定性和复杂性，高校更需要培养学生的批判性思维、创新、问题解决、自主学习等高阶能力。知识传授不再是教育的唯一追求，培养跨学科视野、叩问时代难题的复合型人才成为教育的旨归。高校教育要从"教师中心""教材中心"的知识观，转向"学生中心""能力中心"的素质观，构建培养创新能力、实践能力的全新教育生态。一方面，高校要主动适应信息技术发展的需求，将编程、人工智能等纳入通识教育，加强复合型人才培养。另一方面，高校教育要更加强调能力的实践性、创新性。可以说，从知识传授到能力培养的教育理念的变革，是高校教育适应信息化时代需求的必然选择。

（二）教学模式：从单向灌输到双向互动

在工业化时代，高校长期沿用"教师讲、学生听"的单向灌输教学模式。教师通过系统讲授向学生传递知识，而学生的主要任务就是被动吸收和记忆。信息化时代的来临，对这种"填鸭式"教学提出了挑战。在信息技术的支持下，学生知识获取渠道日益丰富，学习日益走向自主化、个性化。再延续教师单向灌输、学生被动接受的教学范式已不合时宜，师生双向互动、生生协同探究的教学新模式应运而生。翻转课堂就是典型的双向互动教学模式。学生课前在线自主学习教学视频，课堂上与教师展开对话讨论、协作探究，师生角色发生转换，学习真正成为师生协同建构知识的过程。例如，慕课打破了课堂时空界限，师生、生生可随时开展头脑风暴、答疑解惑等互动交流，教学从封闭走向开放[1]。总之，在信息技术环境下，高校教学模式变革势在必行，唯有突破单向灌输的窠臼，创设互动、协作、探究的学习生态，方能激发学生的学习兴趣，培养学生的创新精神和实践能力。

---

[1] 郝权红. 网络教育经济分析研究综述 [J]. 电化教育研究，2004（9）：42-48.

（三）学习方式：从被动接受到主动建构

在传统的应试教育模式下，学生的主要任务就是"读死书""刷题海"，被动地接受和记忆教师传授的知识。这种学习方式强调标准答案、唯分数论，却忽视了学生的主体性和创造性。信息时代对这种被动学习方式提出了挑战。海量的网络学习资源，随时随地的移动学习场景，趣味化的学习支持服务，无一不强调学习的主动性、选择性和参与性。面向未来社会的创新型人才培养，高校教育要充分发挥信息化优势，鼓励学生突破课堂界限，利用网络平台广泛获取学习资源，自主规划学习进程，构建个性化的知识体系。高校网络教育要创设师生、生生互动的网络学习空间，在探究式、讨论式的学习过程中，引导学生积极参与知识建构，在同伴对话、思维碰撞中加深理解、凝练观点。高校网络教育要利用学习分析、智能推荐等技术，随时关注学生的学情，在恰当时机给予个性化学习支持，增强学习的获得感和有效性。总之，引导学生从"要我学"到"我要学"，积极参与知识的探索与创造，是高校教育适应信息化时代、培养创新人才的必然之举。

（四）教学资源：从封闭单一到开放丰富

在传统的高校教育中，教学资源相对封闭、单一。教材和讲义是教学内容的主要载体，不同专业、院校间的资源共享比较有限。信息化时代的到来，打破了教学资源的时空界限。海量的网络学习资源可供教师、学生随时检索、获取，而在线课程、虚拟仿真等新型学习资源也极大地丰富了教学内容的呈现形式[1]。高校教育要主动拥抱信息化，积极融入开放教育资源建设，推进优质资源的跨校共享。一方面，高校要利用信息化手段加快实现教学资源数字化，增设在线课程、在线实验等网络化教学内容，另一方面，高校还要积极利用虚拟现实、增强现实等新技术创新资源建设。此外，随着每个学习者教育需求的日益个性化，高校还要重视教学资源的差异化、适应性建设，满足不同学习风格、认知水平学习者的需求。总之，从封闭单一到开放丰富的教学资源变革，是高校教育顺应信息化浪潮、焕发生机活力的必由之路。

（五）师生角色：从传统权威到平等共建

在传统的等级化、权威化的师生关系中，教师被视为知识的权威和真理的化身。学生处于被动、从属的地位，缺乏平等交流、表达观点的机会。在信息化时代，随着知识获取渠道的拓宽和学习主体意识的增强，传统的师生关系格局受到了前所未有的冲击。平等、

[1] 牛咏梅. 基于在线学习行为数据分析的网络教育教学研究 [M]. 北京：中国商务出版社，2018.

民主、合作的师生关系成为高校育人的内在要求。教师要从知识的权威者转变为学生学习的引导者、合作者，要放下权威身段，走下讲台，倾听学生心声，与学生形成平等互动的伙伴关系。高校要利用慕课、在线社区等信息化平台，为师生课外交流搭建便捷通道，师生、生生在持续互动中加深理解、达成共识。学生也要从被动接受者转变为学习的主人。学生要敢于发表观点、勇于质疑权威，与老师的思想交锋、观点碰撞，在民主、平等的对话中凝练提升。此外，信息技术还让学生掌握了更多学习自主权。学生可根据兴趣爱好，自主规划学习路径，评价学习效果。总之，平等、合作的师生关系是信息化时代教育民主化的集中体现，是实现因材施教、促进学生全面发展的内在要求。高校唯有顺应这一趋势，才能真正焕发教书育人的生机与活力。

综上所述，信息化时代正在让传统的高校教育发生着全方位变革。知识传授理念、灌输式教学、被动接受学习、封闭单一资源、权威化师生关系，种种不合时宜的做法正受到前所未有的挑战。能力培养、互动教学、主动建构、开放资源、平等共建的时代主题曲已经奏响。高校要主动顺应信息化浪潮，加快教育教学的变革创新。

三、时代要求在话语内容上突出时代主题

信息化时代的到来，为高校网络教育话语体系的建构带来了新的时代要求。话语内容作为话语体系建构的基本要素，必须紧跟时代发展步伐，反映时代主题，回应学习者需求，方能彰显高校网络教育的时代价值和育人实效。本书拟从紧扣时代发展、关注社会热点、融入信息技术元素三个维度，剖析信息化时代对高校网络教育话语内容建设提出的新要求，以期为高校网络教育话语体系构建提供参考借鉴。

（一）紧扣时代发展，话语内容贴近学习者需求

当今时代，科技迭代加速、社会转型升级，知识更新周期大幅缩短。面对未来世界的不确定性、复杂性，学习者期待拥有适应时代发展、把握未来机遇的能力素养。因此，高校网络教育话语内容要紧扣时代发展大势，将国家战略需求、行业发展动向等及时融入教学，为学习者成长发展赋能。一是主动对接国家战略，发挥育人"主力军"作用。高校网络教育要把习近平新时代中国特色社会主义思想作为根本遵循，将"四个自信""乡村振兴""数字中国"等国家战略巧妙融入话语内容，通过案例分析、项目实践等，引导学习者立足中国国情，承担时代重任，自觉投身国家建设主战场。二是紧跟产业发展需求，培育创新型、应用型人才。面对新一轮科技革命和产业变革，高校网络教育话语内容要及时纳入数字经济、智能制造、生物医药等战略性新兴产业的前沿动态，开设创新创业类选修课，举办行业发

展论坛，帮助学习者把握产业发展趋势，提升创新实践能力。三是聚焦区域发展需要，服务地方经济社会发展。一省一策、一校一策，高校网络教育话语内容要结合地方经济社会发展规划，融入区域特色产业、新兴业态等内容元素，通过项目合作、产教融合等，培养契合区域发展需要的实用型人才[1]。总之，高校网络教育要以学习者成长成才为重心，将国家战略、行业动态、区域规划等时代元素巧妙融入话语内容，培养学习者的家国情怀和社会责任感，让教育回归育人本质。

（二）关注社会热点，引导学习者思考时代命题

信息化时代，社会热点、焦点问题层出不穷，深刻影响着人们的生产生活方式，也牵动着广大学习者关切的目光。高校网络教育作为连接大学与社会的桥梁，要将社会热点问题作为话语内容选择的重要参照物，引导学习者运用专业知识分析、解释社会现实，在解决实际问题中提升思辨能力、增强社会责任感。一是在专业课程中融入热点话题。教师可结合授课内容，在课程讨论区引入诸如人工智能伦理、网络安全等社会热点话题，鼓励学生发表观点看法，在观点碰撞、思维交锋中深化学科理解、增强问题意识。二是开设专题系列讲座，聚焦社会热点，启迪思考。高校可邀请相关学科专家、领域大咖等，针对互联网时代隐私保护、共享经济发展等社会热点开设系列讲座，解读问题的成因与本质，共谋问题的破解之道。三是鼓励学习者积极参与社会实践。开展社会调查、组织公益活动等，让学习者走出校园、深入基层，在社会实践中感知社会脉动，并分析和解决实际问题。实践活动既能拓展学习者视野，也能增强责任意识，达到知行合一、学以致用。总之，高校网络教育要将社会热点引入话语内容，搭建专业知识与现实问题的连接桥梁，培养学习者应对复杂问题的综合能力。

（三）融入信息技术元素，提升话语的科技内涵

进入 21 世纪，新一轮科技革命和产业变革蓬勃兴起，大数据、人工智能、区块链等现代信息技术日新月异，深刻重塑着人类的生产生活方式。为了应对未来的创新型人才培养，高校网络教育要主动顺应信息化发展大势，将前沿信息技术适时纳入话语体系，以紧跟时代脉搏的话语内容引领教育教学改革。一是开设前沿科技导论课。面向全校学生开设人工智能概论、大数据分析导论、区块链原理等选修课，帮助学习者了解最新科技动态，把握颠覆性技术发展趋势，以超前的视野应对未来挑战。二是在相关课程中融入信息技术元素。例如，在工商管理专业开设大数据营销、智能决策等新兴课程，人工智能专业新增机器学习、

---

[1] 郭璨，陈恩伦．我国网络教育政策变迁的多源流理论阐释 [J]．教育研究，2019，40（5）：151-159.

知识图谱等前沿课程，让学习者可以触摸科技前沿，提升信息素养。三是举办前沿科技专题讲座。邀请业界大咖、知名学者等开展人工智能伦理、数字孪生等主题讲座，启发学习者思考前沿科技发展的机遇与挑战，引导树立科学精神、人文情怀。四是鼓励跨学科学习。引导学生跨专业选修信息技术相关课程，为复合型人才培养创造条件。例如，鼓励教育学专业学生修读教育信息化、智慧教育等方向交叉学科的课程。总之，高校网络教育要让最新科技元素走进教学话语，推动信息技术与教育教学的深度融合，培养具有家国情怀、全球视野、创新精神和实践能力的时代新人。

综上所述，信息化时代为高校网络教育话语内容建设指明了新方向、提出了新要求。高校网络教育要将立德树人作为教育的根本任务，积极回应国家战略、产业需求、地方发展的时代命题，为培养担当民族复兴大任的时代新人提供智力支持和人才保障。

四、时代性要求在话语风格上彰显时代特色

信息化时代，互联网日益成为人们学习、工作、生活的重要平台。随着移动互联网、社交媒体的发展，网络语言、网络思维方式正深刻影响和改变着人们的交往方式。作为连接大学与社会的纽带，高校网络教育要主动顺应信息化发展大势，及时调整话语风格，吸纳时代特色话语符号，以贴近学习者的话语方式唤起情感共鸣，增强教育话语的感染力和影响力。

（一）体现互联网思维，话语组织去中心化、去片段化

移动互联网时代，信息呈现出碎片化、非线性的特点，人们的阅读习惯和思维方式也发生了深刻改变。传统的集中式阅读、系统化思考逐渐让位于随时随地的浏览式阅读、发散性思维。因此，高校网络教育的话语组织方式要主动适应互联网时代思维方式的变革，积极探索去中心化、去片段化的话语建构路径，为学习者营造沉浸式、交互式的话语空间。一是话语单元碎片化呈现[1]。高校网络教育打破了传统教材的章节结构，将课程内容按照知识点进行颗粒化拆分，形成了相对独立又内在关联的话语单元。学习者可根据兴趣和节奏，自主选择和组合话语单元，形成个性化的学习路径。二是话语资源异质性连接。高校网络教育充分运用超链接等数字化技术手段，将文本、图表、音视频等异质性学习资源有机整合。学习者可根据认知需要，随时调取文本解释、案例阐释、视频演示等多元化学习资源，从多角度感知和理解知识，构建立体化的认知网络。三是话语情境交互性创设。高校网络教

---

[1] 郭文革, 陈丽, 陈庚. 互联网基因与新、旧网络教育——从MOOC谈起 [J]. 北京大学教育评论, 2013, 11（4）：173-184.

育充分利用虚拟现实、增强现实等技术，创设沉浸式的话语情境，让学习者在交互探索中感悟和内化知识。总之，基于互联网思维的话语建构，有助于为学习者提供非线性、立体化、沉浸式的话语体验。

（二）吸收网络用语，话语表达通俗化、口语化

互联网催生了新型语言交往方式，网络用语以通俗化、口语化、新颖化的表达方式深受网民喜爱。作为互联网语言的积极受众，当代大学生的日常交流和表达习惯已被深深打上网络语言的烙印。为顺应这一趋势，高校网络教育话语表达要主动吸收网络用语的表达方式，在话语组织和表述中适度使用通俗化、口语化的语言风格，以拉近与学习者的心理距离，增强话语的亲和力。一是在概念表述中适当使用网络流行语。可在阐释抽象概念时适度穿插网络流行语，以通俗化的语言解说专业术语，让深奥的理论更"接地气"。二是在话题讨论中鼓励使用口语化表达。学习讨论、头脑风暴等教学活动要充分调动学习者的表达热情，鼓励使用网络口语化、通俗化的交流风格，在轻松互动中进行思维的碰撞，加深对知识的理解和内化。三是在课程导读中融入网络热词。课程导语作为吸引学习者眼球的"敲门砖"，要跳出说教式的表达窠臼，适当使用网络热词和流行梗，以轻松诙谐的语言风格吸引学习者。总之，高校网络教育话语要在确保严谨性的基础上，力求通俗化、口语化，做到既"接地气"，又不失"内涵"。

（三）运用时代流行符号，提升话语的传播力

随着自媒体时代的来临，表情包、Vlog、H5等新型话语符号得到广泛应用。这些富有时代气息的话语符号，以其独特的视听表现和强烈的情感表达，成为网络传播的"新宠"。高校网络教育要紧跟时代话语潮流，在教学话语中积极借鉴和运用时代流行话语符号，创新话语表达方式，增强教学内容的感染力和传播力。一是制作教学表情包。高校网络教育要围绕课程的重点知识、热点问题，开发寓意深刻、生动诙谐的教学表情包，将抽象的概念以夸张的表情、生动的喻示呈现，活跃课堂氛围。二是开发教学H5。高校网络教育要充分利用H5的互动性、趣味性，设计"翻页测试""趣味答题"等互动形式，寓教于乐，加深对知识的理解。三是制作教学短视频。高校网络教育要围绕课程重点、难点，开发制作简洁活泼的微课视频，以青年人喜闻乐见的Vlog、短视频形式呈现知识，在潜移默化中引导价值观的塑造。四是开展网络话题活动。围绕教学内容，开展网络话题讨论、H5趣味测试等，调动学习者的参与积极性，引发同伴间的集体互动，构建课内外协同的立体化学习场域。总之，运用时代流行话语符号开展教学，能有效增强教学内容的新鲜感和代入感，

激发学习兴趣，促进教学内容的广泛传播。

综上所述，信息化时代为高校网络教育话语风格建构提供了新的思路。高校网络教育话语散发时代气息，是顺应信息技术革命、提升教育教学实效的必由之路。

五、时代性要求在话语功能上契合时代需要

信息化时代，知识更新周期大幅缩短，个性化、泛在化学习成为常态。同时，互联网打破了传统的师生关系边界，开放、互动、平等的网络学习新生态正在形成。面对时代变革，高校网络教育必须准确把握信息化发展趋势，在人才培养、教学组织、学习支持等领域积极作为，形成与时俱进的教育话语体系。

（一）突出能力导向，引导学习者提升信息素养

在信息技术迅猛发展的时代，终身学习、主动学习的能力比知识储备更为重要。因此，高校网络教育必须摒弃灌输式、填鸭式的教学理念，将能力培养作为教学话语的着力点，帮助学习者掌握在信息时代生存发展必需的关键能力，提升综合信息素养。一是突出学习能力培养[1]。教学话语要强调"授之以渔"，引导学习者掌握网络环境下的学习方法和策略，培养其自主学习、自我管理的意识和能力。二是强化信息技术应用能力。话语内容设计要紧跟时代发展步伐，及时将人工智能、大数据等前沿技术领域的新知识、新技能纳入教学，引导学生学习数据分析、算法设计等信息技术应用技能，提升数字化环境下的问题解决能力。三是注重创新创业能力培养。话语组织要聚焦创新思维和创业实践，在课程中融入创新方法训练、创业案例分析等，开展创新创业项目孵化、学科竞赛等实践活动，为学生搭建创新创业实践平台，激发创新热情，锤炼创业能力。总之，高校网络教育要让能力导向成为教学话语的价值内核，在学习知识的过程中引导学生掌握方法、强化实践、勇于创新，为其终身发展奠定坚实的基础。

（二）强调互动体验，营造开放、平等的网络学习氛围

移动互联网时代，信息获取渠道的便捷性、交互性大大提升，知识传播早已打破了课堂的时空界限。传统的师生关系正在被解构，开放、互动的教育生态正在形成。因此，高校网络教育话语要顺应这一变革趋势，摆脱师道尊严的传统束缚，强调师生互动、生生互动的平等交流，用开放、互动的话语方式创设网络化的教学情境。一是创设互动式教学情境。高校网络教育要充分利用慕课、直播课堂等教学新形态，精心设计答疑、讨论、头脑风暴、

---

[1] 顾日国. 教育生态学模型与网络教育 [J]. 外语电化教学，2005（4）：3-8.

小组协作等互动活动，鼓励学生发表观点、碰撞思想，让师生在平等对话中达成理解和共识。二是拓展教学互动新空间。高校网络教育借助 QQ 群、微信群、教学博客等交流平台，延伸课堂教学的互动触角，让师生互动突破时空限制，使课堂从封闭走向开放。同时，高校网络教育根据学科特点开展访谈直播、项目协作等，创设多元互动情境。三是优化互动反馈机制。高校网络教育要基于学习行为数据分析，综合学习表现、互动质量等，对学生的课堂表现参与给予客观、及时的评价反馈，以正向激励促进良性互动。总之，高校网络教育让互动、开放成为教育话语的应有之义，用丰富的互动设计、多元的交互方式重塑着网络教学形态，为学习者营造了积极向上、充满活力的学习氛围。

（三）注重个性化服务，满足学习者多样化需求

随着学习者主体意识的觉醒，个性化学习已成为时代主流。高校网络教育要顺应这一趋势，变革"一刀切"的教学模式，在教学组织、学习支持等环节提供个性化的精准服务，以满足不同学习者的差异化需求。一是推进个性化学习资源供给。高校网络教育充分运用大数据分析、智能推荐等技术，对学习者的学习特点、知识基础等进行精准画像，提供个性化的课程推荐、学习资源推送服务，为学习者提供自主选择、自由组合的空间。二是提供个性化学习指导服务。建立高校网络教育导学制度，为每位学生配备专属导学教师，形成"一对一""小班制"的个性化指导模式。导学教师通过与学生在线交流，评估其学习进度、掌握程度，给出个性化的学习建议。学业预警、心理疏导等个性化帮扶也随时跟进。三是创新个性化考评方式。高校网络教育要改变"一考定终身"的传统评价模式，根据学科和学生特点，灵活采取论文、作品、实践报告等多元评价方式。学生可根据兴趣特长，自主选择考核方式。此外，支持学生自主设置学习节奏，允许弹性修业。总之，高校网络教育要把个性化服务作为话语体系的应有之义，努力实现教学组织、资源供给、学习指导、成绩评价等环节的精准化、差异化，最大限度地激发学生的个性潜能。

综上所述，从满足外部需求到促进学习者发展，高校网络教育话语功能的价值内涵正在悄然发生变革[1]。面向未来，高校网络教育要充分运用信息技术手段，构建内容多元、形式互动、服务精准的话语新体系，让能力培养、协同创新、个性发展成为贯穿教育全过程的主线。

六、高校网络教育话语体系时代性建设的现实困境

面对"互联网＋"的新生态，高校网络教育唯有与时俱进、推进话语体系变革，方能焕

---

[1] 于莹. 远程网络教育英语学习者负动机因素与应对策略研究 [J]. 中国电化教育，2012（9）：48-53.

发育人活力。然而，当前高校网络教育话语体系在适应信息化时代需求、把握时代特征等方面仍存在一些亟待破解的难题。

（一）话语内容现代性不足，与时代发展脱节

话语内容是高校网络教育话语体系的核心要素。然而，纵观当前高校网络教育话语内容建设，普遍存在现代性、时代性不足的问题，未能紧密对接时代发展脉络，满足信息社会发展需求。一是缺乏融入时代主题的自觉。习近平新时代中国特色社会主义思想、创新驱动发展战略等代表了新的时代主题，也为各行各业的发展提供了根本遵循。然而，部分高校网络教育在话语内容设置中对这些重大战略的响应不够及时，融入不够深，难以引领学习者正确认识并把握时代发展大势。二是专业领域前沿动态反映不足。在新科技革命的浪潮中，人工智能、大数据、区块链等新兴技术方兴未艾，推动着社会经济的数字化、网络化、智能化变革。但高校网络教育对这些新技术、新产业、新业态的话语呈现相对滞后，前沿动态介入不多，未能引领学习者掌握新科技革命的发展态势。三是对接现实需求的针对性不强。脱贫攻坚、乡村振兴等是国计民生中的重大现实问题。然而，高校网络教育话语对现实议题的积极回应还不够，话语内容与现实需求契合度不高，引领学习者关注社会、服务社会的意识较为淡薄。总之，高校网络教育话语内容的现代性、时代性有待加强，在融入时代主题、反映学科前沿、对接现实需求方面还需下功夫。

（二）话语形式单一陈旧，缺乏时代感和吸引力

话语形式是高校网络教育话语体系关联学习者的重要载体。时代在发展，学习者对话语形式的需求也在变迁。然而，高校网络教育在话语形式设计上创新乏力，存在形式单一、方式陈旧等问题，时代感不强，对学习者缺乏应有的吸引力。一是话语媒介手段更新不及时。当前，教材、讲义仍是高校网络教育话语表达的主要载体，对短视频、动漫、VR/AR等新媒体技术手段的运用不多，话语媒介的时代性严重不足。二是话语表达方式创新不够。不少高校仍沿用填鸭式、说教式的话语表达模式，缺乏情境化、体验式、互动式话语展现，话语生动性、感染力不强。三是话语风格时尚化、大众化程度不高。高校网络教育话语在风格上仍以学术化、严肃化为主，对网络流行用语、时尚元素吸纳不多，与学习者日常交流习惯存在一定差距，时代气息不浓。总之，高校网络教育在话语形式创新上还不到位，对信息时代学习者的心理和行为特点把握不够，教育吸引力和感染力有待提升。

（三）话语功能定位模糊，对信息化时代需求把握不清

随着信息技术的迅猛发展，高校网络教育面临的外部环境、人才培养目标都发生了深刻的变化。然而，不少高校网络教育在人才培养功能重新定位上还存在模糊认识，对信息化时代经济社会和人的全面发展提出的新要求把握不清，使得话语功能的发挥受到掣肘。一是未充分彰显能力本位。在知识更新加速的今天，学习能力、创新能力的培养显得尤为重要。然而，高校网络教育仍未充分突出能力导向，普遍存在重知识传授、轻能力培养的倾向，话语内容和方式转型不彻底。二是对互动共享的时代诉求把握不准。信息时代呼吁开放、互动、共享的教育生态，但不少高校网络教育仍未充分强化互动功能，在教学组织、话语交流等环节仍延续着封闭、线性的传统范式，时代适切性不强。三是个性化服务供给有待加强。随着学习者差异性的日益凸显，个性化、精准化教育成为大势所趋。但高校网络教育对个性化服务重视不够，在资源供给、过程管理、学习支持等环节"普而大之"，满足个性化需求的话语内容和服务较为缺乏[1]。总之，高校网络教育对自身功能的反思和重构还不到位，难以适应信息化时代的发展需求。

（四）话语生态封闭保守，缺乏多元主体参与

构建开放包容、多元互动的话语生态，是适应信息化时代要求的应有之义。然而，高校网络教育在话语生态营造上还相对封闭保守，多元主体参与不足，话语活力有待激发。一是师生话语互动不畅。教师话语仍占主导地位，学生话语表达渠道不够通畅，师生之间缺乏平等、频繁的话语互动，难以形成相互启发、相互促进的良性话语循环。二是校际话语交流不足。高校之间在人才培养、资源共享等方面的话语交流不够，优质教育资源未能实现有效整合与共享，同质化现象突出，优势互补、错位发展的格局尚未形成。三是社会多元主体参与不深。行业、企业等社会力量参与人才培养的话语权较弱，产教融合不够紧密。学生、校友等群体在教育话语生成中发挥的作用也不明显。

综上所述，面对信息化时代的机遇和挑战，高校网络教育话语体系在时代性把握、创新发展等方面还存在不少"堵点""痛点"。这无疑制约了高校网络教育话语体系的时代性发展，影响了人才培养质量[2]。因此，高校网络教育要直面问题，围绕时代需求优化话语内容供给，综合运用信息技术手段创新话语形式，厘清话语功能的时代内涵，打造开放互动的话语生态，不断激发话语创新活力。

[1] 于莹. 远程网络教育英语学习者负动机因素与应对策略研究 [J]. 中国电化教育，2012（9）：48-53.
[2] 詹青龙. 网络教育学 [M]. 南昌：江西教育出版社，2007.

第五章 高校网络教育话语体系生成的动力机制

第一节 主体联动：高校、教师、学生角色功能的良性互动

一、高校：话语体系生成的组织引领者

随着信息技术的快速发展和教育教学理念的不断更新，高校网络教育已成为高等教育的重要组成部分。高校对网络教育话语生成的组织引领，既是顺应时代发展要求、提升人才培养质量的内在需要，也是发挥大学使命担当、引领教育变革的应有之义。

（一）制定话语体系建设规划，为师生互动提供制度保障

制度建设是高校引领网络教育话语体系生成的基础性工作。科学、完善的制度规划，能够从宏观层面统筹资源配置、规范话语实践、激励互动参与，为教师学生互动提供有力的制度保障[1]。首先，高校要将话语体系建设纳入网络教育发展的总体规划，明确发展目标、实施路径和保障措施。在发展目标上，高校网络教育要立足育人根本，着眼于能力培养、素质提升，以学习者为中心，引领话语体系向互动性、开放性、个性化方向发展。在实施路径上，高校网络教育要坚持统筹兼顾、分类指导，针对不同课程类型、不同发展阶段，制订差异化的话语建设方案。在保障措施上，高校网络教育要在人、财、物等方面给予必要的投入，为话语实践提供坚实支撑。其次，高校要制定话语互动的激励机制。在教学考核中突出师生互动表现，将互动质量纳入教师绩效评价、学生学习评价的重要指标，调动师生参与的积极性。最后，高校要建立话语互动的监管机制。成立专门工作组，负责话语导向、话语秩序、话语权益的监督管理，及时化解负面舆情，为良性互动创造条件。总之，

---

[1] 赵晗睿. 网络教育生态系统构建研究 [M]. 长春：吉林大学出版社，2021.

高校要从战略规划、责任落实、评价激励、规范管理等方面完善制度设计，为师生互动搭建平台、划定边界、提供动力，引领网络教育话语的良性发展。

（二）搭建网络教育平台，为师生互动提供技术支撑

网络教育平台是师生开展话语互动的重要载体。高校通过搭建功能完善、体验良好的网络平台，整合优质资源，创设交互情境，拓展话语空间，能够为师生互动提供强有力的技术支撑。首先，高校要加强网络教学平台建设。高校网络教育充分运用云计算、大数据等新一代信息技术，优化平台架构，提升系统性能，为大规模、高并发的师生互动提供稳定支撑。在平台功能设计上，高校网络教育要突出交互性，完善师生实时对话、头脑风暴、协作讨论等功能，为话语互动创设丰富情境。其次，高校要加强教学资源平台建设。高校网络教育通过整合优质课程、教学案例、实践项目等资源，建设结构化、系列化的资源库，为话语互动奠定内容基础。再次，高校网络教育引入版权保护机制，规范资源使用权限，激发教师分享优质资源的积极性[1]。最后，高校要加快智慧教学系统建设。高校网络教育基于人工智能、大数据分析等技术，开发智能导学、个性推荐、智能评测等服务，为师生互动提供精准支持。总之，高校网络教育以先进技术为支撑，加快构建集教学、管理、资源、服务等为一体的网络教育综合平台，为话语创新搭建广阔舞台。

（三）营造开放互动的文化氛围，为师生互动创造良好环境

技术设施再先进，没有开放、互动的教学文化也难以激发话语生机。因此，高校网络教育话语体系建设，还需要从文化层面着手，大力营造平等、互信、包容的教学氛围，为师生互动创造良好的制度和心理环境。首先，高校要树立以生为本、教学相长的先进教育理念，摒弃"一言堂"的灌输式思维，鼓励师生在平等、民主的氛围中畅所欲言、交流思想、碰撞观点，让课堂焕发生机。其次，高校要创新教师评价和学生评价机制。改变唯"课时"论的教师评价模式，将参与话语互动的表现纳入考核，引导教师投身话语生态建设；改变唯分数论的学生评价模式，将课堂表现、实践能力等纳入评价，引导学生积极参与话语实践，在互动中提升综合素养。再次，高校要倡导协同创新文化。打破学科壁垒，推动跨学科教师协同备课、协同教学，促进不同学科话语的融通。鼓励学生成立跨专业学习共同体，在协作中交流、碰撞、创新[2]。最后，高校还要注重挖掘和弘扬优秀话语文化。总结提炼教书育人楷模、优秀教师的话语经验，发掘展示优秀学生的话语创新成果，用生动的事例引领师生话语互动从量变到质变、从初级到高级的提升。总之，高校要从理念更新、评价创新、

[1] 黄勇.论网络教育精品课程建设的若干关键问题[J].现代教育技术，2008（2）：61-63，79.

[2] 耿斌.信息化背景下计算机网络与教育创新研究[M].西安：西北工业大学出版社，2020.

文化引领等方面系统布局,在全校范围内营造开放、互动、创新的教学文化氛围,让优质话语生生不息。

综上所述,高校在网络教育话语体系生成中具有不可替代的引领作用。高校要以适应信息化时代要求为己任,从顶层设计、技术支撑、文化塑造等方面多管齐下,以开放的胸襟拥抱新技术,以进取的勇气变革传统范式,努力营造互信、互助、创新的网络教学生态,激发师生参与热情,为话语创新注入源头活水。

二、教师:话语体系生成的主导实践者

高校网络教育话语体系的生成是一个多元互动、协同创新的过程。教师作为教育的组织者和实施者,在话语生成实践中扮演着主导角色。教师的话语意识和话语能力,在很大程度上决定了话语实践的广度和深度,进而影响人才培养质量。

(一)参与话语内容选择与话语形式设计,发挥教育专业引领作用

教师参与话语内容选择和话语形式设计,是教师话语实践的基础性工作。教师要立足学科前沿和课程目标,遴选高质量、富时代性的话语内容,并运用丰富的教学经验和信息技术手段,对话语形式进行精心设计,以话语的专业性和吸引力引领学生成长。首先,教师要优选话语内容。基于学科发展动态和人才培养要求,教师要广泛对接学术前沿、社会热点、行业实践等,选择能够代表本学科发展方向、反映时代发展特征的优质内容纳入话语体系。其次,教师要优化话语形式。综合运用多媒体、人工智能等信息技术手段,创新话语组织和话语呈现方式。在话语组织上,以碎片化、悬念式的方式激发学习兴趣;在话语呈现上,通过直播、动画、虚拟仿真等多元化形式,营造沉浸式、交互式的话语情境,以话语形式的时代感吸引学生。再次,教师要注重话语生态建设。鼓励学生参与话语内容的增补与生成,形成师生协同建构知识的话语机制。最后,教师还要关注不同课程话语的关联融通,推动跨课程、跨学科的话语交叉融合,形成立体化的话语网络。总之,教师应立足学科专业优势,积极参与话语体系的系统设计,在话语内容、话语形式、话语生态等方面统筹规划、精心设计,为网络教学话语实践提供高起点。

(二)开展在线教学活动,通过师生互动生成教学话语

课堂教学是教师话语实践的核心阵地。高校网络教育突破了传统课堂的时空边界,为教师开展在线教学、丰富话语互动提供了广阔空间。教师要抓住机遇,充分运用网络平台工具,设计丰富多样的教学活动,与学生广泛互动,在教学相长中实现教学话语的创新。首先,教师要创新教学组织形式[1]。其可以综合利用直播讲授、视频演示、在线研讨等多种

---

[1] 刘彦 . 计算机网络教育的理论与实践研究 [M]. 长春:吉林出版集团股份有限公司,2021.

教学形式，创设开放、互动的教学情境。课上，教师要通过启发式提问、头脑风暴等，鼓励学生畅所欲言，表达观点看法；课下，教师要通过网上论坛、微信群等延伸课堂讨论，拓展师生交流的时空界限。在多元互动中，师生共同建构起丰富、立体的教学话语网络。其次，教师要创新课堂话语生成机制。改变"一言堂"的灌输模式，鼓励学生发声、质疑、争辩，形成平等、民主的课堂话语氛围。教师要适时引导话题方向，点拨观点分歧，促进不同声音的交锋与融合。最后，教师还要利用网络渠道，与兄弟院校或同行交流切磋，学习借鉴优秀话语经验，在同侪互鉴中提升自身话语素养。总之，教师要立足在线教学实践，通过精心设计教学活动，引导师生互动交流，撬动学生参与的内在动力，推动教学话语的民主化、多元化发展。

（三）改进话语策略，不断提升话语教学实效

教师话语实践是一个不断反思、持续改进的过程。教师要客观评估话语实效，洞察学情特点，有针对性地优化话语策略，以个性化、精准化的话语方式提升教学实效。首先，教师要创新话语内容供给。教师要综合考量学生认知水平、学习需求等，对原有的"大一统"式话语内容进行再加工，形成层次化、模块化的课程话语。对于基础薄弱的学生，话语内容以基本概念、经典理论为主，同时提供扩展阅读材料，引导学生拓展视野；对于学有余力的学生，则提供前沿进展、学术论文等，激发其对更高层次的探究。其次，教师要优化话语互动方式。针对学生参与度不高、话语互动表浅的问题，改进话语互动设计。精选讨论话题，提升话题吸引力和思辨性，以"追问式""对峙式""悬念式"等启发学生深度思考。再次，教师要加强学情分析[1]。教师要运用学习分析、教学测评等技术，精准画像学生学情特点，对学生的知识基础、能力水平、学习风格等进行动态分析，为个性化话语实践提供数据支撑。教师要实施精准化的话语干预，对学习落后的学生及时查漏补缺，对学习进步明显的学生给予鼓励奖赏，让每一个学生在话语交流中得到应有的关注。最后，教师还要与时俱进更新话语素养。积极参加教学研讨、案例分享等专业培训，学习先进理念，掌握新技术，提升话语意识和话语能力，在实践应用中锤炼话语本领。总之，教师要坚持问题导向、学生导向、数据导向，不断优化话语方式，提高话语精准度、互动度、时代感，以个性而高质量的话语推动教学创新。

综上所述，高校教师是网络教育话语体系生成的主导实践者。教师要立足教学实践，从话语内容选择、话语形式设计到在线教学活动开展、话语策略改进，引领话语实践从量变到质变、从局部到整体的提升。教师以其教育专业特长、丰富的实践经验和不断进取的

---

[1] 李逢庆.云计算技术环境下的大学教学支持服务体系——第五届 AEARU 网络教育研讨会综述 [J]. 教育发展研究，2012，32（3）：80-84.

创新精神，为网络教育话语带来了蓬勃生机。

三、学生：话语体系生成的主体参与者

在信息化时代的高校网络教育中，话语体系的生成已不再是教师的"独角戏"，而是教师和学生共同参与、协同建构的过程。随着学习者主体意识的觉醒，学生逐步从单纯的话语接受者转变为话语生成的积极参与者，创造出丰富多元的学习性话语，为网络教育话语增添了勃勃生机。可以说，如果没有学生的主动参与、积极贡献，就难以真正形成富有活力、与时俱进的网络教育话语生态。

（一）参与话语互动，通过生生互动、师生互动实现协同学习

话语互动是学生参与话语体系生成的基本方式。在高校网络教育中，学生通过课堂讨论、头脑风暴、小组协作等互动活动，与教师、同伴积极交流对话，在思维的交锋与观点的碰撞中实现协同探究与知识建构。首先，学生积极参与师生互动。在启发式教学、研讨式教学等环节，学生通过回答问题、陈述观点等，与教师展开深度对话。在平等交流中，学生既吸收了教师传授的知识经验，又锻炼了独立思考、语言表达的能力。教师的引导点拨与学生的积极思辨相互交织，共同推动了教学话语的创生。其次，学生广泛开展生生互动。通过自主组建学习小组、参与同伴互评、加入网上学习社区等，学生与不同背景、不同观点的同伴广泛互动。多元思维方式的交流、异质性资源的共享，让学习者在同伴互助中实现认知的发展。生生互动让学习真正成为学生集体对话、协同探究的过程。最后，学生还积极参与跨界互动。通过参与校企合作项目、行业专家讲座等，与业界人士互动交流，通过理论联系实际加深对专业知识的理解和应用。总之，学生通过师生、生生、跨界的立体互动，打破传统"单向度"学习的藩篱，让个体智慧在集体智慧的激荡中不断升华，让学习成为生动活泼的社会实践活动。

（二）反馈话语体验，为话语体系持续优化提供依据

学生不仅是话语互动的参与者，也是话语实效的体验者和评价者。学生对教学话语的切身感受，是话语体系优化完善的关键依据。高校网络教育要建立科学、及时的话语反馈机制，鼓励学生表达真实感受，聆听学生心声，并据此优化话语供给，提升话语品质，以精准、优质的话语满足学生的多样化需求。首先，高校要完善话语反馈渠道。综合运用学习平台数据、问卷调查、学生访谈等多种方式，了解学生对课程话语的满意度，以及对话语内容、话语形式、话语组织的具体反馈。其次，高校要精准画像话语需求。利用大数据、学习分析等技术，深入挖掘不同学生群体的差异化话语诉求。例如，针对教学内容难度的

反馈，为基础薄弱的学生提供循序渐进的话语供给，为学有余力者提供拓展延伸的话语资源。精准识别话语需求，个性化、精细化供给，让话语"投其所好"。最后，高校要建立话语反馈的应用转化机制。成立专门的话语评价小组，定期梳理学生反馈，研判体验特点，并形成话语优化建议，及时反馈给一线教师。通过优化话语脚本、调整话语节奏、创新话语呈现形式等，不断提升话语的吸引力、感染力。总之，通过学生反馈"倾听"教学话语的实际"回声"，高校网络教育话语体系必将更加贴近学生需求，做到以生为本。

（三）生成学习性话语，实现从话语接受到话语创生的转变

学生不仅是教育话语的接受者、反馈者，更是学习性话语的积极生成者。随着信息技术的发展和学习方式的变革，学生在学习实践中创造出了丰富多元的学习性话语，成为网络教育话语体系的重要组成部分[1]。高校要营造开放、包容的话语氛围，搭建多元表达平台，鼓励学生积极创作，生成个性化、多元化的学习话语，实现从被动接受话语到主动创生话语的蜕变。首先，高校要激发学生的话语表达意识。在教学中渗透对表达能力的培养，开展写作训练、口语展示等，提升学生说理表达能力，引导学生主动发声，敢于表达自己的观点看法。其次，高校要拓宽学习性话语生成渠道。依托网络学习平台，开辟学生博客、学习笔记、优秀作业展示空间等，鼓励学生记录和分享学习历程。组织微课大赛、学习心得征文等，搭建学生话语展示平台。最后，高校要完善学习性话语应用机制。定期遴选优秀学生原创话语融入教学，师生共同探讨话语特色，交流话语创作心得[2]。组建校、院两级学生话语研究小组，深入挖掘学习性话语的教学价值，研发话语资源库，实现学生话语的教学应用。学习性话语既彰显了个体特色，又促进了集体智慧的生长，让学习创造的熠熠之光照亮前行之路。

综上所述，学生是高校网络教育话语体系生成的主体参与者。高校要充分尊重学生的主体地位，以开放的胸襟接纳学生话语的参与，为学生搭建更多互动交流、展示表达的平台，引导学生从话语接受者蜕变为话语创造者、传播者，在个体话语与集体话语的良性互动中实现知识创新与自我提升。

四、制约高校、教师、学生角色联动的因素

高校网络教育话语体系的生成需要高校、教师、学生多元主体的协同参与和创新实践。然而，受传统教育思维定势、话语权力关系失衡等因素的影响，三大主体的角色分工仍不

---

[1] 曹中一，王红霞，朱颖.论网络教育质量全域管理：战略择定与系统构建 [J].中南大学学报（社会科学版），2015，21（4）：269-276.

[2] 邓康桥，宋晶.以教育质量为导向的高校网络教育管理模式研究 [J].高校教育管理，2013，7（4）：100-104，110.

够清晰。这些问题无疑削弱了多元主体协同推进话语体系生成的动力，影响了人才培养质量和教学改革创新。

（一）高校话语体系顶层设计与管理运行机制有待健全

高校是推动网络教育话语体系生成的组织者和引领者。然而，纵观当前高校网络教育的实践情况，普遍存在对话语体系建设缺乏整体规划和系统设计的问题。一是发展目标定位不清晰。不少高校对网络教育的战略地位认识不够，未将其纳入人才培养和学科建设的总体布局，缺乏符合自身特色和优势的话语体系建设目标。在发展定位上，有的过于注重规模扩张，有的盲目追求技术先进，而在提高人才培养质量、教学模式创新等的发展上着力不足。二是话语资源整合不到位。网络教育涉及教务、学工、财务、技术等部门，需要跨部门协调配合。但不少高校缺乏统筹规划和系统整合，各部门"单打独斗"，资源未能形成合力。优质师资、精品课程等话语资源分散配置、碎片化管理，影响了话语生成效率。三是话语实践的制度供给不充分。师生互动、生生互动是网络教育话语生成的关键环节，但不少高校缺乏引导和保障互动的硬性规章和软性激励，缺乏将互动纳入常规教学管理和绩效考核的机制设计，使互动流于形式。总之，顶层设计和制度供给的滞后，导致高校在推进多元主体协同、保障体系运行上的乏力。

（二）教师话语意识和话语表达能力有待提升

面对信息化时代教育教学方式的变革，不少教师还难以适应角色转换，在话语互动中的主导作用发挥不充分。一是话语意识淡薄。长期以来，教师习惯于单向式、灌输式的讲授，重"教"轻"学"，对师生互动缺乏应有的重视。即便是在网络教学中，不少教师仍延续着"满堂灌"的做法，很少为学生创设讨论、交流的话语情境，师生互动流于形式。二是话语表达能力不足。信息化时代的教学对教师的话语表达能力提出了新的要求。然而，不少教师缺乏应用信息技术手段创新话语呈现的意识和能力，难以运用直播、动画等方式营造生动的话语情境 [1]。教学语言也较为刻板、单一，缺乏亲和力。三是话语引导不得法。在网络教学中，教师还承担着引导师生、生生互动的重任。但在实践中，不少教师缺乏启发诱导、引发思考的话语策略，对不同观点的包容性不够，不善于将分歧引向深度讨论。总之，教师话语素养的不足，在一定程度上削弱了师生互动的实效，制约了对学生创造潜能的激发。

（三）学生话语主体意识不强，话语互动积极性有待调动

学生不仅是网络教育的对象，更应成为话语生成的主体。然而，现实中，不少学生的话语参与热情不高，话语主动性和创造性有待激发。一是主体参与意识淡薄。长期以来，

---

[1] 黄琼珍，黄颖. 高校网络教育资源共建共享机制探究 [J]. 高教探索，2010（3）：60-63.

学生习惯于被动灌输，缺乏对话语权的认知，普遍存在"老师讲我听"的思维定势。在师生互动中，不少学生仍扮演着被动接受的角色，缺乏表达己见、参与话语实践的主动性。二是话语表达能力不足。受应试教育影响，部分学生缺乏独立思考和语言组织的能力，在表达观点时往往言之无物、逻辑混乱。学生话语建构的逻辑性、深刻性有待加强。三是同伴互助意识有待增强。在小组讨论、课题研究等协作学习中，部分学生"搭便车"心理严重，"个人英雄主义"盛行，缺乏集体意识和协作精神。生生互动的广度、深度不足，集体智慧难以汇聚。学生作为话语生成的关键力量，唯有转变为自觉的话语主体，才能充分彰显网络教育的生命力和创造力。

（四）高校、教师、学生间话语权力关系不平等影响互动

平等、民主的话语权力关系是多元主体良性互动的前提。然而，当前高校网络教育中，师生地位悬殊、学生话语权边缘化的问题仍较为普遍，这制约了师生、生生互动的深入开展。一是师道尊严意识仍然存在。不少教师仍然坚持"教师中心"的理念，认为教师才是课堂的主宰。师生互动更多地停留在知识传授层面，缺乏情感交流和价值引领。学生的话语诉求得不到应有的回应，参与热情被抑制。二是学生话语地位边缘化。在师生互动中，部分教师对学生的质疑持抵触情绪，不愿意与学生进行深度对话。在教学决策、教学评价等环节，也很少征求学生意见。学生话语权得不到实质性保障，积极性被削弱。三是生生互动的民主性有待加强。学习小组的组建多由教师"指定"，组内的话语权力分配不均衡。"强者"主导话语实践，"弱者"的声音被淹没，话语创新缺乏活力。话语权力关系失衡所导致的师生隔阂、生生矛盾，无疑会抑制个体的潜能创造，影响教学改革成效。

综上所述，在推进高校网络教育话语体系建设的进程中，高校、教师、学生还未能形成良性互动的局面，角色联动仍面临诸多掣肘。体制机制的不健全、主体能力的欠缺、权力关系的失衡是造成这一现象的深层次原因。

第二节　文化引领：先进教育文化、网络文化的塑造熏陶

一、高校网络教育话语体系生成与文化生态

话语体系是特定历史条件下话语实践形成的相对稳定的话语样式结构。高校网络教育话语体系作为网络教育实践中多元主体互动交往的产物，其生成和发展不仅取决于主体间

的良性互动，更深受网络文化生态的影响和制约[1]。一个开放包容、积极向上的文化生态，能够为话语体系的生成提供持久动力。反之，封闭保守、功利浮躁的文化氛围，则不利于创新性话语实践的开展。

（一）先进教育文化与网络文化的内涵界定

文化是特定群体在社会实践中形成的价值观念、行为方式和生活样式的总和。先进教育文化和网络文化是支撑高校网络教育话语体系生成的两大文化力量。先进教育文化，是指体现社会主义办学方向、反映时代发展要求、代表教育发展规律的先进教育理念和行为方式。其内涵主要体现在：坚持正确的政治方向，用习近平新时代中国特色社会主义思想铸魂育人；坚持立德树人的根本任务，培养德智体美劳全面发展的社会主义建设者和接班人；遵循教育规律，实施因材施教、启发诱导的创新教学；尊重学生主体地位，营造民主平等、积极向上的师生关系；重视学校特色文化建设，涵育优良校风、教风、学风。而网络文化，则产生于互联网这一特定的传播环境和存在方式中，反映了网民在网络空间的价值取向、思维方式和行为样式。一方面，网络文化呈现出开放、共享、互动、创新的时代特征，传递着求真务实、开拓创新的进取精神。另一方面，网络中也充斥着娱乐至上、功利浮躁的不良倾向，导致网民雅俗不分、是非判断模糊。因此，发展积极健康、向上向善的网络文化，已成为网络强国建设的重要任务。总的来说，先进教育文化为网络教育话语生成提供价值导向和精神动力，积极向上的网络文化则为之奠定了用户基础和传播土壤，两者相互交融，共同驱动着高校网络教育话语体系的生成和发展。

（二）文化生态对话语体系生成的支撑作用

良好的文化生态是话语创新的沃土。网络文化生态作为网络教育话语生成的现实场域，对话语体系的构建和发展起着至关重要的支撑作用。一是优化话语内容的意义资源。文化是观念的集合、思想的结晶。积极健康、多元包容的网络文化，能够为话语生成提供丰富多元的意义资源，滋养话语内容的思想内核。反之，庸俗、封闭的文化氛围，则会窒碍新思想、新观念的萌发。二是规约话语生成的行为模式。文化塑造行为，习惯影响实践。民主平等、宽容互信的文化氛围，有利于不同话语主体充分表达观点、交流对话，在商讨互鉴中实现集体智慧的迸发。反之，等级森严、惯于灌输的文化氛围，则会抑制个体表达的勇气和热情，不利于创新性话语的涌现。三是强化话语实践的技术支撑。技术是文化的物质载体，工具影响话语。开放兼容的网络文化，推动了信息技术的迭代创新，为话语实践提供了直播、虚拟现实等新兴传播形态，使得沉浸式、交互式的话语体验成为可能。反之，

---

[1] 王春莲，马秀峰. 高校网络教育学习支持服务的现状调查 [J]. 开放教育研究，2006（2）：46-49.

排斥创新的保守文化，则会延缓新技术的发展和应用[1]。四是引领话语发展的价值航标。文化是社会的精神支柱，是认知世界、反思自我的价值坐标。进步、积极的文化品格，能够为话语创新提供价值引领，使之朝着正确的方向阔步前行。反之，市侩、堕落的文化氛围，则会侵蚀主体精神，让话语创新失去前行的动力。可以说，文化生态通过意义供给、行为塑造、技术支撑、价值引领等，深刻影响和制约着网络教育话语体系的生成发展。

综上所述，高校网络教育话语体系是多元主体互动交往的动态建构产物，其生成发展根植于特定的文化生态土壤。作为价值引领、精神支撑的先进教育文化和作为传播环境、生存方式的网络文化交相辉映，共同影响和制约着高校网络教育话语样式结构的塑造、话语秩序的形成。因此，高校应充分认识到文化生态与网络教育话语体系生成的内在关联，加强先进教育文化的引领，大力发展积极向上的网络文化，优化话语创新的文化土壤。

二、教育理念是教育工作的灵魂和指南。

作为一种系统化的教育思想和信念，教育理念反映了特定历史条件下教育的目的追求、价值取向和行为准则。高校网络教育作为信息时代人才培养的新阵地，必须推动教育理念从"以知识为中心"到"以能力为中心"、从"应试教育"到"创新教育"、从"封闭办学"到"开放融合"的转型升级。

（一）"以人为本"的理念引领话语体系"生本"转向

在当代教育哲学和实践发展中，"以人为本"的理念日益凸显，成为教育改革的核心价值诉求和行动指南。"以人为本"强调以人的自由而全面发展为根本目标，倡导"一切为了学生，为了一切学生，为了学生的一切"。这一理念内在地要求高校网络教育转变传统的"以教师为中心""以教材为中心"的知识本位思维方式，将学习者的需求、利益、发展放在教育活动的中心地位[2]。具体而言，高校网络教育话语体系要从以下三个维度推进"生本"转向：一是话语内容要从单一知识型向综合素养型转变。传统的教育话语体系侧重学科知识的传授，对学习者能力、情感、态度等全面发展的关注不足。高校要发挥网络教育的优势，整合慕课、直播、虚拟仿真等多元话语资源，将知识、能力、价值有机融合，促进学习者的全面发展。二是话语组织要从封闭线性向开放互动转变。传统的"满堂灌"、注入式话语让学生成为被动的接受者。要转变为启发式、参与式的话语组织，设置开放性问题，开展研讨式教学，让学生成为话语互动的主体，在对话碰撞中实现知识的内化升华。三是话语评价要从结果导向向成长导向转变。传统的话语评价偏重结果性，忽视了学生的个体差异

---

[1] 于伟建，庄学真.论高等学校网络教学资源建设 [J].电化教育研究，2004（6）：54-56.
[2] 王竹立.我国教育信息化的困局与出路——兼论网络教育模式的创新 [J].远程教育杂志，2014，32（2）：3-12.

和成长进步。高校要创新评价手段，运用学习分析等大数据技术，对学生学情进行全息画像，给予个性化的成长性评价反馈，促其不断自我超越。总之，"以人为本"理念引领着话语体系的"生本"转向，使教学从"教师中心"走向"学生中心"、从"教"的活动转向"学"的活动，激发了学习者的内在潜能，体现了生命成长的内在逻辑。

（二）创新发展理念引领话语体系变革进取

创新是引领发展的第一动力。破解发展不平衡、不充分的问题，满足人民群众对优质教育的需求，关键在于创新驱动，特别是要在教育理念、人才培养模式、教学内容、学习方式等方面进行创新突破。而这一切，都要通过创新性的话语实践去落实。一方面，高校要树立创新发展的教育理念，将其融入办学治校的各个环节，成为引领教育教学改革的行动指南。另一方面，高校网络教育要在话语体系建设中积极回应和彰显创新发展需求，推动理念创新与实践变革的良性互动。具体而言，一是在话语内容选择上着眼于前沿和交叉。紧跟时代发展和技术进步，将人工智能、大数据、区块链等前沿科技领域的新知识、新方法引入课程体系，拓宽学生视野。鼓励跨学科、跨领域的课程建设，推动不同专业知识的交叉融合，培养复合型创新人才。二是在话语形式创新上彰显时代精神。运用信息技术手段，创新话语组织方式和表现形式。打破传统的"一言堂"式的灌输，采用研讨式、参与式等互动性教学方式，营造开放、民主、活跃的课堂氛围，激发创新灵感。三是在话语评价中突出创新导向。改变以"一考定终身"为主的评价模式，将学习过程、能力提升、创新潜质等纳入评价体系。总之，高校网络教育要让创新成为贯穿人才培养全过程的核心要义，通过创新性的话语实践，激发创造活力，彰显时代精神。

（三）开放共享理念引领话语体系跨界融合

新时代呼吁教育高水平对外开放，加快教育现代化进程。作为实施教育对外开放、服务共建"一带一路"的重要载体，高校网络教育要以开放共享理念为指引，推动教育话语实现从封闭到开放、从割裂到融通的迭代跃升。建设与之相适应的话语体系，关键是要打破学校围墙和学科藩篱，积极推动不同文化、不同学科、不同群体间的交流对话，在言语互鉴中实现教育教学模式的创新重构。一是构建跨文化交流的话语场域。高校网络教育可以利用网络平台优势，推进中外优质教育资源共建共享，开展中外在线教育交流合作，让师生聆听不同声音。通过跨文化对话、联合教学等，增进中外师生的相互了解，拓展国际视野。二是推动跨学科融合的话语生成。高校网络教育可以围绕复杂的现实问题，整合不同学科专业的课程资源，开设跨学科主题研讨、项目学习等，引导不同专业学生协同探究[1]。在跨学科对话中突破思维定式，迸发创意火花，实现知识的交叉融合和协同创新。三

---

[1] 曹中一，朱颖．提高网络教育毕业论文质量的探索与实践 [J]．现代大学教育，2013（6）：105-108.

是构建跨界协同的育人共同体。高校网络教育可以推动政产学研用的协同，吸引企业行业专家、杰出校友参与人才培养全过程，引入企业真实项目案例，让学生在理论与实践的对话中提升创新实践能力，为学生提供多样化、个性化的学习选择。总之，开放共享理念驱动下的话语体系变革，让高校教育从封闭走向开放，让学习从个体走向共同体，激活了更广泛、更持久的教育生态系统，促进了人的自由而全面的发展。

综上所述，先进教育理念是推动高校网络教育变革创新的精神旗帜和价值航标。以人为本、创新发展、开放共享理念的引领，驱动着教育话语体系在价值取向上实现从"教本"到"生本"、从固守到变革、从封闭到开放的系统性变革。

三、优秀教学文化引领话语体系的表达方式

教学文化是高校优秀育人文化的重要组成部分。作为教育思想观念、价值取向和行为方式的综合体现，教学文化直接影响着师生教学行为方式的选择，对教育教学质量具有重要导向作用。在网络教育语境下，教学文化的示范引领作用更加显著。

（一）教学民主文化引领平等开放的师生话语互动

教学民主是现代大学的核心价值追求。其基本要义是要尊重师生的主体地位，营造民主、平等、开放的教学氛围，推动师生在教学过程中充分地对话交流，形成相互启发、相互促进的良性互动。作为一种先进的教学文化形态，教学民主理念的引领，驱动着教学话语从"独白"走向"对话"。高校网络教育要充分发挥信息技术优势，将教学民主文化内化于教学话语实践的方方面面。一是倡导开放、互动的课堂教学。高校网络教育可以改变"满堂灌"、直播讲的灌输式教学，采用研讨式、参与式等教学形式，鼓励学生畅所欲言，表达观点看法。教师则通过语言艺术、情境创设等，为学生营造表达、交流的良好氛围。二是拓展课下交流互动的渠道[1]。高校网络教育可以依托网上论坛、即时通信等，畅通师生、生生互动交流的线上渠道。教师要主动邀约、积极回应，与学生展开平等、坦诚的对话，给予学生更多话语表达权，让其在头脑风暴、小组讨论等互动中成为话语实践的积极参与者。三是注重学生话语能力的培养。高校网络教育可以在教学过程中加强对口头表达、书面写作等的训练，提升学生的逻辑思辨与语言组织能力，让学生敢于并善于通过话语实践表达真实自我。总之，以教学民主文化为引领，高校网络教育话语表达从封闭走向开放，师生关系从支配服从走向平等互动，彰显了新时代大学精神的本质要义。

（二）精品课程文化引领高质量教学话语生成

精品课程建设是提升教学质量、彰显教育特色的重要抓手。在高校网络教育语境下，

---

[1] 钱晓群. 网络教育服务质量学生满意度实证分析 [J]. 中国远程教育，2009（7）：57-60.

一批富有时代精神、紧跟学科前沿、反映教学改革成果的在线精品课程不断涌现，形成了追求卓越、崇尚创新的优秀教学文化，成为教学创新的"领头雁"和教学质量的"风向标"。作为教学创新发展方向和未来趋势，精品课程文化对网络教育话语表达方式的变革产生了深远影响。一是优化教学内容供给。精品课程紧跟学科前沿，将最新学术进展、前沿科技动态引入教学内容，教师话语由单纯的知识呈现转向对学科前瞻、科技前沿的引领。二是创新教学话语组织。精品课程依托信息技术，创新话语表达形式。高校网络教育采用微课、直播、虚拟仿真等多种呈现方式，使枯燥的知识变得生动立体，引发学习兴趣，在讨论交流中加深认知、启迪智慧。三是提升教师话语素养。精品课程地建设推动教师不断更新教育教学理念，提升信息技术运用能力。教师话语由单向灌输走向启发互动，教学语言更加生动、精准、亲和。教师还要学会将个人教学风格与信息呈现特点相结合，探索个性化话语表达，提升教学魅力。总之，精品课程文化引领下的话语变革，让网络教学告别了单调乏味的信息呈现方式，走向了丰富多彩的教学互动，教与学在创新话语中迸发出新活力。

（三）学术探究文化引领批判创新性话语实践

学术探究是大学的本质职能。培养学生的学术精神、批判性思维和创新能力，是大学教育的应有之义。然而，在应试主导的教育传统下，死记硬背、机械重复的学习方式长期占据主导，学生缺乏质疑权威、独立思考的勇气，缺乏批判创新的话语实践能力。高校网络教育要充分利用信息化变革的机遇，大力弘扬学术探究文化，引领师生话语表达拓展深度和高度。一是将学术探究融入话语目标[1]。在教学目标设计中突出学生的学术能力培养，将批判性思维、创新精神、学术表达等纳入话语教学的重要维度。师生对话交流不再满足于知识的复述，而是要力争在学理探究、问题解决中实现认知提升。二是将学术探究渗透教学话语链。高校网络教育围绕学科前沿问题，开展启发式、研讨式教学，鼓励学生通过头脑风暴、小组讨论等对问题展开深度剖析，在开放、质疑的氛围中唤醒批判意识，点燃创新灵感。三是搭建学术探究的话语平台。高校网络教育组织学术沙龙、在线研讨会等，邀请不同学科背景的师生同台对话，碰撞跨学科智慧，在真实的学术对话情境中锻炼思辨能力、提升学术表达水平。总之，在学术探究文化的引领下，高校网络教育话语突破了浅层应对的藩篱，师生在学理探究中建构意义、升华认知，在创新话语实践中绽放自我、实现超越。

综上所述，教学文化是高校网络教育话语体系表达与变革的精神导引。优秀教学文化通过塑造教学理念、引领教学行为等，无时无刻不在推动着教育话语的表达方式的变革，

---

[1] 刘名卓,姜曾贺,祝智庭.视线跟踪技术在网络教育资源界面设计中的应用个案及启示[J].中国电化教育,2011,（4）: 71-76.

最终指向了立德树人、提高教学质量的共同目标。面向未来，高校网络教育要进一步强化教学文化建设，在全校范围营造民主、进取、创新的文化氛围。

四、互联网思维塑造话语体系的时代特征

碎片化、交互性、个性化等互联网思维正渗透到社会生活的方方面面，并成为时代发展的显著特征。高校网络教育作为互联网时代教育变革的前沿阵地，亦深受互联网思维的影响，形塑着其鲜明的时代特征。

（一）碎片化思维塑造体系化与碎片化并存的话语形态

碎片化思维是互联网时代的显著特征。海量信息的涌入，快节奏生活的推波助澜，使人们的注意力越发呈现碎片化、跳跃化、非线性化的趋势。传统的系统性、逻辑性思维方式面临挑战，取而代之的是快速捕捉、随机组合信息碎片的思维新范式。高校网络教育要顺应碎片化时代大势，积极重塑话语形态，展现出体系化与碎片化并存、交融互补的新特点。一方面，高校网络教育要坚持体系化构建的话语形态。其充分利用信息技术手段，梳理知识脉络，优化话语结构，依托知识图谱、概念地图等，为学习者提供清晰的学习路径，厘清庞杂知识的内在联系，让话语碎片在系统框架中各得其所、有机统一。另一方面，高校网络教育要积极开发碎片化的话语形态。其基于移动学习、微课程等，开发具有完整语义、相对独立的话语单元。这些兼具针对性和灵活性的话语"原子"，能够被学习者自由选取、动态重组，既适应了碎片化学习需求，又能通过非线性连接重塑知识的意义。体系化与碎片化的话语形态要交融互补、和而不同。话语碎片可连接、扩展话语体系，激活系统性知识的生命力；话语体系则能梳理、归纳话语碎片，让知识片段在逻辑网络中生根发芽。总之，在碎片化思维的引领下，网络教育话语形态呈现出体系化内核、碎片化外延的辩证统一，碎片与体系在互补互促中实现了传承与创新的辩证。

（二）交互性思维塑造互动共享的话语传播模式

交互性思维是互联网精神的精髓所在。Web 2.0时代的来临，意味着互联网从单向传播走向双向交互、多元互动。在社交媒体、虚拟社区的推动下，大众从被动的信息接受者转变为话语生产、再创造的主动参与者。高校网络教育作为互联网技术和教育深度融合的产物，生于互联、长于互动，因此要以开放包容的胸襟欣然接受交互性思维的改造，推动话语传播从封闭走向开放、从灌输走向互动、从独白走向对话。一方面，教师要转变话语权威意识，打破满堂灌的窠臼，通过启发式、探究式教学，鼓励学生发出自己的声音。高校网络教育创设了研讨、辩论、角色扮演等互动情境，搭建了师生、生生充分对话的平台，让话语在

观点交锋中精进、在互学互鉴中升华。另一方面,学生要从被动接受知识走向主动建构意义。通过小组协作、同伴互评等,突破个体思维局限,在头脑风暴中释放集体智慧。学生还要勇于通过网上论坛、博客、公众号等渠道积极发声、传播观点,让个体话语融入社会思潮的涌动。此外,高校还要积极吸纳社会多元主体参与话语互动[1]。总之,交互性思维重塑了网络教育的话语生态,推动话语传播形成人人参与、集体建构的互动共享新局面。

(三)个性化思维塑造因材施教的话语表达方式

个性化思维是互联网时代的价值诉求。工业时代的标准化、批量化生产模式难以满足人的多样性需求,回归个性、彰显差异成为时代主旋律。在个性解放的浪潮中,教育也被赋予了个性化的时代内涵。高校网络教育要顺应这一趋势,积极推进话语表达从千篇一律到因材施教的变革,以个性化的话语形式满足学习者的独特需求。一是推行自适应学习,个性化呈现教学内容。运用大数据、学习分析等技术,精准把握学生学情,智能推送个性化学习资源。基于个人需求定制专属课程,采用因材施教的话语策略,对不同认知风格、知识基础的学生提供针对性指导。二是创新个性化学习支持服务。高校网络教育依托人工智能、自然语言处理等,开发智能导学系统,通过智能问答、情感计算等提供全天候、个性化服务。学习困难时,智能系统及时诊断、提供个性化资源推荐和路径指引。三是优化个性化评价反馈。高校网络教育改变了"一刀切"的评价模式,建立起多元个性化评价体系,学习过程性评价与结果性评价相结合,关注学生在不同评价维度的个性表现,给予学生个性化的精准反馈,因人而异地引导学生查漏补缺、取长补短。总之,在个性化思维引领下,网络教育话语表达从标准化、规模化生产走向定制化、个性化创造,用心用情满足每一位学习者的独特需求,为其成长的道路插上腾飞的翅膀。

综上所述,互联网思维正在重塑高校网络教育话语体系的时代图景。互联网思维与网络教育话语变革已形成联动共振之势,推动着高校教育从工业时代迈向智能时代。因此,高校网络教育要敏锐洞察互联网思维发展的新趋势、新动向,在继承与创新中推进话语体系的优化重构。

五、网络行为文化塑造高校网络教育话语体系的运行机制

互联网和数字技术的快速发展正在重塑高等教育的话语生态。网络空间中的行为文化通过塑造教育主体的言说方式、思维习惯和价值追求,深刻影响着高校网络教育话语体系的构建。

---

[1] 王丽莉,孙宝芝."互联网+"时代背景下网络教育发展新趋势——"2015国际远程教育发展论坛"综述[J].中国远程教育,2015(12):12-17.

（一）自主学习文化塑造学生话语主体地位

网络时代的自主学习文化强调学习者在学习过程中的自主性、能动性和创造性。这一文化潮流正在激发学生的内在学习动机，培养其自我导向学习的能力，进而重塑师生关系和课堂话语权力结构。在自主学习文化的熏陶下，学生不再是被动接受知识灌输的客体，而是学习的主人和意义建构的主体。教师也从课堂的主宰者转变为学生的引导者和协助者。由此，传统的"教师中心"话语模式被"学生中心"的对话式、互动式话语模式所取代。学生拥有了更多表达观点、参与讨论的机会，话语主体地位得到极大地提升。可以预见，自主学习文化必将推动网络教育话语从单向传播走向双向互动，从被动接受走向主动建构，不断增强学生的获得感和话语权。

（二）协作交流文化塑造生成性话语互动模式

网络社交媒体的兴起催生了协作交流文化，知识生产呈现出开放性、交互性的新特点。在此文化语境中，高校网络教育的话语互动模式正经历着从线性传递到网状协作的转变。教师通过开放课程资源、设计协作性学习任务，邀请学生积极参与对话交流与集体智慧的创造，使课堂话语从封闭走向开放、从独白走向对话。在此过程中，师生、生生之间频繁互动、相互启发，话语内容不断迭代更新、螺旋上升。可以说，协作交流文化正在建构一种生成性的话语互动模式，使个体思想在交流中激荡、在碰撞中升华，推动网络教育从单一化走向多元化、从静态走向动态。

（三）碎片化学习文化塑造灵活、弹性的话语组织结构

移动互联网时代，海量信息争夺人们的注意力资源，情境性、碎片化学习成为新的文化趋势。为适应学习者多样化的学习需求和习惯，网络教育话语的组织结构呈现出灵活性和弹性化特征。教师打破学科专业壁垒，整合优质教育资源，设计微型学习项目，使话语组织从系统性、逻辑性走向碎片化、情境性[1]。学习内容也从固定、标准化转向弹性、个性化，利用搭建个人学习中心等途径，为学生提供自适应的学习路径和资源推送。同时，为满足学生随时随地学习的需求，网络教育话语的呈现形式日益多样化，包括微课、慕课、电子书、学习 App 等。由此可见，碎片化学习文化正推动网络教育话语组织结构不断优化重组、动态调整，为学生营造了灵活、开放的话语体验。

综上所述，网络行为文化通过塑造教育主体的学习方式、交往模式和话语实践，深刻重构着高校网络教育话语体系。这些文化力量交织作用，推动高校网络话语生态实现了从封闭到开放、从静态到动态、从中心到边缘的系统性变革。高校应立足新的文化语境和技

---

[1] 熊华军，闵璐 . 解读美国网络教育质量国家标准 [J]. 中国电化教育，2012（12）：36-40.

术条件，加快建构主体多元、机制互动、形态多样的网络教育话语新秩序，不断增强话语体系的时代性、前瞻性，从而塑造师生的网络学习体验，引领教育变革，提高人才培养质量。

六、文化引领高校网络教育话语体系生成的不足

文化是人类在社会实践中创造的物质财富和精神财富的总和，是一个国家、一个民族的精神家园。高校作为文化的重要传承者和创新者，理应肩负起文化引领的重任。然而，当前高校网络教育话语体系的生成仍存在诸多不足。

（一）先进教育文化引领力有待加强

当前高校网络教育领域的主流文化话语权仍有待提升，马克思主义的指导地位不够稳固，社会主义核心价值观的影响力不够广泛，中华优秀传统文化的创造性转化和创新性发展还不够深入。一些高校对文化育人重视不够，网络教育实践中往往更关注技术应用和教学组织，而忽视了文化内涵的挖掘和价值引领。部分教师文化素养和人文情怀有待加强，育人过程缺乏家国情怀和理想信念的升华。这些问题制约着高校网络教育主流话语权的确立，淡化了先进文化对师生价值追求和精神家园的塑造。因此，必须坚持马克思主义在意识形态领域的指导地位，加强理想信念教育和社会主义核心价值观培育，引导师生坚定文化自信，推动网络教育领域形成正确的价值取向、规范和秩序。

（二）网络亚文化对话语体系生成存在消极影响

随着网络社交媒体的兴起，各种亚文化思潮的不断涌现，对高校网络教育话语体系的生成产生了复杂的影响。部分网络亚文化带有消费主义、拜金主义、个人主义等不良价值导向，网络舆论生态日益复杂。一些错误思潮和言论借助网络平台快速传播渗透，对大学生的价值观念形成冲击。同时，网络空间的匿名性、虚拟性也放大了极端言论的破坏力，易引发对立、混乱，加剧话语场域的分裂。种种亚文化因素交织，冲击主流意识形态话语权威，对社会文化生态和大学生健康成长造成消极影响[1]。可见，构建高校网络教育话语体系，既要积极吸收多元文化资源，也要高度警惕错误思潮对话语生态的污染和侵蚀。因此必须加强网络内容管控和舆论引导，主动发声、形成合力，净化网络文化环境，从源头上为高校网络教育话语体系的生成培育提供良好文化土壤。

综上所述，先进文化的引领力有待加强，网络亚文化对话语秩序造成消极影响，这些问题制约了中国特色高校网络教育话语体系的构建。未来，必须深化文化领域供给侧结构性改革，推动社会主义先进文化的广泛传播和接受认同，充分彰显中国特色文化的时代魅力。

---

[1] 邓文新. 网络教育环境下学生学习能力的培养 [J]. 电化教育研究，2002（8）：48-50.

第三节　资源整合：教学、科研、管理、服务等资源的集成创新

一、高校网络教育话语体系生成对资源的要求

高校网络教育作为信息时代高等教育变革的重要方向，正在重塑教与学的话语生态。构建高校网络教育话语体系已成为提高人才培养质量、彰显中国特色的迫切需求。

（一）话语体系生成对教学、科研、管理、服务资源的依存关系

高校网络教育话语体系的生成根植于教育资源沃土，与教学、科研、管理、服务资源具有全方位的依存关系。从教学资源看，网络教育话语体系建设需要课程资源、师资队伍、教学平台等作为支撑。优质的网络课程是构建教学话语的基础，教师的教学理念、知识素养、信息技术应用能力等直接影响着教学话语品质。从科研资源看，原创性、引领性的科研成果对教学话语创新至关重要。高水平科研资源的注入，有助于教学内容的更新迭代，推动学习共同体建设，促进教学、科研的良性互动。从管理资源看，学校的办学理念、发展规划等影响网络教育的价值追求和话语导向。现代大学制度、质量监控体系等为规范教育话语提供重要依托。从服务资源看，完善的学习支持服务体系是网络教育话语生成的关键条件。技术支持、学习指导、学习评价等环节对学习者话语能力的培养不可或缺。可见，高校网络教育话语生态依存于教学、科研、管理、服务资源，并对资源优化整合、集成创新提出了迫切需求。

（二）资源整合集成创新的必要性

高校网络教育具有跨界性、开放性的资源特性，整合集成创新发展已成必然趋势。首先，优质资源的整合集成是破解资源分散、低水平重复建设等问题的必由之路。打破学科专业壁垒，实现跨界融合，有助于资源的优化配置和联动增效，为网络教育话语体系的生成提供持续动力。其次，资源共享开放是顺应教育信息化发展大势的必然选择，有助于推动资源的聚合与流通，实现资源禀赋从"重资产"向"轻资产"的嬗变，最大限度地释放资源效能。再次，资源创新发展是引领网络教育变革的关键举措。高校网络教育注重培育创新要素，加强原创性、引领性资源供给，不断推陈出新，方能为高校网络教育话语生态注入新活力、新动能。最后，资源整合集成有助于形成合力，提升高校核心竞争力。统筹资源、

打通壁垒，推动创新链、产业链、价值链的有效衔接，必将极大地提高资源利用效率，助力高校网络教育的特色发展、内涵发展。

综上所述，高校网络教育话语体系生成依赖于教育资源，需要整合教学、科研、管理、服务等资源形成合力。资源是话语体系生成的物质基础，优质资源的不断积淀、迭代是推动话语创新、激活话语生态的关键所在。

二、课程资源整合优化话语内容供给

课程是教育教学的核心要素，对人才培养质量具有决定性影响。在高校网络教育话语生态中，课程资源发挥着话语内容供给的关键功能，其整合优化直接决定着网络教育话语的丰富性、多样性和创新性。

（一）整合优质课程，择选经典案例，充实话语材料

高校网络教育话语体系建设需要扎实的资源基础，课程资源无疑是其中最为关键的内容载体。整合校内外优质课程资源、选择经典案例，对优化高校网络教育话语内容供给至关重要。首先，优质课程资源是高校办学特色和教学质量的集中体现，代表了一流师资、一流教学的科学内涵。将其引入网络教育话语体系，有助于及时更新迭代话语内容，弥补资源自建过程中的不足，提升话语内容的科学性、先进性。其次，经典案例蕴含丰富的实践智慧和真知灼见，是形象化、情境化的"活教材"。将生动鲜活的一手案例融入话语体系，对提升话语吸引力、感染力大有裨益。最后，高校间优质资源的互通有无、集成整合，不仅有助于实现资源的优化配置，还能形成"1+1＞2"的聚合效应，为网络教育话语持续注入创新动力。可见，整合优质课程资源对充实话语材料、完善话语体系具有重要意义。

（二）开发微课、慕课，创设情境化话语氛围

随着网络学习进入碎片化、泛在化时代，传统课程话语呈现方式逐渐暴露出时效性不足、互动性不强等问题 [1]。开发微课、慕课等新型在线课程资源，创设情境化话语氛围，成为优化高校网络教育话语内容供给的必然选择。微课、慕课等新型课程资源具有碎片化、内容化的特点，其短小精悍的话语呈现方式契合当代学习者的注意力特征和学习习惯，有利于提升话语吸引力。同时，微课、慕课资源往往聚焦某个知识点或话题，通过设置情境、制造悬念等方式营造沉浸式话语情境，有助于调动学习者的参与热情，激发创造性思维。此外，微课、慕课包含了前沿科技元素，能为话语传播插上腾飞的翅膀。数据分析、智能推送等功能的嵌入，有助于实现话语内容的精准推送，创设个性化、自适应的话语体验。由此可见，

---

[1] 陈庚，丁新，袁松鹤，等 . 网络课程要素分析及建设 [J]. 开放教育研究，2008，14（6）：73-79.

开发微课、慕课等新型课程资源，是顺应网络时代教育变革的必由之路，也为高校网络教育话语生态注入新活力。

（三）引入新技术手段，创新话语呈现方式

当前，人工智能、虚拟现实、大数据等新技术日新月异，为教育变革带来前所未有的机遇。高校要顺应智能时代发展大势，积极将新技术引入课程资源建设，以创新话语呈现方式，提升网络教育话语实效。首先，人工智能、自然语言处理等技术在教育领域不断突破，智能助教、智能导航、智能测评等新功能的出现，有助于实现话语呈现的智能化、个性化，创设人机交互、因材施教的沉浸式话语情境。其次，虚拟现实、增强现实等技术日臻成熟，将其与课程资源相融合，能创设身临其境的沉浸式学习体验，实现话语内容从平面化向立体化、从静态化向动态化的迭代升级。最后，大数据、学习分析技术在教育领域加速渗透，海量数据的挖掘、分析能精准刻画学习过程，创设因材施教的自适应学习环境，推动话语内容的动态优化与精准推送[1]。可见，新技术与课程资源的深度融合，是高校网络教育话语体系建设的必经之路，对创新话语形态、提升话语育人实效具有重大意义。

综上所述，课程资源是高校网络教育话语内容供给的核心要素，其整合优化水平关系到话语体系的供给质量和创新程度。课程资源通过开发微课、慕课等新型资源形态，利用大数据、人工智能等新技术赋能资源建设，为网络教育话语体系注入了新的内容活力、方法活力。

三、教学模式创新促进多元互动话语生成

话语是思想交流、观点碰撞的重要载体，对知识内化、能力生成、价值塑造具有重要影响。在高校网络教育话语生态中，教学模式的选择对话语互动质量具有决定性作用。

（一）探索混合式教学模式，线上线下话语交互

随着信息技术与教育教学的深度融合，混合式教学成为高校教学变革的重要取向。将传统课堂与网络学习相融合，线上线下优势互补、协同发力，不仅能创设多元互动的教学情境，更能激活静默的课堂话语，让不同观点在交锋中迸发出思想的火花。一方面，线上学习突破时空限制，微课、慕课、直播课等数字资源的广泛应用，让丰富多样的教学话语随时随地触手可及。学习者可根据需求自主安排学习节奏，通过弹幕、投票、头脑风暴等方式随时表达观点看法，在与同伴互评中不断调整话语策略，生成更有说服力的话语表达。另一方面，线下教学聚焦知识内化和价值引导，围绕线上学习中学生提出的疑惑难点，开

---

[1] 张家年，李怀龙，李晓岩. 伦理学视野中的网络教育伦理初探[J]. 开放教育研究，2011，17（4）：53–59.

展启发式、探究式教学。师生、生生之间的言语对话、身体对话更加频繁，不同观点在协商、辩论中交织激荡，个体思想在交互中不断迭代更新，多元、交互的话语表达模式应运而生。由此可见，混合式教学模式顺应了网络时代教育变革发展的必然要求，通过创设线上线下融合的教学情境，搭建多元互动的对话平台，为网络教育话语生态注入了源源不断的动力。

（二）实施翻转课堂教学，师生角色对话与交流

翻转课堂通过重设课堂教学流程，让学生成为学习的主人，让课堂回归以学习者为中心。这一理念的落地，必然推动师生角色定位的转变和课堂话语权的重构，让不同主体在平等对话中实现角色互换、智慧分享。具体而言，学生在课前通过观看教学视频、研读指定材料等方式完成知识学习，课堂则聚焦知识内化和能力生成。教师从"知识管理者"转变为"学习引导者"，更多采取对话、启发的教学策略；学生则从"被动接受者"转变为"主动建构者"，课前的自主学习、思考与总结使其掌握了话语主动权。师生围绕知识生成展开探究对话、质疑论证，在观点交锋中思维不断深化，个体内化知识经验不断外显，生成了解释力、针对性更强的多元话语。此外，翻转课堂强调学生的团队协作，通过头脑风暴、小组对话等，学习共同体内部达成共识，进而与其他共同体开展辩论或分享，在"同质性"与"异质性"的碰撞中实现集体智慧的迸发[1]。由此可见，翻转课堂为师生、生生搭建了民主、平等的对话平台，有效调动了学习者表达、思辨的主动性，在观点交流、经验分享中实现了"去中心化"的多元话语建构。

（三）开展小组协作学习，生生之间对话与讨论

小组协作学习通过异质分组，让不同知识经验、思维风格的个体携手攻坚克难，在头脑风暴、集体讨论中取长补短、互学互鉴，进而达成共识，完成任务。这一过程不仅能唤醒学习者的内在驱动力，更能创设平等、协商的话语互动新生态。首先，开展小组协作学习有助于厘清话语关系，搭建民主、平等的生生互动平台。组内成员围绕主题展开头脑风暴，畅所欲言，个体表达欲望被充分激发。不同观点、看法在交锋中相互借鉴、取长补短，个体话语建构能力得以提升。其次，组内成员在讨论中达成"协商共识"，生成了融合集体智慧的小组话语表达。与其他小组分享成果时，组内成员往往能形成默契，集中力量研讨论证，共同捍卫小组观点，体现了生生话语的凝聚力。最后，不同小组围绕问题开展"唇枪舌战"，相互质疑、论证，"同质"观点在"异质"观点的挑战下不断升级优化，个体思维在交互协商中实现螺旋式提升。可见，小组协作学习为学习者搭建了互助友爱、民主平等的对话平台，有利于调动参与者的积极性、主动性，在协商互动中实现个体话语到集体话语的生成，进

[1] 周自波，蒋立兵，廖水明.供给侧改革视阈下网络教育质量提升路径研究[J].中国电化教育，2019（12）：53-60.

而推动多元、异质的网络教育话语生态构建。

综上所述，教学模式选择对高校网络教育多元互动话语的生成具有直接影响。混合式教学、翻转课堂、小组协作学习等新型教学模式顺应了互联网时代的教育观念、教学组织方式的变革，通过创设线上线下融合、课内课外贯通的开放性教学情境，为师生搭建民主、平等、协作的话语互动平台，推动了课堂话语关系的重构和话语生态的优化升级。

四、教学评价改革引导话语反思与生成

评价是教学活动的"指挥棒"，对学习行为具有导向、诊断、激励等重要作用。传统的结果性评价、单向评价模式难以有效引导学习者对已有话语表达进行反思和改进，不利于调动其话语创新、话语生成的主动性、积极性。新时代高校网络教育亟须变革创新教学评价理念和评价方式，通过突出过程性评价、重视互评与自评、运用学习分析的举措，营造开放、互动的话语反思氛围，搭建多元协同的话语生成平台。

（一）突出过程性评价，引导持续话语反思

过程性评价聚焦学习过程与行为表现，通过阶段性、多维度的信息采集，持续、动态地监测和评判学习状态与能力发展，进而为学习改进和个性化指导提供诊断性建议。该评价方式能有效消除结果性评价对学习的负面影响，营造宽松、平等、开放的反思氛围，让学习者及时回顾反思已有话语表达，不断调适话语策略。首先，高校网络教育教师要制订明确的阶段性学习任务和话语表达要求，引导学生在学习全过程中有意识地关注自己的话语表现、积极参与话语互动[1]。高校网络教育通过课堂观察、提问论证、头脑风暴等多种形式，实时采集学生话语数据，利用信息技术手段进行分析，形成阶段性评价报告，帮助学生洞察话语优缺点，增强反思的自觉性。其次，教师要创新评价内容，将学生的参与度、话语贡献度等纳入考核指标，引导其主动对话语内容、话语策略等开展系统反思。高校网络教育可以运用电子档案袋、学习日志等方式，真实记录学习过程中的话语反思活动，促进反思经验的交流分享。最后，教师可以变革评价反馈渠道，运用图文并茂、声像结合等多元方式，增强评价反馈的互动性、时效性，在师生对话互动中实现评价与反思的交融并进，形成"评价—反思—改进—再评价"的螺旋上升通道。

（二）注重互评与自评，促进多元主体对话交流

互评与自评是深化评价主体参与的重要举措，能有效扩大评价主体的广度和深度，通过主体间、主客体间的多向互动，实现评价智慧的生成共享，形成开放、协作的话语反思

---

[1] 李宗辉."互联网＋"时代数字化教学资源的版权许可——以网络教育机构及其平台为视角[J].中国版权，2016（2）：18-22.

共同体。这对于引导学生客观认知自我话语表现，相互借鉴、取长补短，在对话碰撞中实现话语建构能力提升具有重要价值。一方面，学生通过参与同伴互评，反复审视和比较彼此的观点，能更全面、更客观地认识自身话语优劣，不断修正话语偏差。在提供建设性反馈的同时，学生也能从他人话语表达中获得启发，优化话语组织、语言表述等，实现基于评价的话语学习与迁移。另一方面，自评能促使学生主动对标学习目标和评价要求，系统回顾、检视自我话语表现，增强反思的系统性、针对性。高校网络教育可以引导学生运用思维导图、鱼骨图等可视化工具梳理话语脉络，利用音频、视频等方式记录话语反思过程，在听、说、读、写、思等多维互动中实现话语自我调节与优化。

（三）运用学习分析，精准诊断话语生成状况

学习分析技术通过采集、挖掘、分析学习过程中海量的行为数据，多维度地展现学习状态和学习效果，能够及时诊断学习问题，自适应推送资源，因材施教，助力学习优化。将学习分析引入高校网络教育教学评价，能够客观呈现学习者话语的生成状况，精准把脉话语反思短板，为话语能力提升提供精细化指导。首先，学习分析能够通过追踪学习者在数字学习环境中的点击、浏览、讨论等行为数据，挖掘其话语互动特征，诊断话语能力的发展水平。教师能直观了解学生在线讨论话题的广度、话语互动的频度、话语内容的深度等，据此调整教学策略，创设个性化学习支持服务。其次，学习分析能够实现学习状态的客观评估与及时预警。当发现学习者话语表达能力发展遇阻时，系统能推送诊断性报告，提示其及时进行有针对性的话语反思，同时向教师提供干预决策参考。最后，学习分析的可视化呈现，让评价结果更加直观立体，增强了评价的时效性、精准性。教师和学生能便捷获取个性化、多维度的评价数据报告，据此开展有的放矢的话语反思对话，在师生良性互动中实现话语反思与评价的协调统一、相互促进。

综上所述，教学评价是影响学习者话语反思意识与话语生成能力的"风向标"。突出过程性评价、互评与自评，运用学习分析等举措，能较好地诊断学习状态、引导话语反思、调动参与热情、激发自主学习动力，为学习者营造宽松、平等、开放的话语互动氛围。

五、理论研究深化话语体系的学理基础

理论研究是话语体系建构的根本动力，为话语体系的创生、发展提供了学理支撑与方向指引。作为网络教育话语生态的核心要素，话语体系建设需要立足丰富的理论积累，接受多元理论视角的审视，在理论对话、理论融合中实现自身的优化升级。

（一）网络教育理论研究厘清话语体系构建的理论依据

网络教育理论研究立足于对教育信息化发展规律的把握，着眼于揭示技术与教育融合

的一般规律和特殊规律，进而指导网络教育的实践变革和优化，这对于厘清网络教育话语体系构建的理论依据具有重要价值。首先，网络教育理论为话语体系建构提供基本原理支撑。联结主义学习理论突破了行为主义、认知主义等传统学习理论对"知识"与"学习"的狭隘界定，强调学习是分布式网络节点的连接与重组过程。这为重新审视网络教育话语内涵、话语关系提供了理论视角，要求我们在动态网络语境下重构话语生成逻辑，发掘多元主体间话语互动融通的价值意蕴。其次，网络教育理论为话语体系设计提供思路启迪。慕课的开放性、大规模性等特征对教育话语提出了全新要求。慕课理念指引我们创设更加开放、灵活、个性化的话语表达情境，运用社交化、游戏化等手段创新话语互动方式，破除时空藩篱，提升话语影响力与传播力[1]。最后，网络教育理论为话语体系完善提供路径遵循。网络教育生态系统理论以开放性、协同性为核心要义，强调教育系统要主动适应、优化外部环境，通过系统内部要素的动态关联实现可持续发展。由此可见，话语体系建构应立足网络场域特点，遵循系统优化、动态发展理念，促进不同主体话语的交互协同、话语要素的整合创新，在开放、协同、进化中实现自我突破和超越。

（二）学习科学研究优化符合认知规律的话语表征

学习科学是跨学科的研究领域，致力于从认知、情感、行为等多维视角揭示人类学习的基本规律。学习科学理论能为高校网络教育话语体系建构提供心理学基础与实证参考，优化符合学习者认知规律的话语表征方式。首先，多媒体学习认知理论、认知负荷理论等，能够为话语表征方式的选择提供心理学依据。相关研究表明，人脑的信息加工能力有限，超出认知负荷的话语信息难以被有效识别和理解。因此，网络教育话语设计需把握学习者的认知特点，合理控制话语信息量，优化话语呈现方式，恰当运用图文并茂、声像结合等多模态话语表征，减轻认知负荷，促进话语理解与记忆。其次，学习动机、归因、自我效能感等学习心理研究，能为创设积极的话语互动情境提供路径指引。相关研究强调，学习动机是影响学习绩效的关键因素，学习者的自我效能感越强，就越能主动投入学习活动。基于此，网络教育话语互动设计需关注学习者的情感体验，创设积极、愉悦的话语交流氛围，引导乐观的归因方式，增强学习自信，在师生良性互动中实现优质话语生成[2]。最后，学习分析、教育大数据等研究也为优化个性化话语推送提供了实证基础。相关研究能精准刻画学习者话语能力发展状态，据此匹配个性化的话语资源与服务，在人机协同中赋能话语建构。

（三）语言学研究提炼话语组织与表达的语言学原理

语言学是研究人类语言的性质、结构、演化和运用的学科。语言学理论能系统阐释话

---

[1] 马亮.提高高校网络教学质量的思考[J].郑州大学学报（哲学社会科学版），2014，47（1）：42-44.

[2] 曾祥翔，庄秀丽，刘德亮，等.我国中小学网络教育教学的现状、问题、对策及其发展趋势[J].电化教育研究，2004（9）：57-60.

语的语言学本质与内在规律，为高校网络教育话语体系建构提供微观阐释视角与话语生成路径。首先，语用学等语言学分支学科能为话语内容生成、话语关系建构提供理论遵循。语用学研究语言在特定情境中的使用及理解规律，强调话语与所指、与语境的关系。依据此理论，网络教育话语内容设计需立足使用情境，关注师生认知基础、已有经验，促使话语内容同学习旨趣、生活实际紧密联结，增强针对性、启发性。其次，以社会符号学、批评话语分析等为代表的话语分析理论，能为话语深层意义挖掘与建构提供思路启迪。话语分析强调将话语视为一种社会实践方式，通过话语生产、传播、接受、诠释与话语主体间的权力关系建构社会现实。基于此理论，网络教育要重视挖掘话语的深层意蕴，引导师生在话语互动中践行理性批判和反思，构建开放、民主的话语秩序，实现个体意义的建构与集体智慧的生成。最后，认知语言学、系统功能语言学等理论则能为话语组织提供机制阐释。相关理论指出语言作为认知和交际的符号系统，话语组织要遵循信息的加工原理，实现概念隐喻、语义韵的创造性表达。据此，网络教育话语设计要把握学习者认知规律，提炼核心概念，设置话语线索，增强叙事张力，同时关注话语结构的逻辑性、语言要素的系统衔接，最大限度地释放语言的意义潜能。

综上所述，网络教育理论、学习科学、语言学理论研究对于深化高校网络教育话语体系建构的学理基础具有重要作用。网络教育理论能够厘清话语体系建构的技术场景依据，优化话语生态；学习科学能揭示话语互动、话语表征的内在心理机制，掌握学习者认知规律；语言学则为话语生成提供语言运用的微观阐释路径，指引话语表意能力的提升。这些理论视角的融会贯通，必将极大地拓展话语体系建构的理论视野，为破解话语建构的现实困境提供思路启迪。

六、技术研发助推话语体系的智能化生成

技术研发是教育变革的重要驱动力，新一代信息技术的涌现正在重塑着高校网络教育的形态。人工智能、语义分析、学习分析等技术的应用，为高校网络教育话语体系建设插上了腾飞的翅膀。技术赋能下的教育话语呈现出智能化生成、精准化推送、个性化适配等鲜明特征，不仅能有效破除时空藩篱，提升了话语生成效率，更催生了人机协同、智能驱动的全新话语生态。

（一）人工智能技术应用，实现话语的智能推送

人工智能技术通过对大数据的挖掘与分析，模拟人的智能行为，解决复杂问题。将人工智能引入网络教育话语推送，可实现从粗放式分发到精细化、个性化定制的跨越式发展。具体而言，智能推荐算法是实现话语智能推送的关键技术支撑。基于机器学习的个性化推

荐系统能够分析学习者的兴趣偏好、学习行为特征等，精准匹配话语资源，满足个性化需求。在"推送—学习—再推送"的迭代中，不断提升话语内容与学习需求的适配度。自然语言处理、知识图谱等人工智能技术的应用，则使话语推送更具情境关联性。自然语言处理技术可深度理解学习者提问背后的语义信息，并给出精准应答[1]。知识图谱则能够可视化地呈现话语知识的内在关联，引导学习者把握话语逻辑脉络，实现话语学习的深度理解迁移。虚拟现实、脑机接口等人机交互技术的发展，也为话语智能推送提供了沉浸式体验场景。未来，学习者可利用虚拟助手开展对话互动、头脑风暴，在身临其境的体验中实现优质话语的生成。

（二）语义分析技术应用，促进话语理解与生成

语义分析是人工智能领域的一个重要分支，其旨在赋予机器对语言的理解和生成能力，实现人机对话、情感分析、文本挖掘等智能应用。语义分析技术在高校网络教育话语理解和生成中具有广阔的应用前景。一方面，语义分析技术能够实现对海量教育话语数据的自动标注、分类、聚类、关联分析，从词汇、句法、语用等多个维度解析话语的深层内涵。这为话语体系的概念抽取、本体构建、知识发现提供了技术引擎。比如，运用主题模型、情感分析等算法，可从师生讨论文本中提炼话语主题脉络，探测情感倾向，把握话语互动规律，据此优化话语组织方式。另一方面，基于深度学习的自然语言生成技术则能赋予机器根据语境进行话语创造的能力。通过大规模语料库训练，智能系统能自主生成连贯、得体的话语文本，与人进行流畅的对话。未来，教师可与人工智能助手开展头脑风暴，激发话语创意灵感；学习者则可与虚拟学伴开展同伴互助，在轻松愉悦的对话中内化话语策略。同时，跨语言检索、机器翻译等语义分析工具的应用，也使跨文化话语交流日益便捷。海量外语话语资源的译入，必将极大地拓宽教育话语视野。由此可见，语义分析技术在话语理解、挖掘、生成等方面的突破性进展，正推动话语体系从封闭走向开放、从单一走向多元。

（三）学习分析技术应用，动态追踪话语生成数据

学习分析是教育大数据应用的典型场景，其旨在采集和分析学习过程数据，优化教与学的决策。将学习分析技术引入话语体系生成，能够动态、客观地呈现学习者话语发展状态，为精准教学、个性化服务提供数据支持。一方面，通过追踪分析学习者在网络平台的点击、浏览、发帖、回复等行为数据，学习分析技术能够多维度地刻画话语参与度、互动频次、话语角色等，形成对话语能力发展的客观评价[2]。比如，通过设置关键节点，系统可监测学习者在不同阶段的话语表现，据此诊断话语发展短板，推送个性化的话语改进建议。

[1] 杜华伟. 伦理学视阈下的网络教育与教育公平 [J]. 电化教育研究，2012，33（3）：10-14.

[2] 李振宇，卢楠，叶青. 基于校政企三方合作的现代远程教育办学模式研究——以天津大学网络教育学院为例 [J]. 现代教育技术，2018，28（S1）：26-29.

同时，教师通过学习分析看板可直观洞察学情，据此优化话语教学设计，因材施教。另一方面，学习分析技术与教学测评的融合，将促进形成性评价、过程性评价走向常态化、精准化。通过分析学习者在课堂讨论、小组对话等环节的话语表现，系统能生成多维度评价报告，助力师生实时诊断话语发展状态、调整话语策略。此外，学习分析技术还为话语生成过程的精细化管理提供数据洞见。通过分析话语生成时间、话语进度跟踪等数据，系统可实现话语生成全流程的精细化监控预警，及时改进话语组织流程。学习分析模型、算法的创新突破，必将推动话语生成数据由浅及深、由局部到全面的纵深分析，为话语品质的提升提供持续动力。

综上所述，人工智能、语义分析、学习分析等新技术的研发应用正在成为驱动高校网络教育话语体系变革的"新引擎"。人机协作、多元共生的话语新生态正在形成。

七、成果转化应用彰显话语体系的实践价值

高校网络教育话语体系建设是一项系统工程，需要话语研究、学科建设、平台工具研发等多领域成果的转化应用、协同贡献。话语体系作为一种理论范式和分析工具，只有扎根于教育实践沃土，回应现实需求，才能彰显其应有的解释力与指导力。

（一）话语研究成果转化，指导教学话语生成实践

话语研究是语言学、教育学、心理学等多学科交叉融合的产物，对话语的本质、类型、特征、功能等进行系统探讨。话语研究成果为高校网络教育教学话语生成提供了理论参考和实践指导。首先，话语分析理论为教学话语生成提供解释框架。话语分析关注话语的语境依存性、互动协商性、意义建构性等特征。围绕特定教学语境，教师与学生互动对话，在"以学生为中心"的交互中生成对话语内容和形式的共同理解，实现教学话语的动态优化。其次，系统功能语言学、认知语言学等研究为教学话语设计提供理论依据。前者关注语篇内部的衔接手段与结构逻辑，注重语义韵的意义潜能挖掘，启发教师加强对教学语篇的宏观把控，处理好话语内容的逻辑递进，提炼核心概念范畴[1]。后者突出语言的隐喻性，强调身体经验对语言意义建构的作用，启发教师灵活设置话语隐喻与类比，增强教学话语的鲜活性、情境性。最后，批评话语分析、多模态话语分析等研究则为创设教学情境提供思路。批评话语分析强调对权力话语的反思，倡导开放、平等的师生对话。多模态话语分析突破语言中心主义，关注图像、声音、动作等非语言符号对话语意义的建构。这启发教师创设更为丰富、自由的课堂话语情境，用多种模态激发学生表达欲，开展头脑风暴、主题讨论、小组对话等，在师生、生生良性互动中实现优质教学话语生成。可见，话语研究成果的转

---

[1] 杨素娟，莫冬敏.网络教育课程论坛认知性存在的个案研究 [J].中国电化教育，2011（1）：46-50.

化应用，必将为丰富教学话语内涵、优化话语组织、创新话语生成提供持续动力。

（二）学科建设成果应用，促进跨学科话语整合

高校网络教育话语体系建设需要跨学科智慧的融通，学科建设成果的应用转化将助推多学科话语的交叉融合。一方面，学科专业教学是高校教育话语的重要组成部分，不同学科蕴含着不同的话语范式与思维方式。比如，人文学科强调深度阅读与解释，理工学科则注重逻辑分析和实证检验。将不同学科教学理念、教学方法等成果应用于话语生成情境，有助于创设学科交叉的话语情境，促进跨学科研究性学习，在思维的碰撞中催生创新性话语。另一方面，一级学科下的不同二级学科的专业话语也亟须整合，这有赖于学科共建、学科群建设等成果的转化。网络教育话语体系建设需立足学科内涵发展，吸纳教育技术学、远程教育等二级学科建设的理论与实践成果，厘清学科内部专业话语的交叉融合路径，从学科知识图谱、学科概念体系、学科话语风格等方面入手，激发学科内生动力，在守正创新中推进学科话语融通，打造学科特色鲜明、内涵丰富的网络教育话语体系[1]。由此可见，学科建设成果的系统应用将为高校网络教育话语体系注入多元学科话语资源，在交叉融合中实现话语创新。

（三）平台工具研发成果嵌入，赋能话语体系建设

高校网络教育话语生态依托网络平台而生，平台工具研发成果的嵌入应用将为话语体系插上腾飞的翅膀。首先，智慧教学平台、泛在学习空间建设成果为优化话语互动提供支撑。随着网络学习环境从封闭走向开放，从单一走向融合，教学平台也从资源呈现向智能服务转型。引入智慧教学、泛在学习等新型平台建设理念和实践经验，有助于创设沉浸式话语情境，深化师生、人机良性互动，提升话语交互广度和深度。平台的开放互联、智能感知、自适应推送功能，将进一步提高话语分发的精准性、话语组织的灵活性。其次，学习分析、教学测评等工具研发成果的融入，将助力话语生成的过程优化。学习分析工具通过采集和分析学习者在讨论区、作业、测验等环节的话语行为数据，为教师诊断话语发展状态、推送个性化支持提供数据洞见。测评工具的形成性、过程性评价功能，也将引导师生开展持续性话语反思，在"评价—生成—再评价"的循环中不断对话语形式、内容进行迭代优化。最后，人工智能助手、智能内容生成等应用工具的嵌入，也将推动人机协作的个性化话语服务模式的变革。智能技术与大数据、知识图谱的结合，可实现学习者话语能力的精准画像，进而匹配话语学习资源，提供个性化话语改进建议，与学习者开展轻量化的对话互动与头脑风暴，激发话语创意。由此可见，将平台工具研发成果与话语体系建设深度融合，将激

---

[1] 邓幸涛，张爱文. 以学习者为中心：远程学习材料设计开发的核心理念——北京大学医学网络教育学
　　院课程开发实践 [J]. 中国远程教育，2006（12）：5-15.

活海量优质话语资源，创设丰富多样的话语互动情境，为人机协同、师生共创的话语生态注入不竭动力。

综上所述，话语研究、学科建设、平台工具研发等成果的转化应用是高校网络教育话语体系建设的现实路径，也是检验话语体系实践价值的关键所在。高校应进一步强化协同创新意识，打通成果转化的"最后一公里"，方能将成果转化为推动教育变革的生动实践，彰显高校网络教育话语体系服务立德树人、助力创新人才培养的时代价值，为加快实现教育现代化、建设教育强国贡献智慧和力量。

八、服务资源供给优化话语生成环境

高校网络教育是一个开放、互动、持续建构的话语生态系统。服务资源供给作为系统投入与驱动因素，对于优化学习者的话语生成环境、创造良好的话语交互氛围具有基础性作用。聚焦智力服务、信息咨询、自主学习等关键服务资源供给领域，创新服务内容、方式和话语表达，将有效调动学习者话语互动的积极性，为其话语能力的发展提供持续助力。

（一）加强智力服务资源供给，答疑解惑促进话语生成

在高校网络教育中，智力服务资源供给决定着学习者获得及时、有效的学习支持的可能性，进而影响其话语参与的广度和深度。教师答疑、在线辅导、同伴互助等智力服务方式的创新应用，有助于引导学习者积极表达观点看法，在头脑风暴和深度对话中实现语义的协商建构。首先，要加强教师答疑服务供给。教师通过在线答疑、视频连线等方式，与学习者进行点对点交流，围绕重点、难点问题展开深度对话，传递话语互动中蕴含的元认知策略，引导学生优化话语组织结构。同时，教师答疑需秉持启发式、非定向性话语策略，以开放性问题引导学生进行深度思考，避免简单灌输和价值判断，为其话语生成提供广阔空间。其次，要创新在线辅导服务模式[1]。为不同学习需求和不同话语水平的学习者，提供个性化、多元化的在线辅导服务。开展"一对一"辅导，围绕学习者话语表达中的薄弱环节，进行有的放矢的指导。最后，要积极搭建同伴互助交流平台。成立学习共同体，实行"话语伙伴"计划，引导学习者互帮互学，在轻松愉悦的伙伴对话中分享话语经验，探讨话语策略，增强话语互动自信。可见，智力服务供给方式的创新，有助于为学习者营造平等、开放、友好的话语氛围，让其在启发探究、合作对话中实现话语建构能力的提升。

（二）提供信息咨询服务，为话语生成提供知识支撑

高效、精准的信息咨询服务是学习者顺利开展话语实践、深化话语理解的关键保障。

[1] 张杰. 网络教育与教育新理念 [J]. 电化教育研究，2002（5）：29–32，68.

面对学习资源大数据化、碎片化趋势，个性化、情境化的信息推送与知识组织，能有效解决学习者在话语实践中遇到的信息过载、认知迷航等问题，为其话语生成拓展思路、厘清脉络。一方面，高校网络教育要加强学习资源的聚合与语义连接。对不同来源、形态的数字资源进行智能分析、主题聚类，并基于语义网技术构建起关联、开放的知识图谱。当学习者对话语表达中的核心概念、话语结构逻辑感到困惑时，即可根据其个性化需求，从知识图谱中获取视角独特、观点新颖的拓展阅读资源，实现深度迁移与灵感激发。另一方面，高校网络教育要发挥学科专家的信息导航作用。搭建网络教育学科专家智库，开设在线咨询热线。学习者话语实践遇阻时，可随时与学科专家开展同步或异步对话，从理论溯源、话题解析等多维度获得个性化指点。学科专家还可录制话语学习的案例示范与指导策略，上传至资源中心，引导学习者从专业视角反思话语组织逻辑。由此可见，信息咨询服务的优化供给，将为学习者话语生成搭建知识性框架，提供多元信息资源滋养，为深度话语建构奠定基础。

（三）拓展自主学习服务，为话语生成创造物质条件

充分的自主学习时间和场所是学习者反复打磨话语内容、不断优化话语体系的物质保障。高校网络教育要着眼于学习者的差异化需求，拓展服务广度和深度，以灵活、开放的学习支持服务为其创造个性化、泛在化的话语生成条件。一方面，高校网络教育要依托网络平台提供"随时随地"的自主学习服务。高校网络教育基于移动互联网、云计算等新技术，搭建个人学习中心，嵌入开放课程、在线自测、学习提示等功能。学习者可随时调取话语学习资源，参与话题讨论，在碎片时间利用中不断积累话语材料，优化话语表达。平台还可嵌入适应性学习系统，动态感知学习状态，智能推荐话语改进意见[1]。另一方面，高校网络教育要创新服务方式与内容。高校网络教育通过开展形式多样的自主学习活动，如话语竞赛、话语沙龙、在线头脑风暴等。活动聚焦学习者话语短板，为其搭建展示交流的平台，激发话语创新兴趣，在同伴的良性互动中提升话语组织与表达能力。

综上所述，智力服务、信息咨询、自主学习等服务资源的优化供给是高校网络教育话语生成环境的润滑剂和催化剂，对营造民主、平等、开放的话语氛围，为学习者搭建语料丰富、情境多样的话语实践平台具有积极作用。高校网络教育要着眼于学习者需求变化和技术进步趋势，进行服务供给侧结构性改革，推动服务方式从粗放式向精细化升级，创新服务内容生成机制，鼓励学习者、教师、学科专家等多元主体协同参与服务设计，为高校网络教育话语生态注入蓬勃生机，助力人的全面发展和终身发展。

[1] 刘中宇, 李延霞, 杨艳萍. 基于交互决定论的网络教育资源互动平台设计 [J]. 现代教育技术, 2010, 20（9）：50-54.

九、资源整合集成创新面临的问题

资源是高校网络教育话语体系建设的基石。教学资源、科研资源、管理资源、服务资源等的整合创新，是提升高校网络教育话语影响力的关键举措。然而，当前高校网络教育资源建设仍存在诸多问题，如资源类型分散、质量参差、壁垒明显、应用不足等短板制约了资源的整合共享和创新应用。

（一）资源类型分散，缺乏统筹规划

高校网络教育涉及学科门类广、参与主体多、应用场景复杂等，由此衍生了多样化的教学、科研、管理、服务资源需求。一方面，在院校层面，相关职能部门往往从部门利益和实际需要出发组织资源建设，但缺乏院校层面的统筹规划和宏观指导。教务处侧重建设教学资源，科研处重点建设科研资源，学工部门则关注思政资源建设。资源的学科属性、呈现形态多种多样，资源的结构框架、等级规范迥然不同，资源建设"各自为政""条块分割"的问题突出。另一方面，在区域、国家层面，尚未建立健全统筹协调高校网络教育资源建设的长效机制，顶层设计和政策引导有待加强。区域内高校资源共建共享意识淡薄，存在重复建设、低水平竞争的问题[1]。国家在高校网络教育资源建设中的主导作用发挥不充分，缺乏基于国家战略需求的资源布局规划，不同区域、院校在资源配置上的差距明显。可见，在院校、区域乃至国家层面，高校网络教育资源类型分散、体系割裂的问题仍十分突出。宏观管理和梯度推进的格局尚未形成，资源建设的前瞻性、系统性亟待提升。这既造成了资源建设"头痛医头、脚痛医脚"的被动局面，也极大地制约了不同类型、不同层次资源的有效集成与协同创新。

（二）资源质量参差不齐，优质资源供给不足

衡量资源的优劣，既要看资源自身的先进性，更要看资源对人才培养、教育发展的适切性。纵观高校网络教育资源建设的现状，资源质量参差不齐，优质资源奇缺的问题较为突出。具体表现为：一是资源内容陈旧，更新迭代缓慢。部分高校网络课程资源仍沿用10年前的课件，缺乏前瞻性。二是资源形式单一，缺乏时代感。不少高校的资源形态以文本、图片为主，缺乏视频、动画、虚拟仿真等沉浸式体验。三是资源的针对性、实效性不足。资源设计脱离教学、科研、管理的实际需求，与一线实践的契合度不高。高校生源多样化、需求个性化的趋势日益明显，但目前资源的适配性不足，缺乏面向不同认知风格、不同学习基础的个性化资源供给。此外，网络教育资源良莠不齐、鱼龙混杂，资源的权威性、科学性难以保证。一些学术不端、价值导向错误的资源大行其道，对学生的价值塑造构成负

---

[1] 李峰，沈惠璋，李莉.我国远程教育满意度指数模型的设计与实证分析 [J].管理评论，2009，21（9）：100-107.

面影响。导致这些问题的深层次原因在于：资源建设的主体意识淡薄，缺乏面向需求、问题导向的资源生产机制；资源质量的标准规范缺失，资源评价、遴选机制有待健全；教师专业发展支持不足，高水平教师参与优质资源建设的积极性不高。种种问题交织，导致资源"注重量的扩张，轻质的内涵"，从而严重制约了资源对教育高质量的支撑引领作用。

（三）资源壁垒明显，共享整合程度不高

资源共享是解决资源短缺、体系割裂，实现资源供给侧结构性改革的关键抓手。然而，受体制机制障碍、共享意识淡薄等因素影响，当前高校间、校企间、区域间的网络教育资源壁垒明显，共享整合程度不高[1]。首先，缺乏体制机制保障，院校、企业参与资源共享的内生动力不足。共享资源的知识产权保护不力，参与各方对资源开放共享存在顾虑。资源共享的利益分配、绩效激励机制不健全，共建共享的积极性不高。其次，共建共享意识有待加强。"藏"多于"用"、"独"多于"共"的问题较为突出，资源共享的大局意识、协作意识亟待加强。技术、标准、规范体系不统一，影响了异构资源的汇聚整合。再次，缺乏对接资源共享的公共服务平台。资源发布渠道分散，检索匹配不精准，共享资源的"用户体验"有待优化。最后，对接国家战略、产业发展需求的跨区域、跨部门协同共享机制不健全，未能形成"全国一盘棋"的资源共享格局。这些问题制约了资源的高效配置与流动共享，割裂了资源供给与使用的连接，是导致资源建设与应用脱节、资源"共享盆"向"共享网"迈进的症结所在。

（四）资源应用不足，对话语体系支撑作用发挥不充分

资源是话语体系生成的基石，但资源只有转化为现实生产力，才能彰显其育人价值。纵观高校网络教育资源应用现状，不少高校重资源建设、轻资源应用，导致资源对话语体系的支撑作用发挥不充分，突出表现在：一是资源的转化应用渠道不畅。高校内部缺乏将资源转化为话语的机制，教师对如何开发资源、用好资源认识不足；二是师生参与资源应用的主动性不高。资源的供给模式较为粗放，个性化程度不高，师生获得感不强。资源推送渠道单一，缺乏社交化应用场景设计，师生共建共享资源的参与感不足。三是资源应用过程缺乏智能化支撑。资源的语义关联、情境推送等智能应用水平有待提升[2]。资源使用过程中对用户行为缺乏跟踪分析，难以实现资源推送和话语互动的动态优化。四是缺乏对资源应用成效的评估反馈，数据驱动的资源优化机制尚不健全。可见，由于资源转化应用动力不足，资源智能供给能力不强，资源评价反馈机制不健全，资源与教学、科研、管理实

---

[1] 毛坤，詹静，杨爱东 . 大学体育网络教育平台的构建 [J]. 北京体育大学学报，2005（3）：380-381，409.

[2] 林世员，陈丽，赵宏，等 . 高校网络教育发展脉络与阶段特征 [J]. 中国远程教育，2021（6）：18-24，45，76-77.

践耦合不紧密，大量资源沉淀于数据库成为"沉睡的资产"，资源红利远未得到充分释放。资源与师生、与话语表达之间缺乏动态创生机制，资源对师生话语互动的支撑作用、对话语体系生成的赋能效应未充分彰显。

综上所述，面对资源类型分散、质量参差不齐、壁垒明显、应用不足等问题，高校网络教育亟须在体制机制创新、平台汇聚融通、智能供给应用等方面持续发力，加快构筑基于资源的新型话语生态。只有进一步理顺体制机制，优化资源供给，畅通资源流通，激发资源活力，才能充分发挥资源在线上线下融合、跨界协同中的基础支撑作用，为高校网络教育话语生态提供持久动力。

第四节　技术赋能：人工智能、大数据、区块链等新技术的应用

一、新技术应用于教育的可行性分析

当前，信息技术与教育的深度融合正在重塑着人才培养的生态，个性化、智能化已成为时代发展对教育变革的新要求。全球教育创新实践也证实，新技术能有效治愈因材施教难、教学过程信息不对称等顽疾，催生教育教学新业态、新模式，为提高教育质量拓展无限可能。

（一）需求牵引：个性化、智能化教学需求呼吁新技术变革

创新是引领发展的第一动力，人才是支撑发展的第一资源。随着知识经济时代的到来，培养具有创新精神与实践能力的高质量人才，成为国家竞争力提升的关键。然而，传统的标准化教学由于忽视了学习者的个体差异，难以激发学生的创新潜能。"因材施教"虽是教育的恒久主题，但由于缺乏必要的技术支持，往往流于口号而难以真正落实[1]。个性化、智能化教学需求呼吁技术赋能，新技术的应用有望推动教育从"以教为中心"走向"以学为中心"，让每一位学生的个性化发展需求得到充分满足。具体而言，人工智能可实现学习状态的智能感知与学习内容的精准推送；大数据能提供个性化学习路径与实时学业预警；区块链有助于学习过程的可信记录与学习成果的可信存证。因此，各类创新技术的集成应用，必将促进教学从"粗放式"管理走向"精准化"服务。由此可见，个性化、智能化教学需

---

[1] 刘清堂，叶阳梅，朱西方，等.基于学习对象的网络教育资源版权管理模型研究[J].现代教育技术，2013，23（2）：99-103.

求是新技术在教育领域大显身手的现实牵引力，新技术与教育的深度融合已成为破解"教育不平衡不充分"的迫切需求。

（二）技术支撑：人工智能、大数据、区块链技术的快速发展为教育变革提供支撑

当前，新一轮科技革命和产业变革正在重构着全球创新版图、重塑着全球经济结构。作为新一代信息技术的代表，人工智能、大数据、区块链等正在成为全球技术创新的"风向标"。一方面，人工智能技术的飞速发展，让机器能够从海量教育数据中自主学习和提炼规律，具备语音识别、图像识别、自然语言理解等能力，在教育领域颇具应用前景。基于深度学习的知识图谱构建与问答系统，能精准刻画学生的认知特征，实现个性化学习资源推荐；自适应学习系统能根据学习者的需求和特点，动态生成个性化学习路径；智能作业批改系统能自动诊断学生的学习困难，给出针对性反馈。另一方面，大数据、区块链技术为构建网络化、数字化的教育治理体系奠定了技术基础[1]。大数据技术通过采集、存储、分析学习全过程数据，对学生学习行为、教师教学行为进行建模，可实现教学过程的可视化监测和多维度评价。区块链技术以其去中心化、不可篡改等优势，能为学生提供安全可靠的学习档案管理，并促进不同机构、不同学习阶段的学习成果互认。由此可见，新技术以其感知智能、联结融合的技术特性，正在成为教育变革的"新引擎"，为教育发展培育新动能、拓展新空间。

（三）效果评估：应用实践证实新技术推动教育变革的显著成效

近年来，随着"互联网＋教育"创新实践的不断深入，新技术在教育领域的广泛渗透为人们观察技术、促进教育变革带来新的窗口与视角。纵观全球，许多国家将发展智慧教育作为国家战略，通过制订专项规划、加大资金投入、完善配套政策等举措，积极推动人工智能等新技术在教育领域的应用。借助新技术赋能，一大批创新实践项目在个性化学习、教学管理智能化、教育评价精准化等领域取得了显著成效。比如，卡内基学习公司开发的智能教学系统"认知导师"，能够分析学生的解题路径，对其存在的认知缺陷给予个性化的指导，应用实证表明其能显著提高学生的数学成绩[2]。国内清华大学的"学堂在线"平台升级智适应学习引擎，能基于学生的认知诊断，实时采集难度参数，动态调整题目难度，取得了良好的因材施教效果[3]。再如，斯坦福大学教育学院与华盛顿大学合作开发的商业化写作反馈系统，通过自然语言处理技术为学生论文写作提供即时反馈，帮助其提升写作能

[1] 张萍. 网络教育资源库建设的分析比较 [J]. 开放教育研究，2005（5）：51-55.

[2] 程思岳. 网络教育基础 [M]. 福州：福建科学技术出版社，2009.

[3] 叶宝生，曹温庆. 从网络课程、网络教学和网络项目的三个标准看美国网络教育 [J]. 电化教育研究，2010（9）：88-93.

力[1]。上述创新实践表明，新技术在推动教学模式变革、提高教学质量、促进教育公平等方面已显现突出作用，成为教育高质量发展的"新引擎"。

综上所述，个性化、智能化教学需求呼吁新技术变革，人工智能、大数据、区块链等新技术的快速发展正在为教育领域的深刻变革提供有力支撑，全球教育创新实践也证实了新技术在推动教育变革中的积极作用。与此同时，我们还应清醒认识到，新技术应用于教育领域尚处于起步探索阶段，在技术、伦理、法律等层面仍面临诸多挑战。

二、新技术推动教育变革的实践探索

新技术的迅猛发展正引发教育领域一场前所未有的深刻变革。人工智能、大数据、区块链等新技术与教育的融合创新，正重塑着教与学的过程，催生了智慧教育、精准教育、合作教育等新业态，为推动教育理念、教学模式、组织形态的系统性变革带来了无限可能。

（一）智慧教育：人工智能技术重塑教学流程，实现因材施教

智慧教育是指将人工智能等新技术广泛应用于各个教育环节所形成的新型教育形态。人工智能技术的应用正在重塑着教学流程，推动从"以教为中心"向"以学为中心"的转型，真正实现因材施教。比如，基于机器学习算法，系统能获取学生的认知能力、学习行为等数据，精准判断知识掌握状况，进而推送个性化学习资源，动态生成符合个体认知水平的学习路径。再如，智能导师系统能与学生开展个性化对话，及时答疑解惑，降低其学习挫折感。基于自然语言处理、知识图谱等技术，系统能深入理解学生的提问意图，快速匹配精准答案，并能通过与海量学习者的交互对话持续迭代优化。此外，智能评测系统能大幅减轻教师批改作业的负担，据统计，采用自动评分技术的考试评阅效率提高了近4倍。人工智能还被广泛应用于教学资源的智能化生产，根据教学大纲，自动聚合网络学习资源，标注关键概念，形成结构性的智慧教材。由此可见，人工智能技术与教育的深度融合正在重构教与学的关系，颠覆传统"一刀切"的教学模式，让个性化、智能化的学习体验成为现实，智慧教育新业态方兴未艾、大有可为。

（二）精准教育：大数据技术驱动的个性化学习与教学精准匹配

随着网络学习平台的广泛应用，学习过程数据的规模呈爆炸式增长。学习者每一次登录平台、观看视频、参与讨论、提交作业，都会持续产生数据。大数据技术通过对海量学习过程数据进行采集、过滤、分析，刻画出学生的个性化学情，并基于数据对教学过程进

---

[1] 崔向平，张军儒.网络教育对学习者情感发展影响的个案调查[J].兰州大学学报（社会科学版），2013，41（4）：160-164.

行精准干预和优化，形成以数据驱动的个性化学习与教学精准匹配的新范式。具体而言，学习分析技术能精准识别不同学习者的认知风格、知识基础、行为特征，绘制个性化学习画像，进而为其匹配个性化学习资源、学习活动和评价反馈，以真正适应学生的差异化需求。同时，基于对学习行为数据的深入挖掘，学习分析还能及时预警学业风险，实现对学业状况的实时监测与精准预测[1]。比如，美国亚利桑那州立大学基于机器学习算法将学生的点击、观看等行为建模，当发现学生在线学习参与度下降、存在学业困难时，即自动推送个性化提示，或通知教师提供个性化帮助[2]。在教学层面，教学分析技术通过捕捉课堂中学生的问答、头脑风暴等过程数据，多维度呈现课堂教学效果与学生参与度，有助于教师优化教学策略，因材施教。一个典型案例，美国北卡罗来纳州立大学开发的 Class Insight 智慧教室系统，该系统能自动分析课堂中的师生互动数据，生成可视化教学行为报告，协助教师反思教学[3]。由此可见，大数据技术应用于教育领域催生的精准教育新业态，正推动教育评价从结果导向走向过程导向，学习支持服务从被动响应走向主动预测。精准教育新业态的发展，必将持续为学生的个性化成长赋能，让每一个学生都能受到最适合的教育。

（三）合作教育：区块链技术创新教育组织形态，促进多方安全互信合作

区块链作为一种去中心化的分布式账本技术，以其防篡改、可追溯、安全透明等优势正在成为推动组织形态与协作范式变革的"新引擎"。将区块链技术应用于教育领域，有望打破校企、校际、师生之间的信息壁垒，打造多元协同、互信共治的教育新生态。首先，基于联盟链搭建校企合作平台，上链企业真实项目需求，学校师生团队竞标接单，学生参与真实项目研发，在合作中提升创新实践能力，企业也能发现和培养人才。区块链的智能合约、Token 激励等机制，能有效保障双方的权益，调动互动的积极性。其次，校际之间可基于区块链建立学分、学历互认机制，推动优质教育资源的共建共享。学生各阶段的学习经历与成果也经区块链可信记录，学历证书与学分可在不同机构间顺畅转换与流通，为创新人才提供完整的成长路径。最后，基于区块链搭建教师发展共同体，教师可安全分享教学设计、课例反思等，获得同行评价反馈，教学创新成果经区块链确权，可减少教师对教学资源共享的顾虑。区块链驱动的合作教育新业态，为促进产教融合、育人机制改革、复合型创新人才培养开辟了新路径。随着区块链底层架构、智能合约、隐私保护等关键技术的持续发展，区块链与教育的深度融合必将为构建开放包容、合作共赢的教育生态注入源源不断的动力。

[1] 曹卫真 . 中美中小学网络教育资源整合的比较 [J]. 电化教育研究，2007（4）：28-32.

[2] 张宝生，王晓敏 . 基于关键词共现聚类的网络教育热点主题研究 [J]. 科研管理，2018，39（S1）：298-307.

[3] 李文英，张立新 . 世界教育信息化的变革及发展趋势 [J]. 外国教育研究，2007（10）：71-75.

新技术与教育将从"结合"走向"融合"，从"单点突破"走向"系统集成"。技术创新驱动的教育形态从智慧课堂延伸到智慧校园，形成覆盖管理、教学、科研、服务全链条的智能化教育生态。总之，随着新技术的不断创新突破，必将形成更多元、立体、智能的教育新业态，让美好的教育图景加速走进现实。

三、知识图谱构建，提升教育资源针对性

知识图谱作为人工智能领域的重要分支，是一种以语义网络为基础，由节点代表实体、边代表实体间语义关系而构成的结构化知识库[1]。相较于传统的知识组织方式，知识图谱能够更加细粒度、结构化地表征知识，揭示事物的内在联系，促进跨领域知识融通，在智能问答、个性化推荐等方面已取得广泛应用。将知识图谱技术引入教育领域，构建学科知识图谱、认知知识图谱和话语知识图谱，有望系统梳理学科核心知识体系，发掘学习者个性化学习需求，优化教学内容组织，从而提高教学资源的针对性、适切性。

（一）学科知识图谱：梳理学科内在逻辑关系，优化知识点呈现方式

学科知识图谱旨在将学科核心知识以概念、实例为节点，概念间、概念与实例间的多元关系为边，形成结构化、语义化、可视化的学科知识网络。首先，学科知识图谱能够系统梳理学科知识的内在逻辑关系，协助教师厘清学科知识脉络。基于知识图谱，可对学科核心概念进行层次化组织，形成环环相扣、有机联结的知识单元序列，帮助把握学科知识的纵向递进与横向联系；对概念、实例进行类别化、关联化呈现，以细化知识粒度，加深理解。其次，将学科知识图谱嵌入在线学习平台，有助于优化学习资源的检索与理解。学习者在浏览知识点时，系统可动态呈现该知识点在整体知识网络中的位置坐标，揭示其与相关知识点的多元关联，加深对概念间区别与联系的理解。最后，平台还可视学习者的知识掌握情况，动态调整知识图谱中知识节点的细粒度，满足不同层次的学习需求。由此可见，学科知识图谱为教与学提供了崭新的知识组织视角与思维工具，这既有利于教师优化教学设计，又有助于学生主动建构知识意义，对于提高学科教学质量、激发学习兴趣大有裨益。

（二）认知知识图谱：刻画学习者认知特征，匹配个性化学习资源

个体学习是一个动态建构的过程，学习者基于原有的知识经验，通过与学习对象、学习伙伴的互动，进行意义建构与知识内化。因而，充分理解、尊重学习者的个体差异，基于已有认知基础进行教学，对于促进知识建构、提高学习效果至关重要。认知知识图谱技术为实现因材施教提供了新思路。通过整合分析学习者的历史学习数据，挖掘其知识掌握

---

[1] 李筱梅. 高校网络教育平台发展的现实境遇与未来抉择 [J]. 现代远距离教育，2014（4）：75-80.

情况、认知风格特点，进而形成个性化、动态演进的认知图谱，即可实现对学习需求的精准画像。基于认知知识图谱，智能教育系统能为不同特征的学习者匹配个性化学习路径与学习资源。比如，对于已掌握某知识点的学习者，系统将推荐后续进阶学习内容；对于遇到学习困难的学习者，系统则提供温故知新、查缺补漏的学习资源。此外，认知知识图谱的应用还有助于构建因材施教的课堂。通过分析一个班级学生的认知图谱，可揭示学生知识掌握情况的共性特征与个性差异，评估其对知识点的掌握程度，形成个人认知图谱，进而推送个性化学习资料。综上可见，认知知识图谱是实现精准教学、个性化学习的关键性技术支撑。随着认知建模、知识表示等理论的持续深化，个性化、精准化、智能化的教育必将成为常态。

（三）话语知识图谱：提炼教育话语要素，辅助教师教学内容组织

教育话语是展开教育教学过程的基础，对学生认知发展具有重要影响。话语知识图谱通过形式化表征教育话语的语义网络，梳理教育话语要素间的逻辑关联，为教师把握话语脉络、优化教学设计提供崭新视角。具体而言，话语知识图谱通过自然语言处理技术，对教育话语进行语义抽取、关系识别等，可形成"概念—主题—论点—论据"的层次化知识结构。据此生成的话语知识图谱，能辅助教师快速洞察教学内容的话语结构特征，厘清说理逻辑、把握论证思路、优化教学内容组织。在课堂教学中，运用话语知识，图谱呈现教学内容，可帮助学生直观把握知识要点，厘清关联概念，培养学科思维。此外，话语知识图谱还可用于分析课堂教学话语、学生讨论话语等，揭示师生话语互动的特点。基于话语内容与结构等多维度分析，可考查师生话语在概念理解、话题深度等方面的匹配性，挖掘学生话语反映的认知困难，进而调适话语策略，增进师生互动。因此，话语知识图谱对于揭示教育话语要素及其关联具有独特优势。随着话语分析、知识图谱技术的日益成熟，教师有望借助话语知识图谱全面把控教学内容的话语脉络，动态调整教学话语策略，营造师生深度对话、积极互动的课堂氛围，促进学生对知识的深度理解。

综上所述，知识图谱技术为推动学科教学变革、个性化学习支持、话语能力培养带来革命性的机遇。通过学科知识图谱构建，教师能更好地把握学科知识脉络，动态优化知识呈现力度，激发学生探究学习兴趣；基于认知知识图谱，智慧学习系统可洞悉学生个性化学习需求，精准推送相匹配的学习资源与服务，为学生提供更加简洁流畅、因材施教的学习体验；依托话语知识图谱揭示教育话语要素及其关联，教师能审慎设计教学话语策略，优化师生互动，培养学生深层次思维能力。

四、自然语言处理，实现人机无缝互动

自然语言处理作为人工智能的核心领域之一，旨在赋予计算机理解、分析、生成人类自然语言的能力[1]。随着深度学习、知识图谱等技术的快速发展，自然语言处理已取得令人瞩目的成绩，在语义理解、语音识别、机器对话等方面的应用日益广泛。将自然语言处理技术引入教育领域，对于破解教师教学负担重、学生个性化需求难以满足等难题，实现人机无缝互动具有重要意义。

（一）语义理解：准确把握师生话语意图，提供智能答疑服务

师生之间围绕教学内容开展对话交流，是课堂教学的重要组成部分。然而，由于师生比例失衡等因素，学生的疑问难以得到及时、高效的解答，从而影响了学习体验。将语义理解技术应用于教学场景，建立智能问答系统，可较好地解决这一问题。基于自然语言理解，系统能够准确把握学生提问中的核心语义信息，并根据学科知识库进行深度推理、检索，作出有针对性的答复。一方面，对于学生提出的事实性问题，如"光合作用的概念是什么""牛顿第一定律的内容是什么"，系统可直接给出准确答案，满足学生获取知识的即时需求。另一方面，面对学生提出的开放性、探究性问题，如"为什么说光合作用对生态系统稳定至关重要""如何理解牛顿第一定律蕴含的惯性思想"，系统则提供启发性的思考线索，引导学生主动探究。在教师备课阶段，智能问答系统还可辅助教师挖掘学生对知识点的典型认知困难，有针对性地补充说明、设计活动。由此可见，语义理解技术让教学过程中师生话语的核心语义被准确挖掘，既满足了学生个性化的问题解决需求，也为教师有针对性地开展教学提供决策参考，促进了师生之间的良性互动。随着知识推理、深度语义表示等技术的不断突破，智能问答系统对师生问题的理解与回答必将更加精准到位，为教与学提供更加智能、高效的助力。

（二）语音识别：实现教学语音的文本转换，提供课堂实录与检索

课堂教学是教师讲授、启发，学生聆听、思考、讨论的过程。课堂语言蕴含了丰富的教学智慧与思维火花。然而，受限于课堂听讲的即时性，学生往往难以完整记录课堂语言，在课后复习、回顾课堂知识点时常感到力不从心[2]。语音识别技术为破解这一难题带来了新的思路。语音识别可实现教师讲授语音的实时转写，课后提供完整的课堂实录。学生回看实录时，能够静下心体会教师讲解每个知识点的思路脉络，查缺补漏，厘清概念内涵。此外，语音识别转写得到的课程文本可嵌入智能检索功能。学生输入问题关键词，即可快速

[1] 张少刚. MOOCs：网络教育观念与学校管理制度的碰撞 [J]. 中国高教研究，2013（12）：16-19.

[2] 马红亮，丁新. 格雷格·柯瑟林的网络教育理论和实践的研究 [J]. 中国电化教育，2004（7）：37-42.

定位到教师相关讲解片段，实现碎片化、个性化的复习。对教师而言，课堂实录的积累可用于教学反思。通过对比不同课时的授课实录，教师可发现在特定知识点讲解环节存在的话语表达问题，优化教学设计。由此可见，语音识别技术的运用，可将课堂语言的听说瞬时性转化为可分析、可检索、可溯源的数字化课程资源，这既拓宽了学生个性化学习的空间，也为教师优化教学反思提供了新的抓手。随着语音识别技术在口音适应性、领域适应性等方面的不断优化，其在提高教师教学话语质量、赋能学生泛在学习等方面将发挥更大作用。

（三）机器对话：构建拟人化助教，拓展师生实时交互渠道

师生之间持续、深入的交互对话是提升教学效果的关键。然而，面对日益增长的教学任务，教师往往难以兼顾学生的个性化交互需求，而人工智能驱动的机器对话恰能弥补这一不足。通过构建拟人化的智能助教，可为学生提供个性化的学习辅导与情感支持。首先，智能助教基于学科知识图谱，能够准确把握学生问题中的专业术语、核心概念，提供连贯周全的解答。在此基础上，智能助教还能启发学生思考更深层次的问题，引导学生进行探究式学习[1]。其次，智能助教通过分析学生的语言、表情等外显行为，推断学生的学习投入程度、情绪状态等，给出个性化的鼓励和反馈，帮助学生建立学习自信。最后，基于深度学习的语言模型，智能助教可适时生成富有启发性的问题，邀请学生进行头脑风暴，带动学生积极互动，通过情感计算技术分析学生提问中的情感倾向，给出温暖、鼓励的回应。因此，机器对话可为教师分忧、为学生赋能。教师借助智能助教，可将更多时间投入深层次的教学设计和因材施教，而不必耗费太多时间重复回答学生的低层次问题。学生与智能助教频繁互动并进行头脑风暴，可实现思维的多向激荡与持续深化。在人机协作中，师生互动将变得更加高效、个性化、情感化。随着认知计算、情感交互等领域技术的持续突破，未来智能助教将成为师生交互中不可或缺的角色，为因材施教提供有力支撑。

综上所述，语义理解、语音识别、机器对话等自然语言处理技术正在成为智慧教育的"新引擎"，其重塑着课堂教学的互动形态，激活了学习的个性化需求[2]。在人机协同、跨媒体分析的驱动下，教育话语将从单向走向双向互动，从被动接受走向主动建构，从静态呈现走向动态生成，从制式化走向个性化、情境化，从分析理解走向预测优化。

五、学习行为数据分析，个性化推送教育内容

随着互联网、大数据等新一代信息技术的快速发展，学习行为数据呈爆发式增长。学习行为数据蕴含着丰富的学情特征、认知规律等隐性知识，是精准刻画学习过程、优化学

---

[1] 张琪，陈琳.我国基础教育网络教育资源现状研究与归因分析 [J].中国电化教育，2011（4）：77-81.

[2] 白滨，陈丽.解读英国开放大学的质量保证——访英国开放大学质量保证专家 Steven Swithenby 教授 [J].中国远程教育，2009（11）：72-76.

习体验的关键性资源。深入挖掘、分析学习行为数据，对于洞悉学习需求、推送个性化教育内容、实现因材施教具有重要意义。

（一）学情反馈：捕捉学习行为数据，准确诊断学习问题

在网络化学习环境中，学习者每时每刻都在产生海量的学习行为数据，如视频观看行为、讨论互动行为、资源阅读行为、作业完成行为等。这些数据犹如学习过程的"临床笔记"，真实记录了学习过程的方方面面。通过捕捉、分析学习行为数据，可以准确评估学习者的知识掌握情况，诊断其存在的学习问题，进而为其提供个性化的学情反馈。首先，基于数据挖掘技术，系统可分析学习者的视频观看数据，推断出学习者在某个知识点上的停留时间、重复观看次数等，进而判断该知识点可能存在理解盲点，需要重点关注。其次，通过分析学习者在讨论区的互动数据，如发帖数、回帖数、点赞数等，可评估学习者对某个话题的参与度、贡献度，进而推断学习者对相关概念、原理的掌握程度。最后，系统还可通过跟踪分析学习者的测验作答情况，发现学习者在特定题型的得分情况，精准定位其薄弱知识点，诊断学生对某些数学概念的误解，并给出有针对性的学情反馈。可见，学情精准反馈是基于大数据的个性化诊断与评估的应有之义，能为因材施教、促进学生内化吸收提供充分的数据支持。随着教育大数据分析、学习行为建模等技术的持续突破，必将推动学情诊断从结果导向走向过程导向、从被动反馈走向主动预警，为学生提供最及时、最贴心的个性化引导。

（二）画像建模：刻画学生个性特征，匹配个性化学习话语

学习是意义建构的过程，学习者基于原有经验和认知水平，通过自主探究、协作对话，不断更新已有认知结构，实现知识内化。这一建构过程深受学习者的认知风格、学习动机等个体因素的影响。通过学习行为数据对学习者特征进行刻画，建立个性化学习画像，可实现学习话语的精准推送和情境创设[1]。例如，通过挖掘学习者在学习平台中检索、筛选信息的行为模式，分析其浏览、关注、收藏等数据，可判断出学习者偏好的媒体类型、逻辑风格等认知特征，进而在学习资源推荐中匹配相应特征的微课、文本等，在话语互动中采用契合学习者认知风格的语言表达方式。再如，系统可通过分析学习者课前预习、课中讨论、课后复习等阶段的参与度数据，刻画学习者的自我效能感、目标定向等动机特征，甄别出积极探索型、消极逃避型等不同类型，进而为积极探索型学习者推送富于挑战的高阶学习话语，引导其迁移、运用知识，而对于消极逃避型学习者，则给予更多鼓励性反馈，设置容易获得成功体验的学习话语情境，帮助其树立学习自信。由此可见，动态学习画像是实

---

[1] 罗冬梅.混合学习模式下的教学过程设计与实施——以"网络教育应用"课程为例[J].现代教育技术，
    2010，20（10）：36-40.

现学习话语个性化推送的基石，为学习者提供更精准、更贴心的引导将成为常态。随着跨场景数据整合、用户画像自动优化等技术的不断进步，学习话语个性化匹配的广度、精度必将大幅提升，学习体验、学习效果将更加美好。

（三）效果预测：追踪学习效果数据，动态调整推送策略

学习效果评估对于诊断教学得失、改进教学实践至关重要。传统的学习评价往往聚焦结果导向，忽视了学习过程的连续性、动态性特征，难以做到及时诊断、持续改进。将学习行为数据分析引入效果评估，通过实时追踪学习过程与结果数据，多维度动态预测学习成效，可为动态调整个性化推送策略提供依据和遵循。一方面，综合分析学习者的在线学习时间、讨论互动频次、作业完成度等过程数据和测验成绩，以及知识掌握水平等结果数据，运用机器学习算法对学习成效进行多维度建模，即可较准确地预测学习者未来一段时间的学业表现走势。另一方面，将学习效果预测结果与个性化推送数据进行关联分析，可评估特定类型学习资源、特定话语互动策略的有效性，进而为优化个性化推送提供决策支持。比如，若预测结果显示，积极参与讨论互动的学习者，其学习满意度、学习效果显著高于不参与互动的学习者，即可适当增加社会化学习话语的推送比重；若预测结果显示，重复推送的学习资源关注度远低于首次推送，即可相应调整推送间隔[1]。由此可见，将学习效果预测融入个性化推送全流程，形成"推送—评估—优化"的良性循环，可持续提升学习资源配置的精准度，降低学习者认知负荷。未来，随着深度学习、迁移学习等人工智能新技术的持续发展，多场景校准、跨群体推理等效果预测方法将更加成熟。

综上所述，学习行为数据分析正成为智慧教育时代个性化学习的关键驱动力，以其沉浸式、过程性、全息化的特征，构筑起师生互动的桥梁，夯实精准推送的基石。随着多源异构数据的融会贯通、知识自动挖掘技术的迭代升级，数据驱动的教育模式将被赋予更强大的创新内涵。学习行为数据分析必将以其洞察学习本质的独特视角，为教与学注入源源不断的智慧。我们要以数据为基石，以智能为翼，加快推进人才培养模式变革，充分激发学生自主学习的动力，也要高度警惕"为数据而数据""以智能抑智能"的倾向，始终秉持以人为本的理念，坚守教育的公平正义。

六、社交网络数据分析，精准传播教育话语

社交网络作为信息传播和人际互动的重要载体，正深刻影响着人们的行为方式和价值取向。社交媒体数据以其规模大、覆盖广、实时性强的特点，为洞察群体行为、优化资源配置、精准传播内容提供了新思路。将社交网络分析方法引入教育领域，深度挖掘师生在

[1] 孙道金．高等网络教育学生职业倾向调查研究 [J]．中国远程教育，2013（2）：52-55，95-96．

社交媒体上的人际关系网络、观点态度倾向、关注话题脉络等数据，对于优化教育话语传播策略、引导教育话语走向、提升教育话语影响力具有重要意义。

（一）关系识别：梳理师生社交网络，优化话语传播路径

社交网络分析的核心是揭示行动者之间的关系结构及其对行为的影响。社交媒体中，师生之间、生生之间基于关注、评论、转发等行为形成复杂的动态社交网络。识别社交网络中的关键节点、中心人物，梳理不同群体间的联系路径，对于优化教育话语在师生群体中的精准传播具有直接的指导意义。一方面，运用社交网络分析方法，综合度中心性、中介中心性、接近中心性等指标，可识别出师生群体中的"意见领袖"。这些"意见领袖"往往在社交媒体上具有海量的粉丝，其言论观点极易引发广泛关注。抓住这些关键节点开展教育引导，运用易于接受的话语表达方式宣传教育新政、传播教育正能量，可以实现教育话语"头雁效应"和"裂变式"传播[1]。另一方面，通过梳理不同属性师生群体（如不同学科背景、地域分布、兴趣爱好的群体）在社交网络中的连接关系，识别连接不同群体的纽带型人物，有助于拓展教育话语传播的广度和深度。传统的教育宣传往往以学校和班级为首，忽视了不同群体的异质性特征。而基于社交网络数据的关系识别，能发现跨界、跨域的价值连接，优化教育话语的定向投放。比如，针对关注度高、话语权威的学科专家，可结合其所在领域的特点，邀请其开展形式多样的教育问题对话。针对活跃在不同圈层的学生"意见领袖"，则可借助社交网络的同伴效应，开展亲和有趣的互动交流，吸引不同群体参与教育话题讨论。由此可见，通过社交网络关系识别，科学刻画不同群体在信息网络中的角色、地位，捕捉信息流动的关键节点，能够有效拓展教育话语的辐射半径，做到精准化、差异化的话语传播，进而形成教育共识和话语合力。

（二）观点挖掘：分析师生言论倾向，改进教育话语方案

教育话语传播的目的是唤起认同、凝聚共识、塑造价值观。而要实现价值观引领，首先需要对师生的态度倾向、观点分歧有敏锐的洞察力。社交媒体中，师生时时刻刻都在就教育问题发表看法、抒发情绪。这些文本数据蕴含着师生对各项教育政策的反馈、对教育发展的殷切期盼。挖掘、分析师生在社交媒体上的观点倾向，对于改进教育话语方案、缓解教育焦虑具有重要作用。其次，运用文本挖掘、情感分析等技术，可全面梳理师生对教育热点问题的观点态度。通过高频词提取，可揭示师生群体普遍关注的教育议题，如"教育公平""素质教育"等。通过情感倾向分析，可洞察师生对特定教育政策的支持、质疑和担忧，为相关部门完善政策提供决策参考。比如，面对中小学生减负等举措，分析发现多

[1] 顾日国 . 新时代外语网络教育 [M]. 北京：外语教学与研究出版社，2020.

数学生对此表示欢迎，而部分家长则表达了对校外培训形式的担忧。据此，在后续宣传中需增加对校外培训治理成效的信息披露。再次，对不同属性群体的观点差异进行比较分析，有助于因群施策，提高话语说服力。通过交叉分析不同地域、不同学段师生的观点差异，可捕捉区域、城乡教育发展不平衡、不充分问题的症结所在，以更有针对性、响应性的话语内容消解分歧。最后，对不同时间节点的舆情态势进行纵向对比，可及时发现观点走向的新变化，进而调整话语引导策略。由此可见，社交媒体已成为洞察师生所思所想、所忧所盼的关键渠道。对其蕴含的海量观点数据进行智能分析，能够更加精准、动态地把握教育议题的舆论生态，从而因势利导，及时回应社会关切，最大限度地凝聚教育改革发展的社会共识。

（三）话题感知：洞察教育热点话题，引导教育话语走向

教育事关国家发展、民族未来，与百姓的美好生活息息相关。社会各界对教育问题的关注往往通过对社交媒体上的话题讨论引发强烈共鸣。综合分析各类教育话题的关注度、讨论范围、情感倾向等指标，动态感知教育热点的形成与演化趋势，对于前瞻性地引导教育话语走向、提升教育治理能力具有重要意义。首先，话题传播数据可视化有助于直观洞察教育话题的"风向标"。比如，通过绘制话题关注度曲线，可揭示教师节、高考等时间节点带来的话题集中爆发效应，以及家庭教育、教育扶贫等议题的长期稳定讨论态势。通过话题共现网络分析，可清晰刻画不同教育议题的关联程度，进而预判话题的演化方向。再如，近年来"教师"与"师德师风"的共现频率显著上升，凸显出加强教师队伍建设的话语导向。其次，话题讨论的情感取向分析有助于发现教育治理的风险点。结合特定教育政策的推出时间，分析话题情感的动态变化，可精准定位政策实施过程中的质疑点、焦虑点。据此开展有针对性的话语引导，通过澄清事实、解疑释惑，消解公众对教育改革的担忧。比如，面对"全面二孩"政策带来的入园难、择校热等问题，通过大数据感知社会情绪，有针对性地加强学前教育资源供给信息的宣传，能有效缓解家长的入园焦虑[1]。最后，对于负面情绪集中的话题，深入剖析其传播路径，识别关键传播节点，可精准找到问题源头，从根本上修正认知偏差、防范话语失真，有效引导教育改革话题的积极表达、理性讨论。可见，话题感知是运用数据智能洞察社会情绪的前瞻性尝试，通过动态波谱呈现出教育话语场域的生态流变，以智能预警为教育领域网络舆情的主动引导、精准施策提供科学决策支持。

综上所述，社交网络已然成为教育话语传播的"新阵地"，蕴藏的海量社交数据则是洞察人心、凝聚共识的"新富矿"。通过关系识别，我们可以发现教育话语传播的关键节点，开拓群体互动、跨界连接的精准话语渠道。通过观点挖掘，我们可以聆听师生心声，因势利导、

---

[1] 曹卫真.地方高校网络教育资源整合的探讨 [J]. 电化教育研究，2007（8）：32–35, 57.

对症施策，以更有针对性、亲和力的话语内容唤起价值认同，消弭认知分歧。通过话题感知，我们可以前瞻性地把握教育议题脉搏，捕捉引导契机，增强教育舆情应对与引导的主动性、时效性。

七、智能合约设计，构建教师学生良性互动机制

教师与学生的良性互动是教育教学活动的生命线。然而，传统的师生互动模式存在诸多痛点，如师生贡献难以客观衡量、学习过程缺乏连续记录、教学诚信难以有力监管等，极大地制约了师生互动的广度、深度和实效性。将区块链智能合约技术引入教育场景，通过对师生行为给予客观记录、评价与激励，有望破解师生互动僵化、信任缺失等难题，为构建开放、透明、可信的师生良性互动机制开辟崭新路径。

（一）课堂贡献度量：基于贡献度证明（PoC）的师生互动模式创新

课堂是师生思想交流碰撞、生成知识的主阵地。然而，传统课堂教学往往以"教师讲授为主、学生倾听为辅"的单向灌输模式为主，师生缺乏平等、协作的深度对话，学生参与的主动性不强，个体贡献难以有效评估和激励。区块链的贡献度证明（Proof of Contribution，PoC）机制为创新课堂互动模式带来了新的思路。智能合约技术可基于师生在课堂讨论、头脑风暴、协作任务等环节的贡献度客观记录互动数据，进行贡献度量化评估[1]。比如，对学生而言，系统可捕捉其参与课堂讨论的频次、观点的原创性、对其他学生观点的评论与补充等多维度数据，利用语义分析、数据挖掘等技术，形成客观、准确的个人贡献度报告。根据贡献度的高低，给予相应的积分奖励或优先发言权等激励措施。对教师而言，其组织课堂讨论的深度与广度、引导学生思考的有效性等，也可纳入贡献度评估体系。通过对课堂互动过程与结果的穿透式分析，让教学投入与产出"可视化"，压实教师主体责任，调动学生参与热情。师生互动由"要我参与"转向"我要参与"，课堂生态将更加活跃。可见，智能合约技术驱动的贡献度量，可让课堂互动回归教学本质，激发师生创造活力，促进从"要我学"到"我要学"的转变。

（二）学习成果确权：基于区块链的学习成果存证与学分认定

学分是学习质量和学习投入的综合体现。然而，学分管理在身份认证、成绩评定、证书存储等方面均存在诸多痛点。学籍档案管理相对封闭，不同学习阶段的学分难以融通互认。学分证书的真实性、权威性难以保证，就业市场对学历的信任度不高。此外，非学历教育、在线教育等新型教育形态不断涌现，亟须创新学分管理模式。区块链为学分管理提

---

[1] 曾海军，曾德考，范新民.基于精品课程评审指标探讨网络教育资源的建设与共享[J].中国远程教育，2007（10）：47-52，80.

供了可信数字基础设施[1]。基于不可篡改、可追溯的分布式账本，学习过程与成果数据可获得权威认证。通过在联盟链上部署学分智能合约，学校可与在线教育机构、行业企业达成共识，协同构建学分互认机制。学生各学习阶段取得的学分可获得联盟链多方确权，在教育、就业等多个场景下可便捷调取学分证书，实现学习成果的可信流通。由此可见，区块链为变革学习成果管理提供了新的技术可能，让学习成果评价回归过程性，学习档案跨越时空限制实现全周期可信记录，学分权威、开放、可流通，既为学习者提供细粒度的过程性反馈，又为用人单位了解人才质量提供了可信依据。

（三）教学行为评价：基于去中心化评价体系的教学诚信建设

教师是教育的第一资源。教师的言传身教对学生成长发挥着关键作用。当前，高校教师评价体系有待完善，评价主体多为学校管理者，评价指标多聚焦论文、课题等显性成果，忽视了教学投入与过程表现，评价方式相对单一，易引发逆向激励。师德失范现象时有发生，亟须创新评价模式，树立教学诚信"风向标"。区块链的去中心化架构，为构建多元参与、开放透明的教师教学评价体系带来契机。通过设计教学行为评价合约，学校管理者、教师同行、学生可作为联盟节点参与教学评价，基于授课态度、教学投入、教学创新、师德表现等要素，对教师教学行为作出客观评判。评价过程与结果经区块链存证，可溯源、难篡改，有助于强化教师教书育人的责任意识。评价指标突出师德内涵、育人实效，摆脱"唯论文""唯帽子"倾向，引导教师潜心教书育人。智能合约还可嵌入激励机制，将教学诚信记录与职称晋升、岗位聘任挂钩，促进尊师重教的良好风尚。可见，区块链驱动的去中心化评价体系，通过压实教师责任、强化诚信约束、健全多元评价，破解了教师评价"重科研、轻教学""重结果、轻过程"的难题，为塑造新时代"四有"好教师提供了动力源泉。

综上所述，区块链智能合约正成为变革教育生态的"新引擎"，为构建开放透明、互信共治的师生良性互动机制破局开路[2]。随着区块链底层架构、隐私保护、标准体系的日臻完善，必将开启教育治理的崭新图景。我们要积极响应区块链重塑教育形态的新趋势，充分发挥区块链的技术赋能与制度供给功能，推动形成多元协同、智能互信、可信可证的师生共治共享新生态。

八、TOKEN激励，提升各参与主体话语创造动因

互联网时代，高校网络教育呈现出海量异构数据、多元参与主体、话语生态复杂的特点。面对传统教育"重管理、轻激励"的问题，亟须创新激励机制，调动师生、管理者等多元

---

[1] 熊华军，丁艳.当前美国网络高等教育发展的机构类型差异——解读 2010 年斯隆联盟调查报告 [J].中国高教研究，2011（5）：57-61.

[2] 李炜，张润芝，谢浩，等.高校网络教育质量保证分析框架与动力机制研究 [J].中国远程教育，2021（11）：29-37，77.

主体话语创新的积极性。将区块链通证（TOKEN）引入网络教育场景，基于智能合约触发TOKEN奖励，可精准激励优质内容创造行为，优化不同参与主体的行为博弈，为构建共建共享、创新发展的高校网络教育话语生态提供内在动力。

（一）学生激励：通证奖励引导学生主动创造优质话语内容

学生是高校网络教育的核心参与者，其话语创造力和贡献度在很大程度上决定着教育生态的活力。然而，在传统的网络教学模式下，师生互动不足、学生参与热情不高，缺乏创造优质话语内容的内驱力。将TOKEN激励融入学习全过程，可以持续强化学生话语创造动机。一方面，基于学生在讨论区发帖、评论等行为数据，设置客观的贡献度评价规则，并将贡献度与TOKEN奖励挂钩。当学生创造出深度、原创的优质内容时，系统将自动触发TOKEN奖励，沉淀为学生个人的信用积分，可用于兑换学习资源、学习机会等。通过建立话语贡献与TOKEN奖励的正向反馈机制，有助于增强学生的获得感，激发其不断创造、分享见解的内生动力。另一方面，TOKEN作为学习过程的价值载体，可跨场景流转，将不同学习阶段的话语贡献转化为通用的奖励积分，实现学习激励的可记录、可追溯。学生个人的学习履历将与TOKEN奖励实现关联，作为未来深造、就业的信用背书，为其创造优质学习话语提供了持久动力[1]。可见，TOKEN激励可为学生话语贡献赋予显性价值，构建可持续、可信任的学习激励闭环，将外部评价转化为内在学习动力，让学生在创造优质内容的过程中收获成就感。

（二）教师激励：通证奖励发掘教师话语创新，优化教研评价

教师是高校网络教育话语生成的关键推动者。然而，传统的教师评价体系往往"重科研、轻教学"，教师缺乏在教学方法、课程内容上创新的内在动力。引入TOKEN激励有望调动教师教学创新的积极性。首先，基于教师备课、授课、教研等教学实践数据，设计符合教学特点的评价指标，将教学投入、教学创新等表现与TOKEN激励直接挂钩。比如，对于"如何增强在线教学互动性"的教研命题，教师往往缺乏深度探讨的意愿。而一旦嵌入了TOKEN激励，教师创造的教学话语创意、参与教研讨论的频次等将被记录在案并定期发放TOKEN激励，既可直观呈现教学贡献，又能与教师发展机制衔接，形成正向激励闭环。其次，TOKEN激励为发掘教师话语创新提供了更为精准、客观的评价尺度。传统的教学评价往往基于同行、领导的主观判断，易受人情因素干扰。将TOKEN激励规则写入智能合约并嵌入区块链网络，可保障TOKEN激励过程的透明与公正，奖励结果经多方节点共识，可信

[1] 刘凤存. 网络环境下成人学员自主学习动机调查研究——以山东大学网络教育学院为个案 [J]. 中国电化教育，2012（3）：58-63.

度高，这有利于建立科学公正的教师教学评价体系，让教学创新有据可查。最后，TOKEN 作为一种通用价值凭证，可嵌入教师发展全周期。优秀教师的 TOKEN 将成为职称晋升、岗位聘任的加分项，以榜样力量带动更多教师加入教学创新的队伍。可见，TOKEN 激励彰显教学价值内涵，让教师创新积极性与制度设计形成正反馈，为开创"教书育人、教学相长"的良好教育生态持续注入活力。

（三）生态激励：通证流通促进网络教育话语生态系统良性发展

高校网络教育是一个开放、协作的复杂生态系统，涉及海量异构资源，其跨越校内外边界，不同参与主体利益诉求各异 [1]。TOKEN 为网络教育各生态参与者提供了可度量、可流通的价值载体。基于 TOKEN 激励，学校与机构、企业可形成利益共同体，共建优质教育资源，打通话语壁垒。学习者跨平台创造的优质话语内容将获得通用 TOKEN 奖励，可在联盟内流转，TOKEN 的获取可作为获得学分认证、技能认定的重要依据，进而助力人才在不同场景间的无缝流动。同时，高校网络教育以 TOKEN 为纽带，将教师教学创新行为、管理者资源调配行为与 TOKEN 激励相挂钩，多元主体可基于利益捆绑形成合力，共同推动生态的创新发展。高校网络教育通过系统设计 TOKEN 的发行、分配、流通规则，将学习激励、科研激励、管理绩效考核有机融合，可维持网络教育话语生态的良性循环，有力促进生态内不同角色的协同互动。可见，TOKEN 为网络教育生态注入了创新基因，通过彰显各参与主体的贡献，将个体诉求和生态发展目标相统一，让不同主体在价值捆绑中实现共赢，共同推动网络教育生态的共建共享、创新发展。

综上所述，TOKEN 激励正成为调动高校网络教育话语创造积极性的"新引擎"，为实现精神激励和物质激励的有机融合，开创可信任、可持续的话语生态提供了新的可能。随着区块链、智能合约、TOKEN 经济等技术的日益成熟，将为教育领域供给侧改革提供更为精细化、精准化的制度型社会技术工具。我们既要主动拥抱 TOKEN 激励带来的制度创新空间，充分发挥其调节资源配置、优化利益格局、重塑行为模式的独特优势，为各参与主体注入源源不断的内生动力，不断开创人人皆可成才、人人尽展其才的教育新生态，也要坚持以育人为本，以人的全面发展为中心，防范化约论倾向，确保 TOKEN 激励服务于立德树人根本任务 [2]。唯此，方能最大限度地唤醒每位参与者的主体意识、激发其生命潜能，以制度创新激活人的发展动力，让师生在积极互动、创造分享中实现全面、自由发展，用好的制度成就好的教育，以高质量教育助力民族复兴和社会主义现代化。

[1] 范新民，曾海军.基于公共服务体系的网络教育课程互选学分互认的研究 [J].中国远程教育，2007（9）：49-51，55，79-80.

[2] 钱晓群.网络教育学生感知服务质量研究 [M].成都：西南交通大学出版社，2009.

第六章 高校网络教育话语体系建设的优化路径

第一节 深化体系内涵，彰显育人价值导向

一、坚持立德树人根本任务，将价值引领融入话语体系

党的十八大以来，以习近平同志为核心的党中央高度重视高等教育工作，并将其作为一项战略任务，纳入党和国家事业发展全局。高校网络教育作为高等教育的重要组成部分，在培养德智体美劳全面发展的社会主义建设者和接班人方面，承担着不可推卸的责任。然而，面对网络信息技术的迅猛发展和社会思潮的多元交融，高校网络教育在推进立德树人工作中，仍存在诸多问题与不足[1]。为此，需要将价值引领贯穿网络教育话语体系建设的全过程，切实增强育人实效性。

（一）将社会主义核心价值观融入在线课程话语建设之中

社会主义核心价值观是当代中国精神的集中体现，是凝聚中国力量的思想道德基础。高校网络教育在推进课程建设时，要将社会主义核心价值观的要求与学科专业特点紧密结合，创新教学内容、丰富教学形式，在知识传授中渗透价值引领。一方面，教师要深刻理解社会主义核心价值观的丰富内涵，准确把握其在不同学科领域的表现形式，有机融合到网络教学全过程中；另一方面，需充分发挥信息技术优势，以微课、动画、视频等多媒体资源为载体，生动诠释社会主义核心价值观的理论内涵和实践要求，使之融入在线课程话语体系之中，增强教育的感染力和吸引力，实现价值塑造与知识传授的有机统一。

（二）加强教师思想政治素养，发挥其言传身教价值引领作用

教师是网络教育的主导者、实施者和引领者，其价值取向和精神风貌对学生成长具有

---

[1] 祝智庭. 网络教育技术标准研究 [J]. 电化教育研究，2001（8）：72-78.

潜移默化地影响。提升教师的思想政治素养,是推进高校网络教育话语体系建设的必然要求。首先,高校要将教师思想政治素质作为考核评价的重要内容,将思想水平、政治觉悟与业务能力同等对待[1]。其次,高校要积极开展教师思想政治教育培训,创新培训模式,丰富培训内容,引导教师树立正确的世界观、人生观和价值观。最后,高校要发挥各级党组织的战斗堡垒作用,通过组织生活、主题党日等载体,加强教师党性修养,筑牢信仰之基。通过不断提升教师的思想政治素养,充分发挥其在网络教学中的示范引领作用,用真理的力量感召学生、以高尚的人格塑造学生,做学生成长的指导者和引路人。

(三)强化思政工作对网络教学全过程的价值引领,提升思政实效

高校网络教育要坚持全员、全过程、全方位育人,将价值引领落实到教书育人的各个环节。一是创新思政工作理念。改变将思政教育与在线教学割裂开来的观念,树立思政教育与网络教育深度融合的意识,引导各类课程与思政课程同向同行,构建全员、全过程、全方位的"三全育人"格局[2]。二是完善思政工作机制。成立由学校、院系、教研室、班级等各级党组织牵头的思政工作领导小组,强化组织保障;制定网络思政工作的相关制度和规范,加强制度建设;将思政工作效果纳入教师绩效考核体系,完善评价机制。三是深化思政工作内涵。将习近平新时代中国特色社会主义思想作为网络思政教育的鲜活教材,增强思政内容的针对性和实效性;紧密联系学生思想实际,精准把握学生思想轨迹,提升思政教育的吸引力和感染力;创新思政工作方式,拓展第二课堂,构建线上线下育人平台,形成更为立体、精准的思政工作格局。

总之,高校网络教育要将立德树人作为中心环节,将社会主义核心价值观融入在线课程话语体系,加强教师思想政治素养,强化思政工作对网络教学全过程的引领,全面提升育人实效,为培养担当民族复兴大任的时代新人做出新的更大贡献。

二、树立大教育观念,促进学历教育与非学历教育融合发展

信息技术的飞速发展,教育被赋予全新的时空形态,催生多元化、个性化、终身化的学习需求。高校网络教育作为现代教育体系的重要组成部分,承担着服务全民学习、建设学习型社会的重任。要实现这一目标,必须树立大教育观念,促进学历教育与非学历教育在理念、资源、技术等层面的全方位融合[3]。然而,在推进融合发展的进程中,高校仍面临体制机制不健全、标准规范不统一、资源利用不充分等问题。对此,应立足实际、着眼长远,

---

[1] 王永明,徐继存.论在线课程教学系统的建构[J].中国电化教育,2018(3):66-73.

[2] 梁志国,赵玉山.关于开展K12网络教育业务的思考[J].科技与出版,2017(4):79-82.

[3] 刘迎春,孙家宝.基于QoS偏好相似度的网络教育服务推荐研究[J].电化教育研究,2013,34(6):34-39.

构建学历教育与非学历教育沟通衔接的"立交桥",形成各类教育资源的汇聚共享机制,从而使高校网络教育在推动教育现代化进程中发挥更大作用。

(一)统筹学历教育与非学历教育资源,建设融通发展的课程资源体系

当前,高校学历教育与社会非学历教育资源在课程体系设置、教学内容建设等方面仍存在一定的割裂与壁垒。打破二者在资源配置上的对立,统筹考虑学习者的多元化需求,是实现融合发展的前提和基础。首先,高校网络教育应根据国家战略需求和区域经济社会发展实际,主动调整学科专业结构,增设契合行业发展和技能提升需求的新专业、新课程,完善学历教育课程体系。其次,高校网络教育要充分利用信息技术手段,加强优质教学资源的挖掘、整合与开发,统筹建设涵盖学历教育、非学历教育的课程资源库,满足不同层次、不同类型学习需求。最后,高校网络教育要完善相关标准和规范,着力构建衔接贯通、互认共享的课程资源体系,加强学历教育与非学历教育在教学理念、教学内容、教学方法等层面的有机融合,提高人才培养的针对性和适应性。

(二)创新学分认定、学历授予机制,为终身学习者搭建"立交桥"

学习成果认定与转换是深化学历教育与非学历教育融合的关键环节。首先,高校网络教育要加快学分银行建设,建立科学规范、开放灵活的学习成果认定机制,将个人的多种学习成果按照国家资历框架要求转化为相应的学分,真正打破学习方式的界限,为终身学习者提供多样化"充电"途径。其次,高校网络教育要创新学历授予模式,积极探索非学历教育学分与学历教育学分的转换机制,深化"学分银行+学历证书"改革,实现各类学习成果在不同类型、不同层次教育之间的互认与转换。最后,教育管理部门要鼓励和引导用人单位将员工参加各类教育培训的情况作为职称评聘、岗位晋升的重要依据,强化学习成果的现实应用价值,从而增强社会成员的学习动力,为全民终身学习营造良好环境。

(三)探索线上、线下教育资源的系统化汇聚与流动共享机制

实现学历教育与非学历教育的有效融合,需进一步拓展教育资源的开放共享渠道。一方面,高校应依托网络平台,探索跨校、跨区域的资源协作共享机制[1]。鼓励不同院校、行业、企业之间开展横向联合,共享教学资源、师资力量、实训场所等,增强学习者对优质教育资源的可获得性。另一方面,高校网络教育要整合线上、线下学习场景,结合学习者实际,为不同需求的学习者匹配合适的学习模式。同时,要发挥在线教育支持个性化、自主化学习的独特优势,创新智能推荐、自适应学习等模式,满足学习者多样化的学习体验需求。

---

[1] 王松涛. 网络教育时代的学习观与知识论 [J]. 中国远程教育, 2006 (6): 19-25, 78-79.

此外，还要积极开发网络学习空间，提供网上自主学习、讨论交流、作业批改等智能化服务，实现线上、线下学习体验的无缝衔接，形成开放共享、融合创新的教育生态。

总之，在终身学习理念日益深入人心的今天，高校网络教育要着力破除学历教育与非学历教育之间的壁垒，在课程资源建设、学分认定转换、资源共享开放等方面系统谋划、重点突破，努力形成布局合理、结构优化、衔接贯通的网络教育体系，为学习者提供更加丰富、灵活的学习路径，为建设高质量教育体系、加快推进教育现代化做出新的更大贡献。

三、完善以信息技术为支撑的质量保障体系，提升体系运行效能

随着信息技术的持续创新，高校网络教育呈现出蓬勃发展的态势。然而，在快速发展的过程中，一些质量问题也逐步暴露，如教学过程监管不到位、评价体系不健全、师资激励机制不完善等，这些都对网络教育的内涵式发展构成了严峻挑战。面对新形势、新要求，必须树立质量意识，以信息技术为支撑，构建与网络教育发展相适应的全流程、多层级、多元化的质量保障体系，形成质量保障的长效机制，全面提升网络教育办学质量和管理水平，从而推动高校网络教育高质量发展。

（一）利用大数据、人工智能等新技术，建立全流程质量监测机制

大数据、人工智能等新技术的发展，为推进网络教育质量保障提供了新的路径和手段。一是构建全流程动态监测系统。将信息技术嵌入教学设计、资源建设、过程实施、学习评价等环节，实时采集各主体行为数据，对教与学全过程进行穿透式、动态化监测，及时发现和解决质量风险隐患[1]。二是建立预警与诊断机制。运用大数据技术对采集的各项数据进行分析与挖掘，准确把握人才培养状态，建立质量预警模型和评判规则，对办学质量实施精准诊断与画像，为精准施策提供有力抓手。三是优化反馈与改进机制。利用人工智能技术对诊断结果进行分析研判，形成问题清单与整改方案，有针对性地完善质量标准、改进教学管理、提升保障能力，形成质量改进闭环，推动质量保障不断优化升级。

（二）建立健全校、省、国家三级质量标准，完善多元评价机制

网络教育具有跨区域、跨层级等特点，这就需要从不同层面构建差异化的标准规范，形成纵向到底、横向到边的质量标准体系。一是强化校内质量规范。高校要参照国家质量标准，立足自身办学定位和网络教育发展需求，制订切实管用的校级质量标准和评价办法，明确教学运行、学习过程、管理服务等各环节的质量要求。二是推动省级质量引导。在省级层面制订区域网络教育发展规划和整体质量标准，加强资源共建共享、学分互认等方面

---

[1] 李爽，张艳霞，陈丽，等.网络教育时代开放大学课程辅导教师角色定位与职能转变实证研究[J].中国电化教育，2014（9）：50-58.

的统筹规划，引导和促进区域内院校网络教育的协调发展。三是建立国家质量规范。适时研制国家层面的网络教育质量标准规范，为各地各校质量保障工作提供基本遵循。同时，在"管办评分离"的原则下，引入第三方专业机构参与质量评价，建立政府、学校、社会等多元主体参与的科学评价机制，形成分类指导、综合评价的网络教育质量保障格局。

（三）探索柔性、多样的教师发展激励与保障机制，调动参与积极性

教师是提高网络教育质量的关键力量，必须建立健全教师发展的激励保障机制，充分调动教师参与的积极性和创造性。一方面，高校网络教育要创新教师准入和管理制度。制订网络教育教师发展规划，明确教师选聘、培养、考核、评价等标准，建立完善的教师发展通道。鼓励院校结合实际，灵活设置教学工作量核算方式，将教师开展网络教学的工作量纳入考核体系。另一方面，高校网络教育要加强教师的能力建设。针对网络教育教学的特点，强化对教师网络教学设计、信息技术应用、学习过程分析等方面的培训，提升教师驾驭现代信息技术开展教学的能力。同时，要完善教师专业发展支持机制，通过教学工作坊、授课竞赛、优质课程评选等，为教师搭建展示交流平台，营造重视网络教学、有利创新发展的良好环境。

总之，加快推进网络教育高质量发展，必须牢固树立质量是生命线的理念，以信息技术为支撑，建立校、省、国家三级质量标准，完善动态监测、多元评价、精准诊断、持续改进的全流程保障机制，促进高校不断健全内部治理结构，持续提升质量保障能力。同时，要把师资队伍建设作为基础工程来抓，不断优化教师发展环境，激励教师学网络、用网络，创新教学模式，为推动网络教育内涵式发展、建设高质量教育体系提供坚实支撑，以高水平的网络教育助推教育现代化和学习型社会的建设。

四、强化协同联动，优化网络教育治理生态

面对日益复杂的外部环境和不断变化的学习者需求，高校网络教育改革发展还存在体制机制不顺、资源利用不充分、校企社会参与不够等问题，亟须在更大范围、更深层次、更高水平上实现协同联动，完善网络教育治理生态，从而为网络教育的高质量发展提供有力支撑。

（一）统筹规划，加强学校内部人、财、物资源系统整合，健全协同机制

网络教育是一个复杂的系统工程，需要学校内部各部门、各要素的通力合作。一方面，高校要从战略和全局高度，加强网络教育发展的顶层设计和系统谋划。高校要成立由主要领导任组长、分管领导任副组长、相关职能部门和教学单位负责人参加的网络教育工作领

导小组，统筹推进学校网络教育改革发展。另一方面，要整合学校人、财、物等资源，充分发挥学校内部各类资源的叠加效应[1]。高校网络教育需要建立由教务、学工、财务、信息化等部门组成的网络教育运行管理机构，完善教学、技术、管理"三支队伍"的协调联动机制，实现人员共享、经费保障、设施共用、数据互通，提高资源配置效率，形成工作合力。同时，高校要推动二级学院积极参与网络教育，在人才培养模式改革、教学资源建设、教学过程管理等方面加强院、校两级联动，不断健全内部治理结构，为网络教育内涵式发展提供有力支撑。

（二）广泛汇聚校内外资源，推进跨校、跨区域优质资源共建共享

网络教育要立足开放办学理念，进一步拓宽办学视野，广泛吸纳校内外优质资源参与人才培养全过程。一是强化校内资源整合。高校要依托学校雄厚的学科优势和人才优势，推动计算机、教育、管理等相关学科专业教师参与网络教育教学改革，在教学内容、教学方法、学习评价等方面进行创新探索，形成优势互补、资源共享的跨学科联合培养机制。二是拓展跨校协同空间。高校网络教育要积极推动学校与其他高校、开放大学、在线教育机构等开展网络课程学分互认和优质教学资源共建共享等合作，建设跨校、跨平台的优质课程资源池，促进不同层次、不同类型教育的纵向衔接、横向贯通。三是深化跨区域协作交流。高校网络教育要以服务国家区域发展战略为契机，加强与东、中、西部地区高校的对口合作与交流，在人才培养、学术研究、社会服务等领域建立利益共同体，打造区域性、全国性的网络教育联盟，形成优势互补、资源共享、共同发展的良好格局。

（三）加强政产学研用协同，营造开放、共生的网络教育生态系统

建设高质量的网络教育，需要政府、高校、企业、社会等多元主体协同发力，形成开放融合、良性互动的发展生态。一是强化政策供给和资源投入。高校网络教育要进一步落实和完善支持网络教育发展的系列政策，加大经费投入力度，在学习者资助、学习成果认证、运行经费拨付等方面给予政策倾斜，为网络教育发展营造良好的政策环境。二是深化产教融合、校企合作。高校网络教育要紧密对接区域经济社会发展，引导和鼓励行业龙头企业、知名互联网企业等深度参与网络教育人才培养，在实践教学、课程开发、资源共享、项目合作等方面建立常态化合作机制[2]。三是完善社会参与支持机制。高校网络教育要充分发挥行业组织、学术机构在第三方质量评价、教育教学研究、标准规范制定等方面的作用，构建多层次、可持续的社会参与机制。四是创新服务地方模式。高校网络教育要立足区域产

[1] 翟霞.领导干部网络学习制约因素与对策研究——基于山东省干部网络教育平台问卷调查[J].理论学刊，2012（2）：87-91.
[2] 孙绍勇，孙宇润.B站Z世代青年大学生思想政治教育的脉络演进与提升路径[J].中国青年社会科学，2023，42（3）：74-82.

业特色和人才需求，加强与地方政府、社区、行业企业的深度合作，线上、线下相连开展职业培训、技能鉴定、教育帮扶等，助力区域产业转型升级和经济社会发展。

总之，高校网络教育改革发展已进入"深水区"，必须秉持系统思维、生态理念，加快推进学校内部"三全育人"综合改革，深入实施省、校企、地方战略协作，着力构建政府引导、学校主导、社会参与的立体化治理格局，为网络教育营造更加良好的生态环境。同时，高校网络教育要切实加强党的全面领导，坚持正确办学方向，强化价值引领，充分发挥高校的主体作用，不断强化网络教育服务国家战略、融入区域发展、回应人民需求的责任担当，为服务全民终身学习、建设学习型社会、加快推进教育现代化贡献更大力量。

第二节　创新话语方式，提升表达传播效能

一、强化智能技术赋能，创新话语内容生产方式

话语是思想的载体，是高校网络教育的重要抓手。高校网络教育肩负着引导大学生树立正确世界观、人生观、价值观，培养担当民族复兴大任时代新人的重要使命。然而，随着信息技术的迅猛发展和大学生思想行为的不断变化，传统的高校网络教育话语内容已难以适应时代发展需求。高校网络教育要增强话语内容生产的针对性和实效性，必须主动顺应信息技术变革趋势，积极应用人工智能等智能技术，以智能化手段变革和创新话语内容生产方式，提升高校网络教育话语的吸引力和感染力。

（一）加强优质话语资源的语义分析、知识萃取，夯实智能化应用基础

海量的网络信息资源虽为创新高校网络教育话语内容生产提供了丰富素材，但也对话语资源的筛选、加工和应用提出了更高要求。高校要运用自然语言处理、知识图谱等人工智能技术，对各类高校网络教育资源进行全面梳理和深度分析。一是加强语义分析。高校网络教育要充分运用语义分析、主题建模等技术，准确把握高校网络教育话语资源蕴含的内在意义，揭示话语资源内容的关联性和层次性，为后续的知识萃取奠定基础[1]。二是促进知识萃取。高校网络教育要综合运用实体识别、关系抽取、事件抽取等技术，从高校网络教育话语资源中识别和提炼核心概念、关键主张、典型案例等，形成语义清晰、结构规整、来源权威的知识单元。三是优化知识表征。高校网络教育要探索将提炼的知识单元进行结

---

[1] 王博文，唐好选.思政智脑：人工智能视域下思想政治教育的创新 [J].学校党建与思想教育，2023（24）：65-67.

构化、语义化表征，增强知识单元的可检索性、关联性和计算性，夯实高校网络教育话语内容智能化生产应用的数据基础。

（二）建设校本特色知识图谱，为个性化话语资源智能生成提供支撑

个性化、精准化是智能化话语内容生产的重要特征和目标追求。建设反映本校办学理念、突出学科专业优势、体现区域文化特色的高校网络教育话语知识图谱，是实现个性化话语资源智能生成的有力抓手。一要立足需求，确定目标。高校网络教育要紧密结合学校办学定位、育人目标和学生成长需求，科学设计知识图谱的总体架构，合理划分核心话语领域，明确知识图谱建设目标和应用场景。二要系统建设，突出特色。高校网络教育要从校情、校史、校训、校风、学科专业等方面系统梳理学校特色话语资源，运用本体构建、知识融合、图谱补全等技术构建兼具通用性、特色性的高校网络教育话语知识图谱。三要拓展应用，动态优化。高校网络教育要充分发挥知识图谱在语义理解、关联分析、知识推理等方面的独特优势，用于支撑思政课程、主题教育、实践活动等形式多样、内容个性化的话语资源智能生成，并建立动态更新、持续优化的机制。

（三）引入智能推荐技术，匹配师生的话语内容需求，提供精准话语服务

网络时代，大学生获取信息的渠道日益多元化，对高校网络教育话语内容的选择性和主动性也不断提升。高校要主动适应大学生话语接受特点的新变化，运用智能推荐技术精准把握师生个性化话语需求，提供量身定制的优质话语服务。一方面，高校网络教育要深入分析师生用户的话语浏览、搜索、评价、转发等行为数据，运用协同过滤、基于内容、基于知识等多种推荐算法构建智能推荐模型，形成动态更新、持续优化的用户画像和推荐策略。另一方面，高校网络教育要综合考虑资源语义相关性、话语质量权威性、形式新颖性、热点话题关联度等因素，通过甄选生成契合师生用户兴趣、满足师生教学科研需求的个性化优质话语内容，实现高校网络教育话语资源与师生用户的精准匹配、智能推送。同时，高校网络教育要加强人机协同、融合情感因素，在推荐过程中更多考虑用户的认知规律和情感体验，不断提升智能推荐的精准性和人文关怀。

总之，智能技术是推动高校网络教育话语内容生产变革的重要驱动力。高校要树立智能思维和数据意识，加强优质话语资源的语义分析和知识萃取，夯实数据和知识基础；要立足学校和师生特点，建设具有本校特色的知识图谱，为个性化话语资源智能生成提供支撑；要善用算法优势，运用智能推荐技术匹配师生话语内容需求，提供精准、优质的智能化话语服务。唯有如此，方能不断提升高校网络教育话语的传播力、引导力、影响力，增强高校网络教育的亲和力和针对性。

二、综合运用虚拟现实、数字叙事等技术，革新话语呈现形态

当前，随着信息技术的飞速发展和媒介环境的深刻变革，大学生的信息获取方式、学习方式、思维方式发生了显著变化。高校网络教育要顺应这一趋势，主动适应大学生话语接受习惯的新特点，运用新技术、新媒介创新话语呈现形式，强化高校网络教育话语的感染力和吸引力[1]。在众多新技术中，虚拟现实、数字叙事等技术以其沉浸性、交互性、多感官体验等独特优势，为高校网络教育话语形态创新提供了新的可能。高校要综合运用这些新技术创设生动立体、贴近实际、引人入胜的话语场景，革新话语呈现形态，激发大学生探究话语内涵、感受话语魅力的兴趣。

（一）结合课程特点与教学目标，开发沉浸式、交互式话语学习项目

虚拟现实技术具有身临其境、实时交互等独特优势，是创新高校网络教育话语呈现形式的重要手段。高校要充分发挥虚拟现实技术的沉浸感和交互性，结合不同课程的特点和教学目标，开发形式新颖、内容丰富、互动性强的沉浸式话语学习项目。例如，高校网络教育可以利用虚拟现实技术再现重大历史事件场景，还原历史人物生平事迹，让大学生身临其境地感受红色文化的震撼和感召；再如，高校网络教育可以依托虚拟现实平台创设栩栩如生的校园情境，设计师生良性互动的话语情节，引导大学生在角色体验中内化话语内涵、强化价值认同。同时，高校网络教育要充分尊重大学生的主体地位，为其预留充分的话语表达和互动空间，通过设置开放式问题、支持自主探究等方式，调动大学生参与话语情境构建的积极性，实现话语内容与大学生认知体验的深度融合。

（二）创设贴近真实情境的虚拟仿真实训环境，强化话语的应用导向

高校网络教育话语的生命力在于实践，关键在于内化于心、外化于行。高校要善用虚拟仿真技术，依托虚拟现实、增强现实等手段，创设贴近专业实际、契合岗位要求的高校网络教育话语实训环境，让大学生在沉浸式体验中强化话语内容的行动转化[2]。一方面，高校网络教育要以培养大学生解决复杂问题的能力为导向，围绕高校网络教育话语的应用场景进行实训项目设计，引导大学生在模拟职业情境中运用相关话语知识分析问题、解决问题。另一方面，高校网络教育要将教育元素巧妙融入各专业实训教学之中，通过设置蕴含"四史"、社会主义核心价值观等内容的任务情境，引导大学生在角色扮演、团队协作的过程中潜移默化地接受话语熏陶、强化话语认同，实现高校网络教育话语与专业技能培养的同频共振、同向发力。同时，还要注重搭建线上、线下相结合的开放性实训平台，促进虚拟仿真与现

[1] 王玲. 美国大学网络教育质量保障机制论析 [J]. 济南大学学报（社会科学版），2024，34（2）：134-141.
[2] 杨宏伟，赵文辉. 网络思想政治教育中的情绪传播及其治理：逻辑·效应·进路 [J]. 思想教育研究，2023（7）：23-29.

实之间的互联互通，不断拓展高校网络教育话语的应用场域。

（三）增强数字资源质感，提供多感官体验，调动学习者投入话语情境

数字叙事是利用数字媒体技术，通过整合文字、音频、视频、动画等多种符号资源，创造出沉浸式、交互式叙事体验的艺术表现形式。将数字叙事应用于高校网络教育话语建设，有助于塑造感性生动、活灵活现的话语形象，满足大学生的审美需求和情感体验。高校要遵循技术与艺术融合的理念，发挥数字叙事的独特魅力，精心设计制作高校网络教育话语的数字化呈现。一要增强话语资源的质感。综合利用全景声、HDR 影像等先进技术，提高高校网络教育微视频、动画、游戏的画质、音质，加强话语场景与人物刻画的细节表现，力求为大学生营造身临其境的审美感受。二要注重多感官调动。在数字资源创制中融入触觉、嗅觉等感官要素，通过多感官渠道传递高校网络教育话语的情感力量，最大限度地调动大学生的情感投入，实现情感认同与价值引领的交融。三要创设互动体验。高校网络教育可以鼓励学生参与话语资源的二次创作和传播，通过弹幕评论、剧情重组、自主建模等参与互动，让学生成为话语意义生成的主动参与者，不断强化话语的内化与认同。

总之，运用虚拟现实、数字叙事等新技术塑造沉浸感强、互动性好、体验感佳的高校网络教育话语形态，是增强高校网络教育吸引力、感染力的必由之路。高校要立足教育教学实际，结合课程特点和教学目标，开发沉浸式、交互式的话语学习项目；高校要聚焦话语实践应用，创设贴近真实情境的虚拟仿真实训环境；高校要遵循艺术创作规律，提升数字资源质感，唤起学习者的多感官共鸣[1]。唯有如此，方能激发大学生体验话语情境、感悟话语意蕴的兴趣，拉近高校网络教育话语与大学生的情感距离，引导大学生在潜移默化中坚定"四个自信"、践行社会主义核心价值观，为培养担当民族复兴大任的时代新人提供坚实思想保证。

三、依托智慧学习平台，优化话语传播互动机制

互联网时代，信息技术正以前所未有的广度和深度影响着人们的学习生活方式。智能手机、移动互联网成为大学生获取信息的主要渠道，个性化、社交化、碎片化成为大学生话语接受和传播的显著特征。高校网络教育要顺应信息技术发展趋势和大学生话语传播习惯，主动抢占网络话语制高点，依托智慧学习平台开展教育教学，优化话语传播互动机制，实现高校网络教育话语影响力的扩散和深化。通过嵌入社交媒体、连接校内外资源、整合优质学习内容等方式，构建更加开放、协同、个性化的高校网络教育话语新生态，促进高校网络教育话语的广泛传播和转化。

---

[1] 王朝辉，王淑芳，田地.基于 Web 理论体系的网络教育教师培训 [J].黑龙江高教研究，2015（3）：95-97.

（一）嵌入社交媒体，支持师生话语的随时分享、评论、再创造

社交媒体平台是大学生进行资讯获取、情感交流、观点表达的重要渠道。高校要将社交媒体平台与智慧学习平台无缝对接，嵌入微博、微信、抖音等应用端口，为师生搭建随时随地、方便快捷的话语传播互动渠道。首先，高校网络教育要鼓励教师创作和发布契合大学生话语习惯的帖文、短视频，利用话题标签、弹幕评论等社交化应用，调动学生分享、点赞、转发的积极性。其次，高校网络教育要引导学生围绕课程主题积极创作言之有物、形式新颖的自媒体内容，引发同伴评论交流，实现高校网络教育话语内涵的社交化再生产。最后，高校网络教育要建立师生协同的话语共享互动机制，支持教师转发点评学生的优秀话语内容，鼓励学生围绕教师话语产出展开再创造，促进师生在头脑风暴和观点交锋中加深对话语意蕴的理解和认同。此外，还要注重发挥学生组织和社团的话语引领功能，培育学生话语传播骨干，放大学生话语影响的辐射面和渗透力。

（二）对接行业智库、知名企业、校友资源，拓展优质话语内容来源

高质量的高校网络教育话语资源是开展高校网络教育的重要基础。除了依托校内师资和课程资源，高校还要积极连接校外智力资源，与行业智库、知名企业、优秀校友建立合作机制，拓展话语内容的生成路径。首先，高校网络教育要引入高水平智库开展联合攻关，就事关国计民生的重大理论和现实问题开展话语研究，推出一批高质量研究成果，转化为契合大学生认知特点的话语表达。其次，高校网络教育要主动对接行业龙头企业，邀请企业家、创业先锋、优秀校友走进课堂，讲述企业发展故事、创新创业经历，引导大学生在聆听校友励志故事中接受话语教育。最后，高校网络教育还要建立校地、校企协同发力的长效机制，定期开展专题研讨、学术沙龙、创新创业大赛等活动，为师生搭建与校外专家学者、杰出校友交流互动的平台，在观点碰撞交流中加深对高校网络教育话语的理解和认同。此外，高校还要注重优化话语资源的供给侧结构，根据大学生的差异化需求，有的放矢地提供个性化、精准化的高校网络教育话语服务。

（三）整合校内外优质学习资源，实现跨校、跨区域话语资源汇聚、流通

随着信息技术的发展和教育教学变革的深化，优质教育资源呈现出碎片化、社会化的新特点。高校要顺应资源形态变化趋势，依托智慧学习平台构建跨界融通的资源体系，实现校内外高校网络教育话语的聚合共享。首先，高校网络教育要整合校内慕课、微课、虚拟仿真项目等数字化学习资源，按照话语主题、呈现形态、适用专业等进行系统梳理，形成结构化、关联化的话语资源库。其次，高校网络教育要主动对接国家级、省级精品在线课程平台，引入反映社会主义核心价值观、弘扬中华优秀传统文化的优质学习资源，丰富

高校网络教育话语的时代内涵和文化底蕴。最后，高校网络教育要积极融入区域性思政资源共享联盟，与兄弟高校开展优质资源的共建共享，形成话语内容生产的集群效应和规模效益。此外，还要充分利用社会开放资源，引入权威媒体平台、知名文化机构的思想文化产品，在话语体系和话语生态建设中注重吸收社会智慧，提升高校网络教育话语的影响力和穿透力。

总之，运用信息技术手段优化高校网络教育话语传播互动机制，是贯彻落实全员、全过程、全方位"三全育人"，提升思想政治教育针对性、实效性的客观要求。高校要顺应信息技术发展大势，将智慧学习平台嵌入社交媒体，为师生搭建话语互动交流渠道；高校要积极连接校外智力资源，与行业智库、知名企业、杰出校友协同攻关，拓展话语内容来源；高校要主动融入开放教育体系，促进校内外优质资源的汇聚流通[1]。唯有如此，方能构建主渠道畅通、多元主体协同、线上线下融合的立体化话语传播网络，不断提升高校网络教育话语的传播力、引导力、影响力、公信力，增强思想政治工作的吸引力和感染力，用理想之光照亮青年学子的前行之路。

四、营造开放包容、合作共享的话语生态

新时代高校网络教育面临诸多新情况、新挑战，一方面要应对错综复杂、瞬息万变的国际形势；另一方面要顺应日益多元的社会思潮和价值取向。在多元文化交流交融、多样思想观念激荡碰撞的时代背景下，必须以开放包容的胸襟、合作共享的理念来营造良性健康的高校网络教育话语生态，为高校网络教育创造更加有利的话语环境。唯有秉持"和而不同"的处事哲学，尊重差异、包容多样，在平等互信中凝聚共识、达成认同，才能为建设中国特色、体现时代精神、富有创新活力的高校网络教育话语体系奠定坚实基础。

（一）筑牢理想信念根基，将社会主义核心价值观融入话语生态建设

坚定理想信念是大学生成长、成才的精神支柱，也是形成良性高校网络教育话语生态的思想根基。高校网络教育必须把培育和践行社会主义核心价值观贯穿话语生态建设全过程，引导大学生扣好人生第一粒扣子。首先，高校网络教育要充分利用新媒体新技术，创新话语内容生产方式，唱响主旋律、传播正能量，用大学生喜闻乐见的话语形式阐释和传递社会主义核心价值观的深刻内涵。其次，高校网络教育要完善话语互动传播机制，加强与大学生的沟通交流，在平等互动中化解思想疑虑，增进价值认同。最后，高校网络教育要发挥社会主义核心价值观的引领整合作用，将个人梦、中国梦与人类命运共同体的构建有机结合，以天

---

[1] 徐晓美，郭芮．新时代民族院校网络思想政治教育：挑战、困境与机制创新 [J]．民族教育研究，2022，
　　33（6）：105—111．

下大同、世界大同的人文情怀引领话语生态良性发展。此外，还要注重发挥榜样的示范引领作用，深入挖掘宣传新时代奋斗者、改革先锋、最美人物的感人事迹，用生动鲜活的话语讲述社会主义核心价值观的实践样本，让有信仰、有情怀、有担当成为新时代大学生的价值追求。

（二）完善协作学习机制，营造平等、互信、激励创新的话语互动氛围

高校作为文化思想的策源地和交汇地，承担着引领社会思潮、传播先进文化的重要使命。营造百花齐放、百家争鸣的话语环境，是高校网络教育面向未来、引领时代发展的必由之路。首先，高校网络教育要秉持兼容并蓄、和合共生的理念，尊重不同学科背景、不同文化视角下话语表达的多样性，鼓励师生在学术探索中激荡思想火花、碰撞真理火星。其次，高校网络教育要完善协作学习机制，建立跨学科、跨专业的教学团队和科研团队，在项目驱动、问题导向中加强不同学科话语的交叉融合，使高校网络教育话语呈现出更加丰富立体的时代内涵。再次，高校网络教育要注重发挥学生社团、研究型学习小组的话语阵地作用，搭建学生话语交流平台，鼓励学生开展头脑风暴、思想碰撞，在观点交锋中凝聚智慧、达成共识。最后，高校网络教育还要优化教师评价机制，将参与高校网络话语创新作为教师晋升考核的重要指标，调动教师投身高校网络教育话语创新实践的积极性，形成人人参与、人人尽力、人人享有的生动局面。

（三）健全话语互动反馈渠道，及时回应师生话语诉求，提高参与获得感

构建良性的高校网络教育话语生态，根本在于实现高校网络教育话语供给侧和需求侧的有效对接，增强师生的参与感、获得感和幸福感[1]。一方面，高校要健全话语诉求表达和反馈渠道，畅通师生对话、师生互动的线上线下平台，搭建起心与心沟通的桥梁。要充分尊重师生主体地位，虚心听取、积极吸纳师生对学校事务、话语生态的意见和建议，做到"疾之所谓，知之所急"。另一方面，高校网络教育要创新话语表达方式，增强话语的针对性和亲和力。坚持问题导向，聚焦师生的思想困惑和现实需求，以师生喜闻乐见的话语形式解疑释惑、凝心聚力，促进政策宣传与思想疏导的有机结合。同时，要健全话语互动的快速反应和协同联动机制，对师生关切的重大理论和现实问题做到及时回应、有效引导，消除师生思想认识误区，化解师生情绪情感问题，以真诚态度和务实举措赢得师生信任。此外，还要完善督查落实、跟踪问效机制，将师生对思政工作、话语生态的评价作为改进提升的重要依据，推动建言献策落到实处，让参与者切实感受到"话语有回音、建议有反馈"，进一步激发师生的参与热情。

总之，打造开放包容、合作共享的高校网络教育话语生态是一项复杂的系统工程，需

---

[1] 李婷.教育技术学专业国家网络教育精品课程建设分析 [J].中国电化教育，2011（10）：84-88.

要植根于社会主义核心价值观，需要在协作创新中打破学科藩篱、促进观点交流，需要通过回应关切、改进提升，增强师生获得感[1]。只有进一步彰显中国特色、体现时代精神、富有创新活力，高校网络教育话语生态才能焕发出更加蓬勃的生机与活力。高校要立足自身职能定位，强化使命担当，着力建设与中国特色社会主义发展要求相适应、与广大师生员工思想观念相契合的话语生态体系，不断增强高校网络教育工作的针对性和实效性，为培养德智体美劳全面发展的社会主义建设者和接班人提供坚实思想保证和强大精神动力。

第三节　拓展话语场域，构建协同育人格局

一、顶层谋划，加强分层分类指导，做实高校网络教育生态顶层设计

当前，信息技术与教育教学的深度融合正在重塑着人才培养范式，高等教育正加速从工业化时代迈向智能化时代。高校网络教育作为高等教育的重要组成部分，肩负着推进教育教学改革、完善终身学习体系、服务全民学习需求的重要使命，对于建设学习型社会、助力教育现代化具有重要意义。面对新形势、新要求，高校网络教育改革发展既面临难得的历史机遇，也面临诸多挑战和问题。这就需要加强顶层设计和统筹规划，强化分层分类指导，推动高校网络教育生态的系统重构和创新发展，增强内生动力和发展活力。

（一）制订专项规划，明确发展目标、建设重点、保障措施

高校网络教育涉及人才培养、教学管理、资源建设、平台支撑、质量保障等诸多要素，需要加强顶层设计和整体谋划，才能形成推动改革发展的强大合力。首先，要制订网络教育发展的专项规划。从国家层面研究制订网络教育中长期发展规划，立足新时代高等教育改革发展的新形势、新要求，明确网络教育的战略定位、发展目标和建设重点。从省级层面要根据国家总体规划，结合区域发展实际，制订本地区网络教育发展的行动计划，推动网络教育规划落地见效。从高校层面要将网络教育纳入学校"十四五"发展规划，明确发展定位和目标任务，加强学校政策支持和资源保障。其次，要加强网络教育发展的统筹协调。国家层面要加强对网络教育发展工作的宏观指导，建立部门协同、上下联动的工作机制；地方政府要加强组织领导、完善管理服务体系，为网络教育发展提供制度保障和政策支持；高校要成立网络教育领导小组和管理机构，建立健全运行管理制度，加强教学组织管理。

---

[1] 赵毅博，梅士伟.新时代高校网络思想政治教育机制创新探析[J].学校党建与思想教育，2022（20）：65-67.

最后，要强化网络教育建设的支持保障。国家层面要加大对网络教育的经费投入，设立专项建设基金，保障网络教育的投入与建设同步。地方政府要通过政府购买服务等方式，支持社会力量参与网络教育，提升支撑服务能力。高校要在编制、经费、场地等方面给予倾斜，健全网络教学运行经费保障机制。

（二）分类设置评价指标，引导不同类型高校错位发展、协同贡献

高校网络教育的办学主体多元、类型丰富，不同类型高校的办学条件、服务面向、培养模式各不相同[1]。推进网络教育生态的优化重构，需要坚持分类指导、因校施策，完善分层、分类的评价机制，引导不同类型高校错位发展、协同贡献。一是建立分类评估制度。高校网络教育要结合不同类型高校的办学定位，分类制订网络教育办学质量评估指标体系，既要突出共性要求，又要体现特色发展。综合性大学要重点考察一流课程、一流专业、一流资源等内涵建设水平；行业特色型大学要突出产教融合、科教结合，重点评估技术技能人才培养质量；地方性大学要聚焦服务区域经济社会发展的适切性。二是引导差异化发展。高校网络教育要立足不同类型高校的禀赋特色和比较优势，鼓励高校在网络教育领域各有侧重、突出特色。鼓励高水平大学依托优质师资、学科和专业优势，重点建设具有示范引领作用的精品在线课程、专业及教学资源；引导行业特色型大学立足产业需求，重点建设紧贴行业、特色鲜明的应用型专业及课程体系；引导地方性大学立足区域经济社会发展，重点服务当地产业人才和社区教育需求。三是完善动态调整机制。高校网络教育要根据不同领域、行业的人才需求和技术进步情况，建立专业设置和课程内容的动态调整机制，强化需求导向和学用对接。高校网络教育要建立网络教育统计、质量评价与督导问责制度，将评价结果作为调整完善专业布局、质量标准、资源配置的重要依据，实现低进高出、优胜劣汰，从而推动网络教育生态良性循环。

总之，网络教育已成为提升国民受教育程度、推进教育公平、建设学习型社会的重要抓手。加强网络教育生态的顶层设计，是服务国家战略、主动适应新技术革命对人才需求的紧迫要求，更是推动网络教育内涵式发展、提升人才培养质量的必然选择。在推进网络教育生态重构的进程中，必须坚持党对教育工作的全面领导，坚持以习近平新时代中国特色社会主义思想为指导，坚持正确的政治方向、办学方向，将立德树人作为网络教育的根本任务。同时，还要立足大局、着眼长远，加强系统谋划和分层指导，分类施策、精准发力，促进不同主体在政策引导下凝心聚力、错位发展、优势互补。只有顶层设计做实了，发展方向明确了，保障机制健全了，中国特色、世界水平的高校网络教育生态体系才能加快构建，为服务全民

---

[1] 庞祎晔，钱嫦萍.智媒时代网络思想政治教育的价值意蕴与提升路径 [J]. 大连理工大学学报（社会科学版），2023，44（1）：116-121.

终身学习、加快教育现代化、建设教育强国、实现中华民族伟大复兴作出新的更大贡献。

二、创新体制机制，破除壁垒，激发多元主体参与动力

互联网时代，信息技术与教育教学融合发展的广度和深度前所未有。这不仅为高校网络教育创造了广阔发展空间，也对传统的教育治理体系和人才培养模式提出了新的挑战。建设开放融合、多元协同的高校网络教育生态，需要在体制机制创新上持续发力，推进多元主体参与的制度化建设。唯有厘清责权边界、打破体制壁垒、优化利益机制，形成多元主体分工明确、优势互补、资源共享、协同发展的长效机制，才能为高校网络教育注入不竭动力，焕发蓬勃生机。

（一）建立跨校选课学分互认、共享课程资源协调机制

高校网络教育要聚焦提质增效，注重优化资源配置。这就需要推动院校间教学资源的开放共享、学分互认，促进优质教育资源的流动调配，提高资源使用效率。一方面，高校网络教育要建立跨校选课学分互认机制。高校网络教育要制定网络教育课程学分互认管理办法，明确课程开放条件、选课范围、学分计算、成绩评定等关键要素，完善学籍、学历管理制度，建立学分认定、积累与转换机制。教育管理部门要引导高校以共享思维主动开放优质课程，允许学生跨校选修课程学分。另一方面，高校网络教育要建立共享课程资源协调机制。高校网络教育要组建校际课程资源共享联盟，建立课程资源共建共享的协商对话机制。教育管理部门要引导高校根据各自的优势与特色，分工建设、整合发布优质网络课程资源，避免出现资源建设"孤岛"、同质化、低水平重复建设。高校网络教育要建立联盟内学校成员的资源共享绩效评价与激励机制，细化、量化共享行为和绩效表现，将共享绩效与参与度、贡献度挂钩，以利益驱动激发资源共享的主动性和积极性[1]。此外，高校网络教育还要发挥行业、企业的参与和支持作用，通过购买服务等方式引入优质社会化课程资源，进一步提升课程资源的供给质量和适配性。

（二）深化校企合作，加强校企人员双向交流，共建产业学院

产教融合、校企合作是实现网络教育与经济社会良性互动的战略选择。高校网络教育要适应新一轮科技革命与产业变革，着力破除人才培养与产业需求"两张皮"的体制机制障碍，深化产教融合改革，形成教学内容、师资队伍、实践平台等多维度校企协同育人格局。一是强化企业参与课程教学的制度设计。高校要成立校企合作理事会，搭建企业全过程参

---

[1] 吴翔. 网络教育素材使用中的著作权权利限制问题及解决思路 [J]. 东南大学学报（哲学社会科学版），2023，25（S2）：124-127.

与人才培养的组织平台，从人才需求调研、专业课程设置到课程内容更新，引入行业企业广泛参与，将新技术、新工艺、新规范及时转化为教学内容，增强人才培养的针对性。二是完善校企人员双向交流机制。高校网络教育要制定校企人员互聘共用管理办法，形成常态化的人员双向流动机制，鼓励高校教师到企业挂职锻炼，引导企业工程技术人员和高技能人才到高校兼职授课。高校要鼓励双方联合成立课题组、研发团队，联合开展应用技术研发和成果转化。三是创新校企合作平台载体。教育管理部门要引导高校与行业龙头企业在人工智能、物联网等战略性新兴产业领域共建产业学院、行业特色学院。高校网络教育要围绕行业关键核心技术联合开展应用研究，联合开发新工科、新医科、新农科、新文科等新兴专业课程体系。教育管理部门支持高校将企业真实项目、案例及实训场景引入在线教学平台，促进教学内容与生产实际的无缝衔接。

总之，建设开放包容、多元协同的高校网络教育新生态，机制活、主体优是基本前提。必须勇于改革、敢于创新，坚持从实际出发、从问题出发，破除制约网络教育发展的体制机制障碍，加快建立健全有利于要素优化配置、资源高效流动、主体密切协同的体制机制。在此基础上，还要重点激发各方力量的积极性、创造性，在学分互认、资源共享、产教融合、校企协同等方面持续用力，推动要素流动更加顺畅、主体合作更加紧密、文化生态更加和谐。只有这样，高校网络教育的办学活力和育人质量才能持续提升，人才培养的供给侧和产业需求侧才能实现精准对接，从而为建设学习型社会、服务全民终身学习提供强有力的智力支持和人才支撑，为加快教育现代化进程、建设教育强国做出新的更大贡献。

三、打通数据壁垒，推进网络教育全流程数据汇聚融通

数据是推动教育变革创新的关键要素和基础资源。随着网络教育的快速发展，教与学全过程数据呈现出体量巨大、来源多元、类型复杂的新特点，这既为深化网络教育教学改革、提高人才培养质量提供了难得机遇，也对数据的有效管理和应用提出了新的挑战。网络教育要实现内涵式发展，必须充分发挥数据的价值功效，走出"数据孤岛"和"烟囱林立"的困境，打通多源异构数据间的壁垒，实现数据在政府、学校、企业间的互联互通、协同共享。这不仅关乎网络教育治理能力的全面提升，也是建设学习型社会、加快教育现代化的客观要求。

（一）制定数据标准规范，建立跨层级、跨系统的数据中台

网络教育涉及面广、参与主体多元、数据来源错综复杂，如何实现各层级、各系统间的数据有序汇聚与高效流转，是一个亟待破解的难题。构建跨层级、跨系统的数据中台，显然是化解这一难题的关键举措。首先，要坚持统筹规划、分步实施，制定网络教育数据采集、存储、交换、应用的标准规范体系。从国家到区域再到院校，逐层分解细化数据标

准内涵，明确数据分类分级原则、主要指标项、质量要求等，引导各级各类教育主管部门、高校、企业等遵循统一规范开展数据采集汇聚，为后续数据流通交换奠定基础。其次，要面向网络教育人才培养全流程，系统梳理学情、教学、管理、就业等各类业务数据，形成可感知、可计算、可溯源的数据底座。高校网络教育要依托云计算、大数据等新一代信息技术，构建具备数据集成、数据治理、数据服务等多重功能的网络教育数据中台，打通多源异构、碎片分散的"数据孤岛"，实现系统内外数据的全面贯通。最后，要建立持续优化、动态更新的长效机制。高校网络教育要根据网络教育的发展需求和数据应用反馈，定期评估既有标准规范的适用性，及时修订、完善数据标准，持续提升数据中台的保障能力。同时，高校网络教育还要进一步健全数据安全管理制度，加强数据全生命周期管理，强化风险防控，筑牢数据安全防线。

（二）运用区块链、联邦学习等模式，实现数据共享共用、隐私保护

网络教育数据既是重要的公共资源，也涉及师生个人隐私安全。如何在充分释放数据价值的同时保障数据隐私与安全，是推动网络教育数据有序流通必须审慎对待的重大课题。区块链、联邦学习等新兴技术为破解数据共享与隐私保护的平衡难题提供了新思路。一方面，可探索基于区块链的网络教育数据共享模式[1]。高校网络教育要利用区块链去中心化、不可篡改等技术特性，构建由多方共同参与、共同治理的教育数据共享网络。高校网络教育要通过区块链技术确权数据资产，明晰数据权属边界；高校网络教育要运用智能合约实现数据交易，提高数据流通效率；高校网络教育要利用共识机制约束各方行为，强化协同治理能力。在保障安全性与可信性的基础上，充分调动各方数据开放共享的积极性，促进数据在更大范围内的优化配置和增值应用。另一方面，可利用联邦学习实现数据隐私保护下的共享利用。相较传统的数据集中式处理方式，联邦学习通过加密通信、差分隐私等方法在保护数据隐私的前提下完成建模学习，让参与各方既能获得数据智能分析结果，又无须提供原始数据，从根本上杜绝了数据共享过程中的隐私泄露风险。网络教育可借鉴联邦学习模式，搭建校际联邦或校企联邦，在确保数据所有权、隐私权的前提下，实现数据价值的共创共享。

总之，打通数据壁垒、推进数据汇聚融通，既是优化网络教育生态的应有之义，也是提升网络教育治理效能的必由之路。要以问题为导向、以需求为牵引，遵循全局规划、分层推进、制度先行、安全可控的基本思路，加快构建跨层级、跨系统的数据汇聚共享机制[2]。其中，科学制定数据标准规范、创新搭建数据中台支撑是基础；利用区块链、联邦学习等新技术模式释放数据红利、提供隐私保护是关键。在此基础上，要进一步完善数据质

[1] 范俊峰，邓苏心，王海霞.高校创新创业教育与思政教育深度融合刍议 [J].学校党建与思想教育，2022（23）：85-87.

[2] 张树启.移动互联网时代大学生网络安全教育的策略研究 [J].学校党建与思想教育，2022（24）：63-65.

量管理、数据资产管理及数据安全管理等配套制度，加快培育数据驱动的应用生态，为网络教育高质量发展提供强有力的数据支撑和智力保障，以高水平的网络教育服务经济社会发展、助力教育现代化，满足人民群众美好生活对优质教育的需求。

四、搭建协同创新平台，增进多元主体对话交流、文化认同

建设开放融合、多元共生的网络教育生态，不仅需要顶层的体制机制创新来激发各方参与动力，还需在中观层面加强多元主体的协同联动，搭建跨界融通的创新平台。唯有立足区域产业发展需求，以问题为导向、以项目为纽带，推动政府、高校、企业、社会组织等开展对话交流、凝聚共识，形成资源共享、优势互补、成果共创的协同创新格局，才能真正打通网络教育内外部循环，激发基层首创精神，打造协同向善的文化生态，为网络教育内涵式发展注入源源不断的创新活力。

（一）围绕区域产业发展需求，校企协同进行课程研发、项目实践

网络教育服务面向的广泛性、技术手段的先进性，使其在服务区域经济社会发展方面具有独特优势。要着眼于区域发展的战略需求，瞄准产业数字化、智能化升级改造的人才技术短板，引导高校主动对接行业龙头、骨干企业，在网络教育领域开展校企协同创新。首先，高校网络教育要发挥高校在理论研究、实验平台等方面的优势，联合行业企业深入开展区域产业发展环境调研和人才需求分析，共同研制产业发展规划、人才培养方案。教育管理部门要引导双方合作开发适应区域支柱产业、新兴产业发展需要的应用型专业，将最新的行业标准、生产工艺及时转化为网络课程内容。其次，高校网络教育要充分利用网络教育实践性强的特点，构建产学研用一体化协同创新平台，引导师生围绕区域产业发展的重大需求和关键核心技术，与企业联合开展技术攻关、成果转化等科研项目。高校要支持学生利用网络平台开展创新创业实践，让创意设计、产品研发在真实的企业项目中得以检验提升。最后，高校网络教育各主体还要建立健全成果共享、利益分配等配套机制，完善成果转化的"最后一公里"，调动校企双方开展协同创新的积极性，形成互利共赢的命运共同体。

（二）鼓励跨校教师组建教学创新团队、开展协同备课、研讨交流

教师是推动网络教育变革创新的关键力量。面对信息技术发展带来的新情况、新问题，单凭个体智慧难以完全把握时代脉搏、创新教育教学。高校网络教育要充分发挥网络平台便于异地、跨校教师协同互动的优势，依托网络组建跨学科、跨领域的教学创新共同体，以集体智慧应对网络教育的变革挑战、探索发展新路径。一是要在相近或关联专业领域，组建跨校教学团队。高校网络教育要发挥不同学校、不同专业教师在学科背景、研究视角

等方面的互补优势，就专业培养方案、课程教学大纲等开展研讨交流、协作攻关。二是要在课程教学层面，开展跨校教师协同备课。高校网络教育要引导教师通过网络研讨、在线会议等形式，就教学设计、重难点把握、教学策略运用等进行深入交流，分享彼此的教学经验与心得体会，在与同伴互助中提升信息化教学能力。三是要在教学研究方面，鼓励跨校教师合作开展行动研究。高校网络教育要聚焦网络教育的共性问题和前沿课题，组建跨校的课题研究团队，开展问题诊断、解决方案设计、教学实践检验等活动，在研中干、在干中研，增强教研活动的理论深度和实践实效。四是要在学校层面搭建教师发展共同体平台，定期开展教学研讨、经验分享会，为跨校教师搭建经验分享、智慧碰撞的交流舞台，营造开放、互信、合作的教师文化氛围，激发教师的使命感和事业心。

（三）加强协同文化塑造，凝聚发展共识，提升使命担当

事业因共同理想而伟大，教育因共同追求而卓越。打造多元共生、良性互动的网络教育生态，关键在于在多元主体间凝聚改革发展的共同价值追求，共同担负时代赋予的神圣使命。一要加强思想引领，在网络教育战略规划、政策文件制定中充分吸纳多方主体参与，广泛凝聚发展共识，形成推动网络教育内涵式发展的价值认同和行动自觉。二要丰富载体形式，建立各类创新联盟、发展共同体，以联盟章程、行动倡议等形式明确目标追求，规范行为操守，在潜移默化中塑造主体间的认同感和向心力。三要强化榜样引路，总结推广各地各校在体制机制创新、模式特色创新、服务贡献等方面的典型经验做法，发挥示范引领作用，形成比学赶超、争创一流的生动局面。四要注重宣传交流，开展形式多样的政策宣讲、网络研修、主题沙龙等活动，加强思想观念交流、促进资源共享、增强使命担当，推动形成你中有我、我中有你的命运共同体意识。

总之，网络教育生态的优化重塑，归根结底要靠一线教育工作者和广大参与主体的首创精神、改革勇气和使命担当。要立足发展实际，着眼区域需求，以开放协同的工作思路、跨界融合的建设路径，加快搭建多元主体协同创新的制度化平台[1]。高校网络教育要通过深化校企协同、跨校协同、文化引领，多措并举推动网络教育创新发展的步伐，形成教学相长、共同进步的发展文化，凝聚起矢志不渝、团结奋进的精神力量。如此，方能不断释放网络教育在服务国家战略、区域发展、全民终身学习中的巨大潜能，为全面建设社会主义现代化国家、实现教育现代化提供有力支撑。

---

[1] 张红艳，武威 . 澳大利亚中小学在线网络安全教育及其启示 [J]. 现代教育技术，2022，32（10）：84-92.

结　语

　　本书系统梳理了高校网络教育话语体系的理论内涵和实践图景，总结了高校网络教育改革发展面临的新形势与新挑战，提出了深化体系内涵、创新话语方式、拓展话语场域、坚持守正创新等优化路径。高校网络教育肩负着服务国家战略、引领教育变革、促进教育公平的重要使命。在新时代高等教育"四新"战略引领下，围绕加快推进教育现代化、建设高质量教育体系的目标任务，高校要进一步增强使命担当，着力推进网络教育话语体系建设，全面提升办学质量和育人实效。这是一个动态生成、不断完善的系统工程，需要统筹规划、分类指导、协同推进，既立足当下、着眼未来，又循序渐进、久久为功。要以立德树人为根本，以师生话语实践为中心，以信息技术与教育教学深度融合为支撑，以体制机制创新为保障，构建政府、高校、企业、社会多元协同的话语共同体，打造共建、共治、共享的话语生态。在这一过程中，要不断增强理论研究的原创力、话语资源的吸引力、技术平台的支撑力，为高校网络教育的高质量发展提供不竭动力。同时，还要主动对标国际前沿，加速参与全球教育治理，讲好中国故事、传播中国声音，彰显中国特色社会主义网络教育话语的时代魅力，为推动构建人类命运共同体作出积极贡献。

参考文献

一、专著类

[1] 史秋衡.赛伯化学堂网络与教育 [M].厦门：厦门大学出版社，2000.

[2] 刘凡丰.网络教育的理论与实践 [M].长春：吉林人民出版社，2002.

[3] 王兴辉，陈向东.网络教育环境下的知识共享工具、文化与评价 [M].南宁：广西教育出版社，2006.

[4] 汪华.高职网络教育－理论与实践探讨 [M].北京：中国铁道出版社，2006.

[5] 马治国.网络教育本质论 [M].大连：辽宁师范大学出版社，2006.

[6] 张屹.网络教育服务质量管理体系规范研究 [M].武汉：华中师范大学出版社，2007.

[7] 詹青龙.网络教育学 [M].南昌：江西教育出版社，2007.

[8] 钱晓群.网络教育学生感知服务质量研究 [M].成都：西南交通大学出版社，2009.

[9] 教育部高等教育司.中国大学网络教育新生读本普通高校版2009[M].北京：中央广播电视大学出版社，2009.

[10] 程思岳.网络教育基础 [M].福州：福建科学技术出版社，2009.

[11] 亓俊国.网络教育学习指导 [M].北京：北京邮电大学出版社，2015.

[12] 孙晓霞.网络教育技术基础 [M].延吉：延边大学出版社，2017.

[13] 牛咏梅.基于在线学习行为数据分析的网络教育教学研究 [M].北京：中国商务出版社，2018.

[14] 梁松柏.计算机技术与网络教育 [M].南昌：江西科学技术出版社，2018.

[15] 吴立高.中国网络教育环境下的语音聊天室和课程论坛的社会临场感研究 [M].北京：对外经济贸易大学出版社，2019.

[16] 顾日国.新时代外语网络教育：理论与实践 [M].北京：外语教学与研究出版社，2020.

[17] 耿斌著.信息化背景下计算机网络与教育创新研究 [M].西安：西北工业大学出版社，2020.

[18] 赵晗睿.网络教育生态系统构建研究 [M].长春：吉林大学出版社，2021.

[19] 杨焰婵.网络教育生态系统研究 [M].北京：中国商务出版社，2021.

[20] 刘彦.计算机网络教育的理论与实践研究 [M].长春：吉林出版集团股份有限公司，2021.

二、期刊类

[1] 杨跃.网络时代教师教育意识的转换 [J].南京师大学报（社会科学版），2001（1）：69-75.

[2] 梁建.网络教育的发展与思考 [J].中国教育学刊，2001（1）：42-45.

[3] 祝智庭.网络教育技术标准研究 [J].电化教育研究，2001（8）：72-78.

[4] 白梅.关于网络教育中资源建设的思考 [J].电化教育研究，2001（12）：48-51.

[5] 项贤明.比较教育：话语与权力 [J].高等教育研究，2002（2）：95-99，110.

[6] 郝宁. 以教育心理学视角看当前网络教育存在的缺陷 [J]. 教育理论与实践，2002（3）：51-55.

[7] 孟万金. 网络教育的真谛：人文交互环境下的个性化自主学习 [J]. 教育研究，2002（4）：52-57.

[8] 张杰. 网络教育与教育新理念 [J]. 电化教育研究，2002（5）：29-32，68.

[9] 邓文新. 网络教育环境下学生学习能力的培养 [J]. 电化教育研究，2002（8）：48-50.

[10] 郝宁. 从教育心理学的视角看当前网络教育存在的缺陷 [J]. 电化教育研究，2002（11）：46-49.

[11] 黄荣怀，张进宝，董艳. 论网络教学过程的四个关键环节 [J]. 中国电化教育，2003（1）：61-64.

[12] 张屹，胡小勇，祝智庭. 网络教育服务质量框架研究 [J]. 中国电化教育，2003（2）：68-72.

[13] 吴战杰，秦健. Agent 技术及其在网络教育中的应用研究 [J]. 电化教育研究，2003（3）：32-36.

[14] 程智. 对网络教育概念的探讨 [J]. 电化教育研究，2003（7）：25-28.

[15] 张学波. 建立网络教育优质资源共享机制的探讨 [J]. 中国电化教育，2004（5）：69-72.

[16] 于伟建，庄学真. 论高等学校网络教学资源建设 [J]. 电化教育研究，2004（6）：54-56.

[17] 马红亮，丁新. 格雷格·柯瑟林的网络教育理论和实践的研究 [J]. 中国电化教育，2004（7）：37-42.

[18] 郝权红. 网络教育经济分析研究综述 [J]. 电化教育研究，2004（9）：42-48.

[19] 曾祥翊，庄秀丽，刘德亮，等. 我国中小学网络教育教学的现状、问题、对策及其发展趋势 [J]. 电化教育研究，2004（9）：57-60.

[20] 陈国强. 也谈网络游戏于网络教育中的作用 [J]. 电化教育研究，2004（10）：64-66.

[21] 程建钢，何良春，韩锡斌. 分布式网络教育资源库的设计与实现 [J]. 电化教育研究，2004（11）：61-65.

[22] 李桂荣. 中国教育经济学话语演进二十年 [J]. 教育研究，2004（12）：23-31.

[23] 王富仁. "新国学"论纲（上）[J]. 社会科学战线，2005（1）：87-113.

[24] 孙祯祥. 论网络教育媒体与电视教育媒体的融合 [J]. 电化教育研究，2005（2）：54-58，62.

[25] 毛坤，詹静，杨爱东. 大学体育网络教育平台的构建 [J]. 北京体育大学学报，2005（3）：380-381，409.

[26] 顾曰国. 教育生态学模型与网络教育 [J]. 外语电化教学，2005（4）：3-8.

[27] 张萍. 网络教育资源库建设的分析比较 [J]. 开放教育研究，2005（5）：51-55.

[28] 路秋丽，魏顺平. 网络教育资源标准及标准应用的调查分析 [J]. 中国电化教育，2005（7）：81-84.

[29] 崔惠萍. 网络教育中的情感教学设计 [J]. 中国电化教育，2006（1）：59-62.

[30] 张满才，丁新. 在线教育：从机遇增长，到融入主流、稳步发展——美国在线高等教育系列调查评估对我国网络教育发展的启示 [J]. 开放教育研究，2006（2）：10-17.

[31] 武法提. 网络教育研究中的基本问题 [J]. 北京师范大学学报（社会科学版），2006（2）：17-22.

[32] 王春莲，马秀峰. 高校网络教育学习支持服务的现状调查 [J]. 开放教育研究，2006（2）：46-49.

[33] 归樱. 网络环境下的合作学习研究 [J]. 外语电化教学，2006（2）：8-12.

[34] 王松涛. 网络教育时代的学习观与知识论 [J]. 中国远程教育，2006（6）：19-25，78-79.

[35] 陆颖，顾曰国. 网络教育生态学实证报告 [J]. 外语电化教学，2006（6）：17-24.

[36] 刘耀中. E-learning：基于网络教育的企业培训模式 [J]. 电化教育研究，2006（6）：66-68.

[37] 陶侃. 电脑游戏中"学习性因素"的价值及对网络教育的启示 [J]. 电化教育研究，2006（9）：44-47.

[38] 张力. 新的网络环境下网络教育发展趋势及实施方法 [J]. 电化教育研究，2006（10）：33-37.

[39] 邓幸涛，张爱文. 以学习者为中心：远程学习材料设计开发的核心理念——北京大学医学网络教育学院课程开发实践 [J]. 中国远程教育，2006（12）：5-15.

[40] 王大鹏，张兴海. 网络教育技术在高校体育教学中的应用研究 [J]. 河北大学学报（哲学社会科学版），2007

（4）：126–129.

[41] 曹卫真.中美中小学网络教育资源整合的比较 [J].电化教育研究，2007（4）：28–32.

[42] 曾海军，范新民.关于网络教育公共服务模式及支撑平台的架构设计 [J].中国电化教育，2007（7）：103–108.

[43] 曹卫真.地方高校网络教育资源整合的探讨 [J].电化教育研究，2007（8）：32–35，57.

[44] 邓幸涛，曹凤余.网络教育精品课程建设五人谈 [J].中国远程教育，2007（8）：5–12.

[45] 刘瑞儒.威客（Witkey）及其网络教育应用模式研究 [J].现代教育技术，2007（8）：54–56.

[46] 许晓安.国家精品课程建设对网络教育发展的启示 [J].电化教育研究，2007（8）：62–64.

[47] 范新民，曾海军.基于公共服务体系的网络教育课程互选学分互认的研究 [J].中国远程教育，2007（9）：49–51，55，79–80.

[48] 汪小刚.网络教育资源建设的发展性问题与对策 [J].中国电化教育，2007（9）：52–55.

[49] 李文英，张立新.世界教育信息化的变革及发展趋势 [J].外国教育研究，2007（10）：71–75.

[50] 曾海军，曾德考，范新民.基于精品课程评审指标探讨网络教育资源的建设与共享 [J].中国远程教育，2007（10）：47–52，80.

[51] 刘杨，徐辉.美国在线高等教育评估及启示 [J].中国电化教育，2007（11）：59–63.

[52] 雷庆，樊文强.高校现代远程教育的发展与特征 [J].中国远程教育，2007（12）：44–50，75–76.

[53] 黄勇.论网络教育精品课程建设的若干关键问题 [J].现代教育技术，2008（2）：61–63，79.

[54] 高国元，张景生，洪智凤.隐性知识及其在网络教育中的传递 [J].电化教育研究，2008（3）：45–49.

[55] 徐鹏，王永锋，王以宁.中英高等教育网络学习平台的比较与启示 [J].中国电化教育，2008（4）：48–52.

[56] 曾海军，曾德考，范新民.从国外远程教育看中国高校网络教育的发展 [J].电化教育研究，2008（4）：80–83，93.

[57] 陈庚，丁新，袁松鹤，等.网络课程要素分析及建设 [J].开放教育研究，2008，14（6）：73–79.

[58] 白滨.解读21世纪以来美国网络高等教育 [J].中国远程教育，2008（6）：74–78.

[59] 曾海军，范新民，马国刚.网络教育公共服务体系在行动：基于中文文献综述 [J].中国远程教育，2008（9）：49–56.

[60] 谢幼如，张伟，姜淑杰.面向远程教育的精品课程特征分析 [J].中国电化教育，2008（10）：60–63.

[61] 曾海军，范新民，马国刚.我国高校网络教育公共服务体系发展的比较分析与思考 [J].中国远程教育，2008（11）：51–58，80.

[62] 周加仙.教育神经科学的领域建构 [J].华东师范大学学报（教育科学版），2009，27（3）：69–74，82.

[63] 曾海军，范新民，马国刚.论高校网络教育管理的政策与监管 [J].开放教育研究，2009，15（3）：29–35.

[64] 徐福荫.改革开放推动我国教育技术迅猛发展 [J].教育研究，2009，30（5）：3–9.

[65] 李建伟，王栩楠，李青，等.Sakai 开源教学系统在网络教育中的应用——以北京邮电大学网络教育学院为例 [J].现代教育技术，2009，19（5）：98–102.

[66] 沈建红，陈松源.网络话语体系构建与高校思想政治教育实效性 [J].当代青年研究，2009（6）：39–42.

[67] 邹应贵，袁松鹤，蔡永.网络教育精品课程的整体结构设计与核心要素建设研究 [J].中国电化教育，2009（7）：67–73.

[68] 丁兴富.网络远程教育概念辨析及中英文术语互译研究 [J].电化教育研究，2009（7）：27–31，36.

[69] 钱晓群.网络教育服务质量学生满意度实证分析 [J].中国远程教育，2009（7）：57–60.

[70] 李峰，沈惠璋，李莉.我国远程教育满意度指数模型的设计与实证分析 [J].管理评论，2009，21（9）：100–

107.

[71] 白滨，陈丽 . 解读英国开放大学的质量保证——访英国开放大学质量保证专家 Steven Swithenby 教授 [J]. 中国远程教育，2009（11）：72-76.

[72] 周岩，余长营 . 区域网络教育资源共建共享的实践探究 [J]. 中国电化教育，2009（12）：31-34.

[73] 张敏霞，司治国 . 基于问题行为视角的网络教学案例分析——以"远程教育与网络教育实践"课程为例 [J]. 电化教育研究，2010（1）：74-78.

[74] 平培元，尹亚妹，严娟娣，等 . 电大开放教育和普通高校网络教育教学模式的比较与对策研究 [J]. 远程教育杂志，2010，28（2）：79-85.

[75] 高峰 . 网络教育技术采纳与扩散研究的元分析 [J]. 开放教育研究，2010，16（2）：52-59.

[76] 樊文强，刘晓镜 . 美国高校网络教育组织模式的多样性研究 [J]. 开放教育研究，2010，16（2）：105-112.

[77] 马治国，绪可望，田凤梅 . 网络师生关系："我 - 你"关系的视角 [J]. 教育科学，2010，26（3）：27-31.

[78] 黄琼珍，黄颖 . 高校网络教育资源共建共享机制探究 [J]. 高教探索，2010（3）：60-63.

[79] 杜成宪 . 以"学"为核心的教育话语体系——从语言文字的视角谈中国传统教育思想的重"学"现象 [J]. 华东师范大学学报（教育科学版），2010，28（3）：75-80.

[80] 郭炯，黄荣怀，陈庚 . 现代远程教育公共服务体系建设与运行现状的调研 [J]. 开放教育研究，2010，16（3）：110-115.

[81] 曾海军，马国刚，范新民 . 高校网络教育及公共服务体系的 SWOT 分析 [J]. 开放教育研究，2010，16（3）：116-126.

[82] 张青 . 教师的权威者角色在网络教育中的变化及其社会学原因 [J]. 湖南师范大学教育科学学报，2010，9（5）：63-65.

[83] 袁松鹤，邱崇光 . 关联主义学习理论给远程教育带来了什么 ?[J]. 现代远距离教育，2010（5）：19-25.

[84] 陈巍 . 成人高等教育机构开展网络教育的实证研究 [J]. 开放教育研究，2010，16（5）：27-34.

[85] 高峰 . 教师接受网络教育技术的影响因素研究 [J]. 开放教育研究，2010，16（5）：94-98.

[86] 周丽红，吴筱萌，尹欣 . 网络学习者自主学习状况的研究——以北京大学网络教育学院的学习者为个案 [J]. 中国电化教育，2010（6）：46-54.

[87] 陈秀武 ."伪满"建国思想与日本殖民地奴化构想 [J]. 东北师大学报（哲学社会科学版），2010（6）：70-75.

[88] 郑忠梅 . 教育技术理性：合伦理地发展——基于网络教育文化视角的分析 [J]. 电化教育研究，2010（7）：18-22.

[89] 叶宝生，曹温庆 . 从网络课程、网络教学和网络项目的三个标准看美国网络教育 [J]. 电化教育研究，2010（9）：88-93.

[90] 刘中宇，李延霞，杨艳萍 . 基于交互决定论的网络教育资源互动平台设计 [J]. 现代教育技术，2010，20（9）：50-54.

[91] 罗冬梅 . 混合学习模式下的教学过程设计与实施——以"网络教育应用"课程为例 [J]. 现代教育技术，2010，20（10）：36-40.

[92] 杨素娟 . 网络教育课程论坛的社会性存在个案研究 [J]. 中国电化教育，2010（11）：57-61，70.

[93] 邱柏生 . 试论开展社会主义核心价值体系教育的话语体系支撑 [J]. 思想理论教育导刊，2010（11）：39-43.

[94] 杨素娟，莫冬敏 . 网络教育课程论坛教学性存在的个案研究 [J]. 中国电化教育，2010（12）：39-44.

[95] 邓磊 .PBL 对网络学习者的学习成绩与班级归属感影响研究 [J]. 中国电化教育，2010（12）：50-54.

[96] 刘智明，吴亚婕 . 从 BBC Schools 网络教育频道建设看我国中小学课程资源库发展思路——对英国中小学网

络课程资源建设的探讨 [J]. 现代远距离教育，2011（1）：53-56.

[97] 杨素娟，莫冬敏. 网络教育课程论坛认知性存在的个案研究 [J]. 中国电化教育，2011（1）：46-50.

[98] 杨建义. 论思想政治教育话语的转换与主导 [J]. 福建农林大学学报（哲学社会科学版），2011，14（2）：60-63.

[99] 郑忠梅. 教育技术理性的伦理意蕴——基于 Web 2.0 的网络教育文化视角的分析 [J]. 中国电化教育，2011（3）：8-11，32.

[100] 张琪，陈琳. 我国基础教育网络教育资源现状研究与归因分析 [J]. 中国电化教育，2011（4）：77-81.

[101] 刘名卓，姜曾贺，祝智庭. 视线跟踪技术在网络教育资源界面设计中的应用个案及启示 [J]. 中国电化教育，2011（4）：71-76.

[102] 谢海波. 高校网络教育资源评价的探讨 [J]. 远程教育杂志，2011，29（4）：60-64.

[103] 王明春. 青年话语变迁与思想政治教育话语冲突及调适 [J]. 中国青年研究，2011（4）：94-97.

[104] 张家年，李怀龙，李晓岩. 伦理学视野中的网络教育伦理初探 [J]. 开放教育研究，2011，17（4）：53-59.

[105] 熊华军，丁艳. 当前美国网络高等教育发展的机构类型差异——解读2010年斯隆联盟调查报告 [J]. 中国高教研究，2011（5）：57-61.

[106] 李婷. 教育技术学专业国家网络教育精品课程建设分析 [J]. 中国电化教育，2011（10）：84-88.

[107] 宗海勇，潘晴雯. 交往实践——思想政治教育话语体系的哲学基础探析 [J]. 湖北社会科学，2011（11）：179-181.

[108] 杨素娟. 中德两国远程教育课程评估指标体系比较 [J]. 中国电化教育，2011（12）：42-47.

[109] 赵雅萍，王翌. 针对性的信息素养网络教育平台设计研究 [J]. 图书馆学研究，2011（18）：30-33，75.

[110] 崔晓霞. 中国—东盟对外汉语网络教育平台的构建与发展战略构想 [J]. 中国远程教育，2012（1）：82-87.

[111] 陈义勤. 网络教育教学计划改革探索 [J]. 中国远程教育，2012（2）：44-47.

[112] 周颖. 网络教育生态系统中的英语教师生态位探究 [J]. 外语电化教学，2012（2）：20-25.

[113] 翟霞. 领导干部网络学习制约因素与对策研究——基于山东省干部网络教育平台问卷调查 [J]. 理论学刊，2012（2）：87-91.

[114] 杜华伟. 伦理学视阈下的网络教育与教育公平 [J]. 电化教育研究，2012，33（3）：10-14.

[115] 王立慧，徐文清. 搭建成人学历教育"立交桥"的思路设计——兼论成人教育、网络教育、自考教育的融合发展 [J]. 现代教育管理，2012（3）：7-10.

[116] 刘凤存. 网络环境下成人学员自主学习动机调查研究——以山东大学网络教育学院为个案 [J]. 中国电化教育，2012（3）：58-63.

[117] 李逢庆. 云计算技术环境下的大学教学支持服务体系——第五届 AEARU 网络教育研讨会综述 [J]. 教育发展研究，2012，32（3）：80-84.

[118] 郑燕林，柳海民. 美国网络教师的培养及启示 [J]. 开放教育研究，2012，18（4）：106-112.

[119] 邓景，唐韬. 网络时代思政教育话语体系转换——以网络用语在思政课教学中的应用为例 [J]. 社会科学家，2012（4）：114-117.

[120] 周圆，罗霄，应松宝. 远程教育辍学情况的统计分析及数据挖掘——基于西南交通大学网络教育学院 2008-2012 年数据 [J]. 中国远程教育，2013（8）：62-66.

[121] 杨公义，张亦工. 基于 Red5 的网络教育电视台的设计与实现 [J]. 现代教育技术，2012，22（8）：109-112.

[122] 贺万霞，陈青，姚中锐，等. 网络学院辅导教师培训现状调查研究 [J]. 中国远程教育，2012（8）：60-64，96.

[123] 高荣国. 网络教育的形态真谛——解析网络的学习、知识和教学形态 [J]. 中国远程教育，2012（8）：25-29.

[124] 于莹. 远程网络教育英语学习者负动机因素与应对策略研究 [J]. 中国电化教育, 2012（9）: 48-53.

[125] 张秀梅. 精品课程评审指标体系分析 [J]. 中国电化教育, 2012（10）: 76-80.

[126] 倪瑞华. 由独话到对话：高校思想政治理论课教学话语体系的重建 [J]. 国家教育行政学院学报, 2012（10）: 47-50, 60.

[127] 熊华军, 闵璐. 解读美国网络教育质量国家标准 [J]. 中国电化教育, 2012（12）: 36-40.

[128] 佘双好. 思想政治教育学科发展现状与发展路径的回溯与展望 [J]. 思想理论教育导刊, 2012（12）: 40-45.

[129] 蒋银健, 郭绍青. Thinkfinity 网络教育资源的组织及开发模式研究 [J]. 电化教育研究, 2012, 33（12）: 45-49.

[130] 洪岩, 唐卉, 梁林梅. 美国高等网络教育发展的新态势——斯隆联盟 2010 年和 2011 年度调查报告综述 [J]. 中国远程教育, 2013（1）: 40-45.

[131] 范晓妹, 范晓琪. 网络教育中师生情感交互的缺失与构建 [J]. 现代教育管理, 2013（1）: 76-79.

[132] 张家年. 网络教育中通用教学设计原则和模式的研究 [J]. 现代教育技术, 2013, 23（2）: 104-108.

[133] 孙道金. 高等网络教育学生职业倾向调查研究 [J]. 中国远程教育, 2013（2）: 52-55, 95-96.

[134] 刘清堂, 叶阳梅, 朱西方, 等. 基于学习对象的网络教育资源版权管理模型研究 [J]. 现代教育技术, 2013, 23（2）: 99-103.

[135] 樊文强, 刘庆慧. 中美顶尖高校 E-learning、网络教育及 OER 开展比较及启示——基于高校应对时代发展挑战的视角 [J]. 现代教育技术, 2013, 23（2）: 23-26.

[136] 邹绍清. 论意识形态主导话语权的变革——科学发展观统领思想政治教育话语体系创新的方法论阐 [J]. 马克思主义研究, 2013（3）: 130-137.

[137] 阙澄宇, 邓康桥. 基于系统自组织控制的高校网络教育管理模式探索——东财网院管理模式案例研究 [J]. 中国远程教育, 2013（3）: 71-77, 96.

[138] 郭文革, 陈丽, 陈庚. 互联网基因与新、旧网络教育——从 MOOC 谈起 [J]. 北京大学教育评论, 2013, 11（4）: 173-184.

[139] 邓康桥, 宋晶. 以教育质量为导向的高校网络教育管理模式研究 [J]. 高校教育管理, 2013, 7（4）: 100-104, 110.

[140] 崔向平, 张军儒. 网络教育对学习者情感发展影响的个案调查 [J]. 兰州大学学报（社会科学版）, 2013, 41（4）: 160-164.

[141] 赵波, 王烨婷. "一带一路"官方话语的议程设置效果研究（2013—2023）[J]. 国际观察, 2023（5）: 20-49.

[142] 王海鸥. 武术网络教育研究 [J]. 北京体育大学学报, 2013, 36（5）: 100-106.

[143] 岳俊芳, 孙道金, 张艳, 等. 高等网络教育毕业生学习需求调查研究——以网上人大"毕业生服务工程"为例 [J]. 中国远程教育, 2013（6）: 47-50, 95-96.

[144] 刘迎春, 孙家宝. 基于 QoS 偏好相似度的网络教育服务推荐研究 [J]. 电化教育研究, 2013, 34（6）: 34-39.

[145] 曹中一, 朱颖. 提高网络教育毕业论文质量的探索与实践 [J]. 现代大学教育, 2013（6）: 105-108.

[146] 侯玥, 廖祥忠. 网络媒体时代世界教育霸权对中国教育发展的警示 [J]. 现代传播（中国传媒大学学报）, 2013, 35（9）: 125-129.

[147] 李辰颖, 张岩. 基于云模型的网络教育教师授课质量评价研究 [J]. 中国远程教育, 2013（10）: 22-29, 95-96.

[148] 张家华. 美国网络高等教育十年发展报告：现状、问题与启示 [J]. 现代教育技术, 2013, 23（10）: 11-14.

[149] 邹燕. 网络教育在线作业系统应用研究——以山东电大开放教育为例 [J]. 现代教育技术, 2013, 23（11）: 99-103.

[150] 翟霞，冀翠萍．大数据背景下干部网络教育平台发展的困境和出路 [J]．理论学刊，2013（11）：35-39．

[151] 郑勤华，时芝平，许洋．网络教育学生感知服务质量的影响因素研究 [J]．中国远程教育，2013（12）：47-51，96．

[152] 张少刚．MOOCs：网络教育观念与学校管理制度的碰撞 [J]．中国高教研究，2013（12）：16-19．

[153] 张亚平，王立伟．基于4P理论的网络教育招生策略研究——以东北师范大学网络教育为例 [J]．教育理论与实践，2013，33（36）：12-14．

[154] 谢蓉，孙玫璐，钱冬明．网络教育资源利用的影响因素分析研究 [J]．现代情报，2014，34（1）：56-60，78．

[155] 李德福．高校开展网络思想政治教育的困难及对策研究 [J]．思想教育研究，2014（1）：61-63．

[156] 吴海江．论高校思想政治理论课话语体系的创新 [J]．思想理论教育，2014（1）：60-64．

[157] 马亮．提高高校网络教学质量的思考 [J]．郑州大学学报（哲学社会科学版），2014，47（1）：42-44．

[158] 王竹立．我国教育信息化的困局与出路——兼论网络教育模式的创新 [J]．远程教育杂志，2014，32（2）：3-12．

[159] 郑燕林，柳海民．美国K-12网络教育发展的特征及启示 [J]．中国电化教育，2014（3）：42-50．

[160] 邹绍清．论意识形态中国特色话语体系的建构 [J]．西南大学学报（社会科学版），2014，40（4）：37-41，181-182．

[161] 张东伟．社会主义核心价值观的日常生活化分析 [J]．河南师范大学学报（哲学社会科学版），2014，41（4）：25-29．

[162] 郭凤志．高校思想政治理论课话语体系创新研究 [J]．思想理论教育导刊，2014（4）：83-86．

[163] 李筱梅．高校网络教育平台发展的现实境遇与未来抉择 [J]．现代远距离教育，2014（4）：75-80．

[164] 仲伟合．文化对外传播路径创新与翻译专业教育 [J]．中国翻译，2014，35（5）：11-15．

[165] 孙来斌，高岳峰．"灌输"的双重视界——马克思主义"灌输论"与当代西方灌输批判理论的话语差异 [J]．马克思主义研究，2014（5）：114-122，160．

[166] 梁林梅，李逢庆．如何激励和支持高校教师从事网络教学：国际经验与对策 [J]．开放教育研究，2014，20（6）：23-35．

[167] 赵金铭．国际汉语教育中的跨文化思考 [J]．语言教学与研究，2014（6）：1-10．

[168] 王国川．高职教育与网络教育专业（课程）之间学分互认探索 [J]．高教探索，2014（6）：148-151．

[169] 吴宏亮．论高校思想政治理论课话语体系的"三个转换" [J]．思想理论教育导刊，2014（6）：76-78．

[170] 邹绍清．论意识形态的党性和人民性统一及其实践路径——兼论思想政治教育创新的实践导向．马克思主义研究，2014（7）：81-88，160．

[171] 吴琼．思想政治教育话语结构及其功能 [J]．思想理论教育，2014（7）：55-59．

[172] 张耀灿，钱广荣．思想政治教育研究范式论纲——思想政治教育研究方法的基本问题 [J]．思想教育研究，2014（7）：3-9．

[173] 石雁．电视与网络教育的媒介融合——以法治教育为例 [J]．中国电化教育，2014（8）：88-92．

[174] 邱仁富．思想政治教育话语研究：现状、问题与发展 [J]．思想理论教育，2014（9）：37-43．

[175] 李爽，张艳霞，陈丽，等．网络教育时代开放大学课程辅导教师角色定位与职能转变实证研究 [J]．中国电化教育，2014（9）：50-58．

[176] 朱大鹏．全面深化改革中的思想政治教育话语变革 [J]．中国高等教育，2014（10）：42-44．

[177] 张鸿军，乔贵春．师范生网络教育资源平台建设研究——南阳师范学院实践的视角 [J]．中国电化教育，2014（11）：85-89．

[178] 程斯辉, 曹靖. 网络教育形象忧思——关于网络负面教育新闻过量的分析 [J]. 教育科学研究, 2014 (11): 5-15.

[179] 吴艳东. 高校思想政治理论课教学话语面临的困境与对策 [J]. 思想理论教育, 2014 (11): 69-72.

[180] 徐刘杰, 陈中, 熊才平. 基于联通主义的网络教育资源发展与利用研究 [J]. 电化教育研究, 2014, 35 (12): 81-85.

[181] 陈伟, 胡德平. 新媒体语境下大学生思想政治教育话语体系的转变 [J]. 思想理论教育, 2015 (1): 88-91.

[182] 王竹立. 网络教育资源为什么存在"数字废墟"——中国网络教育资源建设之难点剖析 [J]. 现代远程教育研究, 2015 (1): 46-53.

[183] 郑润如, 刘鹏图. 高校网络教育资源建设及发展趋势 [J]. 现代教育技术, 2015, 25 (2): 95-99.

[184] 王延隆. 网络流行语与思想政治教育的话语变革 [J]. 中国青年研究, 2015 (3): 77-81.

[185] 周珺, 陈东. 全媒体环境下成人网络教育模式探索 [J]. 黑龙江高教研究, 2015 (3): 81-84.

[186] 王朝辉, 王淑芳, 田地. 基于 Web 理论体系的网络教育教师培训 [J]. 黑龙江高教研究, 2015 (3): 95-97.

[187] 付子堂, 朱林方. 中国特色社会主义法治理论的基本构成 [J]. 法制与社会发展, 2015, 21 (3): 17-31.

[188] 孙力, 程玉霞. 大数据时代网络教育学习成绩预测的研究与实现——以本科公共课程统考英语为例 [J]. 开放教育研究, 2015, 21 (3): 74-80.

[189] 杨文艺. 全球竞争的文化转向与孔子学院的转型发展——孔子学院十周年回眸与展望 [J]. 中国高教研究, 2015 (4): 44-52.

[190] 曹中一, 王红霞, 朱颖. 论网络教育质量全域管理: 战略择定与系统构建 [J]. 中南大学学报 (社会科学版), 2015, 21 (4): 269-276.

[191] 李阳, 石磊. 网络思想政治教育创新探究 [J]. 科学社会主义, 2015 (5): 109-112.

[192] 毕红梅, 付林溪. 新媒体语境下高校思想政治教育话语转换探析 [J]. 思想教育研究, 2015 (5): 12-15.

[193] 韩晓峰, 张天译. 新媒体环境下高校思想政治教育工作的机遇与挑战 [J]. 东北师大学报 (哲学社会科学版), 2015 (6): 219-222.

[194] 冯建军. 构建教育学的中国话语体系 [J]. 高等教育研究, 2015, 36 (8): 1-8.

[195] 吴军396, 刘萌. "任务驱动"法在高校翻转课堂中的应用研究——以"网络教育资源设计与开发"课程为例 [J]. 现代教育技术, 2015, 25 (9): 58-64.

[196] 何晨玥, 金一斌. 大学章程中关于学生权利的话语体系建构——基于教育部已核准84所高校章程文本的比较 [J]. 中国高教研究, 2015 (9): 20-26.

[197] 高澍苹. 网络环境下成人在职教育教学改革探索——来自北京大学医学网络教育学院的实践报告 [J]. 中国远程教育, 2015 (9): 51-57, 80.

[198] 王丽莉, 孙宝芝. "互联网+"时代背景下网络教育发展新趋势——"2015 国际远程教育发展论坛"综述 [J]. 中国远程教育, 2015 (12): 12-17.

[199] 陈建波, 庄前生. 论牢牢把握党对意识形态工作的领导权 [J]. 马克思主义研究, 2016 (1): 112-118.

[200] 王晓莺, 于涛. 现代网络教育平台下的个性化自主学习模式研究 [J]. 黑龙江高教研究, 2016 (1): 137-139.

[201] 吴峰, 王辞晓. 五种不同模式下学习者在线学习动机测量比较 [J]. 现代远程教育研究, 2016 (1): 78-84, 95.

[202] 李宗辉. "互联网+"时代数字化教学资源的版权许可——以网络教育机构及其平台为视角 [J]. 中国版权, 2016 (2): 18-22.

[203] 杨玉红. 网络教育运营模式创新探索 [J]. 价格理论与实践, 2016 (3): 156-159.

[204] 苏晔．高校思想政治教育要占领社交网络新阵地 [J]．思想理论教育导刊，2016（4）：127-129.

[205] 陈建平．中外大学机构身份话语建构比较研究 [J]．中国外语，2016，13（4）：29-39.

[206] 农毅．加强高校意识形态教育的网络话语体系创新探究 [J]．学术论坛，2016，39（5）：168-171.

[207] 林振东．略论思想政治教育话语及其现代转型 [J]．思想理论教育导刊，2016（5）：137-140.

[208] 张振，郝凤．新媒体时代中国共产党强化意识形态话语权的多维路径 [J]．江苏社会科学，2016（5）：41-47.

[209] 李凡．大中小学德育资源一体化机制建设探究 [J]．黑龙江高教研究，2016（5）：91-94.

[210] 王延隆，蒋楠．网络流行语与青年思想政治教育网络话语权的重塑 [J]．中国青年研究，2016（6）：87-92.

[211] 欧阳光明，刘秉鑫．新媒体时代思想政治教育话语权及其建构维度 [J]．思想理论教育，2016（6）：49-53.

[212] 王丽莉，郜晖．校企合作模式中网络教育质量保证研究 [J]．中国电化教育，2016（6）：108-112.

[213] 岳俊芳，孙道金．远程学习者二维满意度评价量表编制及其应用研究——以"网上人大"为例 [J]．中国电化教育，2016（8）：53-60，73.

[214] 崔海英．大学生网络思想政治教育话语创新研究 [J]．思想理论教育，2016（8）：85-88.

[215] 王海．新形势下对少儿图书馆开展网络教育的重新审视 [J]．图书馆工作与研究，2016（10）：113-115.

[216] 刘旭东．教育行动的逻辑与教育理论创新——兼论哈耶克的"必然无知"理论 [J]．教育研究，2016，37（10）：11-18.

[217] 孙力，张凯，丁波．基于数据挖掘的网络教育学习成绩细分预测的研究与实现——以本科成人学位英语考试为例 [J]．中国远程教育，2016（12）：22-29.

[218] 李鹏，刘雨亭，刘晓璐，等．教学改革驱动下的微课发展现状与相关问题分析 [J]．教育教学论坛，2016（36）：116-119.

[219] 祝怀新，马羽安．高校网络教育教师的执教动机及行为如何产生——一项基于期望价值理论的质性研究 [J]．远程教育杂志，2017，35（1）：102-112.

[220] 孙力，张婷．网络教育中个性化学习者模型的设计与分析 [J]．远程教育杂志，2017，35（3）：93-101.

[221] 梁志国，赵玉山．关于开展 K12 网络教育业务的思考 [J]．科技与出版，2017（4）：79-82.

[222] 耿才华，拉格．现代教育技术背景下少数民族双语教育发展的思考 [J]．民族教育研究，2017，28（4）：40-45.

[223] 张洪玲，冯伯驹，李慧，等．基于在线学习行为数据分析的网络教育教学研究与对策 [J]．情报科学，2017,35(9)：74-78.

[224] 文书锋，孙道金．远程学习者学习参与度及其提升策略研究——以中国人民大学网络教育为例 [J]．中国电化教育，2017（9）：39-46.

[225] 张京京，刘正安．"互联网教育"催生新教育主体 [J]．教育理论与实践，2017，37（11）：3-6.

[226] 张宝生，王晓敏．基于关键词共现聚类的网络教育热点主题研究 [J]．科研管理，2018，39（S1）：298-307.

[227] 李振宇，卢楠，叶青．基于校政企三方合作的现代远程教育办学模式研究——以天津大学网络教育学院为例 [J]．现代教育技术，2018，28（S1）：26-29.

[228] 李居英，王淑华．论网络教育对于人才培养的重要性 [J]．山西财经大学学报，2018，40（S1）：51-53.

[229] 李娟．CIS 在网络教育文化建设中的探索与实践——以东北财经大学网络教育学院为例 [J]．现代教育技术，2018，28（S1）：118-126.

[230] 李哲．如何拓宽马克思主义哲学大众化之路 [J]．人民论坛，2018（1）：108-109.

[231] 王永明，徐继存．论在线课程教学系统的建构 [J]．中国电化教育，2018（3）：66-73.

[232] 方旭，张新华，李林．教师 STEM 网络教育平台行为意向影响因素——基于华南师大 Wise 平台的调查 [J].

开放教育研究, 2018, 24（3）: 59-67.

[233] 高欣峰, 陈丽, 徐亚倩, 等. 基于互联网发展逻辑的网络教育演变 [J]. 远程教育杂志, 2018, 36（6）: 84-91.

[234] 于洪涛. 基于雨课堂的高校智慧教学五步法探究——以 "网络教育应用" 课程为例 [J]. 现代教育技术, 2018, 28（9）: 54-58.

[235] 李小平, 孙清亮. 基于第五代移动通信技术的网络教育应用研究 [J]. 电化教育研究, 2019, 40（1）: 52-58.

[236] 上超, 望杨梅. "互联网+" 环境下的网络教育视频版权保护: 内涵与生态结构 [J]. 教育研究与实验, 2019（4）: 71-74.

[237] 郭璨, 陈恩伦. 我国网络教育政策变迁的多源流理论阐释 [J]. 教育研究, 2019, 40（5）: 151-159.

[238] 唐诚. 网络环境下高校英语专业词汇学习策略研究——评《全国高校网络教育大学英语词汇必备手册》[J]. 新闻爱好者, 2019（7）: 107.

[239] 周自波, 蒋立兵, 廖水明. 供给侧改革视阈下网络教育质量提升路径研究 [J]. 中国电化教育, 2019（12）: 53-60.

[240] 兰明尚. 新时代高校网络教育主导权构建研究 [J]. 学校党建与思想教育, 2019（20）: 71-73.

[241] 宁宇哲, 陈兴, 李海峰, 等. 创新型网络教育与欠发达地区基础教育质量提升 [J]. 教育学报, 2020, 16（2）: 75-84.

[242] 李羽佳. "课程思政" 网络教育平台建设的实践探索 [J]. 学校党建与思想教育, 2020（12）: 47-49.

[243] 巨英. 高校生态文明网络教育资源论析 [J]. 学校党建与思想教育, 2020（13）: 75-77.

[244] 费芬芳, 王寿铭. 互动仪式链视域下青年红色网络教育研究——基于网剧《那年那兔那些事儿》的分析 [J]. 中国青年社会科学, 2021, 40（3）: 55-62.

[245] 陈丽, 林世员, 赵宏, 等. 新时期高校网络教育改革创新的方向与着力点 [J]. 中国远程教育, 2021（6）: 11-17, 76.

[246] 林世员, 陈丽, 赵宏, 等. 高校网络教育发展脉络与阶段特征 [J]. 中国远程教育, 2021（6）: 18-24, 45, 76-77.

[247] 赵宏, 陈丽, 王小凯, 等. 现代远程教育政策发展脉络及问题分析 [J]. 中国远程教育, 2021（8）: 12-20, 76.

[248] 李爽, 唐雪萍, 张文梅, 等. 高校网络教育公众认知和态度分析 [J]. 中国远程教育, 2021（8）: 21-30, 76-77.

[249] 谢浩, 许玲, 李炜. 新时期高校网络教育治理体系的结构与关键制度 [J]. 中国远程教育, 2021（11）: 22-28, 57, 76-77.

[250] 李炜, 张润芝, 谢浩, 等. 高校网络教育质量保证分析框架与动力机制研究 [J]. 中国远程教育, 2021（11）: 29-37, 77.

[251] 徐晓美, 郭芮. 新时代民族院校网络思想政治教育: 挑战、困境与机制创新 [J]. 民族教育研究, 2022, 33（6）: 105-111.

[252] 成杰, 林仲轩, 罗炜. 消失在流行语中的 "打工人": 网络时代青年群体身份认同的话语建构 [J]. 新闻大学, 2022（9）: 73-88, 119-120.

[253] 蔡骐, 赵嘉悦. 作为标签与规训的隐喻——对网络流行语 "社恐" 的批判性话语分析 [J]. 现代传播（中国传媒大学学报）, 2022, 44（9）: 138-145.

[254] 张红艳, 武威. 澳大利亚中小学在线网络安全教育及其启示 [J]. 现代教育技术, 2022, 32（10）: 84-92.

[255] 吴雷, 姜飞. 建构与解构: "西方" 概念祛魅与中国国际传播话语重塑 [J]. 南京社会科学, 2022（10）: 105-117.

[256] 赵毅博, 梅士伟. 新时代高校网络思想政治教育机制创新探析 [J]. 学校党建与思想教育, 2022（20）: 65-67.

[257] 范俊峰，邓苏心，王海霞.高校创新创业教育与思政教育深度融合刍议 [J].学校党建与思想教育，2022（23）：85-87.

[258] 张树启.移动互联网时代大学生网络安全教育的策略研究 [J].学校党建与思想教育，2022（24）：63-65.

[259] 吴翔.网络教育素材使用中的著作权权利限制问题及解决思路 [J].东南大学学报（哲学社会科学版），2023，25（S2）：124-127.

[260] 庞祎晔，钱嫦萍.智媒时代网络思想政治教育的价值意蕴与提升路径 [J].大连理工大学学报（社会科学版），2023，44（1）：116-121.

[261] 张爱军，吉璐.全过程人民民主话语传播与自媒体角色、过程及功能定位 [J].河海大学学报(哲学社会科学版)，2022，25（2）：22-32.

[262] 沈悦，金圣钧.从软实力到"暖实力"：中国国际传播理念创新的话语、维度与愿景 [J].东岳论丛，2023，44（2）：62-75.

[263] 孙绍勇，孙宇润.B站Z世代青年大学生思想政治教育的脉络演进与提升路径 [J].中国青年社会科学，2023，42（3）：74-82.

[264] 江时学.论中国的国际话语、话语权及话语力 [J].国际关系研究，2023（3）：3-19，155.

[265] 孙斐，徐淮智.网络空间的"语言游戏"：公众话语风格与政府回应 [J].公共管理评论，2023，5（4）：104-127.

[266] 姜飞.新时代中国国际话语权构建的传播视角 [J].全球传媒学刊，2023，10（4）：6-17.

[267] 杨晶.网络空间视域下中国生态文明话语的国际传播 [J].福建师范大学学报（哲学社会科学版），2023（6）：73-81，117.

[268] 胡悦，王昌松，赵梓涵.国际媒介场域中的对华"话语操纵"——基于"一带一路"负面报道的话语分析 [J].吉林大学社会科学学报，2023，63（6）：188-198，235-236.

[269] 郭艳红，谭兴.中国区域形象对外传播的话语体系建构路径研究——基于《越南新闻报》中广西形象建构的思考 [J].安徽理工大学学报（社会科学版），2023，25（6）：64-72.

[270] 胡开宝，杜祥涛.中国特色大国外交话语的传播研究：议题、现状与未来 [J].外语教学，2023，44（6）：1-7，78.

[271] 李玉洁.中国对非传播的话语体系构建：思维、路径与方法 [J].世界民族，2023（6）：28-39.

[272] 任庆亮.中国外交话语跨文化共情传播探索 [J].遵义师范学院学报，2023，25（6）：85-88.

[273] 高文苗，郎曼丽，龚可馨."00后"青少年网络话语表达范式变化及其对策分析 [J].未来传播，2023，30（6）：29-38.

[274] 杨宏伟，赵文辉.网络思想政治教育中的情绪传播及其治理：逻辑·效应·进路 [J].思想教育研究，2023（7）：23-29.

[275] 薛玉梅，王让新.网络全过程人民民主话语体系构建：价值、困境与路径 [J].理论导刊，2023（9）：61-67.

[276] 邱程，彭启福.数字化生存时代思想政治教育话语传播的实践策略 [J].理论导刊，2023（9）：109-115.

[277] 常江，狄丰琳."和合"文化观与中国国际传播元话语的构建 [J].对外传播，2023（9）：17-21.

[278] 许向东，丁兆钰.中国式现代化元话语的建构及其国际传播 [J].对外传播，2023（9）：9-12.

[279] 王松.全媒体时代高校网络意识形态话语建构研究 [J].黑龙江高教研究，2023，41（12）：115-120.

[280] 任艳妮.传播学视域下高校思政课教学话语的转化与创新 [J].山西高等学校社会科学学报，2023，35（12）：33-39，66.

[281] 侯贺英，张梦洁，谷利红.文化话语视域下的城市形象传播研究——以保定青年发展型城市为例 [J].传播与版权，2023（22）：75-78.

[282] 王博文，唐好选. 思政智脑：人工智能视域下思想政治教育的创新 [J]. 学校党建与思想教育，2023（24）：65-67.

[283] 颜苗苗. 新媒体视域下基层统一战线话语体系建构研究 [J]. 江苏海洋大学学报（人文社会科学版），2024，22（1）：19-29.

[284] 祝智庭，朱晓悦，胡姣，等. 数智技术赋能开放教育再开放 [J]. 开放教育研究，2024，30（1）：16-23，32.

[285] 杨娇娇. 短视频时代提升高校高校网络教育话语权面临的挑战与出路 [J]. 今传媒，2024，32（1）：121-124.

[286] 丁雨婷. 网络社群中主流意识形态话语传播困境与破解路径——基于"传播流"的分析视角 [J]. 传媒论坛，2024，7（1）：42-45.

[287] 刘亚西，计国君. 从世界到国家：用战略思维创造高等教育国际公共价值 [J]. 江苏高教，2024（2）：28-37.

[288] 王玲. 美国大学网络教育质量保障机制论析 [J]. 济南大学学报（社会科学版），2024，34（2）：134-141.

后　记

　　本书是笔者多年从事高等教育研究、参与高校网络教育实践的阶段性成果。在研究与实践过程中，笔者切身感受到网络教育已成为高校人才培养的重要阵地，在推进教育理念变革、人才培养模式创新中发挥着引领示范作用，但同时也面临话语体系建构滞后等问题。推进高校网络教育改革创新、提升人才培养质量，需要从战略和全局的高度重构话语体系。本书试图在厘清高校网络教育话语体系演进历程、内在逻辑的基础上，分析其时代特征、实践样态，剖析深层问题，进而提出优化策略，力求为高校网络教育改革发展提供理论分析框架和实践方法论参考，实现理论创新与实践转化的良性互动。

　　受限于学力与精力，难免挂一漏万，殊深惶恐。衷心感谢参与调研的高校领导、一线教师、管理者和学生代表，是他们的真知灼见奠定了本书的实践基础。感谢文中案例高校老师的大力协助，他们的教学智慧与育人热情令人动容，是高校网络教育变革的力量源泉。感谢家人一直以来的理解、支持与鼓励，是他们的默默付出让我得以潜心研究、笔耕不辍。

　　教育创新发展永无止境，高校网络教育话语体系研究亦是一个亟待持续深耕的命题。我们将一如既往，立足中国大地、放眼世界，在继承创新中推动高校网络教育话语体系的生成，在改革发展中书写高等教育现代化的奋进之章，以实际行动为加快建设教育强国、实现中华民族伟大复兴的中国梦贡献绵薄之力。

作　者

2024.5